ICONOGRAPHIE
DE L'ILLUSTRATION DE FLAVIUS JOSÈPHE
AU TEMPS DE JEAN FOUQUET

ARBEITEN ZUR LITERATUR UND GESCHICHTE DES HELLENISTISCHEN JUDENTUMS

HERAUSGEGEBEN VON

K.H. RENGSTORF

IN VERBINDUNG MIT

G. DELLING, R. G. HAMERTON-KELLY, H. R. MOEHRING, B. NOACK,
H. M. ORLINSKY, H. RIESENFELD, A. SCHALIT,
H. SCHRECKENBERG, A. WIKGREN, A. S. VAN DER WOUDE

XII

GUY N. DEUTSCH

ICONOGRAPHIE
DE L'ILLUSTRATION DE FLAVIUS JOSÈPHE
AU TEMPS DE JEAN FOUQUET

LEIDEN

E. J. BRILL

1986

ICONOGRAPHIE
DE L'ILLUSTRATION DE FLAVIUS JOSÈPHE
AU TEMPS DE JEAN FOUQUET

PAR

GUY N. DEUTSCH

LEIDEN

E. J. BRILL

1986

Publié grâce au concours de
Memorial Foundation for Jewish Culture
Haifa University Press
Madame Régine Heim, Zurich

ISBN   90 04 07121 0

PRINTED IN THE NETHERLANDS BY E. J. BRILL

TABLE DES MATIÈRES

DEUXIÈME PARTIE

AVANT PROPOS

Ce livre représente dix années d'étude. Thèse de doctorat au départ, une première mouture en paraissait en mai 1978, ronéotypée et obtenait, un an plus tard, l'aval du jury de l'Université hébraïque de Jérusalem. Les professeurs Thuillier et Blumenkranz de Paris, Flusser de Jérusalem, Schreckenberg de Münster m'encouragèrent alors à m'engager sur la longue route qui conduit à la publication d'un ouvrage d'érudition. Mais c'est à la constance inlassable du Professeur Dr. K.H. Rengstorf de Münster que cette étude doit de paraître finalement, alors que les problèmes, financiers notamment, apparaissaient insurmontables. Qu'il en soit remercié, ainsi que mes parents et Mme Régine Heim de Zurich qui ont contribué largement à faire basculer le destin favorablement. Ce délai de quelques années a eu pour le moins l'avantage de permettre une mise à jour généralisée, la révision de certains chapitres et un sarclage stylistique systématique.

A mon maître, le Professeur Moshé Barasch je dois le goût des études qui s'égaillent vers des horizons interdisciplinaires inexplorés, bien au-delà des frontières classiques du genre. Le Professeur Louis Grodecki m'avait spontanément pris sous son aile; sa disparition est une lourde perte pour le monde savant et pour tous ceux qui, comme moi, ont bénéficié de sa bienveillante amitié. Le présent livre doit aussi beaucoup à la sollicitude amicale des Professeurs Claude Schaefer de Paris, B. Narkiss de Jérusalem, Walter Cahn de Yale, Joseph Gutmann de Detroit.

C'est l'occasion de mettre à l'honneur tous les organismes qui, à divers stades de son élaboration, ont permis sa publication finale: les services culturels du Ministère français des Affaires étrangères, la Fondation Elie Cohen de Paris, la Haifa University Press, l'A.R.I.F. de New York par l'entremise de son vénéré Président, le rabbin S. Langer, et enfin l'aide substantielle de la Memorial Foundation for Jewish Culture de New York.

Pour finir, il faut nous acquitter d'une dette de gratitude envers tous les Conservateurs et Directeurs des divers Bibliothèques et Musées à travers le monde qui nous ont prêté assistance dans nos recherches et permis aimablement de reproduire quelques spécimens de leurs trésors.

Jérusalem, décembre 1983

ABRÉVIATIONS

A.J.	*Antiquités judaïques* de Flavius Josèphe
Arsenal	Bibliothèque de l'Arsenal, Paris
B.M.	British Museum and Library, Londres
B.N.	Bibliothèque nationale de Paris (sauf spécification différente)
B.R.	Bibliothèque royale de Bruxelles
Blatt	Blatt, Franz, *The Latin Josephus,* Aarhus-Kobenhavn, 1958
Berger, *Bible fr.*	Berger, Samuel, *La Bible française au moyen âge* (Paris, 1884), Genève, 1967
Berger, *Vulgate*	Berger, Samuel, *Histoire de la Vulgate pendant les premiers siècles du moyen-âge,* Paris, 1893
Cahn	Cahn, Walter, "An Illustrated Josephus from the Meuse Region in Merton College, Oxford", *Zeitschrift für Kunstgeschichte,* 29 (1966), p. 295–310
Durrieu	Durrieu, Paul, *Les Antiquités judaïques et le peintre Jean Foucquet,* Paris, 1908
Duby	Duby, Georges, *Le temps des cathédrales, l'art et la société, 980–1420,* Paris, 1976
fr.	français (manuscrits du fonds)
G.J.	La *Guerre des Juifs* de Flavius Josèphe
gr.	grec (manuscrits du fonds)
Hölscher	Hölscher, Gustav, s.v. "Josephus Flavius", in Pauly-Wissowa, *Realencyclopädie der Classischen Altertumwissenschaft,* Stuttgart, 1916–1968, Band IX, 2, col. 1934–2000
Laborde	Laborde, Alexandre de, *La Bible moralisée conservée à Oxford, Paris et Londres,* 5 vol., Paris, 1911–1927
lat.	latin (manuscrits du fonds)
Lidis	Josèphe, Flavius, *Histoire ancienne des Juifs et la Guerre des Juifs contre les Romains,* trad. A. d'Andilly, Lidis, Paris, 1968
Mâle, *XIIIe*	Mâle, Emile, *L'art religieux du XIIIe siècle en France,* Paris, 1931
Mazarine	Bibliothèque Mazarine, Paris
Meiss, *Late XIV*	Meiss, Millard, *French Painting in the Time of Jean de Berry:* The Late XIVth Century and the Patronage of the Duke, Londres, 1967
Meiss, *Boucicaut*	Id°., *The Boucicaut Master,* Londres, 1968
Meiss, *Limbourg*	Id°., *The Limbourgs and Their Contemporaries,* 2 vol., Londres, 1974
ms.	manuscrit
n. acq.	nouvelle acquisition
P.L.	Migne, Jacques Paul, *Patrologia latina,* 221 vol., Paris, 1844–1891
P.M.L.	Pierpont Morgan Library, New York
Schaefer, *H.E.C.*	Schaefer, Claude, Sterling, Charles, *Les Heures d'Etienne Chevalier* (Paris, 1971), Londres, 1973
Schaefer, *Foucquet*	Schaefer, Claude, *Recherches sur l'iconologie et la stylistique de l'art de Jean Foucquet,* Diss., 3 vol. (Paris, 1971), Lille, 1972
Schreckenberg, *Bibliog.*	Schreckenberg, Heinz, *Bibliographie zu Flavius Josephus,* Leiden, 1968
Schreckenberg, *Rezeption*	Schreckenberg, Heinz, *Rezeptiongeschichtliche und Textkritische Untersuchungen zu Flavius Josephus,* Leiden, 1977
Schreckenberg, *Tradit.*	Schreckenberg, Heinz, *Die Flavius-Josephus-Tradition in Antike und Mittelalter,* Leiden, 1972
Weitzmann, *Illustrat.*	Weitzmann, Kurt, *Illustrations in Roll and Codex,* Princeton, 1970
Weitzmann, *S.P.*	Weitzmann, Kurt, *The Miniatures of the Sacra Parallela, Parisinus graecus 923,* Princeton, 1979

Carte de la répartition des manuscrits de Josèphe aux XIIe, XIIIe et XIVe siècles

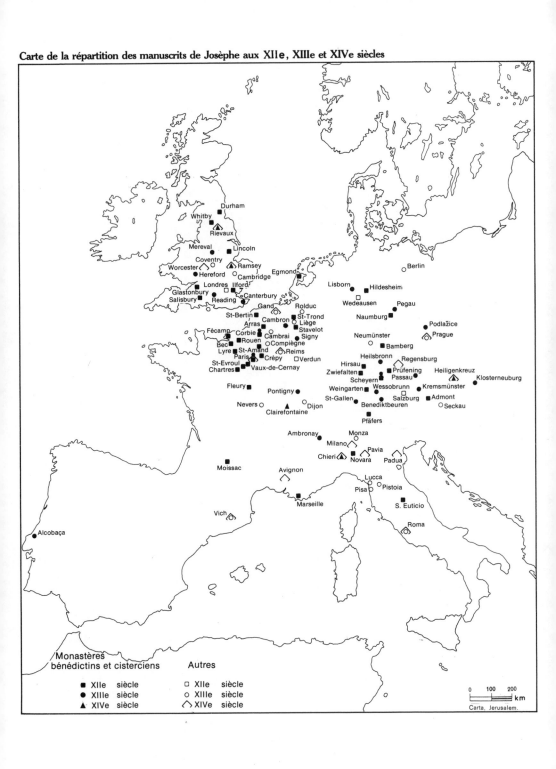

Monastères
bénédictins et cisterciens   Autres

■ XIIe   siècle   □ XIIe   siècle
● XIIIe siècle   ○ XIIIe siècle
▲ XIVe   siècle   ◇ XIVe   siècle

0 100 200
km

Carta, Jerusalem.

INTRODUCTION

A la fin du siècle dernier a vu le jour une nouvelle discipline, plus ou moins annexe à l'Histoire de l'art: l'histoire des grands textes littéraires illustrés. Son objet est d'étudier la transmission d'une oeuvre donnée depuis ses sources les plus anciennes connues jusqu'à sa disparition ou sa première édition imprimée, à la recherche d'un prototype hypothétique qui donne la clé des formes particulières à l'illustration de cette oeuvre. Le modèle du genre, souvent cité, c'est le travail de Stettiner sur les manuscrits de la *Psychomachie* de Prudence. Depuis, il y a eu celui de Jones et Morey, sur les comédies de Térence, de Ross, sur le Roman d'Alexandre, de Buchtal sur le Roman de Troie et, plus restreint, de Loomis sur les romans de la Table ronde au moyen âge. Les oeuvres littéraires étudiées se distinguent par une trajectoire relativement bien délimitée dans le temps: un point de départ plus ou moins déterminé et une fin de parcours définitive. L'influence de ces oeuvres dans la production littéraire de notre temps est à peine sensible. Elles se sont fondues dans le patrimoine culturel de l'occident.

L'illustration de l'oeuvre vénérable de Flavius Josèphe et son iconographie n'avaient pas encore bénéficié d'une étude de ce type, malgré une «présence» encore effective à tous les niveaux de l'histoire de la civilisation occidentale. Est-ce de propos délibéré? A chaque étape du travail dont nous présentons ici le fruit, nous avons senti des réticences, comme une sorte de tabou, dont les mobiles, profonds, échappent à l'investigation. Et pourtant le matériel abonde, très accessible. Chaque année qui passe apporte une nouvelle contribution à l'étude de Josèphe et de son oeuvre, une traduction rajeunie du texte, une nouvelle bibliographie, un tome de plus à la concordance monumentale. Il manquait une analyse de ces images qui voisinent avec le texte dans un grand nombre de manuscrits des deux principales oeuvres de Josèphe, les *Antiquités judaïques* et la *Guerre des Juifs*. Ces images qui soutiennent le texte et le complètent sont autant d'authentiques documents d'époque, qui s'offrent à l'investigation et livrent, à l'observateur attentif, une part souvent non négligeable des concepts et des intentions qui ont présidé à leur confection.

Le présent travail repose sur l'analyse de quarante-cinq manuscrits, répartis dans dix-sept villes et vingt-deux bibliothèques. Le nombre des peintures y varie d'une seule à deux cents et dépasse cinq cents au total. Un certain nombre d'entre elles ont fait l'objet d'études substantielles de la part d'érudits de premier plan, tels Durrieu, Weitzmann, Nordström, Cahn. Ceux-ci ont pressenti l'ampleur de cette branche de l'illustration des manuscrits qui dépassait le cadre de leurs recherches. Ce sont eux néanmoins qui ont jeté les bases de la présente étude, en donnant légitimation à une approche spécialisée. Il fallait d'abord réunir le matériel, en compulsant textes, catalogues, inventaires et recensions. A la suite de l'accumulation de la matière, il devint nécessaire de fixer le cadre de cette monographie: elle n'est concernée que par la «miniature» peinte à la main, à partir de la parution du texte, autour du second siècle de notre ère, jusqu'à la généralisation de la planche gravée, autour du XVIᵉ siècle.

La classification du matériel s'est faite par thèmes et par motifs, dans le but de dresser une liste-type de formes signifiantes, plus ou moins fixes autour des thèmes, dans leur ordre d'apparition dans le texte. Ce faisant, certains thèmes apparurent privilégiés, alors que d'autres n'étaient pas traités du tout ou n'apparaissaient que de façon épisodique. Il parut possible de tracer les contours d'une approche systématique de l'illustration par rapport aux livres de Josèphe. Cette systématisation devait s'effectuer selon certaines normes reconnues: le recours à un modèle pour exprimer les idées à visualiser d'une part et une certaine continuité dans ces idées qui permettaient une reproduction plus ou moins fidèle du modèle accessible. Les variantes dans le réemploi des formes fixes ouvraient la voie à une appréciation des fluctuations et nuances dans le contexte idéologique dans lequel l'oeuvre de Josèphe évoluait. Encore fallait-il déterminer si les modifications étaient d'ordre artistique général ou d'ordre conceptuel, proprement lié à la place de Josèphe dans la pensée théologique et historiosophique d'une époque et d'une société données.

Un inventaire de la tradition iconographique liée aux textes de Josèphe devait démarquer l'auteur de ses sources et des textes parallèles ou annexes. Pour réussir en ce domaine, il aurait fallu pouvoir compter sur une bonne étude de l'iconographie de la Bible. Or l'état de la science ne permet pas encore d'avoir plus que des vues fragmentaires sur la question. Nous avons dû, là encore, forger nos propres instruments de travail. Parallèlement aux manuscrits de Josèphe, nous avons dû, dans la mesure de nos moyens, dresser l'inventaire des illustrations communes à la Bible. Il s'est avéré, au cours de notre travail, qu'il n'était pas possible de traiter Josèphe à part. Quoique partielle, la comparaison entre les images des divers textes montrait des interférences constantes. Il apparut que l'illustration de la Bible était parfois tributaire de celle des *Antiquités judaïques.* Pour s'en convaincre, un dépistage de thèmes sans exemple dans la Bible, ou inversement, sans exemple chez Josèphe devenait indispensable; nous en rendons compte dans le premier chapitre.

Le problème des textes inspirés de Josèphe n'était pas moins complexe. Il fallait au préalable dégager l'emprise de Josèphe sur la production littéraire de l'occident en général. On dispose à cet égard de bonnes bibliographies et d'études d'ensemble fiables, dont il faut citer surtout celles du groupe d'érudits réunis autour du Professeur K.H. Rengstorf, à Munster. La fin du premier chapitre traite de cet aspect de Josèphe. Pour les besoins spécifiques de cette étude, notre attention allait surtout aux sources d'inspiration visuelle, à savoir l'illustration et la peinture mais aussi le théâtre, dans la diversité de ses manifestations suivant les époques.

L'art dramatique n'a pas laissé d'autres traces que certains textes et certaines réminiscences que l'on décèle dans les illustrations des manuscrits. Il faudrait les répertorier toutes, mais leur nombre dépasse les capacités d'ingestion d'un seul chercheur. Une nouvelle liste devait être dressée, celle des manuscrits témoins à étudier. Ceux-ci ont été choisis en fonction de leur dépendance des textes de Josèphe. Tels quels ils pouvaient, malgré leur petit nombre, renseigner sur les interférences entre oeuvres parallèles (Voir l'index topographique des manuscrits et des oeuvres d'art en fin de volume).

Finalement un état de l'illustration de Josèphe commençait à se dessiner. C'est l'objet du deuxième chapitre de la première partie. Quelques rares spécimens dès le IXe siècle, une pléthore d'images diverses au XVe siècle. Un tel déséquilibre quantitatif dans le matériel à étudier rendait problématique toute généralisation systématique. Aussi avons-nous choisi la voie horizontale, celle qui se concentre sur l'étude synchronique d'une oeuvre donnée, en l'occurence celle de Jean Fouquet, au XVe siècle. Forts de notre moisson de renseignements sur l'illustration diachronique de Josèphe, nous allions apprécier la création de Fouquet par rapport à la tradition, dans ses emprunts comme dans ses initiatives personnelles. Le résultat devait apporter à la fois un résumé, livre par livre, de l'illustration de Josèphe au cours des siècles et une meilleure connaissance de l'art de Fouquet. C'est le sujet de notre seconde partie.

Mais il a paru logique de ne pas s'en tenir exclusivement aux onze livres enluminés par Fouquet. L'analyse iconographique couvre donc les 27 livres des *Antiquités judaïques* et de la *Guerre des Juifs* de Flavius Josèphe, tels qu'ils sont illustrés dans deux manuscrits apparentés de la Bibliothèque nationale de Paris, le fonds français 247 et la nouvelle acquisition française 21013, à la lumière d'une tradition iconographique vieille d'au moins six siècles. On voudrait savoir dans quelle mesure un tel trésor de formes et d'images a été réutilisé par la suite, à l'ère de la reproduction mécanique de série, mais ceci est le sujet d'une étude complémentaire.

Un dernier point à élucider est celui de nos sources. Le lecteur trouvera une longue liste bibliographique en fin d'ouvrage. En foi de quoi, les références en note sont réduites au nécessaire pour reconnaître l'ouvrage s'il est mentionné dans la bibliographie; certains ouvrages de base apparaissent sous la forme abrégée présentée dans la liste de nos abréviations, p. X. Pour les textes de Josèphe, le problème était insoluble: les éditions érudites, qui servent aujourd'hui de référence n'étaient pas celles qui circulaient à l'époque concernée par notre étude. On faisait usage alors de versions latine et française, principalement, qui ne se préoccupaient guère de précision scientifique. Nous avons consulté autant que possible les textes mêmes des manuscrits illustrés; nous les citons parfois, mais sans respecter l'orthographe originale, pour ne pas décourager le lecteur. Comme texte de référence nous utilisons dans notre deuxième partie, une version rajeunie de la plus ancienne traduction française encore en circulation, celle d'Arnauld d'Andilly, aux éditions Lidis, Paris 1968. Elle nous a paru préférable aux éditions fondées sur le texte de Niese, moins accessible et totalement étranger à l'illustration et aux illustrateurs. Les textes bibliques et rabbiniques ont été consultés dans la langue de l'original; les passages cités sont traduits par nos soins; nous nous sommes néanmoins efforcé de proposer au lecteur des références en langue européenne pour les sources non bibliques.

Il nous reste à souhaiter que cette étude serve de départ à des recherches qui fassent la lumière, un jour, qui sait, sur les rapports entre forme et contenu, ou, à peine plus modestement, sur la part de Josèphe dans notre civilisation.

PREMIÈRE PARTIE

CHAPITRE PREMIER

LES TEXTES HISTORIQUES DE JOSÈPHE ET LEUR TRANSMISSION

1. *L'homme et l'oeuvre*

Grâce surtout à la propre complaisance de Josèphe nous ne manquons guère de renseignements sur sa vie[1], mais nous ne disposons que de témoignages indirects et élusifs sur la destinée de ses oeuvres après leur parution. Né en l'an 37 ou 38 de notre ère, fils de Mathatias, d'une famille sacerdotale d'origine hasmonéenne, Josèphe se rend aux Romains après avoir été un des chefs de la révolte des Juifs contre eux. Protégé par les empereurs flaviens dont il prend le nom par allégeance, il devient citoyen romain et finit sa vie à Rome au début du second siècle. Ce destin exceptionnel lui a suscité beaucoup d'ennemis et le mobile qui le pousse à écrire, c'est sans doute le désir de se justifier, lui et son peuple, face aux attaques et aux calomnies.

Quand il compose la *Guerre des Juifs contre les Romains,* il semble encore sous le coup de ces tragiques événements qui marquent le début de la diaspora d'Israël. Il lui faut aussi payer le prix de son acclimatation dans cette Rome païenne qui est le centre du monde cultivé de l'époque. Publié sans doute vers l'an 78, soit huit ans après la destruction du Temple de Jérusalem, cet ouvrage garde un lourd accent de rancoeur, de parti-pris parfois pénible à supporter pour un lecteur moderne, habitué à un tour plus impersonnel. Sans doute l'auteur éprouve-t-il quelque difficulté, il ne s'en cache pas[2], à s'exprimer en grec, langue universelle des lettrés du temps. Précisons tout de suite que ce livre a eu une plus grande vogue que l'autre au moyen âge chrétien, nous y reviendrons.

C'est d'un esprit bien plus serein que Flavius Josèphe écrit les *Antiquités judaïques* parues quelque quinze années plus tard. On y trouve déjà le ton de l'apologétique juive des temps modernes, avide de conquérir un lecteur a priori hostile par la clarté de l'exposition et la logique de la construction, axées sur certains aspects tenus pour particulièrement représentatifs de la foi juive. Josèphe prenait pour modèle les *Antiquités romaines* de Denis d'Halicarnasse, où histoire et mythologie voisinaient en 60.000 lignes[3]. Le reste de son oeuvre,

---

[1]   Outre sa *Vie,* on trouve des passages autobiographiques dans la *Guerre des Juifs* et le *Contre Apion.* Pour un résumé de sa biographie, abondamment pourvu de références, voir Hölscher, col. 1934–1942.

[2]   *A.J.,* 1, 7; dans le *Contre Apion* il dit même avoir eu recours à un hellénisant plus habile que lui (1, 50).

[3]   Blatt, p. 11; sur cette ancienne méthode d'évaluation de la longueur d'un texte à copier en lignes, ou stichométrie, voir Berger, *Vulgate,* p. 316.

paru au tournant du deuxième siècle, une *Vie* et le *Contre Apion,* retombent dans la polémique, ce qui indique que l'auteur n'avait pas trouvé le repos vers la fin de ses jours. Pourtant si l'on en croit des témoignages aussi anciens que ceux de Jérôme et d'Eusèbe, ses talents d'écrivain lui auraient valu le grand succès dès son vivant; il aurait eu sa statue dressée à Rome et ses ouvrages auraient été conservés à la bibliothèque impériale, sur l'ordre exprès des souverains[4].

Il faut encore rendre justice à la grande silhouette de l'auteur lui-même. Témoin et protagoniste, son rayonnement déborde sur son oeuvre, bien sûr, mais aussi sur l'attitude générale du monde chrétien envers les Juifs. Car à l'instar d'un Jules César, Josèphe se met lui-même en scène dans la *Guerre des Juifs,* mais ses efforts de se faire valoir soulignent d'autant le rôle douteux qu'il a joué[5]. Il jouit néanmoins d'une gloire légendaire aussi durable que la vogue de ses écrits. Comme le prouvent certains indices réunis ici, la renommée du personnage a suivi une voie parallèle à celle de son oeuvre.

Le troisième livre de la *Guerre des Juifs* rapporte, aux chapitres XXIV et suivants, l'événement qui bouleversera la vie de Josèphe, sa reddition aux Romains et sa première entrevue avec Vespasien et Titus. Ce passage est empreint d'une sorte de fatalité prophétique, qui cadre bien avec la fameuse prédiction de Josèphe à Vespasien sur son accession imminente au rang d'Empereur. Cette idée que nul autre que le maître du monde ne pouvait vaincre le pontife-chef de guerre et son peuple, se rattache sans doute à un tronc de traditions légendaires juives de l'époque[6]. C'est pourtant dans la *Guerre des Juifs* que cette scène apparaît pour la première fois; reprise ensuite par Suétone et d'autres historiens[7], elle gagne le monde chrétien par le canal d'Orosius. En passant, Josèphe le prophète devient aussi le médecin qui guérit Titus de sa podagre, et c'est en tant que tel que nous retrouvons le personnage dans divers écrits et diverses images du moyen-âge (fig. 16). Notons à ce propos que c'est exactement sous les mêmes traits que se présente la figure légendaire de Rabbi Yohanan ben Zakaï dans la littérature talmudique. Par contraste, celui-ci devenait ainsi le prophète juif des temps nouveaux, apôtre clairvoyant d'un transfert du sentiment national de la patrie écrasée sur le patrimoine religieux ancestral[8].

---

[4]   Cabrol, Leclercq, *Dictionnaire d'Archéologie chrétienne et de Liturgie,* t. 7², col. 2668; Eusèbe, *Hist. eccl.,* III, 9; Jérôme, *De viris illustribus,* C. XIII; ce dernier passage est souvent joint comme préambule au texte de Josèphe, cf. Blatt, p. 13.

[5]   Lire p. ex. les passages où il raconte sa nomination comme chef militaire; *G.J.* II, 568; où il vante ses qualités guerrières: *ibid.,* III, 144; voir aussi le passage cité plus bas, *G.J.* III, 401.

[6]   Ginzberg, *Legends of the Jews,* t. V, p. 60, note 287; *Encyclopaedia Judaica,* 15, col. 1170–1171.

[7]   *Vie de Vespasien,* 5, 6; on en trouve aussi allusion chez Cassius Dio, au IIIe siècle, LXVI, 1; Hölscher, col. 1938.

[8]   Talmud de Babylone, *Gittin,* 56 b. Initialement opposé à la rébellion, (cf. Safrai, *History of the Jewish People,* t. I, p. 308, en hébreu) c'est aussi par un subterfuge que ce fameux Rabbi quittait Jérusalem assiégée et abandonnait des combats sans issue, pour rendre hommage au futur Empereur. Pour prix de sa soumission, il sollicitait de Vespasien l'autorisation d'ouvrir une école

Dans le *Schwabenspiegel,* chronique allemande du XIIIe siècle, l'édiction de statuts favorables aux Juifs est imputée aux mérites de Josèphe qui, outre les exploits déjà mentionnés, aurait sauvé de la famine quarante mille des siens. Ce récit est repris par Eusèbe[9], et donne la mesure du rayonnement d'un auteur dont nous rencontrerons divers autres aspects par la suite (infra, p. 63).

Rouleaux parmi tant d'autres sur les rayons de la bibliothèque impériale de Rome, les écrits de Josèphe auraient pu partager le sort des autres oeuvres historiques de l'antiquité parvenues jusqu'à nous. Ils auraient pu tout aussi bien disparaître, s'ils n'avaient connu d'emblée un sort privilégié, par la faveur du christianisme, légataire du monde romain. De fait ils sont devenus la littérature de base de toute bibliothèque privée ou publique, laïque ou religieuse dans une grande variété de dialectes et de volumes, manuscrits ou imprimés, ornés ou frustes; ils ont connu des versions abrégées, annotées, glosées, révisées, amplifiées ou fragmentées et disséminées entre diverses autres oeuvres. Cette omniprésence mérite qu'on s'attarde sur les conditions qui y ont contribué.

2. *L'oeuvre de Josèphe, sa conservation et sa diffusion*

Il n'est peut-être pas superflu de commencer l'historique des *Antiquités judaïques* et de la *Guerre des Juifs* par un aperçu sur leur contenu. Cette dernière oeuvre était, comme dit, la première de Josèphe (supra, p. 7) mais pour respecter aussi bien la chronologie des faits relatés que l'ordre suivi dans les manuscrits étudiés, nous commencerons par les *Antiquités.* Cet ouvrage volumineux — plus de 600 pages très denses dans l'édition française utilisée (supra, p. 4) — est divisé en vingt livres de dimension plus ou moins égale. Les douze premiers racontent la Bible, sur un ton personnel, de la Genèse jusqu'aux livres des Macchabées; le début du treizième[10] s'appuie encore sur ceux-ci, mais ensuite et jusqu'à la fin du 20e livre qui s'achève la 12e année du règne de Néron, Josèphe nous présente une chronique sans parallèle dans l'historiographie de l'époque. Aujourd'hui encore Josèphe constitue souvent la seule source qui rende compte d'ouvrages historiques antiques disparus[11].

---

talmudique à Yavné. Cf. J. Neusner, *A Life of Rabban Yochanan ben Zakkai,* Leyde, 1962, p. 109–110. Rappelons cependant que dans sa *Vie,* Josèphe prétend avoir émis une requête assez analogue (418–421). Cf. Hölscher, col. 1938; Schreckenberg, *Tradit.,* p. 158–160. Sur ce curieux jumelage, Josèphe-Yohanan et Vespasien-Titus, voir Vidal-Naquet, *Du bon usage de la trahison,* p. 94.

[9] *Hist. eccl.,* III, 7.2; nous tirons ces informations d'un article de Lewy, «Josephus the Physician...», *Journal of W. and C. Inst.,* I, 1937, p. 221–242. Voir aussi Schreckenberg, *Rezeption,* p. 56–58; 61–63.

[10] Dans certains manuscrits, à cet endroit débute la *Guerre des Juifs,* voir infra, p. 146.

[11] C'est le cas entre autres pour les *Hypomnemata Historica* de Strabon, voir Hölscher, *Die Quellen des Josephus;* Schreckenberg, *Bibliog.* p. 118. De temps à autre une découverte archéologique permet de vérifier l'authenticité remarquable des documents recopiés par Josèphe. Voir M. Stern, in *The Jewish People in the first Century,* Van Gorcum, Assen, 1974, vol. 1, p. 20–29.

Le texte des *Antiquités judaïques* comporte donc deux parties distinctes: une première est parallèle à la Bible, une seconde relate des événements postérieurs à la clôture du canon biblique. A ce propos, il serait utile de déterminer dans quelle mesure Josèphe se conforme à ses modèles[12] et draine avec lui leur éventuelle tradition iconographique. Une simple confrontation de l'original des *Antiquités* avec le texte des *Septante* fait apparaître une dissimilitude profonde dans la forme et dans le contenu. Déjà la distribution en livres, conçue par l'auteur[13], diffère systématiquement de l'articulation du texte biblique. Il en sera fait état en tête de chacun des livres, dans la seconde partie.

La subdivision des livres en chapitres est probablement postérieure de plusieurs années à leur parution. Un titre qui résume le contenu du chapitre y était adjoint par la même occasion[14]. Ce «titulus» qui était soigneusement recopié dans la plupart des manuscrits est d'une importance primordiale pour l'iconographie des illustrations, comme on le verra par la suite, parce qu'il leur fournissait des thèmes tout prêts. Le texte lui-même a été découpé au XIXe siècle en périodes numérotées, qui permettent de se référer rapidement à chaque élément de ce texte[15]. Dans les manuscrits, rien si ce n'est la rubrique du chapitre ne rompt l'alignement régulier des lettres et des mots.

Outre l'articulation et la distribution, la forme des *Antiquités judaïques* est différente de la Bible par le ton du chroniqueur qui dialogue avec son lecteur et se défend de sa neutralité et de l'objectivité de sa relation. Il mêle une sincérité authentique avec un détachement feint pour conquérir son public païen. Ce tour personnel et tendancieux affecte également le fond. Josèphe opère une sélection parmi les événements qu'il rapporte: ceux qui ne lui paraissent pas assez honorables sont purement et simplement ignorés; pour d'autres qui risquent d'être accueillis avec scepticisme, il corrobore son récit par des références à des auteurs connus de son temps, mais dont l'oeuvre est souvent disparue aujourd'hui. L'attitude de Josèphe à l'égard des miracles de la Bible a fait l'objet d'études spécialisées[16]. A titre d'exemple, voici le traitement subi dans les *Antiquités Judaïques* par le déluge et le passage de la Mer rouge. Josèphe vante la solidité du toit et des parois de l'arche de Noé, faite pour résister «à la violence des flots et du vent» suscitée par le courroux divin, lui-même consécutif à «la malice et la corruption» des humains. Mais à toutes fins utiles, il renvoie le lecteur incrédule aux témoignages des Arméniens contemporains, du chaldéen

---

[12]   Attridge, *The Interpretation of Biblical History,* et Cohen, *Josephus in Galilee and Rome.*

[13]   Hölscher, col. 1942 et 1950; dans la préface de sa traduction de Josèphe en hébreu (Jérusalem, 1944, p. 52), Schalit cherche la logique de cette distribution.

[14]   Bentwich, *Josephus,* p. 243; Schreckenberg, *Tradit.,* p. 180. L'habitude de parer les chapitres d'un texte de «tituli» remonte à l'antiquité; elle apparaît aussi dans la Vulgate, Berger, *Vulgate,* p. 307.

[15]   Toutes les éditions érudites modernes se réfèrent à l'articulation de Benedictus Niese (Berlin, 1885–1895); tant qu'il s'agira de l'étude du texte même de Josèphe, nous y aurons également recours.

[16]   Voir par exemple Delling, *Studien zum Neuen Testament,* p. 130–144.

Bérose et d'autre historiens, dont Nicolas de Damas[17] (Livre I, chap. 3; Lidis, p. 12-13).

A propos de la Mer rouge, il décrit avec réalisme la fureur des éléments, le déroulement des phénomènes qui permirent le passage à pied sec de Möise et des tribus d'Israël. Il donne comme s'il y avait été le texte de la prière à Dieu de Möise, *in extenso,* puis il s'empresse de citer le précédent du passage par l'armée d'Alexandre le Grand de la mer de Pamphilie, également dû, selon lui, à la volonté divine (Livre II, chap. 7; Lidis, p. 74).

L'attitude de Josèphe à l'égard de la Bible est ambivalente. Tantôt il enrichit la matière et il brode abondamment, tantôt il passe outre abruptement. Les omissions de l'auteur ne sont pas toujours explicables. Une liste complète en fait encore défaut actuellement; elle permettrait entre autres de départager l'apport de Josèphe à l'iconographie de l'art et de la littérature en occident. Pour lui la porte du paradis n'est pas défendue, après l'expulsion, par cette épée «tourbillonnante» que l'art chrétien a fait empoigner par un archange ailé[18]; il n'est pas question du veau d'or et des Tables de pierre brisées par Möise[19]; Myriam n'est pas frappée de la lèpre[20], la toison de Gédéon ne s'humecte pas[21] et ce n'est pas sur un char de feu que le prophète Elie monte dans les cieux[22]. La place de ces thèmes dans l'iconographie de l'art chrétien montre l'importance de ces omissions de Josèphe pour l'art et la culture du moyen-âge.

Or les textes de Josèphe sont parfois ornés du veau d'or (fig. 39) ou du char d'Elie, nous y reviendrons. Il n'importe pas moins de relever scènes ou détails n'apparaissant que chez Josèphe, à l'exclusion de toute autre source. La liste en reste aussi encore à faire. Elle sera longue et nécessairement contestable: dans le monde de la tradition biblique, il est toujours difficile de remonter à la source primordiale. Folklore, légendes, traditions orales se recoupent selon des voies mystérieuses[23]. Tel élément du récit de Josèphe fait son chemin en parallèle dans la littérature talmudique ou midrachique, où il est consigné par écrit quelques siècles plus tard, puis échoue dans quelque apocryphe ou quelque écrit patristique. Dans une étude iconographique comme celle-ci, la présomption de l'influence directe de Josèphe se fonde sur l'abondance des motifs non-bibliques de celui-ci illustrés dans l'art occidental et en particulier à la source, c'est-à-dire dans les pages mêmes du livre. En voici un petit nombre, à titre d'exemples,

---

[17] B.Z. Wacholder, *Nicolaus of Damascus,* Berkeley et Los Angeles, 1962.

[18] *Genèse,* 3, 24; la célèbre gravure de Gustave Doré est encore dans toutes les mémoires.

[19] *Exode,* chap. 32.

[20] *Nombres,* chap. 12. Signalons que Josèphe s'applique par ailleurs à donner un fondement à la médisance de Myriam, «à propos de la femme de Couch qu'il [Möise] avait prise», voir infra.

[21] *Juges,* 6, 37–40.

[22] *Rois,* II, 2, 11–13.

[23] Citons seulement Hölscher, col. 1944 et sq.; 1951 et sq.; Shalit, *op. cit.,* p. XVII et sq. Nous n'avons pas trouvé de liste exhaustive des variantes de Josèphe par rapport au texte biblique.

choisis en relation avec un des personnages bibliques, auxquels l'auteur tente de donner du relief, selon un procédé commun à la légende populaire: le premier homme, Adam, tire son nom de l'hébreu «roux», d'après la couleur de la glaise dont il fut formé[24]; c'est par jalousie amoureuse que le serpent séduisit Eve[25]; la Tour de Babel, dans la Bible produit de la coopération anonyme des hommes, est due, selon Josèphe, à l'initiative de Nimrod (Nembrot ou Nebroth, selon les versions), le grand chasseur, désireux de se garantir contre un éventuel second déluge[26]; le patriarche Abraham aurait trouvé le vrai Dieu en contemplant le firmament étoilé et en s'interrogeant sur son créateur[27]; Moïse enfant, installé sur les genoux de son père adoptif, le Pharaon d'Egypte, s'empare de sa couronne et la jette à terre[28]; enfin le même Moïse, grand homme de guerre et grand amoureux, vainqueur des Ethiopiens, épouse la fille de leur roi[29].

Cette adjonction de détails concrets et d'épisodes légendaires permet de localiser aisément la part de Josèphe dans la constitution de l'iconographie biblique. Tel n'est pas le cas pour les ornements oratoires dont Josèphe parsème son texte. Considérations personnelles, interpellations au lecteur, commentaires des événements, leçons morales sont fleurs de rhétorique qui ne se traduisent guère sur le plan visuel. Enfin l'auteur compose avec soin, à l'intention de ses héros, discours, prières, adresses; leur influence sur l'iconographie, aussi subtile soit-elle parfois, ne peut être ignorée, comme il apparaîtra par la suite.

Quand, au niveau du XIVe livre, le récit de Josèphe quitte la voie de la tradition biblique et apocryphe, la situation change complètement. Josèphe apparaît dès lors, comme le seul chroniqueur fidèle des événements concernés; il devient ainsi l'inspirateur direct et exclusif de toute l'iconographie impliquée. Voilà qui donne aux derniers livres des *Antiquités judaïques* et à l'ensemble de la *Guerre des Juifs* leur prix pour l'étude iconographique de leur influence dans le monde des arts.

Ce dernier ouvrage, le premier en date, a été conçu en sept livres, à l'origine, mais doit à sa popularité un très grand nombre de variantes. Dans leur version reconstituée moderne, ces sept livres sont de longueur inégale (entre 30 et 60 pages dans l'édition précédemment indiquée). Après un résumé de l'histoire de la dynastie hasmonéenne jusqu'à l'annexion de la Judée à l'Empire romain, dans les deux premiers[30], les cinq autres décrivent les soubresauts de la révolte des Juifs et son écrasement définitif par Vespasien et Titus, entre 66 et 72 de notre

---

[24] *A.J.*, I, 1; Lidis, p. 7.
[25] *A.J.*, I, 1; Lidis, p. 8. Voir aussi Ginzberg, *The Legends of the Jews*, I, p. 72.
[26] *A.J.*, I, 4; Lidis, p. 15; Ginzberg, *ibid.*, p. 179, note 88.
[27] *A.J.*, I, 7; Lidis, p. 20; Ginzberg, *ibid.*, p. 189, note 16.
[28] *A.J.*, II, 5; Lidis, p. 62; Ginzberg, *op. cit.*, II, p. 272, note 65; Deutsch, «Légendes midrachiques...», *Journal of Jewish Art*, IX, p. 47–53.
[29] *A.J.*, *ibid.*,; Lidis, p. 63–64; n'est pas mentionné par Ginzberg.
[30] *G.J.*, I, 31 à II, 116; Hölscher, *op. cit.*, col. 1944.

ère. La matière de ces six années fatidiques, qui ne tient que quelques lignes dans Tacite et Suétone, offre une suite au récit biblique et le clôt, à la grecque, sur une catastrophe. Pour les Juifs, l'Ecriture s'arrêtait abruptement, mais sur une note d'espoir; après la destruction du premier Temple par Nabuchodonosor, il y avait eu le Retour d'exil au temps d'Ezra et Néhémie. Josèphe leur montrait que l'espoir avait été vain, et que la ruine du second Temple, plus dévastatrice que celle du premier, astreignait les Juifs à accepter de vivre sous la loi des Romains[31]. Pour les chrétiens, après la Passion de Jésus, il y avait eu ce qu'on appela vite la Vengeance, qui marquait aussi la déchéance du peuple de la première alliance, châtié pour son égarement. La *Guerre des Juifs* devenait ainsi le contrepoint bienvenu et nécessaire au récit des Evangiles[32].

Il apparaît que les Juifs n'ont guère apprécié ce récit cuisant de la fin de leur existence nationale ni les fustigations de son auteur. Tous les auteurs sont d'accord pour l'affirmer, ce sont les chrétiens qui ont assuré la conservation de l'oeuvre de Josèphe[33]. Sans eux, elle aurait connu le sort de bien d'autres écrits de l'antiquité, abandonnés au hasard des grands remous qui accompagnèrent la fin de l'Empire romain. Au contraire, elle trouva sa place au milieu des rouleaux de la littérature biblique et patristique, et, comme celle-ci sans doute, traversa l'époque troublée des invasions barbares dans la quiétude poussiéreuse de certains monastères épargnés par les violations[34]. L'absence des documents ne permet pas de retracer l'histoire de ces rouleaux, ni quand ceux-ci furent transcrits en codex[35]. Mais l'étude des mentions de l'historiographe juif et des citations de son oeuvre dans la littérature patristique permet de suivre leur cheminement, presque pas à pas, depuis les origines jusqu'à la Renaissance. En effet l'intérêt des érudits pour Josèphe les à conduits à dresser l'état complet des références, à lui et à son oeuvre, dans cette immense production[36].

Cette longue liste de plusieurs centaines de noms inclut les grands personnages de la littérature ecclésiastique à travers les âges: la grande fresque historique brossée par Josèphe, avec ses deux volets complémentaires, ne pouvait les laisser indifférents. Un seul point d'ombre compromettait l'ensemble, mais il était de taille: nulle part il n'y était question de la vie et la passion de Jésus. Le scandale ne dura pas longtemps. «L'oubli» de Josèphe fut si bien réparé que, inversement,

---

[31] Schalit, *op. cit.,* p. LXXVII.

[32] Deutsch, «Déicide et Vengeance», *Archives juives,* 16, 1980, p. 69–73.

[33] Bentwich, *op. cit.,* p. 240; Blatt, p. 16; Cabrol-Leclercq, *op. cit.:* «ce sont les milieux chrétiens qui firent la fortune littéraire de la *Guerre* et des *Antiquités judaïques»*, col. 2675; Schreckenberg, *Tradit.,* p. 172.

[34] Adhémar, *Influences antiques dans l'art du moyen-âge français,* Londres, 1939, p. 5. Samuel Berger écrivait dans son *Histoire de la Vulgate,* en 1893: «l'histoire de la Vulgate aux premiers siècles de son existence nous est presque entièrement cachée»... «plus obscure encore est l'histoire des livres apocryphes ou deutérocanoniques de l'ancien testament» (Préface, p. X).

[35] D'après H. Schreckenberg, *Tradit.,* p. 177, ce passage aurait eu lieu vers le IIe ou le IIIe siècle; selon K. Weitzmann, *Illustrat.,* p. 69, ce serait vers le Ier siècle de notre ère.

[36] H. Schreckenberg, *Tradit.,* p. 69–171; *Rezeption, passim.*

celui-ci passa longtemps pour le témoin malveillant, forcé par les événements à raconter «ce qu'il avait vu». Eusèbe, au IVe siècle, en fait déjà état dans son *Histoire ecclésiastique,* alors qu'Origène, au IIIe siècle, l'ignore[37]. Ce qui finirait par être connu sous le nom de «Testimonium flavianum», était donc interpolé entre ces deux dates, à la hauteur du 4e ou du 9e chapitre du XVIIIe livre des *Antiquités judaïques.* On s'accorde aujourd'hui à reconnaître que ce passage où il est question d'un «homme sage, si toutefois on doit le considérer simplement comme un homme...» est un faux, apparemment corroboré par une allusion à Jean dit le Baptiste et à Jacques le Mineur[38], dont l'authenticité est souvent admise. Mais malgré l'interpolation qui répondait sans doute à une pulsion invincible, rien n'a été tenté pour la dissimuler grâce à une insertion organique dans le texte; elle conserve le caractère d'une parenthèse amovible, apparaissant à des endroits variables suivant les versions. Il n'est pas jusqu'au titre du chapitre en question qui demeure inchangé et auquel on ajoute, assez irrégulièrement, une brève apostille informative (infra, Livre 18).

L'influence littéraire de l'homme et de son oeuvre ne se circonscrit pas à des références, si abondantes soient-elles. A défaut d'une documentation qui permette de brosser un tableau de la portée de cette influence[39], on ne peut éviter de passer rapidement en revue la littérature directement inspirée du diptyque historique de Josèphe, depuis les origines jusqu'en cette veille de la Renaissance qui nous concerne plus particulièrement. Au préalable, il importe de faire le point sur les principales versions et variantes de l'oeuvre.

Rappelons, pour commencer, que le IVe livre des *Macchabées* a longtemps été attribué à Josèphe[40], annexé de la sorte au canon biblique. On sait que le nom même de *Macchabées* y désigne Hanna et ses sept fils subissant le martyre plutôt que de consommer de la viande impure. Avec Eléazar ils sont vénérés comme les premiers martyrs de la foi chrétienne. Or Mathatias et ses cinq glorieux fils, de la famille des Hasmonéens, héros de la révolte contre Antiochus Epiphane, sont aussi connus comme *Macchabées.* Cette équivoque ne pouvait que servir la renommée de Josèphe. Vers le IVe ou le Ve siècle, un V[e] livre des *Macchabées* était constitué à partir du VIe livre de la *Guerre des Juifs,* dans une version syriaque de la Bible[41]. Il semble que jusque là donc l'oeuvre de Flavius Josèphe

---

[37]   Louis H. Feldmann fait le point sur la question dans l'édition classique Loeb (Londres 1965), t. IX, p. 49, note 6. Il s'agit là évidemment d'un des problèmes essentiels dans l'étude de l'oeuvre de Josèphe et tous les auteurs en parlent; il semble qu'ils soient unanimes sur l'inauthenticité du texte actuel du *Testimonium flavianum.*

[38]   *A.J.,* XVIII, 7; Lidis, p. 566; XX, 8; Lidis, p. 627.

[39]   Il n'existe, à notre connaissance, aucune étude sur l'influence directe ou indirecte de Josèphe sur l'histoire des idées ou de la littérature au moyen âge qui tente d'embrasser toutes les filiations possibles. W. Cahn le regrettait déjà en 1966 (*op. cit.,* note 5); Vidal-Naquet encore en 1977 («Du bon usage de la trahison», in *La Guerre des Juifs,* Paris, note 118).

[40]   Cf. Berger, *Vulgate,* p. 124; Bentwich, *op. cit.,* p. 248.

[41]   Cette version est citée par de nombreux auteurs. Outre ceux de la note précédente, voir Cahn, p. 307; Schreckenberg, *Tradit.,* p. 61; Eisler, *Iesus Basileus,* I, XLIII.

n'a pas encore été clairement dissociée de la Bible et des apocryphes, et n'a pas amorcé sa trajectoire autonome.

A la fin du IVe siècle apparaît la première adaptation de la *Guerre des Juifs,* remaniée, selon les souhaits des autorités ecclésiastiques de l'époque, en cinq livres et avec des allusions haineuses à l'égard des Juifs. Ecrit en latin, *Hégésippe* n'est pas à proprement parler une traduction. Atribué à tort à Ambroise, c'est probablement l'oeuvre d'un Juif converti nommé Isaac. Depuis, ce récit a fait son chemin de manière plus ou moins indépendante de son modèle. La Bibliothèque nationale de Paris possède 12 manuscrits de ce *Hégésippe*, datant du Xe au XVe siècle. Mais il apparaît que cette adaptation a aussi été incorporée à certaines époques au texte original de la *Guerre des Juifs*, dans le souci, si commun au moyen-âge, d'enrichir la matière[42].

C'est à peu près de la même époque que date la première traduction en latin du même volet du diptyque historique de Josèphe. La mise en latin des *Antiquités judaïques* intervenant sensiblement plus tard, il semble justifié d'admettre la primauté de la *Guerre des Juifs* dans les milieux chrétiens de l'époque. Ce dernier ouvrage aurait été traduit par le moine Tyrannus Rufinus d'Aquilea, contemporain de Jérôme, donc dès le début du Ve siècle, tandis que l'on accorde à l'initiative d'un Cassiodorus presque centenaire, entre autres traductions en latin, celle des vingt-deux autres livres de Josèphe, à savoir les *Antiquités* et le *Contre Apion,* près de deux cents ans plus tard, vers la fin du VIe siècle[43].

L'apparition, vers la moitié du Xe siècle, d'une version hébraïque des Histoires de Josèphe, le *Yossipon,* ramène notre attention sur un aspect qu'il ne faudrait pas minimiser: l'attitude du monde juif à son égard. Quoique directement concerné par le thème même de ces ouvrages, celui-ci ne semble avoir manifesté jusqu'à cette date aucun intérêt ni pour l'auteur ni pour son oeuvre. Existait-il une version araméenne disparue, comme le croient certains sur la foi d'une assertion de Josèphe lui-même[44], ou avait-on volontairement radié le souvenir du transfuge? De fait, il n'est pas fait mention de Josèphe dans le Talmud ni dans la littérature juive jusqu'à l'apparition de ce *Yossipon*; celui-ci se fonde sur une version latine des seize premiers livres des *Antiquités* et du *Hégésippe.* Cette deuxième hypothèse l'emporte donc, corroborée par le succès

---

[42] Ainsi en fait foi la préface du traducteur Guillaume Coquillart, présentant en 1463 son travail comme une adaptation de diverses versions, y compris *Hégésippe*; B.N. ms. fr. 248 et 405; cette préface a été publiée par Paulin Paris en 1838 (*Les manuscrits français de la Bibliothèque du Roi,* II, Paris, p. 271). Pour une étude de *Hégésippe,* voir les ouvrages de V. Ussani dans notre bibliographie. Pour la place de *Hégésippe* dans les bibliothèques moyen-âgeuses, voir Manitius, *Handschriften Antike Autoren in mittelalterlichen Bibliotheks-Katalogen,* Leipzig, 1935, p. 204–205, cat. n° 134.
[43] D'après un passage des *Institutiones,* I, 17, 1, cité longuement par Blatt, p. 17; Eisler, *ibid.*
[44] *G.J.,* Prologue, Lidis, p. 635: «ce que j'ai ci-devant écrit dans ma langue naturelle»; cf. Schreckenberg, *Tradit.,* p. 63; Vidal-Naquet, *op. cit.,* p. 18.

désormais indéfectible de cette version hébraïque jusqu'à la veille de l'ère contemporaine[45].

C'est probablement de l'ère carolingienne que datent les premières versions de Josèphe en vernaculaire, en irlandais d'abord, puis en anglo-saxon, en vieux français et en divers dialectes germaniques. Le texte en a été perdu, seuls témoignent de leur existence les premiers catalogues de bibliothèque parvenus jusqu'à nous[46]. Au XIIe ou XIIIe siècle apparaît la curieuse version slavonne de *Hégésippe,* tenue parfois pour une traduction faite à partir de l'hypothétique original araméen de la *Guerre des Juifs*[47]. Une traduction en vernaculaire occidental à l'époque des croisades fait défaut. Elle cadrerait bien pourtant avec la floraison des peintures dans les manuscrits latins de Josèphe, l'*Ovide moralisé* et les cycles de «romans antiques», les premières traductions ou compilations en langue romane des grands historiens de l'antiquité, des philosophes et d'experts en l'art de la guerre, comme Vegetius[48]. Rien ne permet actuellement de dépasser le stade des présomptions en ce domaine.

La première traduction de Josèphe qui nous soit parvenue est française et date du règne de Charles V. Mort en 1380, ce roi fit traduire un grand nombre d'oeuvres de l'antiquité, choisies surtout pour leur intérêt historique ou religieux[49]. Or les «Histoires» de Josèphe répondaient à ces deux critères à la fois. L'intérêt pour l'histoire en général, pour l'histoire antique, et celle de Josèphe en particulier, atteint son apogée au tournant du XVe siècle. Les manuscrits, enluminés ou non, se succèdent, mais seulement en latin et en français, à l'exclusion des autres langues. Il faut dire que cette époque reste encore peu connue et que sa richesse a défié tout effort de synthèse entrepris jusqu'à ce jour. Les cercles d'érudits et de mécènes n'avaient-ils accès à Josèphe qu'en latin ou en français? De fait, les traductions de cet auteur en d'autres

---

[45] Sur le silence de la tradition juive à propos de Josèphe, voir Bentwich, *op. cit.,* p. 240; Blatt, p. 16; Lewy, *op. cit.,* p. 273; Schreckenberg, *Tradit.,* p. 172; sur *Yossipon,* voir les travaux de Flusser; l'idée défendue par Wertheimer, dans la préface de l'édition Houminer de 1956 (en hébreu) de l'identité entre les deux auteurs n'est plus retenue aujourd'hui. Cette préface mérite pourtant d'être consultée pour les informations qu'elle fournit sur le succès de *Yossipon* dans les milieux juifs. Signalons enfin que ce texte a été également traduit en arabe, cf. Hölscher, col. 1998; Eisler, *op. cit.,* p. XLIV.

[46] Manitius, *op. cit.,* p. 7; voir aussi Adhémar, *op. cit.,* p. 8–14.

[47] Hölscher, col. 1998; Schreckenberg, *Tradit.,* p. 63; Höcherl, *Zur Übersetzungstechnik des altrussischen...,* p. 158; Vidal-Naquet, *op. cit.,* p. 19. Citons encore pour mémoire l'*Epitome Historiarum* de Zonaras, du XIIe siècle, ancêtre du *Miroir Historial,* fondé sur Josèphe, Hölscher, *ibid.* Mais nous ne prétendons pas donner une liste complète des divers ouvrages qui tirent leur source de l'oeuvre de Josèphe.

[48] Monfrin, «Humanisme et traductions au moyen-âge», in *Journal des Savants,* Paris, 1963, p. 162–167, n'a trouvé de traduction de Josèphe qu'à l'époque de Charles V; dans l'étude d'Adhémar, en préambule de son livre sur les *Influences antiques dans l'art du moyen âge français* (p. 5–47), il n'est pas du tout question de Josèphe.

[49] Monfrin, *ibid.*; cette traduction anonyme constitue le texte des manuscrits: B.N. ms. fr., 11–15, 247, 404, 6446; Arsenal fr. 5082–5083; Bodmer, cod. 181; Soane 1.

langues paraissent à l'époque de la deuxième traduction française connue, celle de Guillaume Coquillart[50].

Ce Rémois date lui-même le début de sa traduction, dans la préface qu'il donne à la *Guerre des Juifs,* à l'an 1460, et la fin, tantôt à l'an 1463, tantôt 1473[51]; il est le chef d'une longue file qui culmine avec Arnauld d'Andilly (1668–1669), d'une part, pour le nombre des rééditions, dont la dernière en date est de 1968[52], et avec l'équipe réunie au début de ce siècle par Théodore Reinach, pour le sérieux et l'apparat scientifiques[53].

Le texte original en grec a poursuivi son bonhomme de chemin sans désemparer au cours des siècles. Il reste plus de cent trente manuscrits en cette langue à travers le monde, dont une vingtaine à la Bibliothèque nationale de Paris, échelonnés du Xe au XVIe siècle. A l'avénement de l'imprimerie, les Josèphe en grec se sont succédés en éditions plus ou moins châtiées, depuis celle de Bâle, de 1544, jusqu'aux éditions critiques de Bekker, Naber et Niese[54]. Après l'immense faveur du moyen-âge et de la prime renaissance, la traduction latine a connu une longue période de déclin, à la suite de la première édition critique, celle de Frobenius, à Bâle, en 1524[55]. Avec quelque 230 manuscrits à travers le monde, échelonnés du VIIe au XVIe siècle, la version latine reste pourtant la mieux représentée de toutes. La tentative méritoire de Franz Blatt de présenter une édition critique de la version latine est restée sans lendemain[56].

Aucun travail sérieux n'a été effectué sur les Josèphe manuscrits autres que latins et grecs. Nous avons vu que la version française fut longtemps la seule en circulation, on la retrouve un peu partout en Europe[57]. Nous cherchons encore cette version italienne qui devrait concurrencer la française, eu égard à la précocité des études humanistes dans la péninsule[58]. Quant aux anglaise, germanique, hollandaise, espagnole, dont certaines sont signalées dès l'approche de l'an mil[59], elles apparaissent en force au début du XVIe siècle, dans les livres imprimés, mais nous n'en avons pas trouvé trace auparavant. En 1470

---

[50]   Voir par exemple Blatt, p. 15; mais cet auteur date la première traduction française de 1492 (année de la première impression de Josèphe en français par Vérard, voir infra, p. 30), alors que celle de Coquillart, datée de 1463, n'est sûrement pas la première, voir notes 42 et 49; voir aussi Durrieu, p. 6. Sur l'érudition et le mécénat de cette époque, voir les travaux de G. Ouy et de F. Simone.

[51]   La date la plus reculée figure à la postface du traducteur, B.N., ms. fr. 406, f° 224; la plus récente, B.N., ms. fr. 249. Voir P. Paris, *op. cit.,* t. II, p. 269; t. III, p. 381; voir aussi l'article de A. Longnon dans *Romania,* XXIX, 1900, p. 564, «Les deux Coquillart».

[52]   Schreckenberg, *Bibliog.*; Durrieu n'en cite que quelques-unes, p. 7; 1968 est la date de l'édition Lidis, voir supra, p. 4.

[53]   Aux éditions Leroux, à Paris, à partir de 1900, 7 tomes.

[54]   Schreckenberg, *Tradit.,* p. 13–53.

[55]   Blatt, préface, p. 5.

[56]   *Ibid.,* p. 25 et sq.; Schreckenberg, *Tradit.,* p. 58–61; dans *Rezeption,* p. 27–28, le même présente la critique de l'oeuvre de Blatt.

[57]   Ainsi à Londres, Soane ms. 1; Vienne, ms. 2538; Genève, Bodmer cod. 181.

[58]   Cf. Monfrin, *op. cit.,* p. 170: Cicéron y était traduit dès la première motié du XIIIe siècle.

[59]   Voir supra, p. 16.

était imprimé, à Augsburg, le premier livre de Josèphe, un extrait des *Antiquités judaïques* en latin. Il faudra attendre 1516 pour l'édition des oeuvres complètes de Josèphe, à Paris; le *Yossipon* en hébreu paraissait à Mantoue dès 1476 et Vérard publiait à Paris la première traduction en français, ornée d'une gravure-frontispice, en 1492[60].

3. *L'oeuvre de Josèphe et son rayonnement*

La vogue des livres de Josèphe se fonde sur ces impondérables qui font la gloire littéraire; ceux-ci varient en fonction des critères d'un milieu, d'une société, d'une civilisation, voire d'un climat. Le récit tumultueux et brutal, haut en couleurs, le ton docte et solennel du conteur, pour lequel tout s'explique dans l'engrenage irréversible de la fatalité, voilà qui constitue la base du succès de Josèphe. L'action est généralement moins vive dans les *Antiquités judaïques,* où les dissertations abondent, aussi sont-elles moins bien placées par rapport à la *Guerre des Juifs* dans la faveur du public populaire.

Mais la vraie raison du succès de l'oeuvre de Josèphe est ailleurs. On lui attribuait la valeur d'un texte biblique et son auteur était rangé parmi les auteurs sacrés; elle occupait une place privilégiée parmi les oeuvres des historiens célèbres de l'antiquité; enfin elle était cultivée pour la mine de renseignements qu'elle était censée fournir.

a) *Josèphe auteur sacré*

Dans son *Histoire de la Vulgate au moyen-âge,* Samuel Berger montre combien la Bible eut du mal à prendre pied dans un monde chrétien en voie de formation, jusqu'aux grands travaux d'Alcuin, inspirés par le dessein d'unification de Charlemagne. Diverses versions et traductions plus ou moins autorisées, aujourd'hui disparues, avaient cours; tels livres était compris, tels autres étaient exclus du canon biblique encore malléable.

Chaque région, chaque autorité ecclésiastique en usait plus ou moins à sa guise avec les textes[61]. En revanche, dans la liste des références à Josèphe, élaborée par Heinz Schreckenberg[62], on relève un concert de louanges et d'appréciations admiratives presque unanime. A partir des parallélismes entre Josèphe et l'évangile selon Luc[63], au deuxième siècle, en passant par Origène,

---

[60] Il s'agit d'un exemplaire de la *Guerre des Juifs*; pour une liste complète des éditions de Josèphe, voir Schreckenberg, *Bibliog.*

[61] Voir aussi Smalley, *The Study of the Bible in the Middle Ages* et Loewe, «The Medieval History of the Latin Vulgate», in *The Cambridge History of the Bible,* II, p. 102–154.

[62] *Tradit.,* p. 69 à 171.

[63] *Ibid.,* p. 69. Voir aussi infra, p. 163. Ce fut le point de départ de Krenkel, en 1894, pour sa théorie de l'obéissance de Luc par rapport à Josèphe.

Cassius Dio — qui se fait l'écho des «prophéties» du prêtre de Jérusalem (supra, note 7) — Eusèbe et Ambroise; Jérôme l'appelle «paene secundus Livius»[64] (quasiment second Tite-Live) et lui fait place dans son *De viris illustribus*[65]; Augustin le mentionne et le cite; Cassiodore le fait traduire quoiqu'il le dise «late diffusus» (largement diffusé), ce qui signifie qu'il avait été mal traduit jusque là. Pour lui Josèphe est à la fois «secundus Livius» et un des «patres nostri»[66], historien et auteur sacré. Il est significatif qu'un puriste comme Alcuin, soucieux d'élaguer le texte biblique, ne parle de lui qu'occasionnellement[67]. A considérer sa place dans l'entourage de Jérôme, où il était traduit, comme dit, dès le IVe siècle, et les confusions entre Josèphe et la Bible, à propos du IVe livre des *Macchabées,* par exemple[68], on en conclut que les écrits de Flavius Josèphe ont été incorporés, d'une certaine façon, au texte biblique, et révérés au même titre. L'iconographie de l'illustration de ces textes le confirme, comme on verra.

A ce stade, l'attitude des milieux ecclésiastiques par rapport à l'oeuvre de Josèphe se manifeste dans un texte intitulé *Sacra Parallela.* Son auteur, Jean le Damascène, vivait au VIIIe siècle dans le couvent de Mar-Saba, dans le désert de Judée. Ce florilège, dont la Bibliothèque nationale de Paris conserve une copie du IXe siècle (fonds grec, n° 923) ornée de nombreuses peintures, comporte plusieurs citations des *Antiquités* et de la *Guerre des Juifs,* au milieu de «fragments de la Bible et des Pères groupés d'après leur rapport avec des matières»[69] rangées par ordre alphabétique[70]. Josèphe fait donc figure ici d'auteur sacré. Au IXe siècle également, un autre esprit se fait jour avec Lupus de Ferrières, appelé par Manitius «le premier collectionneur». De cette époque datent aussi les premiers catalogues ou inventaires de bibliothèques du moyen âge. Ceux-ci sont répartis en trois grandes catégories bien distinctes: 1° les textes bibliques; 2° la littérature patristique et 3°, «libri grammaticae artis», les livres profanes[71]. Cette classification méthodique conduit à une lente décantation de Josèphe de la Bible, puis des Pères, pour le ranger enfin parmi les historiens classiques de l'antiquité.

Mais il garde en toute circonstance une place ambiguë et privilégiée en tant que conteur d'histoire sainte. A partir du XIIIe livre des *Antiquités judaïques* et du second de la *Guerre des Juifs,* il prend la relève de la Bible, comme dit, et

---

[64]   Dans *Epist. ad Eustachium, P.L.,* 22, col. 421; cité par Cahn, note n° 5.

[65]   Voir supra, note 4.

[66]   «Second Tite-Live» et «un de nos pères», Schreckenberg, *Tradit.,* p. 99.

[67]   *Ibid.,* p. 110; Smalley, *op. cit.,* p. 37–38; Loewe, *op. cit.,* p. 133–138. Les interférences entre le texte de Josèphe et la Bible ne pouvaient que le contrarier.

[68]   Supra, p. 14.

[69]   Bordier, *Description des peintures... dans les manuscrits grecs de la Bibliothèque nationale,* Paris, 1883, p. 90 et sq.

[70]   Weitzmann, *The Miniatures of the Sacra Parallela;* Schreckenberg, *Tradit.,* p. 109; voir aussi infra, p. 30 et suiv.

[71]   Manitius, *op. cit.,* p. 3–4.

donne un arrière-plan historique aux évangiles. Selon les termes du *Dictionnaire d'archéologie chrétienne et de liturgie,* Josèphe est «un historien à qui nous devons la connaissance des faits que sans lui nous ignorerions tout à fait, et cette ignorance porterait un grave préjudice à l'étude du passé chrétien»[72]. De façon générale on goûte sa manière de conter, agrémentée de considérations personnelles sur la logique des faits, de détails anecdotiques tirés, entre autres, du Midrach[73] ou de sa propre inspiration et de scènes lascives comme celle de la séduction de Joseph par la femme de Putiphar, par exemple[74]. Le récit savoureux et d'un seul tenant satisfait la logique du lecteur par ses références scientifiques et psychologiques. Le public lettré appréciait ses tableaux généalogiques et la rigueur romaine de son style dans l'exposition des faits et des lois[75].

Il est difficile aujourd'hui de réunir des preuves concrètes historiques de la vogue populaire de Josèphe, outre les références déjà mentionnées. Divers indices permettent néanmoins d'en juger. En voici deux, relevés par deux auteurs: la liste des textes lus dans les réfectoires monastiques, tel celui de Cluny, comprenait aussi les «Histoires» de Josèphe[76]; d'autre part, un certain nombre de stéréotypes populaires, comme la tour de Babel, rebaptisée «Turris Nebroth»[77], tirent leur source de ce texte.

Au douzième siècle Josèphe devient partie intégrante du patrimoine culturel de l'occident chrétien par le truchement de diverses compilations qui, en échange, font écran entre lui et son public. La première et la plus célèbre est l'*Histoire Scolastique,* dont le retentissement fut sans égal en Europe. Son auteur, Pierre le Mangeur[78], puisa largement dans les sources juives et aussi dans Josèphe, considéré par lui comme une source aussi valable que l'évangile[79]. Explicitement mentionné ou non, l'historien juif prenait un nouveau départ dans cet ouvrage que Samuel Berger a appelé «la véritable Bible du moyen âge»[80]. De là, il fit son chemin dans l'intense production littéraire religieuse du

---

[72]   Cabrol et Leclercq, s.v. «Josèphe», t. 7[2], col. 2666–2683.

[73]   Supra, p. 11.

[74]   *A.J.,* II, 3; Lidis, p. 44–46; cité par de nombreux auteurs, comme Bentwich, *op. cit.,* p. 15; Cahn, p. 295; les sources traditionnelles juives brodent sur ce récit dans un sens différent: on y verrait plutôt Joseph sur le point de céder à la tentation, cf. Talmud de Babylone, *Sota,* 36b; voir aussi Ginzberg, *The Legends of the Jews,* t. II, p. 53.

[75]   Selon Bentwich, *op. cit.,* p. 143, qui l'opposait en ce sens à Philon d'Alexandrie, plus héllénisé dans sa culture.

[76]   Cf. Cahn, p. 295, avec une bibliographie.

[77]   Blatt, p. 12: dès le IXe siècle dans un manuscrit d'Ovide, à Berne; voir aussi supra, p. 12. Dans *Le monde sepharade,* n°7, 1984, p. 26-27, nous montrons l'effet de ce nom sur l'iconographie du thème dans l'art occidental.

[78]   Alias Petrus Comestor, alias Maître des histoires; voir Smalley, *op. cit.,* p. 178–180; S.R. Daly, «Peter Comestor, Master of Histories», *Speculum,* XXXII (1957), p. 62–73.

[79]   Schreckenberg, *Tradition,* p. 147: Berger, *Bible fr.,* surtout p. 171 et 178; Laborde, *Moral.,* t. V, p. 142; voir aussi infra, p. 43 et suiv.

[80]   A propos de la Bible historiale, qui en est la traduction française, *Bible fr.,* p. 282.

XIIIe siècle qui compte, entre autres: le *Speculum historiale,* le Miroir historial de Vincent de Beauvais et la *Légende dorée,* de Jacques de Voragine[81].

Pour les autorités ecclésiastiques, Josèphe n'était pas un simple vulgarisateur de la Bible. Il constituait un élément essentiel de l'arsenal théologique pour la propagation de la foi et la lutte contre les infidèles. En premier lieu, grâce à ce petit faux, cette interpolation de quelques lignes, appelée «Testimonium flavianum». Non content d'être l'historien de l'époque de Jésus, il en devenait le témoin, témoin d'autant plus précieux qu'il n'était pas chrétien. On avait recours à lui dans les disputations publiques qui mettaient aux prises rabbins et théologiens, et où il était cité en qualité de «vester domesticus testis»[82], «den tiuren Josêphum, iweren hystoriographum»[83], celui que les «juifs devraient croire» comme «un des leurs... qu'ils révèrent tant»[84] et qui, pour les chrétiens «renforce la foi en notre religion, du fait que nos ennemis aussi témoignent de sa véracité...»[85]. Cette position dans le christianisme de Josèphe devait déclencher deux réactions en chaîne, remarque avec sagacité H. Lewy: les chrétiens mettaient l'accent sur le caractère prophétique de l'homme et de son oeuvre, et encourageaient de la sorte la formation du tissu de légendes évoqué plus haut; les Juifs ripostèrent en reprenant l'auteur éclairé que l'on leur jetait trop souvent au visage dans le giron de la littérature hébraïque traditionnelle, afin de le neutraliser en quelque sorte; ce serait là l'une des raisons profondes de la traduction-adaptation de Josèphe en hébreu.

Dans la *Guerre des Juifs* particulièrement, Josèphe propose à l'Eglise un témoignage historique qui fut retourné très tôt contre les Juifs. Dès le Ve siècle le récit de la chute de Jérusalem et de la ruine du Second temple fut lu comme une vengeance divine sanctionnant la crucifixion de Jésus (supra, p. 13). Josèphe ne clame-t-il pas, avec un pathos qui cache sans doute une réelle et profonde souffrance, que tous les malheurs qui arrivent aux Juifs sont la conséquence de leurs erreurs? Il était facile d'imputer ces erreurs à l'aveuglement des Juifs, incapables de reconnaître le Christ. Dans ses *Annales,* le chroniqueur byzantin du XIIe siècle, Michael Glykas cite Josèphe comme un Juif «fidèle à son peuple, [qui] raconte l'horrible punition qui leur advint»[86]. «Ce que plusieurs appellent

---

[81] Schreckenberg, *Tradit.,* p. 147, 164 et 184.

[82] «Le témoin de votre nation»: Paulus Alvarus de Cordoue, IXe siècle, *P.L.,* 121, col. 489; Schreckenberg, *Tradit.,* p. 118.

[83] «Le cher Josèphe, votre historien»: le curé de Ratisbonne, XIIIe siècle (*Monumenta Germaniae Historica,* 1961, Deutsche Chroniker, I, 1).

[84] *Hégésippus,* II, 12, 1.

[85] Pierre de Blois, *Contra Perfidiam Judaeorum (Patrologie latine,* CCVII, col. 851); Schreckenberg, *Tradit.,* p. 154. En l'an 1927, ainsi s'exprime H. Leclercq, dans l'article déjà mentionné du *Dictionnaire d'archéologie chrétienne et de liturgie*: «car ce transfuge tenait tout ensemble un bazar et un arsenal copieusement pourvus de tout ce qui pouvait servir dans les controverses contre sa propre race», col. 2668. Pour tout ce développement voir Lewy, *Olamot Nifgashim,* p. 273-4.

[86] *Annal.* II, Bonn, 1836, p. 443 (Lewy, *ibid.,* note 26).

la vengeance de la mort et passion de notre dit rédempteur» surenchérit Coquillart dans le «proème de sa translation» de «l'histoire de la destruction des Juifs et de la cité de Jérusalem...»[87]. Josèphe était manifestement choisi par Dieu pour être le témoin de la déchéance du peuple à la nuque roide[88]. Il servit de point de départ à une tradition littéraire oubliée aujourd'hui, la littérature de la *Vengeance de Notre Seigneur.*

La vénération des théologiens chrétiens pour le texte de Josèphe va jusqu'aux discours, aux dialogues et aux détails anecdotiques, absents du texte de l'Ecriture, dont Josèphe parsème son récit. Ainsi pour le discours que Josèphe prête à Abraham, exhortant son fils Isaac à la soumission avant le sacrifice: le Patriarche lui rappelle que sa naissance ayant été un don divin, sa vie appartenait à Dieu et que par conséquent, il devait rendre cette vie à Dieu, dès lors qu'elle lui était réclamée, «pour être à jamais uni au souverain maître de l'univers»[89]. Dans une homélie pascale d'Athanasius, ces termes sont mis en rapport typologique avec la Passion de Jésus[90]. Les *Antiquités judaïques* ont dû jouer un rôle capital dans la propagation des traditions juives dans le monde chrétien. D'après l'évangile selon Matthieu, le Massacre des innocents à Bethléem par Hérode est préfiguré dans le massacre des nouveaux-nés mâles des Enfants d'Israël en Egypte. Or c'est le «Midrach», diffusé par Josèphe, qui sert de liaison; c'est lui qui explique la mesure barbare du Pharaon par l'effet d'une prédiction des astrologues qui lui annonçaient la naissance, imminente et fatale pour lui, du «Sauveur des Juifs»[91].

Josèphe auteur sacré, témoin inspiré, est à la source du thème chrétien de la *Vengeance,* nous l'avons vu. Trois grandes familles de textes développent ce thème, depuis le VIIIe ou le IXe siècle au plus tard. Les *Actes de Pilate* avec la *Vindicta salvatoris* appartiennent aux Evangiles apocryphes. Un long poème français en 107 laisses du XIIe siècle est actuellement le seul vestige de la seconde famille. La troisième est constituée par une série de textes dramatiques, en français aussi, montés sur les tréteaux du mystère; une première fois sans doute en 1396, à Nevers, puis encore onze fois de plus jusqu'au XVIe siècle. Le plus ancien de ces textes qui ait été conservé a été composé par Eustache Marcadé, mort en 1440. Malgré l'absence de documents, on est ainsi amené à conjecturer drames et textes plus anciens sur le thème de la *Vengeance.* De fait ces textes

---

[87]   B.N. ms. fr. 248, f° 1; fr. 405, f° 1; voir note 42.

[88]   Dans la préface de sa traduction, Arnauld d'Andilly écrivait encore au XVIIe siècle: «il est évident que Dieu l'a choisi pour persuader toute personne raisonnable de la vérité de ce merveilleux événement», (dans l'édition Mortier à Amsterdam, 1700, f° 3v°).

[89]   Notre citation est une pieuse formule d'Arnauld d'Andilly, Lidis, p. 29. Dans l'original grec, *A.J.,* I, 230, ce passage comporte une curieuse lacune, que Reinach complète de la sorte: «Puisque tu as été engendré [d'une façon peu commune], tu vas aussi quitter la vie d'une façon peu ordinaire» (t. I, p. 54, notes 1 et 2).

[90]   Cahn, p. 296; Daniélou, *Sacramentum futuri,* Paris, 1950, p. 100.

[91]   *A.J.,* II, 5; Lidis, p. 59; *Matthieu,* 2, 16; voir la glose de Raschi, *Exode,* 1, 16; Ginzberg, *op. cit.,*

semblent s'alourdir avec le temps: l'édition de 1491 d'Antoine Vérard compte 8000 vers de plus que la version de Marcadé. L'idée fondamentale de ce mystère a dû être, au départ, de tirer vengeance éclatante et publique du déicide, qui incommodait la foule, surtout après l'expulsion des Juifs de France, à la fin du XIVe siècle. Mais comme les autres, ce mystère semble avoir aussi échappé au contrôle des autorités officielles de l'Eglise et emprunté sa propre voie, jusqu'à sa disparition[92].

En 1437, à Metz, deux mois après avoir présenté au peuple la Passion, on lui offrit en contrepartie «la Vengeance de Notre-Seigneur». Le spectacle dura quatre jours, il mobilisa d'énormes frais de décor et de mise-en-scène. Les meilleurs des citoyens se partagèrent les premiers rôles, le «plaidoieur» fut Vespasien, le curé de Saint-Victor, Titus. Plus de cent acteurs leur donnaient la répartie, assistés de plus de deux cents figurants. On imagine mal aujourd'hui un pareil spectacle. Les efforts et les frais gigantesques firent apparemment reculer les commanditaires et expliquent le petit nombre de représentations, alors que le «Jeu de la Passion» apparaît à 85 reprises dans les archives du temps. Mais le «Jeu des Macchabées», avec les sept enfants de Hanna, suppliciés pour avoir refusé de consommer de la «chair de pourceau», n'est censé avoir été représenté qu'une seule fois, celui de Catherine neuf fois, et, significativement, celui de Barbe douze fois, presque autant que celui de la Résurrection, avec ses quinze représentations. Le nombre des spectacles de la «Vengeance» tient donc ce qu'on peut appeler une moyenne honorable[93].

Les sources suggèrent que ce mystère, comme l'oeuvre de Josèphe elle-même d'ailleurs, a joui d'une faveur particulière dans le Nord de la France: il a été monté à Abbeville deux fois, puis à Amiens, à Lille et, en dernier, en 1531, à Reims. Mais les sources conservées ne rendent pas compte de l'ampleur de cette notion de Vengeance consécutive à la Passion, devenue proverbiale[94]. Apparemment ce «Jeu» a été monté bien plus souvent que les documents d'époque ne le laissent supposer, et, comme dit, il a été précédé d'un drame liturgique dont le canevas, disparu, a été enrichi par des apports successifs.

Le texte de ce mystère a survécu en deux versions distinctes. L'une, attribuée à Eustache Mercadé, n'a pas mérité une analyse de Petit de Julleville[95]; l'autre a été imprimée par Vérard en 1491. Cette dernière version, anonyme, est manifestement une compilation tardive, avec ses incohérences, ses confusions et

---

II, p. 254, note 21: Cahn, *ibid.*

[92]   Voir notre article cité «Déicide et vengeance»; Schreckenberg, *Rezeption,* p. 45–46; 53–66.

[93]   Pour tout ce développement, voir Petit de Julleville, *Les Mystères,* Paris, 1880, *passim,* tomes 1 et 2; Frank, *The Medieval French Drama,* Oxford (1954) 1972, p. 179; 191–192.

[94]   François 1er écrivait dans une lettre à sa mère: «Et s'il on joué la pasyon, nous jourons la vanganse» (Cité par Petit de Julleville, *op. cit.,* p. 229).

[95]   Edw. Ham, «The Basic Manuscript of the Marcadé 'Vengeance'», *The Modern Language Review,* XXIX (oct. 1934), p. 405–420.

ses contaminations. La *Guerre des Juifs* en constitue encore l'essentiel, mais alourdi d'apports hétérogènes, tirés de textes divers, comme les apocryphes, la *Légende dorée* et le *Miroir historial,* ce qui confirme l'origine populaire de base.

On ignore aujourd'hui quel pouvait être l'effet de ces jeux dramatiques, avec leurs atrocités, leur luxure, leur humour populaire, sur les masses médiévales. Les artistes chargés d'orner d'images le texte original n'étaient sûrement pas épargnés de l'influence de ces spectacles. La réhabilitation du monde sensible, vers le XIV siècle, ne pouvait qu'en accentuer la portée, comme on verra par la suite.

On ne saurait mieux conclure cet aperçu sur la mobilisation de Josèphe en faveur du dogme et de la foi chrétiens que par la condamnation sans appel d'un chroniqueur juif du XII siècle. Sous la plume de Yerahmiel ben Chelomo, Josèphe fils de Mathatias devient «Josèphe le Nazaréen» (le chrétien)[96].

b) *L'historiographe Josèphe*

Josèphe, l'auteur sacré, était en même temps Josèphe l'historiographe[97]. La place de l'histoire dans la pensée du moyen-âge permettait ce jumelage. La connaissance des événements du passé était censée renforcer la foi. Aussi n'était-elle pas une science avec le parti-pris d'objectivité et de tolérance que lui prête le monde moderne[98]. Elle tendait à édifier, à instruire et à guider par ses exemples, dans un sens positif ou négatif. Elle participait de l'enseignement religieux au même titre que le catéchisme. Elle constitue d'ailleurs, comme on sait, la majeure part des Ecritures; elle constitue aussi une part considérable de la littérature patristique. Parmi les premiers grands noms de cette littérature on compte quelques grands historiens, tels Julius l'Africain «Père de la chronographie chrétienne» (III siècle), Eusèbe (IV siècle) et Orose (V siècle)[99]. Josèphe était leur source principale et leur modèle.

Une étude chronologique de l'historiographie reste à faire. Quand elle définira clairement les buts et les méthodes, on poura arriver à distinguer l'histoire des autres disciplines médiévales. Pour l'heure, l'image qu'on tire des quelques études existantes[100] ne saurait étoffer un long développement sur le rôle spécifique de Josèphe dans cette matière. Certains aspects historiques de son

---

[96]   A. Neubauer, *Medieval Jewish Chronicles,* Oxford, 1887; cité par Lewy, *op. cit.,* note 28.

[97]   A partir du grec, comme en témoigne notre fig. 4. La forme latine «historiographus» revient souvent dans les manuscrits de Josèphe, ainsi: B.N., lat. 16941, du XIII siècle, f° 240 v°, à la fin des *A.J.,* puis «historiographe» en français, ainsi: Arsenal, ms. 3688, du XV siècle, f° 1.

[98]   Elle n'est pas comprise dans les sept «Artes» étudiés à l'Université, voir note 100.

[99]   Schreckenberg, *Tradit.,* p. 71, 79–88 et 95.

[100]   Ritter, «Studien über die Entwicklung der Geschichtswissenschaft», *Historische Zeitschrift,* CVII (1911), p. 237–305; Sanford, «The Study of Ancient History in the Middle Ages», *Journal of the History of Ideas,* V (1944), p. 21–43.

oeuvre ont déjà été analysés ici, parce que reliés à l'histoire sainte et, en ce sens, participant plutôt de la théologie que de l'histoire tout court. On en arrive à se demander s'il est justifié de classer Josèphe sous la catégorie d'historien, dans cette enquête sur son rayonnement, quand bien même l'étude de la matière qu'il traite avec les outils profanes de l'analyse scientifique est une des conquêtes les plus récentes de l'érudition moderne. Jusque là toute histoire n'est qu'un fragment de l'histoire du monde et commence, en principe, avec les six jours de la Création[101].

Pourtant il fallait accorder une réflexion à tous ceux pour qui Josèphe est «historiographe» ou «historien» ou qui lisent les «Histoires» de Josèphe. Tous ceux qui ont été subjugués par son style de conteur, par sa faconde populaire et le tour facile qu'il donnait aux événements sacrés; par le complément qu'il apportait au récit biblique et les grands principes de morale et de justice qu'il défendait[102]. Ce dernier argument n'était pas particulier à Josèphe qui, de son propre chef, cherchait en cela à ressembler aux autres historiens — païens — de l'antiquité. En ce sens, Josèphe était assimilé à ces auteurs classiques dont se délectaient les grands de l'Eglise, avec un plaisir suspect dont certains cherchaient à se disculper[103]. La faveur pratiquement unanime et manifeste dont jouissaient les historiens romains accessibles, comme Suétone et Salluste, puis Tacite et Tite Live[104], mérite qu'on s'attache à en découvrir les raisons et le mode d'insertion dans la «Weltanschauung» du temps. L'attitude envers Josèphe en serait clarifiée d'autant. En attendant, l'ambiguïté des textes, où Josèphe est tantôt historien, tantôt auteur inspiré, ne permet pas de le situer nettement dans la pensée des clercs d'une époque donnée et, à plus forte raison, de tracer la ligne d'évolution de la place, toujours plus circonscrite, qu'il a occupée dans l'histoire de la théologie chrétienne.

Mais à partir du XIe siècle, apparemment, le public des amateurs d'Histoire et d'«histoires» (la distinction entre la grande Histoire et les histoires savoureuses

---

[101] Qu'on se rappelle la parodie qu'en fait Racine dans la scène 3 de l'acte III des *Plaideurs* (1668): c'est le signe que cette idée était encore coutumière.

[102] On a cherché longtemps à démontrer l'utilité pratique de l'histoire. Voir note 100; dans la préface à Henri III de sa traduction française de Josèphe, Gilbert Génébrard, docteur en théologie, écrivait dans l'édition de 1578, chez Pierre l'Huilier, à Paris: «...en un siècle auquel la curiosité des hommes est si grande et excessive ... les livres [de Josèphe] sont comme une Bible historiée, écrits en langage commun et populaire et accommodés à la capacité de toutes personnes...» Il met «bon ordre» dans les obscurités des livres sacrés; il laisse «entendre la continuation de l'histoire sacrée... depuis le commencement du monde jusques au temps dudit Josèphe». Enfin il sert d'exemple pour les princes contre »macchiavélistes et autres tels athéistes, forgeurs de nouvelles Républiques».

[103] Ainsi Rhabanus Maurus, voir Sanford, *loc. cit.*, p. 30; Erasme est évidemment plus libre dans ses propos: «S'ils aiment l'histoire, après l'histoire sainte, les plus châtiés sont Josèphe et Hégésippe, les plus religieux, Héraclide et les hagiographes» (*Enchiridion*, VIII, chap. VI; cité par Renaudet, *Préréforme et humanisme à Paris*, Paris, 1953, p. 482).

[104] Pierre de Blois écrivait dans l'*Epître* 101, au XIIIe siècle: «En plus des autres livres généralement lus dans les écoles, je tire profit de lectures fréquentes de Trogus Pompeius, Josèphe, Suétone, Hégésippe, Quinte Curce, Tacite, Tite-Live»... cité par Sanford, *loc. cit.*, p. 29.

dont elle est émaillée n'est toujours pas commode à établir) s'élargit et comprend un nombre grandissant de laïcs. Pour eux, le bénéfice moral et la rigueur des principes comptent moins que le style et le rythme. Le paradoxe veut qu'ils lisent eux aussi pourtant l'histoire générale et l'histoire sainte ou hagiographique. Romans antiques et chansons de geste, en langue vulgaire, sont nés vers la fin du XIe siècle et, contrairement aux chroniques, on connaît rarement leur auteur, encore moins leurs sources[105]. Pourquoi n'a-t-on pas gardé le souvenir d'un «Roman de Jérusalem», assorti au *Roman de Troie* ou *de Thèbes*? Certains indices laissent à entendre qu'un tel roman, fondé sur la *Guerre des Juifs,* a effectivement existé, au même titre que le drame de la *Vengeance*[106].

Vers le XIIe siècle, l'Eglise s'est préoccupée d'alimenter ce nouveau public, friand d'histoires croustillantes, en lectures édifiantes. Il fallait faire vite, car le marché, une fois ouvert, s'avéra peu regardant sur la qualité et offrit de belles occasions à divers auteurs plus ou moins diserts qui multiplièrent les «nouvelles» et les «histoires». Pour ne pas perdre le contact avec le public de ce que Panofsky a justement appelé «Unterhaltungsliteratur»[107], les clercs s'adonnent studieusement à la production d'oeuvres de vulgarisation. Déjà mentionnés, les principaux auteurs en sont Pierre le Mangeur, Vincent de Beauvais et Jacques de Voragine. Ceux-ci contribuèrent ainsi, sans le vouloir, à la laïcisation de l'histoire, offerte en pâture digeste à la grande foule. L'obstacle primordial de la langue latine fut vite surmonté et ces oeuvres connurent une vaste diffusion en Europe, en français d'abord, puis dans les autres langues vulgaires. Pêle-mêle, Josèphe, avec la Bible, les apocryphes, les légendes et le folklore, était ingéré, comme dans un oesophage rabelaisien, dans le vaste réservoir de la culture populaire occidentale.

Mais Josèphe s'avérait coriace à assimiler, car il était Juif. Contrairement à tous ces personnages bibliques, et à Jésus en premier, dont le judaïsme était délibérément ou ingénument ignoré, l'historien juif devait à sa position exceptionnelle de témoin de surnager dans la vague uniformisée de la littérature historique populaire[108]. Ainsi, comme on verra, sa décadence fut courte et l'épreuve de la vulgarisation qui vit sombrer bien des auteurs fameux, fut pour lui le signe d'un retour en force. Pour les Humanistes, Josèphe est vénéré au même titre que les autres historiens classiques[109].

---

[105]   Raynaud de Lage, «Les romans antiques...»; Ross, *Alexander Historiatus.*

[106]   On retrouve des traces d'un roman de Titus et Vespasien, voir infra, note 24 de la *G.J.*

[107]   *Renaissance and Renascences in Western Art,* p. 79–80; 102–103.

[108]   Dans la préface de sa traduction allemande, Conrad Lautenbach écrivait dans l'édition strasbourgeoise de 1574: «...Dieu impose la vérité par Bileam, Caïphe et la synagogue juive à leur insu et contre leur gré». («...Gott die Warheyt durch Bileam, Caipham und die jüdische Synagog wiewol ohne ihr Wissen und Willen bezeuget», f° 3v°).

[109]   Ainsi Hartmann Schedel et Pico della Mirandola, Schreckenberg, *Tradit.,* p. 170–1; Scaliger, *id°, Bibliogr.,* p. 20. Dès 1360 environ, Boccace écrivait son *De casibus,* en partie inspiré par Josèphe, voir *infra.*

c) *Josèphe encyclopédique*

L'historiographe juif était consulté comme une encyclopédie pour résoudre toutes sortes de problèmes, un peu comme on consultait Lucrèce et Pline l'Ancien. Son emprise sur le monde de la pensée de l'époque en était accrue d'autant. Il faut bien distinguer les informations proposées ouvertement par Josèphe de celles qui alimentent les études modernes en matière de philologie hébraïque, grecque ou latine, les débats sur l'attitude religieuse de l'auteur, sa conception de l'histoire, de la politique et des valeurs morales. Longtemps le livre III de la *Guerre des Juifs* a été considéré comme un ouvrage de base en matière de science militaire, pour l'organisation de l'armée, la stratégie et la poliorcétique (le siège et la défense des places fortes). La géographie, la topographie et l'archéologie de la Terre sainte étaient longtemps tributaires de Josèphe. Quant à l'histoire de la médecine et à la numismatique, les érudits se penchent encore de nos jours sur l'oeuvre de l'historiographe juif[110].

La manière de chasser et de dominer les démons occupe un paragraphe entier du chapitre 2 du VIIIe livre des *Antiquités judaïques* (Lidis, p. 234), qui raconte l'histoire du roi Salomon. Le *Midrach* se fait l'écho lui aussi des dons surnaturels de ce souverain, réputé, plus tard, comme l'auteur de divers manuels de sorcellerie[111]. Josèphe s'est trouvé ainsi lié à l'exorcisme[112]. Le Codex Gigas, du XIIIe siècle, conservé à la Bibliothèque royale de Stockholm, comporte à la fois les *Antiquités,* la *Guerre des Juifs* et un traité d'exorcisme parmi un grand nombre d'autres titres[113]. Le frontispice de l'édition bilingue, latin-français, publiée à Paris en 1569, par les soins de J. Le Frère, Kiber et Frémy, arbore une gravure intitulée «Les exorcistes juifs frappés par le démon». On ne connaît pas d'indice plus évident de la collusion entre Josèphe et l'autre monde.

L'importance de Josèphe dans l'enseignement de l'art de la guerre mérite qu'on s'y arrête. L'intérêt de l'occident pour les techniques militaires de l'antiquité se maintint jusqu'à l'invention de la poudre à canon. Jusqu'alors, pendant près d'un millénaire, les machines de guerre, la stratégie et surtout l'art de fortifier les villes ou de les assiéger s'enseignaient et se pratiquaient selon les manuels des anciens, conservés à ce titre dans les bibliothèques[114]. Mais comme

---

[110]   Pour les études inspirées par Josèphe et sur Josèphe depuis l'invention de l'imprimerie, voir Schreckenberg, *Bibliog.*: pour toute la période précédant l'impression, voir le même, *Tradit.*

[111]   Exorde du vieux *Tanhouma; Bet Hamidrach,* IV; Perdrizet, «Salomon et la magie», *Revue d'études grecques,* 1903, p. 42–61; O. Löfgren, «Der Spiegel des Salomo», *Studies in the History of Religions,* XXXI (1972), p. 208.

[112]   Schürer, *Geschichte des jüdischen Volkes,* III, 3-4, Leipzig, 1909, p. 409–413; notes 74 et 76, 2e tome de la traduction hébraïque des *Antiquités,* par Shalit, Tel-Aviv, 1967.

[113]   Voir Friedl, *Kodex Gigas,* Praha, 1929.

[114]   Sur cette stagnation de la technique militaire, voir Raynaud de Lage, *op. cit.,* p. 252 et suivantes.

pour les ouvrages historiques[115], on avait rarement accès à ces époques à l'original ou à une copie de l'original. D'autant plus que la plupart de ces traités avaient été rédigés en grec par des mécaniciens ou des tacticiens du monde hellénistique, tels Athénée le mécanicien, Apollodore le poliorcétique de Damas, Héron Ctésibios d'Alexandrie, Philon de Byzance et d'autres. Ces textes généralement conservés sous forme de fragments et de florilèges dans l'Empire romain d'Orient, ne furent probablement connus en Occident qu'à l'époque des Croisades où ils demeurèrent lettre close jusqu'à ce que l'étude du grec fût remise à l'honneur[116].

C'est par le truchement d'un compilateur tardif que ces techniques de l'antiquité arrivèrent à la connaissance des princes et des nobles du moyen âge occidental. La guerre, pour eux, constituait un sujet d'intérêt primordial. Ainsi s'explique la vogue de l'*Epitoma rei militaris,* écrit par l'auteur bas-latin du Ve siècle, Vegetius Flavius. La bibliothèque Rossiana de Vienne conserve un manuscrit français du XIVe siècle, dont le f° 135 comporte la phrase suivante: «Ici commence le livres Flave Vegece de la chose de chevalerie». Il est illustré de miniatures qui représentent le prince à qui ce manuscrit est dédicacé[117]. Cet enseignement n'avait donc pas encore perdu son actualité; or Végèce fait de larges emprunts, outre Jules César et Diodore, au livre III (167–314) de la *Guerre des Juifs* de Josèphe[118].

En des temps où le pouvoir central n'était réellement établi que par intermittences et où les armées se réduisaient bien souvent à des bandes mal coordonnées, l'influence de Josèphe ne pouvait être que réduite. C'est dans le monde plus raffiné de Byzance qu'il faudrait retrouver cette influence dont on suit les traces jusqu'au treizième siècle[119] et qui pourrait, en définitive, avoir rejailli sur l'occident, culturellement plus défavorisé. L'usage pratique de Josèphe pour l'art de la guerre y était probablement circonscrit aux époques de pouvoir royal fort et au temps des Croisades. L'utilité de la *Guerre des Juifs* et aussi des *Antiquités judaïques* pour les chevaliers chrétiens se rendant en Terre Sainte — pour combattre les Infidèles ou en pélerinage — apparaît dans la chronique de l'abbé Fulcher de Chartres, généralement connue sous le nom de *Historia Hierosolymitana*[120]. Quoique le nom de Josèphe ne soit pas toujours

---

[115] Sanford, *op. cit.,* p. 22; Ritter, *op. cit.,* p. 299.

[116] Le Ms. grec S.607, de la B.N., constitué de nombreux extraits de littérature militaire de ce genre, y compris la *Guerre des Juifs,* ornés de nombreux schémas et dessins colorés, et arborant une reliure française du XVe siècle donne une idée de ce processus.

[117] Ms. 60, Tietze, *Die Illuminierten Handschriften der Rossiana in Wien-Lainz,* Leipzig, 1911, p. 36 à 38.

[118] Schreckenberg, *Tradit.,* p. 89.

[119] Voir Dain, "Memorandum inédit..."; Wescher, *La poliorcétique des Grecs,* Paris, 1867.

[120] Editée par Hagemeyer à Heidelberg, 1913; c'est le cas aussi, dans une moindre mesure, pour l'*Histoire de la conquête de Jérusalem,* par Guillaume de Tyr, du XIIe siècle; Schreckenberg, *Tradit.,* p. 150. Dans sa version française, un manuscrit de ce texte a été richement illustré, B.N., fr. 2629, à la fin du XVe siècle; Porcher, *Les ms. à peint. en France du XIIIe au XVIe s.,* n° 245, p. 114.

explicitement cité, les emprunts de son oeuvre, comme l'a montré Hagemeyer, abondent. Une fois de plus, après la parution de cette chronique, on préféra recourir à elle plutôt qu'à l'original, comme le prouvent son grand succès et l'abondance des plagiats du XIIe au XVe siècle. Plus largement, on a dû se servir assez tôt des informations en matière de topographie fournies par l'historien juif, aussi bien pour la connaissance pratique du pays de la Bible que pour une meilleure compréhension des Ecritures[121].

En conclusion de ce premier chapitre, l'influence polyvalente des textes de Josèphe aux diverses époques du moyen âge devra être prise en compte au moment d'étudier l'iconographie des *Antiquités* et de la *Guerre des Juifs*.

---

[121] Sur l'influence de Josèphe sur certains peintres, voir infra, p. 119, note 16.

CHAPITRE II

L'ILLUSTRATION DES TEXTES HISTORIQUES DE JOSÈPHE

1. *Les prémices de l'illustration de Josèphe*

Les premières illustrations de Josèphe conservées jusqu'à nos jours ont été découvertes par Kurt Weitzmann dans un manuscrit grec du IXe siècle, le n° 923 de la Bibliothèque nationale de Paris. Elles ornent un florilège de citations bibliques et patrologiques déjà mentionné, les *Sacra Parallela,* composées par Jean le Damascène, qui vécut au VIIIe siècle[1]. Sur les nombreuses peintures qui en décorent les marges, deux représentent des scènes tirées respectivement du XIe livre des *Antiquités* et du VIe (ou du VIIe) de la *Guerre des Juifs*[2]. Constatant en plus, que divers autres textes comportent des illustrations de détails absents dans la Bible mais rapportés par Josèphe, Weitzmann en infère l'existence d'un manuscrit illustré antique de cet auteur[3]. Disparu aujourd'hui, il serait le prototype de toutes les miniatures apparentées d'une façon ou d'une autre avec le texte de Josèphe dans le monde paléochrétien oriental puis occidental. Séduisante, cette hypothèse ne prétend pas nous informer de quand date ce prototype, quelles étaient ses origines et ses sources et sous quelle forme il se présentait. Selon le souhait exprimé par l'éminent historien d'art lui-même, la recherche devait finir par trouver des «sources illustrées» supplémentaires, vu le nombre de manuscrits supposés perdus[4].

Pour l'illustrateur, le texte de Josèphe comporte deux parties bien distinctes par leur contenu, comme dit (page 9): un récit parallèle à la Bible, jusqu'au livre XIII des *Antiquités Judaïques,* puis une chronique qui comble le fossé entre la clôture de la Bible — disons à la fin du premier livre des Macchabées — et l'époque contemporaine de l'auteur, soit l'espace de deux siècles environ. Que l'on admette ou non les origines juives de l'iconographie chrétienne[5], il est clair que le récit biblique pouvait bénéficier d'une tradition picturale plus ancienne et donc plus solide que la relation des événements ultérieurs. Il y a aussi un problème de langue: écrite en grec, la chronique de l'histoire contemporaine ne

---

[1] Supra, p. 19.

[2] Aux f°s 192 v° et 227; Weitzmann, *S.P.,* p. 246-7, fig. 714; notre fig. 1. L'articulation de la *Guerre* est incertaine, voir infra, p. 173.

[3] *Illustr.,* p. 134; *Studies,* p. 83–90; 93–95.

[4] *Studies,* p. 95. Effectivement, en 1972, Nordström retrouvait d'autres indices de ce prototype dans les *Beatus* espagnols du Xe–XIe siècle, dans *Studies in the History of Religions,* XXI, p. 245–253; voir aussi notre article «Portrait de Flavius Josèphe...», *Revue de l'art,* 53 (1981), p. 53–55.

[5] Sur la controverse à ce propos, voir Kozody, «Origin of early christian book illuminations, the state of the question», *Gesta,* X, 1971, p. 33–40.

pouvait toucher qu'un public juif hellénisé, si l'on récuse l'existence d'un original araméen qui aurait disparu avec ses illustrations (Supra, p. 15). Quel pouvait être alors le public qui fit orner d'images le texte de Josèphe?

Apparemment il ne s'agissait pas d'un public juif. Outre les difficultés de langue, celui-ci n'avait pas de raison particulière d'aimer cette oeuvre, comme dit. De toute façon, seule la communauté juive hellénisée d'Alexandrie était peut-être assez puissante et assez durable pour élaborer un cycle complet d'illustrations pour la *Guerre des Juifs*. Une ou plusieurs centaines d'images ne s'improvisent pas. Et d'où auraient été tirés les modèles? Une telle supposition n'est qu'une simple conjecture.

Pour un public païen, à Rome ou ailleurs, le problème n'était pas l'illustration d'événements contemporains, constituant en somme un chapitre un peu amplifié de leur propre histoire. A supposer qu'ils fussent friands de récits sur cette campagne au Moyen-orient, il leur était loisible de puiser des modèles passe-partout — batailles, sièges, massacres de captifs — dans leur propre littérature. Mais d'où leur seraient venus les modèles pour les douze premiers livres des *Antiquités*? D'une Bible juive? D'un manuscrit illustré, tout hypothétique encore, de la *Septante*?[6] L'hypothèse d'un manuscrit de Josèphe illustré de son vivant et sur son instigation, implique son exécution par un illustrateur possédant un solide répertoire d'images bibliques, c'est à dire un illustrateur juif — ce qui est plutôt invraisemblable.

Supposons alors une communauté chrétienne assez bien implantée pour entreprendre la confection d'un livre de Josèphe entièrement enluminé. Pour elle, l'accès à l'iconographie biblique et païenne à la fois ne pose pas de problème. Encore faut-il fixer une date et un centre géographique. Rome ne peut être ce centre que sous l'Empire de Constantin le Grand, quand le christianisme devient religion d'Etat, au début du IVe siècle, mais pas pour longtemps, puisque dès le Ve siècle, comme on a vu, Rufin se sent obligé de traduire en latin la *Guerre des Juifs* que personne ne comprenait plus La diffusion de ces textes, nécessairement réduite, ne justifiait donc pas la création d'un grand appareil iconographique.

En Orient, la date limite est repoussée jusqu'à l'iconoclasme. Antioche et Edesse, en Syrie, sont des centres actifs de civilisation syncrétique, où se mêlent les contraires. En outre certains monastères isolés, comme Sainte Catherine du Sinaï ont été le siège d'ateliers réputés d'illustrateurs. Les quelques indices que l'on possède aujourd'hui peuvent être les derniers vestiges d'une production abondante détruite par l'iconoclasme, la conquête musulmane et les autres tribulations de cette région turbulente. Il paraît plausible de conclure que l'Orient a aussi produit des textes illustrés de Josèphe, dont les ateliers d'occident ont été tributaires. Apparemment, cette tradition s'est perdue à l'est

---

[6]   Voir Weitzmann, *Studies,* p. 58 et suivantes.

de la Méditerranée, vers le VIIIe siècle, au moment où l'Europe occidentale commençait à se préoccuper d'orner ses textes latins de Josèphe, d'abord à l'aide de modèles importés d'orient, puis avec les outils issus de son génie propre.

2. *L'illustration de Josèphe jusqu'à l'ère des Croisades*

C'est autour du XIe siècle qu'apparaissent les premier effets d'une tradition locale dans l'illustration de Josèphe en occident. Jusque là, toutes les images viennent de l'Orient ou s'en inspirent[7]. Mais désormais les thèmes se fixent en formules qui se perpétuent sur un demi millénaire. Les formes auront beau évoluer en fonction des exigences artistiques de chaque époque, les sujets ne varieront que peu. D'abord l'image perd son autonomie: de la marge elle émigre dans l'initiale qui outre sa valeur de signe devient aussi le siège d'une histoire, d'où son nom d'«initiale historiée».

L'image qui revient le plus souvent et qui apparaît déjà dans le manuscrit oriental des *Sacra Parallela,* c'est le portrait de l'auteur. D'abord tête ou buste dans un médaillon, puis représenté en pied et de face (fig. 4), l'auteur est inséré dans une scène narrative dès le XIe siècle et prend ainsi ses distances par rapport au modèle oriental. Le manuscrit de la *Guerre des Juifs* de Moissac (B.N., lat. 5058) accouple ses feuillets 2v° et 3 en une scène de dédicace où l'auteur, à droite, vient apporter son livre à ses deux patrons, les Empereurs Vespasien et Titus (fig. 2–3)[8]. Goderannus de Stavelot assied Josèphe sur la barre du 'H' initial du prologue et le montre dans la posture de l'écrivain à l'ouvrage, plume et grattoir à la main (B.R., II 1179, f° 1v°; fig. 5). Telle sera la posture usuelle de l'auteur sacré aux XIe et XIIe siècle[9].

Le manuscrit 29 de Chartres, presque entièrement consumé dans l'incendie de la bibliothèque à la suite d'un bombardement en 1944, ne nous est connu, pratiquement, que par la description de Delaporte[10]. Exécuté à Chartres au XIe siècle, les premières pages manquaient déjà en 1929. Les témoignages des vestiges du XIe siècle sont donc singulièrement pauvres sur le thème de l'auteur. Mais on distingue encore dans les marges les résidus de bustes effilés, qui étaient censés représenter les principaux personnages du récit. En fait ces héros sont ceux dont les noms reviennent le plus régulièrement et le plus souvent dans l'illustration de Josèphe jusqu'à l'imprimerie. La tradition inconographique

---

[7]   Il s'agit des deux peintures orientales du ms. grec 923 de la B.N.; d'une image de Hérode dans divers *Beatus* espagnols (f° 15 v° du ms. de la cathédrale de Gérone et f° 14 v° du ms. lat. 93 de la B.N. de Turin) et du portrait de Josèphe dans le cod. 50 de Berne (fig. 4).

[8]   J. Dufour, *La Bibliothèque et le scriptorium de Moissac,* Genève–Paris, 1972, n° 89, p. 140–141. Voir aussi, pour ce manuscrit comme pour les autres, l'index topographique des manuscrits et des oeuvres d'art.

[9]   Parmi de nombreux exemples, voir Buberl, *Die Illuminierten Handschriften in Steiermark,* fig. 39, 50, 53, 55, 71, 72 etc...; Löffler, *Schwäbische Buchmalerei,* fig. 6 et 38; voir aussi infra, prologue.

[10]   Delaporte, *Les manuscrits enluminés de la Bibliothèque de Chartres,* p. 11–12.

rejoint ici la lecture traditionelle du texte, solidement implantées toutes deux dans le contexte culturel de l'occident.

Pour autant qu'on puisse les identifier ces personnages sont: Josaphat, roi de Juda; Cyrus, roi des Perses; la reine juive Alexandra; le roi Hérode, premier du nom; Archélaüs, son fils; Zacharie, Ananus et Jésus, dignitaires juifs et «sacrificateurs» massacrés au temps de la révolte contre les Romains et enfin Vespasien et Titus, les Empereurs romains. L'ascendant de chacun de ces héros sera étudié au passage dans chacun des livres des *Antiquités* et de la *Guerre* où ils paraissent (voir l'index). Ils ont tous en commun un côté mystérieux et légendaire qui leur vient parfois, comme pour Cyrus, d'anciennes civilisations perdues, mais généralement se fonde sur des traditions populaires chrétiennes. Souvent aussi leur réputation leur vient d'une équivoque, d'une confusion avec un personnage célèbre de l'Evangile ou des apocryphes. Enfin le f° 2 du manuscrit de Berne temoigne d'une tradition perdue, celle de Jean et Paul, que l'on retrouvait encore dans le Josèphe de Rothbertus, à Chartres (f° 9v°), mais que nous ne sommes pas arrivés à localiser, malgré un certain nombre de vestiges bien connus[11].

Ces bustes sont à peines particularisés, donc interchangeables. Certains sont des personnages bibliques, d'autres ne sont connus que par Josèphe; souvent rien ne les identifie. Il n'est donc pas possible, en cette occurrence, de distinguer l'iconographie de Josèphe de l'iconographie biblique. Insérés dans des scènes narratives, ces personnages donneraient des informations plus précises. Or le seul récit illustré en occident dans un manuscrit de Josèphe jusqu'au XIIe siècle, c'est celui de la création du monde. Promis à un riche avenir, il n'apparaît qu'une fois, dans les *Antiquités* de Bruxelles, II 1179, feuillet 3v°. Il a déjà toutes les caractéristiques que l'on retrouvera, en détail, au livre 1 (infra). On peut le considérer aussi bien comme un précurseur que comme une preuve de l'arbitraire de toute division rigide en siècles.

Cette première moisson de l'illustration de Josèphe en occident, aussi maigre soit-elle, donne d'emblée les lignes directrices de l'iconographie de Josèphe dans la peinture de manuscrits telle qu'elle ressort de la présente étude: une galerie de héros, choisis parmi les personnages du récit, le portrait de l'auteur en diverses postures — et des scènes de la Genèse groupées en médaillons dans le 'I' initial des *Antiquités*. En cela, Josèphe ne se distingue, une fois de plus, ni de l'iconographie biblique, ni de celle des autres livres enluminés à l'époque. Josèphe apparaît, représenté en auteur sacré, à côtés des évangélistes, des Pères et des Docteurs de l'Eglise. Son texte s'ouvre sur les mêmes mots que la *Genèse* et l'évangile selon Jean: «En arché» en grec ou «In principio» en latin. Après l'apogée de la miniature carolingienne, où Josèphe n'a pas part, il sort de

---

[11] Pour le développement principal sur cette question, voir infra, livre 2, p. 76 et suivantes.

l'ombre pour arborer deux, trois belles images au XIe siècle et connaît un grand essor au XIIe, tout comme les textes bibliques[12].

Les quatre seuls manuscrits de Josèphe de cette époque qui nous soient parvenus viennent des haut-lieux de pélerinage: Micy près d'Orléans, Stavelot près de Liège, Saint-Père de Chartres et Moissac. C'est la sainteté du lieu qui a préservé de la destruction les vieux livres. Parmi ceux-ci, les textes de Josèphe occupaient leur place à côté des autres textes sacrés.

3. *Josèphe et la Renaissance du XIIe siècle*

Le XIIe siècle est la grande époque de l'illustration de Josèphe. Une vingtaine de manuscrits enluminés de cette époque sont conservés à Paris, à Chantilly, à Londres, à Cambridge, à Oxford, à Florence, à Berlin, à Munich, à Stuttgart. D'autres bibliothèques, moins réputées, en gardent sûrement encore un certain nombre, ayant échappé à la vigilance de Franz Blatt, ou écrits dans une autre langue que le latin. Certes le XVe siècle fournit une plus ample moisson de manuscrits et d'images, mais il est plus proche de nous; c'est l'âge d'or de la miniature, et les titres les plus variés s'y disputent la première place. Au temps des Croisades, sous le régime féodal qu'affine le style courtois, en cette période contrastée où se côtoient Abélard et Bernard de Clairvaux, Pierre le Mangeur et Hugues et Richard de Saint Victor; où Suger et Raschi préparent, chacun à leur manière, les siècles à venir et où Maïmonide et Averroës reconnectent dans l'ombre l'occident avec ses sources, il semble que le rôle de Josèphe soit de premier plan.

On illustre un peu de tout au XIIe siècle: des livres de chroniques, d'homilétique, de liturgie surtout, comme hymnes, calendriers, antiphonaires, matutinaux, passionaires, livres de choeur et puis des nouveautés, des commentaires sur la Bible ou d'autres écrits religieux. Les Bibles sont souvent simplement ornées d'un crucifix avec les quatre évangélistes dans des médaillons, mais on trouve aussi déjà, à Admont et ailleurs, ce type de manuscrits des Ecritures décorés de très nombreuses peintures qui deviendront d'usage commun au siècle suivant[13].

Les drôleries

La différence de type entre les images de la période précédente et celle-ci, se définit par trois nouvelles caractéristiques: une «christianisation» de Josèphe, une conception de base binaire, et les «drôleries». Ces dernières usurpent la place de scènes illustrant le texte; elles représentent généralement des affrontements de

---

[12]   Voir Wormald, «Bible Illustration...» in *The Cambridge History of the Bible,* p. 309–314.

[13]   Voir supra, note 12; voir aussi Böckler, *Abendländische Miniaturen*; Buberl, *op. cit.*; Löffler, *op. cit.*; Delaporte, *op. cit.*; Kaufmann, *Romanesque Mss.* et d'autres.

personnages nus contre des dragons ou des serpents, le tout enchevêtré dans les entrelacs de l'ornementation. Rien ne laisse supposer qu'elles sont savamment concertées. Pourtant dans d'autres manuscrits ces mêmes initiales illustrent le texte: les «drôleries» ne remplacent donc pas un thème pictural en défaut. En outre ces «drôleries» sont souvent bien compliquées et ne constituent pas une solution de facilité. Enfin, il ne peut s'agir de facéties ou d'exercices de virtuosité en un temps où l'art revêt la signification profonde d'un objet du culte. La solution proposée par Löffler et d'autres historiens d'art à sa suite lie l'ère romane à une représentation d'êtres humains et d'animaux grouillant dans les initiales comme sur les chapiteaux, et rappelant le caractère sacré, presque magique, du véhicule culturel, la lettre du texte ou la colonne de l'église[14].

Ces «drôleries» le confirment, l'ornementation des oeuvres de Josèphe manque d'unité. W. Cahn et Kaufmann en ont conclu à l'absence d'un cycle unique d'illustrations[15]. On a vu ce que le XIIe siècle doit au XIe. Cette pluralité au XIIe siècle est signe de richesse et de renouveau. Tous les cadres de la pensée et de l'image traditionnelles explosent sous la poussée d'un vaste mouvement social qui ouvre le chantier de l'Histoire aux masses populaires.

Ce sont les «drôleries» justement qui reflètent le mieux les concepts artistiques et moraux de l'époque. Elles sont autant de petits récits, pris sur le vif, d'un violent combat aux rebondissements multiples, à l'image d'une société passionnée de récits épiques. Pour avoir épuré ses moeurs et appris le prix de la «paix de Dieu»[16], elle ne vit plus l'action que par l'oreille et les yeux. Pour le plaisir de la vue, la miniature traduit ainsi l'épanouissement des chansons de geste et des romans courtois sous une forme condensée et profondément signifiante. L'image narrative tombée en désuétude depuis l'art carolingien revit. A présent, les artistes se mesurent avec des scènes précises de la Bible ou de Josèphe, ils cherchent à évoquer devant les lecteurs le thème de l'action qui lui donne son cachet. Nous verrons ainsi Joseph parler à Pharaon et les rebelles de Coré tomber dans la faille, dans le manuscrit de la Bodléienne (voir aussi fig. 40); des scènes de meurtres et de massacres (celui de Caligula, d'Ananus et de Jésus et les exécutions ordonnées par Fadus) dans le B.N. lat. 16730 (fig. 112 et 116); mais aussi déjà des scènes où l'action est comme en suspens, où elle s'annonce plus par un jeu subtil de gestes et de physionomies; où l'action est toute intérieure,

---

[14] Löffler, *Romanische Zierbuchstaben und ihre Vorläufer*, p. 17; Kaufmann, *op. cit.*, p. 19; Gutbrod, *Die Initiale*, p. 13–14; Schapiro, Meyer, *Late Antique, Early Christian and Mediaeval Art*, New York, 1979, p. 196–198; ces affrontements homme-bête rappellent curieusement les motifs de certains pavements byzantins en Israël, voir Avi-Yonah, Michaël, *Israel Ancient Mosaics*, UNESCO, 1960, p. 14 ainsi que les autres travaux du même.

[15] Cahn, p. 297; Kaufmann, *op. cit.*, p. 32.

[16] Duby, p. 58. Dans *Girard de Roussillon*, chanson de geste du XIIe siècle, Fouque dit à Girard: «Qui fait guerre à tort, par Dieu du ciel est l'artisan de sa perte», cité par G. Cohen, in Réau et Cohen, *L'art du moyen âge et la civilisation française*, p. 304.

comme la merveilleuse confrontation de Jacob et d'Esaü au f°9 du ms. B.N. lat. 8959 autour de la «coction rouge» (fig. 7), ou celle, si confondante de gentillesse, de Salomon et sa mère Betsabée (f°66 v°) du ms. B.N. 16730 déjà cité (fig. 8).

Ces raffinements, plutôt rares en vérité, sont-ils des conquêtes de l'époque ou un retour à des formes plus anciennes? Par leur variété même, ils nous paraissent indiquer une réalisation *ad hoc.* Le plat de lentilles de Jacob est unique en son genre parmi tous les manuscrits examinés. C'est d'ailleurs une des seules images de ce manuscrit qui n'en contient que deux de plus, un *In principio* et un Cyrus à cheval (fig. 77). Curieusement il est seul aussi à illustrer un passage du début du livre 2 des *Antiquités,* généralement orné d'un ou plusieurs épisodes de la vie de Joseph. Jacob et Esaü sont-ils pris comme symboles, dans le ms. lat. 8959 — comme Jean et Paul dans le ms. de Chartres (supra, page 33)?

Il n'est pas question ici de fidélité au texte, pas plus que pour le charmant tête-à-tête de Salomon et de sa mère, dans le 'D' initial du livre VIII des *Antiquités* (fig. 8), au feuillet 66v° de l'autre manuscrit mentionné. Cette image évoque aussi une scène relatée au début du livre. Mais ce n'est pas la visite de Betsabée à son fils qui est représentée. L'artiste montre la mère assise respectueusement à côté de son auguste fils[17]. Dans la conception chrétienne, cette façon de présenter le récit ne prête pas à équivoque; on la retrouvera par la suite dans la statuaire des cathédrales et dans la peinture: le couronnement de la Vierge. Cette scène apparaît ici suggérée avec discrétion. Elle se propose aux yeux du lecteur comme un commentaire au texte de Josèphe, l'indice d'une double lecture, le sens littéral et le sens caché, au même titre que la lecture de la Bible.

Christianisation

C'est le premier exemple de ce que nous avons appelé la «christianisation» de Josèphe. Celle-ci se manifeste par une abondance de motifs christologiques: le rôle du Christ créateur est souligné dans le *In principio,* parfois aux dépens des scènes de la création (dans le ms. B.N. lat. 12511); la figure du Christ ou du Pantocrator apparaît à la hauteur du *Testimonium flavianum,* au livre XVIII (B.N. lat. 5049 et 16730) (fig. 110), ou en divers autres endroits: à la fin du manuscrit lat. B.N. 5763; aux initiales des livres II et X des *Antiquités* de la bibliothèque universitaire de Cambridge. Mobilisée pour la grande démonstration, l'oeuvre de Josèphe perd peu à peu sa valeur intrinsèque de récit biblique ou para-biblique. Rappelons que c'est l'époque où l'histoire est réécrite pour les masses; où le Sépulcre livré aux Infidèles est ressenti comme un outrage. Au coeur de ce développement progressif du sentiment religieux, Josèphe a eu son rôle à jouer dans une approche plus immédiate de l'homme-dieu de Nazareth, dont l'image hante alors les esprits, comme jamais auparavant peut-

---

[17]　Voir Réau, *Iconographie de l'art chrétien,* Paris, 1956, II$_1$, p. 273.

être[18]. Ces textes de Josèphe soigneusements enluminés, souvent même plus que la Bible, se situent dans le mouvement mystique de la réforme monastique. Ils proviennent des ateliers d'écriture, des *scriptoria* des couvents formés à l'esprit cistercien, comme ils s'inscrivaient sur la carte des pélerinages au XIe siècle.

Josèphe devient ainsi au XIIe siècle un instrument de connaissance divine; dans cet esprit, on utilise pour la décoration de son oeuvre les grands symboles du mystère chrétien. L'apparence simpliste des peintures ne doit pas tromper: vues sous cet angle, elles ne peuvent pas être dénuées de signification. Elles sont un reflet de l'âme de ce siècle. «L'homme roman, écrit Marie-Madeleine Davy, n'emploie pas les symboles bibliques d'une manière mécanique et toute extérieure; ces symboles, il les pense, les assimile, les recrée»[19]. Dans les enluminures du manuscrit de la Bodléienne qu'il analyse, Walter Cahn découvre une signification d'ordre théologique, avec des incidences politiques. Elles reflètent la rivalité entre les deux pouvoirs — l'Eglise et le «bras séculier» — et expriment le voeu de les voir réunis entre les mains d'un digne émule de ces «Christs of the Lord» (p. 302), ces oints de Dieu vantés par la Bible et Josèphe à sa suite. Une antithèse de ce type, ressentie comme une souffrance et présentée en juxtaposition, apparaissait déjà dans les images de Jacob et Esaü (fig. 7) et de Salomon et Betsabée (fig. 8). Dans ce dernier exemple, les deux entités mises en opposition semblaient attirées l'une vers l'autre, par l'amour humain, et suggéraient l'idée d'une communion possible. Ailleurs, quand cette opposition reparaît, ces deux éléments semblent en contradiction profonde, inéluctable; aucune solution ne saurait aboutir sans la victoire de l'un par l'anéantissement de l'autre. De fait, il semble possible de localiser au niveau des concepts de base le fil conducteur qui unit la plupart des illustrations de Josèphe, au XIIe siècle. Le point de départ des directeurs spirituels des *scriptoria* pourrait être une certaine notion de dualisme, impliquée, avec une grande variété de nuances, dans le mouvement de la pensée religieuse et philosophique du temps. Ce mouvement, cristallisé sans doute autour du mystère de l'incarnation et battu en brèche par les diverses hérésies, oppose le bien et le mal, le vice et la vertu, la lumière et les ténèbres, l'esprit et la matière, Dieu et le diable, l'Ancien et le Nouveau Testament, la synagogue et l'Eglise, le dogme et l'hérésie, la foi et la raison, et finalement, aussi le roi et l'évêque. Les images dans les manuscrits montrent que Josèphe et son oeuvre ont été mobilisés d'une certaine manière dans ce combat sans issue[20].

---

[18]   Duby, p. 108.

[19]   *Initiation à la symbolique romane,* Paris, 1964, p. 125.

[20]   Serait-ce le signe précurseur de ce que A. Hauser a appelé dans *The Social History of Art,* N.Y., 1957, «Dualism of Gothic art»? Surtout sensible au niveau de l'Incarnation de Jésus, homme-dieu, ce dualisme préoccupe les chrétiens dès le XIe siècle (Duby, p. 106 et sq., 158 et sq.). Dans son ouvrage cité, Davy propose un certain nombre d'antithèses de ce type, chair et esprit, homme spirituel et homme charnel etc. Ce dualisme, politique et philosophique, sous-tend l'étude de Ozment, *The Age of Reform, 1250–1550,* pp. 4; 15; 92; 135 et suiv.; 178–181.

Il importe de préciser que tout n'est pas dualisme dans l'illustration du XIIe siècle: on trouve encore des bustes ou des personnages en pieds, isolés, qui sont apparemment des vestiges de l'époque révolue ou des réflexes de routine. C'est le cas de diverses représentations d'un Dieu farouche et lointain de type «Pantocrator» déjà évoqué plus haut (fig. 21 et 110). Ainsi pour divers portraits de l'auteur en train d'écrire, dans les manuscrits de Chantilly, d'Admont et de Stuttgart, ou de démontrer quelque chose dans le B.N. 5047[21]. D'autres personnages encore sont singularisés dans les initiales de divers livres; certains suivent une tradition déjà ancienne, d'autres s'ajoutent à la galerie des héros de Josèphe. Il s'agit de Moïse le législateur, au troisième livre du ms. lat. 16730 de la B.N. (fig. 10), de David (ms. d'Oxford), Cyrus (Stuttgart et encore Oxford (fig. 76), Alexandre (Stuttgart), Jonathan le Macchabée (B.N. 16730) (fig. 11), Titus (B.N. 5047) (fig. 133) et surtout, bien curieusement, de Josaphat, déjà rencontré dans le manuscrit de Chartres du XIe siècle; il pare le 'I' initial du IXe livre des *Antiquités* à Chantilly, Cambridge, Berlin et Paris (B.N. 16730) (fig. 12); le manuscrit d'Oxford arbore un roi dont l'épée porte le nom de «Ioram»: il s'agit probablement du fils de Josaphat[22]. L'importance de ce personnage sera étudiée par la suite, au IXe livre.

Système binaire

Dans les scènes de dédicace, où l'auteur présente son ouvrage à quelque grand personnage, on assiste, vers cette époque à un phénomène de dédoublement. Dès le XIe siècle, dans le manuscrit de Moissac (B.N., lat. 5058, fig. 2), Vespasien et Titus, explicitement désignés par la légende, siègeaient ensemble et accordaient, à l'oeuvre de Josèphe, la double caution du père et du fils[23]. La même formule apparaît dans les manuscrits du XIe siècle à Chantilly[24] et à Fulda (Ms. 2° C1). Ce dernier, composé au monastère Saint-Martin de Weingarten par un scribe qui signe Conradus, porte en frontispice une double dédicace en deux registres superposés. En haut le livre est présenté par Josèphe aux deux Empereurs, puis à Saint Martin, en bas, par l'abbé «Wernherus» avec son chanoine[25]. Les quatre personnages figurés l'un au-dessus de l'autre dans le long 'I' initial (25 cm.) du *In*

---

[21] Respectivement: ms. 774, f° 1 v°, dans l'initiale 'H'; Hs. 25, f° 2, dans le 'A' initial du XIVe livre; cod. hist. fol. 418, f° 1, dans le 'H'; au f° 2 du ms. lat. 5047 de la B.N., l'auteur arbore un grand chapeau bicolore de mire et une longue barbe blanche; debout de face dans le 'P' du *In principio'*, il témoigne de son index tendu de l'authenticité de l'image symbolique de la création placée à ses côtés.

[22] La Bible rapporte l'usage qu'il fit de son épée: il égorgea tous ses frères par crainte pour son trône (*Chroniques*, II, 21, 4).

[23] Voir le IIIe livre de la *G.J.*, infra. Le dédoublement se manifeste aussi, de façon imprévue, à la double tête du sceptre de Titus, à gauche de notre fig. 2.

[24] Ms. 775, f° 95 v°, dans le 'Q' initial du prologue de la *G.J.* Il est clair que le personnage à côté de Vespasien représente le jeune Titus et non une femme comme le pensait Meurgey, *Les principaux ms. à peintures du Musée Condé*, p. 10.

[25] Swarzenski, *The Berthold Missal*, p. 10, fig. 9; Köllner, *Die Illuminierten Handschriften*, fig. 441.

principio du feuillet 1 verso, dans le ms. lat. 5049 de la B.N., dérivent apparemment d'une conception similaire, quoique portée à l'extrême: Jésus siège en haut avec Josèphe, son «témoin», à ses pieds; puis Moïse avec ses tables et un scribe ou un traducteur tout en bas (fig. 9).

Ce genre d'accouplement de deux éléments opposés sinon contradictoires était particulièrement prisé à cette époque, comme l'indique, entre autres, la confrontation de l'Eglise et de la Synagogue[26]. Dans une composition particulièrement soignée autour du monogramme 'IN' (*In principio*) du manuscrit de Chantilly, ce sont les deux Testaments qui s'opposent. Personnifiés sous forme de reines couronnées et assises sur des trônes, ils occupent les deux médaillons situés de part et d'autre de l'axe médian du 'I' (fig. 22)[27]. La conception binaire se manifeste sous diverses autres formes, sans toujours insister sur l'opposition entre les éléments concernés: dans un autre monogramme 'IN' du XIIe siècle, l'axe du 'I' est constitué par un Pantocrator souverain et lointain et le démiurge est figuré dans les médaillons sous forme d'un jeune homme (B.N. 5047) (fig. 21); dans le 'I' toujours, la création est confrontée avec le péché à Bruxelles et à Berlin, la chute d'Adam et Eve, à l'extrémité supérieure du 'I' à Stuttgart, est opposée à la crucifixion expiatoire à l'autre extrémité[28]. Un curieux dessin dans la marge du f° 32, au troisième livre des *Antiquités* de Chantilly, représente, comme en fait foi la légende, le rocher de Rephidim fendu en deux par Moïse pour étancher la soif des enfants d'Israël. Comme les Tables de la Loi, son contour supérieur est arqué, mais scindé en deux par deux lignes inégales, d'où l'eau coule en petites hachures de pluie. Ce motif de la pierre ou du pain rompu en deux, relevé par Emile Mâle, se rattache lui aussi au principe binaire[29].

D'autres scènes illustrées sont construites ainsi à partir d'une antithèse. Titus à cheval devant la Jérusalem terrestre qu'il a pour mission de détruire et la Mère dévorant son enfant qui s'y rattache (Livres VI et VII, *G.J.*, B.N. lat. 16730) (fig. 134 et 143). Leur portée dépasse largement la traduction en images du récit. Le sujet même de ces deux scènes, ainsi énoncé, dévoile leur caractère essentiellement symbolique.

Certaines images présentent une intention nettement polémique, visant la royauté et le pouvoir royal. Au f° 25v° du Josèphe de Chantilly se trouve le texte

---

[26]   Voir à ce propos les travaux de B. Blumenkranz.

[27]   Meurgey, *ibid.*; Collon-Gevaert, Lejeune, Stiennon, *A Treasury of Romanesque Art*, Londres (1966) 1972, pp. 239–240.

[28]   Respectivement: II 1179, f° 2 v° (supra, p. 33); Berlin, lat. fol. 226, f° 3; reproduit dans un article de Klamt, *Simiolus*, 12 (1981), fig. 4; Stuttgart, cod. hist. fol. 418, f° 3 v°, voir Löffler, *Schwäbische Buchmalerei*, p. 65, pl. 39.

[29]   C'est Josèphe qui parle de rocher fendu par Moïse et non la Bible (*Exode*, 17, 6; voir aussi *Nombres*, 20, 11, où il est dit que Moïse frappa à deux reprises). Le motif du pain partagé par Paul et Antoine ou de la pierre de Roncevaux est traité par Mâle, *L'art religieux du XIIe siècle*, p. 237 et 290, fig. 162.

de la légende de l'enfant Moïse à la cour du Pharaon, mentionnée aussi dans le Midrach[30]. Sous la légende explicite «de diademate pharaonis», dans la marge, on voit le jeune Moïse, nimbé de blanc comme pour insister sur son caractère sacré, fouler aux pieds une grande couronne de style roman, ornée de pierres précieuses en quinconce, l'index droit pointé dessus, pour montrer à quel point le geste est délibéré. Selon W. Cahn, le Joseph devant Pharaon de la Bodléienne (Livre II) souligne la position subalterne du roi devant l'autorité spirituelle. Dans cet ordre d'idées la confrontation de Jacob et d'Esaü dans le ms. lat. B.N. 8959 (fig. 7), constitue comme la préfigure de la «Constantina donatio", une régulation des affectations dans le monde ecclésiastique. De même pour l'entrevue du roi Salomon et de Betsabée déjà mentionnée (fig. 8), Cyrus, roi des Perses, et le Temple qu'il autorisa les Juifs à ériger (toutes deux dans le B.N. 16730) (fig. 78) et aussi, dans un certain sens, le châtiment de Coré (Bodléienne, livre IV), puni pour insoumission à l'autorité ecclésiastique de Moïse et d'Aaron. Sennachérib, roi d'Assyrie, menaçant le roi de Juda Ezéchias sur sa muraille de Jérusalem (B.N. 16730, f° 87) (fig. 71), suggère le salut ou la paix de Dieu, assuré aux souverains soucieux de la Parole divine. Dans un autre manuscrit (Bodléienne, f° 58), le même roi paraît au début du même livre, à genoux devant le bélier qu'il vient de placer sur l'autel[31].

A côté des spéculations des clercs de l'époque, on sent comme le reflet de l'esprit féodal ambiant. Coré englouti dans la faille figure aussi le châtiment du vassal félon; Ezéchias à genoux est l'image du roi reconnaissant l'Eternel comme son suzerain. Oints du Seigneur et rois par la grâce divine sont d'essence sacrée, et toute atteinte à leur personne constitue un vrai sacrilège. C'est ainsi que s'explique l'accent, apparemment disproportionné, mis sur l'épisode biblique du roi David et du jeune Amalécite, exécuté pour régicide. L'intérêt politique du régime allait ici de pair avec le souci de légitimation et de sécurité interne de l'Eglise. L'Amalécite qui a achevé le roi Saül, sur sa demande, apparaît d'une part comme le vassal qui rend hommage au nouveau suzerain en lui offrant la couronne et le brassard du roi mort; d'autre part il est livré au bourreau et illustre le châtiment exemplaire de celui qui «n'a pas craint d'occire l'oint du *Seigneur*» (fig. 53 et 54, infra, livre 7)[32]. L'interaction de divers motifs formels primordiaux avec un contenu hautement diversifié et polyvalent a fait la fortune de cette formule picturale en diptyque.

Le premier pan de celui-ci, le roi siégeant qui reçoit l'hommage de son vassal, se développe indépendamment et revient inlassablement au premier plan de la peinture de manuscrits, de chevalet et monumentale jusqu'aux temps modernes. Il s'agit d'une concrétisation de ce concept mystérieux du pouvoir qui élève

---

[30] Supra, p. 12.
[31] Cahn, p. 300; infra, p. 132, note 7.
[32] II *Samuel,* 1, 14.

certains personnages et leur accorde, entre autres, la capacité de partager ce pouvoir avec les sujets de leur choix (fig. 106 et 125). Josèphe sert ici de véhicule pour donner forme à des schèmes en circulation.

Tous ces derniers motifs se présentent au XIIe siècle sous cette combinaison binaire qui oppose les contraires deux par deux. C'est peut-être l'effet du développement contemporain de la dialectique où la «responsio» vient résoudre une «questio», subdivisée en «videtur quod» et en «sed contra»[33]. Mais cette forme qui peu à peu s'impose, recouvre une grande variété de préoccupations idéologiques pour lesquelles on cherchait réponse dans l'oeuvre de Josèphe. Les illustrations du texte sont autant de documents sur la problématique de l'époque; elles évoluent dans un monde symbolique en dehors du temps et de l'espace, correspondant au désir d'absolu des milieux monastiques. L'avènement des masses dans le monde de la culture allait leur être fatal.

4. *L'éclipse de Josèphe aux XIIIe et XIVe siècles*

Le nombre des manuscrits illustrés de Josèphe des XIIIe et XIVe siècles répertoriés devrait être supérieur à celui du XIIe siècle. Or il lui est inférieur. Apparemment leur production subit alors un certain fléchissement, à moins d'envisager une destruction systématique. Il est plus judicieux de compter avec ce que Monfrin appelait le «hasard des destructions» qui ne doit pas défigurer fondamentalement les statistiques[34]. Le bon sens confirme que l'on essaye de préserver de l'oubli les livres que l'on aime. Or le succès de Josèphe ne s'est jamais démenti. Plus le fléchissement en question est accentué, moins il peut être l'effet du hasard. Les recherches de Blatt, les recensions des anciennes bibliothèques, colligées d'abord par Becker, puis par Manitius[35] et enfin la liste de citations de H. Schreckenberg confirment l'impression d'une éclipse de Josèphe à l'âge appelé «gothique».

Pour les manuscrits de Josèphe illustrés, la courbe apparaît particulièrement nette: contre 16 manuscrits à peintures relevés au XIIe siècle, notre liste n'en compte plus que 3 au XIIIe et un seul au XIV[e][36]. Le total des manuscrits latins, pour cette période, illustré ou non, atteint 62 pour Josèphe et 6 pour Hégésippe; 34 Josèphe et 3 Hégésippe pour le XIIIe siècle, 18 et deux pour le XIVe.

L'étude de leur répartition géographique d'origine, en la supposant représentative, donne un tableau assez curieux: de grands espaces vides coupent

---

[33]   Ozment, *op. cit.,* p. 6.

[34]   Monfrin, «Les traducteurs et leur public en France au moyen-âge», *Journal des Savants,* 1964, p. 5–20.

[35]   Becker, *Catalogi Bibliotecarum antiqui,* Bonn, 1885; Manitius, *op. cit.*

[36]   Ce sont respectivement: du XIIIe siècle, B.R., Ms. II 991, un *In principio* avec six médaillons illustrant la chute (fig. 23); P.M.L., 533-4, 27 initiales historiées (fig. 45 et 55); B.M., Add. Ms. 39645, avec, pour la *Guerre des Juifs,* Néron en roi guerrier (72v°), le siège de Jotapata (92) et Ananus (104); et le seul B.N. lat. 5054, pour le XIVe siècle, avec un Christ dans le 'I' initial du *In principio.*

des concentrations serrées sur certaines régions[37]. La France est divisée en deux par une grande diagonale qui va du Havre au nord à Avignon et Marseille dans le sud, en passant par Chartres et Nevers dans le centre. Au sud-ouest de cette ligne, aucun manuscrit de Josèphe depuis le XIe siècle. Au nord, le XIIe siècle voit une certaine concentration autour de Rouen et Arras (avec les monastères bénédictins de St-Evroul, Lyre, Bec, St-Amand, Crépy, Fécamp; Corbie, St-Bertin, d'une part, et de grands centres, Paris, Chartres et Verdun de l'autre). Un glissement vers l'est intervient au XIIIe, de Gand au nord à Ambronay dans l'Ain, au sud, avec des centres comme Nevers, Dijon, Reims et Cambrai et les monastères cisterciens de Pontigny, Signy et Cambron.

Ce mouvement correspond à une forte concentration de Josèphe sur une zone couvrant le Wurtemberg, la Bavière, l'Autriche et la région attenante de la Suisse; la densité des copies de Josèphe s'y maintient avec constance aux XIIe et XIIIe siècles, dans des localités variées. Aux monastères bénédictins de Bamberg, Zwiefalten, Hirsau, Prüfening, Weingarten, Pfävers, Scheyern et Admont, autour de Salzburg, succèdent, au XIIIe siècle, les monastères du même ordre de Heilsbronn, Passau, Kremsmünster et Benediktbeuern ainsi que ceux de Neumünster, Klosterneuburg et Seckau; plus au nord, la ville de Prague et le monastère de Podlaźice.

En Angleterre, le tableau est plus flou. A la suite des monastères bénédictins de Durham, Whytby, Lincoln et St-Alban, disséminés sur l'ensemble du pays, se dessine un mouvement vers le sud, depuis l'abbaye cistercienne de Mereval vers les prieurés bénédictins de Salisbury et Canterbury dans le sud, avec Reading et Glastonbury, bénédictins, et Worcester au centre, au XIIIe siècle. En Italie, aux deux monastères bénédictins de Novara et St-Eutizio viennent s'ajouter au XIIIe siècle les centres urbains de Monza, Pisa, Lucca, Pistoia et Rome.

En bordure, on trouve, pour le XIIe siècle, Egmond en Hollande; Hildesheim, Naumburg, Liesborn et Pegau, tous bénédictins, en Allemagne, avec une antenne à Berlin pour le XIIIe. Au Portugal, l'abbaye cistercienne d'Alcobaça possède un Josèphe au XIIIe, de même que Vich, en Espagne.

Pour le XIVe siècle, quelques monastères seulement, un cistercien au nord de l'Angleterre, Rievaux, et un bénédictin Ramsey, près de Lincoln; un cistercien, Claire-fontaine, en France, dans le diocèse de Besançon, et en Italie, Chieri, dans le Piémont. Peu à peu apparaissent sur la carte les futurs grands centres d'érudition de l'Humanisme: Paris, Reims et surtout Avignon; Gand; Regensburg (Ratisbonne), Heiligenkreuz et Prague en Europe centrale; Milan, Padoue, Pavie et surtout Rome pour l'Italie[38]. En superposant la carte de

---

[37]   Voir la carte, p. 443, établie à l'aide du *Répertoire topobibliographique des abbayes et prieurés*, de Cottineau, Mâcon, 1939.

[38]   Sur les 18 manuscrits de Josèphe au XIVe siècle, 7 sont italiens; l'un d'eux a appartenu à Pétrarque, un autre à la famille Visconti (B.N. lat. 5054 et 1615).

répartition des Hégésippe et des Valère Maxime sur celle de Josèphe[39], les mêmes noms reparaissent dès le XIIe siècle, avec Bec, pour Hégésippe et Valère Maxime, Canterbury, Pontigny, au XIIIe, Avignon au XIVe. Les manuscrits grecs de Josèphe suivent un tout autre tracé. Les premiers 3 datent du Xe siècle, 8 du XIe et 4 seulement du XIIe. 6 manuscrits du XIIIe subsistent à travers le monde contre 26 au XIVe. Le monde byzantin continuait probablement à cultiver l'étude de Josèphe sans heurts. Une influence byzantine sur le retour des oeuvres de Josèphe en force dans les grands centres d'érudition en occident du XIVe siècle, n'est pas à écarter. On copiait Josèphe en grec à Rome, à la fin du XVe siècle, après la chute de Constantinople[40]. La liste de citations de Josèphe colligées par H. Schreckenberg ne compte plus après le XIIIe siècle d'auteurs latins ou presque[41].

Par le truchement de Pierre le Mangeur, puis très tôt, par son traducteur en français, Guyart des Moulins[42], où il est cité en référence au même titre que le texte biblique lui-même[43], Josèphe est présent dans un grand nombre de ces écrits religieux, dont le XIIIe siècle vit une floraison étonnante. La littérature profane subit son influence dans le *Fait des Romains* et l'*Histoire ancienne jusqu'à César*[44]; par son action sur l'épopée d'Alexandre le Grand, il s'introduit dans la littérature courtoise[45]. Noyé au XIVe siècle dans le raz-de-marée des nouvelles et des «Histoires»[46], Josèphe est partout, mais son oeuvre est ignorée.

L'absence de Josèphe n'est donc qu'apparente. Telle quelle, elle a néanmoins une grande importance pour l'étude de son illustration. Moins copié il est inévitablement aussi moins illustré. En revanche la Bible connaît à cette époque

---

[39] Voir Manitius, *ibid.*, p. 85–90, 204–213. Comme Flavius Josèphe, Valère Maxime, historien latin, a lui aussi été traduit en français pour la première fois au temps du roi Charles V; voir Monfrin, «Humanisme et traductions au Moyen-âge», *ibid.*, p. 174.

[40] En l'an 1469; il s'agit du ms. Marcianus 380; Schreckenberg, *Tradit.*, p. 43; voir aussi *ibid.*, p. 13–57.

[41] *Ibid.*, p. 165 à 170.

[42] Cf. supra, p. 20, note 80; nous ne connaissons pas de traduction de Josèphe en vernaculaire datant du XIIIe siècle. Guyart des Moulins prouve que l'obstacle de la langue eût été surmonté, s'il y avait eu un public pour ses livres.

[43] Cf. Berger, *Bible fr.*, p. 122, 171, 178, 247 etc.... «Josephus» est mis à maintes et maintes reprises en parallèle avec le texte même de la Bible, sur un pied d'égalité complète; on se targue de sa caution aussi bien pour abréger (dans le *Lévitique*, par exemple), pour broder (la Tour de 'Nembrot', par exemple), pour compléter (le récit de la destruction de Jérusalem) que pour interpréter le texte biblique (nombreuses gloses). Le comble, c'est la superposition de l'articulation des livres de Josèphe par dessus celle de la Bible («Si finet le premier livre josephus», au milieu de la *Genèse*, B.M., Roy. 19 D II, 33 v°).

[44] Cf. P. Meyer, «Les premières compilations françaises d'histoire ancienne», *Romania*, 14e année, 1885, p. 7 et 38 surtout.

[45] Voir Ross, *Alexander Historiatus*, Londres, 1963, p. 33.

[46] Supra, p. 25. Le *De casibus virorum illustrium* avec son parallèle, le *De claris mulieribus*, de Boccace, méritent une mention particulière par leur place exceptionnelle dans la littérature du temps, voir M. Meiss, *Painting in Florence and Siena after the Black Death*, Princeton, 1951, p. 157–165.

une période de grande expansion. S. Berger relève pour le XIV⁰ siècle un chiffre
record de Bibles et psautiers en circulation: 185 (59 sans les psautiers) contre 3 au
XII⁰, 10 au XIII⁰ et 30 au XV⁰ siècles⁴⁷. Le même auteur constate la floraison de
l'illustration de ces textes bibliques, depuis les Bibles en images jusqu'aux Bibles
moralisées et depuis la Vulgate jusqu'aux Bibles historiales⁴⁸. C'est aussi dès le
XIII⁰ siècle que romans courtois, chansons de geste, chroniques et légendes sont
illustrées⁴⁹. Tout se passe donc comme si Josèphe devait céder sa place à la foule
des émules qu'il avait en grande partie lui-même suscités.

La consommation d'images à l'âge gothique est énorme. Les ateliers
d'enlumineurs, de verriers et de sculpteurs ont peine à répondre à la demande.
Les métiers d'art sont en plein essor. Commercialisation et vulgarisation
stimulent et compromettent à la fois leurs réalisations. Peintres et sculpteurs ne
travaillent plus dans la paix des couvents. Ils sont pris dans le mouvement
turbulent des nouvelles agglomérations urbaines. Ils travaillent pour un public
laïc auquel appartiennent aussi bien leurs commanditaires et leur clientèle de
destination. Dans ce contexte, il faut des images simples et claires qui frappent.
Le temps n'est plus aux compositions schématisées, longuement méditées, qui
présentent un ensemble de conceptions essentielles. Les exigences de base se
fondent, à présent, sur l'expression sentimentale et la vraisemblance qui
permettent l'identification du spectateur avec les personnages représentés. C'est
le théâtre qui donne les meilleurs résultats à cet égard, c'est lui qui bénéficie, en
ce temps, d'une vogue grandissante.

Avant que ce nouveau public secrète, lentement, une nouvelle élite, qui
s'attellera, avec un esprit nouveau, à l'étude des oeuvres de l'ancien temps,
celles-ci sont vénérées un peu comme de vieux souvenirs de famille: de loin et
sous vitrine. A l'aube des temps modernes, le temps prend sa dimension
caractéristique moderne: il est traqué comme un fugitif qui accélère sa course au
rythme de ses poursuivants. On lit des «histoires», des «nouvelles» dont le
dénouement vient vite et abruptement. Josèphe donne l'inspiration à ces auteurs
qui font vibrer la foule — eux le lisent, mais combien sont-ils? Josèphe est illustré
abondamment, mais par personne interposée⁵⁰. Ceux qui pratiquent encore

---

⁴⁷ *Bible fr.*, p. 286.
⁴⁸ «Il y a en effet au moyen âge une vulgate pour les peintures mêmes... Des oeuvres qui se
ressemblaient quelquefois presque autant que des livres imprimés», *ibid.*, p. 281–282. Voir aussi
Laborde, *Moral.*, V, 3–21; Wormald, «Bible Illustration in Medieval Manuscripts», p. 315–316;
319–321; 332 etc.
⁴⁹ Cf. Loomis, *Arthurian Legends in Medieval Art*, N.Y., 1938; Buchtal, *op. cit.*; Ross, *op. cit.* etc.
⁵⁰ A l'heure actuelle, il n'est pas possible de dresser une liste des images des XIII⁰ et XIV⁰ siècles
basées sur des thèmes de Josèphe. Seules quelques études limitées à un de ces thèmes peuvent donner
une idée de l'ampleur de la matière. Ainsi voir les représentations de la tour de Babel avec Nemrod
dans Minkowski, *Aus dem Nebel...* et surtout l'étude de Gutmann sur Moïse et la couronne du
Pharaon dans *Eretz Israel*, IV (1960), p. 16–22. Enfin toutes les oeuvres directement inspirées par
Josèphe comme l'*Histoire scolastique* et ses dérivés, la *Légende dorée* et les *Cas* de Boccace
comportent souvent des illustrations tirées de Josèphe; voir infra, les motifs de la *G.J.*

Josèphe dans l'original se servent de manuscrits anciens et sont peu exigeants en matière d'illustration[51].

5. L'illustration de Josèphe au siècle de Fouquet

a) La langue et le public

Pour profiter du livre, il fallait un public qui sache lire et qui comprenne le texte; la connaissance du latin était devenue plutôt rare hors de l'Italie. Mais l'existence d'un public relativement instruit, en France surtout, avait suffisamment poli et assoupli l'instrument linguistique populaire pour lui permettre d'être le véhicule aussi bien d'une littérature originale que de la traduction de la grande littérature classique. Charles V, roi de France, patronna en personne la transposition des classiques en langue française. Grâce à lui, le français gagna la priorité sur les autres langues populaires et fut pour longtemps le moyen d'expression des nouvelles élites laïques.

Mises en français, les oeuvres de Josèphe touchèrent une classe sociale populaire dont les intérêts et les idées différaient de son audience jusqu'alors. Auteur profane, historien d'entre les historiens, il était vénéré par les érudits, les mécènes et les bibliophiles, au même titre que les auteurs antiques. En l'absence des *Antiquités* et de la *Guerre de Juifs,* le monde des arts avait évolué. Quand elles reprirent leur place, sur le devant de la scène, leur parure d'antan était devenue vieillote et caduque. Mais la métamorphose de l'illustration de Josèphe à la fin du XIVe et au début du XVe siècle est aussi un fait linguistique.

Les rares images qui ornent les manuscrits de cet auteur au XIIIe siècle, l'unique que nous connaissions du XIVe sont toutes des initiales historiées (supra, note 36). Les personnages mis en scène sont encadrés et dominés par la forme générale de l'initiale du livre qu'ils illustrent. Cette initiale avait été fixée définitivement, en Occident, avec la traduction en latin de Josèphe. Elle imposait une forme constante qui avait part à la constitution d'une tradition picturale. Avec la traduction en français, d'autres lettres initiales apparaissent. Ces formes nouvelles où ne s'inscrivent plus tout naturellement personnages et scènes de la tradition créèrent un vide qui facilita sans doute le passage de l'initiale historiée à la vignette ou au frontispice[52]; les «istoires» se transformèrent en petits tableaux se suffisant à eux-mêmes.

---

[51] Ainsi pour le Josèphe de Pétrarque (B.N., lat. 5054), orné en tout et pour tout d'un Christ roux en première page, mais curieusement articulé à la façon d'une Bible (*Genesis, Exodus* etc.) et coupé à la fin du récit d'*Esther.*

[52] Il n'existe pas, à notre connaissance, d'étude sur ce passage de l'image faisant corps avec l'initiale à l'image-frontispice qui gagne son autonomie par rapport au texte. Mais l'initiale n'a jamais été définitivement détrônée, elle reste somptueusement enluminée — avec ou sans figures — dans les manuscrits de prix. Le sujet est plus ou moins largement traité par Kaufmann, *op. cit.,* p. 16

Les illustrateurs et leurs clients ne se défaisaient pas sans regret de certains lieux communs; on les voit parfois incorporés au texte vernaculaire contre toute logique[53]. On s'était habitué au grand 'I' du *In principio,* souvent démesuré et surchargé, qui ornait un grand nombre de Bibles aux XIIIe et XIVe siècles. On se retrouve à présent avec le grand 'D' de «Dieu qui est créateur de toutes choses», une lettre à boucle, close, contraignante. En France, où l'enluminure est vivace, la solution de rechange ne tarde pas: ce sera le grand frontispice avec le mariage d'Adam et Eve.

La plupart des peintres ne lisaient pas le texte: ils étaient payés pour exécuter les instructions, non pour faire de l'exégèse. D'autant plus que ces artisans ne comprenaient plus le latin. Or voilà que les textes se trouvaient mis à leur portée dans leur propre langue: ils pouvaient les lire ou tout au moins profiter des «tituli» pour les guider, plus ou moins heureusement, dans leur travail. L'importance des «tituli» se mesure justement dans les erreurs qui leur sont imputables. Ainsi pour le frontispice du livre V des *Antiquités* dans un manuscrit somptueux destiné à Philippe de Bourgogne (Arsenal 5082, f° 105 v°): il représente une scène de bataille, avec, à droite, un immense éléphant dans le ventre duquel un vieillard barbu et cuirassé s'évertue à enfoncer son épée (fig. 13). Ce veillard qui tente de prouver, au prix de sa vie, que les éléphants ne sont pas invincibles, c'est apparemment Eléazar, un des frères de Juda Macchabée. Que vient-il faire à la hauteur du livre de *Josué*? La colonne de gauche porte, sous la peinture, à l'avant-dernière ligne, cette phrase: «Et comment Josué et Eleazar moururent». Il s'agit bien entendu de Josué le successeur de Moïse et d'Eléazar fils d'Aaron le grand-prêtre, dont nous entretient le livre de *Josué*. L'illustrateur trop pressé ou ignorant a pris un Eléazar pour un autre.

L'influence de cette révolution linguistique, reflet d'un révolution bien plus profonde dans l'histoire de la civilisation, n'a pas été assez soulignée jusqu'ici et ne doit pas être sous-estimée. Seule la Bible et ses dérivés a connu une telle solution de continuité dans sa tradition iconographique, avec sa traduction en langue populaire. Mais comme dit, la carrière de Josèphe s'infléchissait, au sortir de son éclipse, vers les oeuvres de l'antiquité païenne; elle perdait peu à peu son cachet religieux pour faire valoir son message universel. Les nouvelles images du XVe siècle de Fouquet, en portent la marque.

b)　*L'iconographie de Josèphe après l'éclipse*

Il ne devait plus rester grand chose de la tradition picturale dans l'illustration

---

et 33, du XIe au XIIIe siècle; et par Panofsy, *Early Netherlandisch Painting,* dans son premier chapitre, plus particulièrement p. 49, pour le tournant du XVe siècle; voir aussi Gutbrod, *op. cit.*

[53]　Le peintre du ms. B.N. fr. 404, f°1, a gardé le principe du 'I' initial avec les sept scènes des sept jours de la Création; il a formé deux bandes verticales, de quatre vignettes rectangulaires chacune — la huitième figurant la Tentation (fig. 31); celui du ms. 5082 de l'Arsenal (3v°), à défaut de 'I' pour caser ses médaillons, les a relégués dans la bordure (fig. 29).

de Josèphe après la longue éclipse et le nouvel obstacle de la langue. Le champ était libre pour de nouvelles créations et pour l'élaboration de nouvelles idées. Encore fallait-il savoir en profiter. Pour la classe laborieuse des tâcherons de la peinture, la conjoncture était difficile. Certes, il leur était loisible de suivre, dans la majeure partie de son cours, le large fleuve de l'iconographie biblique; ils ne s'en sont pas privés, d'ailleurs, quitte à accumuler les contaminations intempestives et incongrues, comme d'affubler Josèphe de scènes qui n'y figurent pas. De toute façon, le recours aux solutions de fortune semblait inévitable.

L'intense production littéraire profane s'était forgé, dès le XIII\ siècle, non sans mal, ses propres outils iconographiques. A présent elle était en mesure d'offrir à l'illustrateur de Josèphe un choix assez ample de thèmes passe-partout assez vagues pour convenir au texte. Par ailleurs, le grand intérêt pour les auteurs classiques induisit à prospecter dans les anciennes «librairies» pour en exhumer de vieux textes plus ou moins tombés dans l'oubli. Les nombreux cas de résurgence d'anciennes traditions picturales le démontrent. Autour de la chute de Byzance, enfin, vers 1453, l'afflux de réfugiés orientaux amena en occident un nombre inestimable de manuscrits enluminés qui enrichirent le répertoire local.

De la sorte, à la fin du XV\ siècle, les peintres de Josèphe disposaient d'un grand choix de motifs formels et thématiques. La preuve en est une production incohérente où les traditions les plus variées se croisent et se recoupent; de fait, il devait être particulièrement délicat de trouver sa voie, ou même, tout simplement, d'utiliser le matériel existant sans se tromper. L'interprétation de ces images en devient particulièrement difficile aujourd'hui, à moins de voir des inconséquences et de l'incompréhension partout. En revanche, l'oeuvre d'un Fouquet prend un singulier relief au milieu de cette confusion, par le caractère nécessaire et décisif de ses images, qui vivent sous nos yeux, collent au texte, tout en restant dans la ligne des divers courants de la tradition.

Le renouveau de Josèphe en langue française fait que l'éclipse de Josèphe se prolonge dans tous les pays d'Europe non francophones pour un bon siècle encore; mais à ce moment l'hégémonie de la presse à imprimer était bien établie déjà et la production de manuscrits de Josèphe, définitivement tarie. En Italie, cependant, où l'on continue à lire et à copier, donc à orner aussi des textes de Josèphe, surtout en latin, il semble que l'inspiration iconographique soit à bout de souffle. Les manuscrits de cet auteur y sont souvent somptueux et d'un luxe raffiné, mais ils ne comportent qu'un nombre très minime d'illustrations; la stimulation d'un grand marché y fait cruellement défaut. Sur sept livres illustrés de Josèphe répertoriés, d'origine italienne, deux seuls comportent le texte des *Antiquités judaïques* et deux frontispices (fig. 15 et 16); les autres sont des *Guerres* et présentent un seul frontispice (voir la table des manuscrits).

D'autre part, la diffusion des thèmes de Josèphe en divers textes, donne naissance à une iconographie parallèle, suivant sa propre route. A côté des illustrations greffées, au fil des livres, sur le texte original, apparaissent des épisodes, isolés ou groupés, sous des formes variées. Ainsi des scènes tirées de la *Guerre des Juifs* servent, au XVe siècle, de thèmes à la peinture monumentale. Un seul vestige nous en est connu, la prédelle du Musée de Gand, attribuée à Juste de Gand ou à Daniel de Rijcke[54] (fig. 147). Elle suffit à authentifier le témoignage de Vasari, sur les fresques du palais des Scaliger, à Vérone, aujourd'hui disparues[55]. Elle laisse aussi supposer l'existence d'autres représentations de ce type, dont le souvenir ne s'est pas conservé.

Suivant un mouvement amorcé dès le XIIIe siècle, des ouvrages inspirés de Josèphe s'approprient des thèmes de son oeuvre et son influence s'estompe de la sorte (supra, note 50). Les textes ne sont pas nouveaux, ils datent du XIIIe ou du XIVe siècle; généralement ils sont traduits en français[56]. Les images ont en commun le souci de réalisme qui donne aux sujets traités un aspect authentique. Là encore, une liste exhaustive est irréalisable pour l'heure et il faut se contenter de quelques thèmes précis, qui seront traités à mesure qu'ils se présenteront dans les livres de Josèphe. Finalement, à l'extinction de l'art d'enluminer, la tradition iconographique de Josèphe sera tellement dispersée, que les graveurs chargés d'illustrer les éditions successives des *Antiquités* et de la *Guerre* ne sauront pas renouer avec elle et seront obligés d'en forger une nouvelle.

c) *Thèmes et motifs formels*

Les 19 textes illustrés des XVe et XVIe siècle répertoriés sont des livres somptueux, richement enluminés, de vrais objets de collection. Seuls des amateurs fortunés pouvaient s'offrir des articles de luxe de ce prix. Sous cet angle de vue, le texte passait au rang de support pour les images qui devenaient, elles, l'élément dominant. Désormais le peintre oeuvrait pour un client bien précis et il était indispensable de le satisfaire. Il s'établit ainsi un dialogue imaginaire entre un mécène de haut rang et un artiste qui tentait d'exprimer sous la forme la plus brillante l'essence du texte à illustrer. Pour ce faire, l'artiste allait recueillir les thèmes traditionnels et les revêtir au goût du jour, en faisant valoir ses qualifications professionnelles et sa virtuosité.

---

[54]   M.J. Friedländer, *Early Netherlandish Painting,* vol. 3, Bruxelles, 1968, p. 85; *Gand,* «Mille ans d'art et de culture», exposition, 19.4–29.6.1975, n° 1958 AE.

[55]   Edit. Milanesi, t. III, p. 633, dans la vie d'Aldigieri da Zevio, Vasari mentionne «La guerra di Gerusalemme secondo che è scritta da Ioseffo» (la guerre de Jérusalem selon le récit de Josèphe), peinte à fresque vers le milieu du XIVe siècle.

[56]   Les plus significatifs sont deux; les *Cas,* déjà mentionnés (supra, note 46) de Boccace, traduits en français par Laurent de Premierfait, en 1401 et illustrés en France avant de l'être en Italie, présentent les biographies des héros bibliques et post-bibliques comme des «Cas», inspirés, par le texte et par l'image, par Josèphe. Voir Franco Simone, «La présence de Boccace dans la culture française du XVe siècle», *Journal of Medieval and Renaissance Studies,* 1, no. 1 (1971), p. 17–32; Pleister, *Die neun Bücher;* le deuxième texte capital, c'est le *Miroir de l'humaine salvation,* attribué à Ludolphe le Chartreux et composé au début du XIVe siècle.

Comme dit, la tradition faisait défaut. Le recours à des thèmes passe-partout était inévitable. Certains s'efforçaient d'enrichir leur répertoire thématique à partir de textes anciens ou orientaux. Dans tous les cas, l'esprit de ces images perpétuait l'approche médiévale chrétienne de Josèphe, avec son message théologique, typologique et moral. Il dépendait de la personnalité de l'artiste que ce message fût lettre morte ou reprît une vigueur renouvelée. Les exemples de l'une et de l'autre ne manquent pas, comme on verra par la suite. En ce sens, les thèmes gardent, au XVe siècle, une certaine uniformité, si ce n'est que dans l'intention.

Dans leur forme, ces images suivent le mouvement général de l'art figuré à l'époque. Les grands courants, bien connus, en sont, au niveau local, un perfectionnement progressif de l'illusion optique, par les jeux de lumière et le dégradé des couleurs; du sens de l'espace qui déroule sa «substance étendue» jusqu'à l'infini et permet les figurations à plans multiples; le sens du spectacle qui assimile le rôle du peintre à celui du metteur-en-scène faisant exprimer leurs sentiments à des personnages isolés ou en groupe, évoluant par rapport au devant du plateau. Un penchant délibéré pour le classicisme induisait les peintres à préférer les compositions claires et équilibrées, les sentiments exprimés dignement et avec solennité, l'esthétique et l'harmonie des détails qui contribuent à la grandeur monumentale de l'ensemble et, finalement, la conception qui consiste à utiliser la représentation de l'homme pour exprimer à travers elle des spéculations métaphysiques et morales.

L'art de Fouquet se définit bien dans le cadre de ces principes. Mais l'influence italienne chez Fouquet est manifeste. En France, cette tendance à l'illusionnisme et au classicisme est moins sensible. Le XVe siècle s'ouvre sur ce qu'on appelle communément le «style gothique international»[57] dont le ms. B.N. fr. 6446 peut être considéré comme un représentant typique. Ce manuscrit montre une faveur particulière pour les ors et les couleurs chatoyantes. L'espace est indiqué, mais l'image est plate. Richement vêtus, les personnages sont stéréotypés et bidimensionnels; ils sont généralement affectés d'une courbure gracieuse inspirée de la statuaire gothique. Le décor est schématique, l'architecture gracile comme un praticable de théâtre. Le fonds est quadrillé ou uni et coloré de couleur vive (fig. 39, 68, 79, 86, 93 et 135).

Plus que des idées, ces images expriment l'esprit d'une société aristocratique ou se voulant telle, attachée à un formalisme presque rituel, fondé sur une vision du monde à la fois courtoise, chevaleresque et chrétienne. Comme l'exprime magistralement Duby, cette société vit dans l'apparence, dans l'affectation et le clinquant[58]. Elle ne veut pas voir au-delà des beaux costumes, des bonnes manières et des savantes règles du savoir-vivre. Ce goût superficiel pour l'aspect

---

[57] Voir par exemple L.C. Vegas, *International Gothic Art in Italy,* Londres, 1968.
[58] Duby, p. 223–247; 252–254; 302–306 etc.

miroitant des choses marque en fait presque toutes les illustrations de Josèphe, même Fouquet ne s'en garde pas toujours. Aucun artiste ne résiste au plaisir de dépeindre une élégante compagnie quand l'occasion s'en présente (fig. 36, 60, 74, 75). Cette richesse ornementale se manifeste particulièrement dans les bordures, souvent particulièrement soignées, au début du siècle comme à son déclin (fig. 14 à 18; 26 à 30 etc.)[59].

Déjà au niveau de ces raffinements d'une société décadente, se ressentent les signes avant-coureurs d'un nouveau monde en gestation. La nouvelle idée de l'Etat et de la monarchie absolue perce à travers la prédilection pour les thèmes mettant en scène le trône et la Cour, couronnements, investitures, entrées solennelles et parades (fig. 57 à 60, 65, 75, 83, 100, 117–118, 128)[60]. L'idée du droit de vie et de mort de la royauté est soulignée (fig. 96, 115), ainsi que la pérennité du pouvoir qui en est la légitimation. A ce titre, l'histoire de la Rome antique et de l'antiquité en général, est un élément indispensable de propagande politique. Le régime favorise son étude et marque son intérêt pour la peinture historique[61]. Ce goût soigneusement cultivé pour l'histoire coïncide avec un sens tout nouveau du recul dans le temps et d'objectivation d'un passé révolu[62]. Il s'accompagne d'une propension pour le différent, l'exotique et le merveilleux. Il apparaît que la distinction entre distance dans le temps et distance dans l'espace n'est pas aisée à établir. Les images figurent souvent les patriarches bibliques comme des orientaux contemporains (fig. 36)[63]; le milieu romain est décrit parfois avec un souci d'authenticité presque archéologique (fig. 92), ou bien avec un anachronisme sans vergogne (fig. 140)[64]. Par contre le sens historique de l'époque n'empêche pas de costumer en Romains n'importe quelle nation de l'Antiquité (fig. 74).

Colonnes et arcs de triomphe romains permettaient de se pourvoir en modèles d'époque. Depuis Pétrarque, l'humanisme avait remis à l'honneur les vestiges du glorieux Empire romain. La civilisation occidentale consciente de cette gloire d'antan cherchait à se raboucher avec le monde antique, persuadée d'en être l'héritière. Ce désir d'identification qui convergeait avec le voeu religieux d'identification avec les souffrances de Jésus, de Marie et des autres saints de l'Eglise, l'aspiration à revivre leur Passion, n'était pas pour faciliter le développement du sens de l'histoire. Les exemples de cette tendance à abolir le temps abondent, ils expliquent ce que nous appelons aujourd'hui, avec notre détachement blasé, des anachronismes. Ainsi rêvait-on de ressusciter les valeurs,

---

[59] Sur la place de l'art flamand dans cet éventail voir l'étude monumentale de Panofsky, *Early Netherlandish Painting* et du même, le IVe chapitre de *Renaissance and Renascences*.

[60] Guénée, *L'occident aux XIVe et XVe siècles; les Etats,* Paris, 1971, p. 88.

[61] M. Ritter, *Historische Zeitschrift,* 107 (1911), p. 303–305.

[62] Voir Panofsky, *Renaissance and Renascences,* pp. 108–113.

[63] Signalé par Blumenkranz, *Histoire des Juifs en France,* p. 26; voir aussi Cohen, *Histoire de la mise-en-scène,* p. 25.

[64] Voir Raynaud de Lage, «Les romans antiques...»

l'ordonnance et l'esprit du monde païen de l'antiquité tel qu'on se le représentait à la lecture des classiques[65].

En ce sens, Josèphe était lu, commenté et illustré comme un texte classique. Les images montrent cette nostalgie du temps passé, cette admiration pour le sens romain de l'ordre et de la justice et cette vénération jalouse de la gloire et de la valeur militaire des Romains qui constituent le «rinascimento dell'antichità». Cela se manifeste dans les masses imposantes de soldats jetés dans les scènes de bataille, selon des techniques récemment acquises (fig. 121, 131, 132, 147). Dans l'expression d'une autorité paternelle et bienveillante de la part d'Empereurs à la longue barbe chenue (fig. 100, 126–127)[66]. Dans le zèle à figurer sigles et symboles considérés comme romains d'origine, comme l'aigle bicéphale (fig. 118, 120), les lettres «S.P.Q.R.» (fig. 92, 128)[67] ou des monnaies antiques[68]. Or les vrais humanistes, mince élite internationale, ne pouvaient constituer leur bibliothèque avec des manuscrits aussi somptueux. Ils usaient probablement de textes dépourvus d'enjolivures. Les indices d'humanisme dans les livres de collection étaient donc déjà des relents populaires de la grande érudition[69]. Pour la première fois, peut-être, la peinture de manuscrits n'est plus tributaire des grands courants de la pensée, elle est vulgarisée et coupée des significations premières. Avec l'imprimerie le mouvement s'accentue. Le texte illustré devient bon marché, c'est un produit de masse.

A première vue, il est difficile d'établir une distinction sans équivoque entre textes illustrés de Josèphe et des auteurs classiques païens. Pourtant on décèle, chez Josèphe, derrière le mince paravent d'humanisme, ces empreintes de la tradition exégétique médiévale mentionnées plus haut. Absentes dans les oeuvres classiques, elles y laissent les images sans vigueur et sans densité idéologiques; ce vide frappe tous ceux qui pratiquent les manuscrits enluminés de l'époque concernée. Mais ce qui singularise les textes illustrés de Josèphe, ce sont surtout leurs rapports avec le Mystère; comme on sait, les thèmes du drame de l'époque étaient religieux ou populaires, mais non classiques.

---

[65]   Une de ces tentatives de faire revivre le passé est contée par Panofsky, *Renaissance and Renascences,* p. 173.

[66]   Le désir de retour aux sources se rabat, en France, en l'absence d'une antiquité glorieuse, sur le mythe de Charlemagne, dont la barbe chenue a peut-être inspiré nos illustrateurs; voir Simone, *Umanesimo, Rinascimento, Barocco in Francia,* p. 82.

[67]   Ces initiales signifient «Senatus populusque romanus», voir infra, livre 14, note 8; le Saint Empire romain germanique a pris pour emblème, très tôt sans doute, l'aigle bicéphale noir qui, en revanche, a été assimilé à un sigle romain authentique, comme le montrent de nombreuses peintures. Voir, par exemple, le ms. fr. 260 de la B.N., un Tite-Live du XIVᵉ siècle.

[68]   Avec des gemmes imitées de l'antique, surtout dans les manuscrits italiens du XVᵉ siècle; ainsi, B.N., n. acq. lat. 2455, f°2, au frontispice de la *G.J.* et Florence, Laurentiana, Plut. 66.7, selon Bandini, *Catalogus Laurentianae,* t. II, p. 785.

[69]   La présence d'érudits à la cour des princes et des nobles est démontrable, mais la thématique des images dément généralement l'intervention d'un iconographe compétent. Pour Fouquet, le problème se pose effectivement, mais demeure insoluble, voir infra.

Les éléments théâtraux abondent dans l'illustration de Josèphe au XVe siècle, encore faut-il les définir. Une première série de références au théâtre appartiennent à l'apparence extérieure du plateau et des décors. La forme carrée, ronde ou losange, bien délimitée, de la scène où se déroule l'action (surtout chez Fouquet, mais voir aussi fig. 91, 98, 102, 114, 117 etc.); le décor architectural de type «maison de poupée» qui permet la représentation si-multanée d'une ou plusieurs actions (fig. 102, 123, 127) dérivent vraisemblable-ment d'impressions visuelles reçues au théâtre[70]. Une deuxième série de références se rapportent au texte des mystères, comme la profusion de détails sur la biographie des Empereurs romains; la figuration de scènes épisodiques popularisées par le théâtre; les jeux de scène et les comparses étrangers au texte original. Ces indices seront relevés à mesure de leur apparition dans l'ordre des livres. Enfin la trivialité de certains types et l'outrance de leur accoutrement sont sans doute à imputer à leur extraction théâtrale et populaire[71].

La question des Juifs au théâtre a préoccupé bien des auteurs[72]. Pour autant que l'illustration de Josèphe reflète le théâtre, elle ne comporte jamais d'allusion haineuse ou caricaturale à propos d'un héros juif. Josèphe est représenté sous les mêmes traits que Titus et Vespasien (fig. 127, 147). Sans doute est-ce l'effet de l'expulsion des Juifs de France, à la fin du siècle précédent[73]. La plupart des artistes impliqués ici n'ont probablement jamais vu de Juif de leur existence. C'est aussi, apparemment, la conséquence de l'artistocratisation de l'enluminure, expropriée des deux éléments de la société les plus hostiles aux Juifs: le clergé et les masses populaires.

d) Jean Fouquet et les «Antiquités judaïques»

Les ms. B.N. fr. 247 et n. acq. fr. 21013

Le manuscrit français 247 de la B.N. est formé de 311 feuillets en vélin de 405 mm sur 290. Il contient les 14 premiers livres des A.J. copiés en 36 lignes sur deux colonnes. Sa version française, d'auteur inconnu, apparaît dans d'autres ms., tels les 11 à 15 de la B.N. Relié en maroquin de couleur citron, frappé aux armes de Louis XV, il est orné de 15 peintures: l'auteur dans l'initiale 'C' du prologue et

---

[70] L'idée qu'on peut en avoir aujourd'hui se fonde sur le fameux ms. de la *Passion de Valenciennes,* de cent ans plus récent, mais néanmoins évocateur — à défaut de mieux, voir à ce propos Decugis, Reymond, *Le décor de théâtre en France,* p. 17–18, fig. 7 à 18; Schaefer, «J. Fouquet und das geistliche Schauspiel seiner Zeit».

[71] Sur le théâtre médiéval en France, voir les études de G. Cohen, mais aussi W. Creizenach et G. Frank.

[72] Voir Pflaum dans la *Revue des études juives,* 89 (1930), p. 111–134; Gilbert Dahan, «Les Juifs dans le théâtre religieux en France du XIIe au XIVe siècle», *Archives juives,* 13 (1977), pp. 1–10; Deutsch, «Déicide et vengeance», *ibid.* Pour les textes, v. Petit de Julleville, *op. cit.*

[73] Blumenkranz, *op. cit.,* p. 22.

14 frontispices, dans un espace mesurant 210 mm sur 180 environ, ménagé en tête de chacun des livres. Selon Meiss, c'est un an avant sa mort, vers 1415, que Jean de Berry commanda ce manuscrit, outre celui qu'il possédait déjà et qui était de style gothique international (B.N. fr. 6446, voir plus haut). Une note de François Robertet, secrétaire de Pierre de Bourbon, deuxième du nom, au dernier feuillet du volume (311 v°) spécifie que «les trois premières [histoires sont] de l'enlumineur du duc Jehan de Berry et les neuf de la main du bon peintre du roi Louis XI Jehan Fouquet, natif de Tours». Le témoignage de Robertet est trop précieux, pour qu'on s'arrête à l'omission de deux peintures. Les trois premières sont attribuées à un émule du Maître de Boucicaut et les onze autres à Fouquet, qui, apparemment, a exécuté aussi l'auteur et retouché le frontispice de tête.

Cinquante ans ont passé ou presque, avant que l'arrière-petit-fils de Jean, Jacques d'Armagnac, dont les armes recouvrent celles de Jean sur le frontispice de tête, achève l'oeuvre de son prédécesseur. C'est dire en quelle estime Josèphe était tenu. Il faut encore prendre en considération la place influente de Fouquet parmi les peintres, vers le milieu du XVe siècle —et la personnalité frondeuse de ce Jacques, arrêté en 1476 et exécuté en 1477. Les temps et les personnages changent, mais Josèphe demeure. Les biens de Jacques furent confisqués et le manuscrit parvint finalement au Louvre, non sans avoir échoué, pour un temps, parmi les trésors de la famille de Bourbon.

Le deuxième volume a disparu, après la mort de Jacques d'Armagnac. Un manuscrit qui convient à l'idée qu'on s'en fait apparaît en Angleterre au milieu du XVIIIe siècle. Il aboutit à la B.N., dans le cadre de l'«Entente cordiale», depuis la collection H. Yates Thompson et après avoir été reconstitué avec des pages éparses de la collection royale de Windsor. Il est connu aujourd'hui comme le n. acq. fr. 21013. Il contient 300 feuillets, rognés aux dimensions de 375 mm sur 270 et reliés en maroquin anglais rouge du XVIIIe siècle. L'écriture est de la même main que le fr. 247, également 36 lignes sur deux colonnes. Il est orné d'un grand frontispice en tête, au XVe livre, et de 10 petits tableaux sur une seule colonne (8 cm.) au début de chacun des livres suivants, excepté le XXe. Le style de Fouquet, reconnaissable malgré les avaries dans le coloris, au premier frontispice, est à l'origine de l'appariement des deux manuscrits. Mais on ne sait rien des dix autres illustrations. Elles sont de la main d'un élève de Fouquet, le même sans doute qui a exécuté le *Tite-Live de Versailles* (B.N. fr. 273–274), à la fin du XVe siècle, peut-être un fils du maître tourangeau[74].

Vie et oeuvre de Jean Fouquet

Jean Fouquet obtient enfin aujourd'hui l'intérêt qu'il mérite. Il serait donc

---

[74] D'après Durrieu, p. 7–24; 52–55; Schaffer, *Foucquet,* p. 19–60; 214–340; II, p. 230–233; Meiss, *Limbourg,* p. 44.

plus judicieux de consacrer quelques lignes aux auteurs anonymes des trois premières et des dix dernières peintures de ces deux manuscrits dont la réalisation s'étale sur un siècle entier. Or on ne sait pas plus sur eux que ne le laisse entendre l'étude de leurs oeuvres. Fouquet apparaît ainsi, concrètement, comme le pivot de l'oeuvre toute entière. Seul retiendra notre attention ce qui, dans sa vie et son art, peut éclairer sa position envers Josèphe d'une part et sa façon personnelle de l'exprimer de l'autre.

Entre 1450 et 1460, Fouquet a entre 30 et 40 ans; il est au sommet de sa carrière d'enlumineur. Outre les *A.J.,* il exécute les *Heures d'Etienne Chevalier,* le *Boccace de Munich* et probablement aussi les *Grandes Chroniques de France.* Auparavant, il a été appelé à peindre le portrait du pape, à Rome, et il est évident qu'il a tenté d'y assimiler les techniques de ses confrères italiens. A-t-il rencontré un autre célèbre pélerin des provinces nordiques, Roger de la Pasture? C'est possible, les techniques flamandes n'ont pas de secret pour lui, mais il a pu se familiariser avec elles au cours de son séjour à Bourges. En 1475 il apparaît sur les comptes royaux comme «peintre du roy». En 1461, puis en 1476, il est payé pour décorer la ville de Tours en vue de l'entrée solennelle du roi Louis XI puis d'Alphonse V du Portugal. C'est le seul indice documenté de ses accointances avec le monde du théâtre. Il meurt vers 1480[75].

On ne sait rien de ses rapports avec Jacques d'Armagnac. Que spécifiait le contrat qui liait ce noble personnage, apparemment peu porté sur les études, avec Fouquet? Celui-ci avait-il les mains entièrement libres? Les images indiquent que Fouquet pratiquait Josèphe et qu'il y trouvait de quoi nourrir ses méditations. Il apparaît que Fouquet était instruit et qu'il fréquentait érudits et humanistes.

L'art de Jean Fouquet dans les Antiquités

Comme dans toutes les grandes créations humaines, l'art de Fouquet, c'est ce qui reste après que toutes les influences qui ont agi sur lui ont été relevées et cataloguées. Ou mieux, selon Pächt, c'est ce qui cimente tous ces éléments disparates en une oeuvre monolithique[76]. Il ne faut donc pas craindre de disséquer les peintures de Fouquet et de soulever une par une les écailles qui la recouvrent. Délibérément l'artiste use de stéréotypes et de motifs d'école pour construire un tout qui exprime son idée et son sentiment. Il puise copieusement dans un répertoire qu'il a fort riche et qui est constitué à partir de manuscrits orientaux et anciens ainsi que de textes illustrés populaires de son enfance, tels la *Bible moralisée,* la *Bible historiale,* le *Miroir historial* et le *Miroir de l'humaine salvation.* Mais on décèle l'influence constante et probablement concertée du

---

[75] Durrieu, p. 81–105; Schaefer, *ibid.*; Laclotte, *Primitifs français,* p. 26–29.
[76] Pächt, «J. Fouquet, a Study of his Style», p. 86–87.

Maître de Boucicaut, actif au début du XVe siècle[77]. Sans doute avait-il été instruit à son école et ainsi restait-il dans l'esprit des trois premiers frontispices du livre qu'il avait à illustrer. Enfin et surtout, il s'avère que Fouquet connaissait les thèmes et les motifs qui ornaient les ms. de Josèphe avant l'éclipse. Pour ce faire, il avait dû faire réellement oeuvre de collectionneur et d'érudit.

Autant pour les formules toutes faites. Le style de Fouquet est un puissant amalgame de facture flamande, italienne et locale. Les effets les plus saisissants de l'artiste se dissolvent dans un espace aux courbes molles et plaisantes, aux savants dégradés ouverts sur un infini à la mode flamande. C'est d'elle qu'il a appris à déployer des masses humaines en plans successifs qui renvoient le regard du spectateur par à coups jusqu'à l'horizon lointain. La Renaissance italienne se lit dans les décors classiques, dans le modelé du corps humain, dans le drapé et les réminiscences antiques des armes et des cuirasses. Mais dans la «magie florentine» de la lumière, dans la «pureté incisive des formes», dans la grandeur solennelle des événements qui se déroulent sous nos yeux, on ressent une émotion, un apitoiement, une angoisse qui rapprochent les foules de petits personnages du coeur du spectateur. On dit française cette sentimentalité, comme le sens de la mesure qui amenuise les couleurs et les passions et arrondit les angles de la composition[78]. Française aussi sans doute cette philosophie qui oppose le paroxysme des passions à la sérénité d'un paysage tourangeau et qui condamne les excès, en les présentant, sur le mode épique, comme un accident transitoire dans un univers indifférent.

Quand Fouquet entreprit de peindre dans les espaces ménagés, un demi-siècle auparavant, en tête des livres des *Antiquités,* il apportait avec lui tout ce que mille ans de civilisation européenne avait lentement extrait de Josèphe. C'est pourquoi apparemment son message reste sans exemple même dans les autres oeuvres du maître. A l'exception d'un émule qui copie servilement Fouquet[79], l'influence des *Antiquités* de celui-ci est, autant qu'on en puisse juger à l'heure actuelle, presque nulle. Ceci explique aussi pourquoi cette oeuvre est restée si longtemps dans l'oubli.

e) *Josèphe imprimé*

Dès 1470, c'est-à-dire avant que les *Antiquités* de Jacques d'Armagnac ne fussent achevées, Schüssler publiait à Augsburg la première édition imprimée des *Antiquités* et de la *Guerre des Juifs*[80]. Dans les vingt années qui suivent,

---

[77] Nous avons relevé de nombreux emprunts au *Livre du trésor des hystoires,* Arsenal, ms. 5077; voir Meiss, *The Boucicaut Master,* en particulier p. 108–109.

[78] Sterling, *Les peintres primitifs,* p. 60–71.

[79] Cologny-Genève, Collection Bodmer, cod. 181. Le manuscrit est copié intégralement, pas seulement les peintures de Fouquet; Vieillard, *Manuscrits français du moyen-âge,* p. 126–128.

[80] Schreckenberg, *Bibliog.,* p. 1.

paraissent dix éditions en latin et trois en vernaculaire, à travers l'Europe. C'est ce qu'on peut appeler un succès de librairie. Jusqu'à la moitié du XVIe siècle, il ne semble pas que les éditeurs de Josèphe aient tiré parti des bois gravés puis des cuivres qui ont foisonné dans les Bibles imprimées allemandes dès le troisième quart du XVe siècle[81]. Le premier texte imprimé et illustré de vignettes (5×7 cm environ) que nous connaissons est la réédition à Lyon, en 1566, d'une traduction latine de S. Gelenius, datant de 1548, avec 47 bois de Rudolph Wyssenbach, artiste suisse actif de 1545 à 1560[82]. Mais ces bois appartiennent à un fonds commun avec la Bible, car ils n'illustrent que les dix premiers livres des *Antiquités.* Pourtant les textes illustrés de Josèphe étaient demandés, puisque en 1569 paraissait à Francfort une édition allemande de Josèphe ornée de 97 bois gravés de Jobst Amman — curieusement né en Suisse, lui aussi — et d'autres[83]; ils couvrent cette fois l'ensemble des 27 livres, mais ils ont été confectionnés à partir de la Bible, des illustrations de Tite-Live et des *Livres de tournois*[84]. Cinq ans plus tard paraissait chez Rihel, à Strasbourg, une vraie édition de luxe, en allemand, avec 111 bois gravés par les peintres-graveurs de la lignée des Stimmer; son succès s'exprime par un grand nombre de rééditions et de plagiats jusque dans les années 1640[85].

Il faut le répéter: des centaines de gravures ont été répertoriées par nos soins dans dix éditions de Josèphe des plus anciennes jusqu'à l'an 1700. Seules deux ou trois rappelaient d'une certaine façon l'une ou l'autre des images de Fouquet. En revanche, les inconséquences et les illustrations de scènes absentes dans le texte de Josèphe abondent. L'avénement de l'imprimerie assujettit l'illustration aux règles industrielles de la production de masse et les illustrateurs bousculés n'ont plus le loisir de méditer sur le sens des livres qu'ils illustrent. Même s'il n'est pas le dernier enlumineur, c'est bien Fouquet qui clôt l'histoire de l'illustration des manuscrits des *Antiquités* et de la *Guerre des Juifs.*

---

[81]   Strachan, *Early Bible Illustration,* p. 9 à 14, etc.

[82]   Cette édition manque dans la bibliographie de Schreckenberg, si complète par ailleurs; toutes les éditions anciennes énumérées ici ont été compulsées à la Bibliothèque Nationale et Universitaire de Jérusalem. Pour l'identification de l'artiste, voir Nagler, *Die Monogrammisten,* IV.

[83]   Chez Feyerabendt; voir Nagler, *op. cit.,* t. III, p. 731, no 1768.

[84]   A. Andresen, *Der Deutsche Peintre-Graveur,* Leipzig, 1864, t. I, p. 321–322.

[85]   Thieme-Becker, *Lexikon der Künstler,* s.v., 'Stimmer'; voir aussi les éditions Dietzel de 1630 à Strasbourg et Kloppenburg de 1636 à Amsterdam.

DEUXIÈME PARTIE

ICONOGRAPHIE DE DEUX MANUSCRITS DE JOSÈPHE

L'étude des ms. B.N., fr. 247 et n. acq. fr. 21013 qui va suivre sera complétée, pour les livres XX et XXVI qui ne comportent pas de frontispice, par un tableau de la situation dans les autres manuscrits concernés. Les vingt livres des *Antiquités judaïques* et les sept de la *Guerre des Juifs* sont généralement précédés d'un préambule de Jérôme qui n'est pas illustré dans l'ensemble des manuscrits analysés. Pour faire pendant aux *Antiquités,* un chapitre du premier livre de la *Guerre* a été séparé du corps du livre en guise de prologue dans les versions latine et française. Les deux prologues présentent souvent un portrait de l'auteur, ils seront traités ensemble dans le premier chapitre, non numéroté pour préserver la numérotation originale des livres de un à vingt-sept.

LE PROLOGUE: JOSÈPHE AUTEUR ET ACTEUR

De toutes les illustrations des quarante cinq manuscrits de Josèphe examinés, c'est le portrait de l'auteur qui revient le plus souvent. Nous avons compté trente figures différentes de Josèphe, dans diverses postures, parfois à plus d'une reprise dans le même texte. Pour remonter à la conception qui commande chacune de ces représentations, il est nécessaire de tenter une classification. La plus judicieuse est, semble-t-il, celle qui suit la forme extérieure, indiscutable, du motif. Comme l'a montré Friend, en choisissant telle forme, l'artiste s'inscrivait dans l'une ou l'autre des traditions, remontant à l'Antiquité[1]. A sa distinction entre l'auteur assis et l'auteur debout[2], nous ajouterons le buste de l'auteur. Pour compléter le tableau, notre étude portera aussi sur la figure de Josèphe telle qu'elle est mise en scène dans la *Guerre des Juifs,* Josèphe le capitaine juif, rallié aux Romains.

L'auteur assis

Dans la plupart des cas, Josèphe l'auteur est représenté assis. Dans cette posture, c'est la transcription de l'oeuvre par écrit qui est prise en considération.

[1] Friend, A.M., «The portraits of the Evangelists in Greek and Latin Manuscripts», *Art Studies,* 1927, p. 115–147. Cette classification est plus claire que celle de J. Prochno, *Schreiber und Dedikationsbild,* Leipzig, 1930, entre l'écrivain et la dédicace, reprise par E. Lachner dans les vol. I et II du *Reallexikon der deutschen Kunstgeschichte* (s.v. «Autorenbild» et «Dedikationsbild»). Avec l'article de Th. Metzger, «La représentation du copiste dans les ms. hébreux médiévaux», *Journal des Savants,* 1976, p. 32–53, c'est à peu près toute la littérature sur la question.

[2] Il distingue deux écoles de manuscrits classiques, celle d'Alexandrie, où l'auteur était représenté debout et celle d'Ephèse où il était figuré assis.

Assis sur un banc ou sur une chaise, voire sur un élément horizontal de l'initiale (fig. 5), l'écrivain est l'intermédiaire docile entre la source spirituelle d'inspiration et le parchemin. La magie de l'écriture, qui permet l'incarnation du verbe, est suggérée par ses instruments typiques: la plume droite et le grattoir courbe, parfois aussi une corne pour l'encre (fig. 5, 6 et 9). En ce sens, Josèphe auteur sacré, ne se distingue guère des prophètes ou des évangélistes tels qu'ils sont représentés. Dans le manuscrit du XIIᵉ siècle à Chantilly (ms. 774, f° 1 v°), il est même inséré dans une grande auréole bleue de type «mandorle», ourlée d'or. Comme les autres auteurs sacrés, il est présenté parfois de face, parfois de profil (fig. 15). Comme eux encore, on le montre hésitant ou attendant l'inspiration, le regard levé et la main droite, avec la plume en l'air, très haut au dessus du parchemin[3]. C'est encore un moyen sans doute de mettre en image le caractère inspiré de leurs textes.

Vers le XIVᵉ siècle, avec l'éclipse, Josèphe n'est plus représenté parmi les auteurs. Mais le cercle des auteurs figurés en tête de leurs oeuvres n'a pas été réduit pour autant aux seuls écrivains sacrés. Bien au contraire la plupart des livres illustrés s'ouvrent sur le portrait de l'auteur à son lutrin, aussi bien le roi Arthur pour les romans du cycle de la Table ronde que l'historien romain Valère Maxime[4]. Le mouvement s'amplifie encore au XVᵉ siècle où les portraits de l'auteur deviennent une routine[5]. Ainsi s'effectue la laïcisation de la civilisation chrétienne occidentale: les formes consacrées de la religion sont galvaudées par un usage répété et incontrôlé qui les vide de leur contenu.

Josèphe reparaît au XVᵉ siècle sous les traits de l'auteur assis, mais entre-temps le développement de la forme plastique a entraîné un changement dans le contenu également. Au lieu du schéma originel du verbe transcrit, les images montrent un être vivant, le corps drapé de la robe des clercs, assis devant un grand livre à fermoirs. L'espace se creuse autour de lui en cellule, en «librairie», même quand il est encore compris dans le cadre d'une initiale (fig. 15 et 20), ce qui est l'exception. Josèphe se retrouve transformé en érudit humaniste. Les concepts ont tellement changé que la tâche de l'écriture a été confiée à un homme du métier qui écrit sous la dictée du maître (fig. 17, 18 et 19).

Un peintre italien de manuscrits semble avoir retrouvé la tradition antique et paléochrétienne de l'écrivain inspiré (fig. 14). Assis de face, Josèphe tient le livre

---

[3]   Pour Josèphe attendant l'inspiration, voir Löffler, *Romanische Zierbuchstaben,* pl. 37; pour Marc, voir Buberl, *Die Illuminierten Hss,* fig. 55; Boeckler, *Abendländische Miniaturen,* fig. 53.

[4]   Ainsi B.N., fr. 342, *Histoire du roi Artus,* de 1274, f° 150 (voir Loomis, *Arthurian Legends,* p. 87); B.N., fr. 9749, *Valère Maxime,* de 1370, f°1: l'auteur est à gauche, en haut; le traducteur, Simon de Hesdin, paraît d'abord à côté de l'auteur, puis en train de présenter son oeuvre à Charles V, roi de France (Porcher, *Ms. ... du XIIIᵉ au XVIᵉ siècle,* n° 122, p. 60).

[5]   Ainsi Tite-Live dans les *Décades,* B.N., fr. 271, f°1; 273, f°7; 20071, frontispice (Porcher, *op. cit.,* n° 263, p. 127; n° 257, p. 125); Boccace dans les *Cas,* B.N., fr. 227, f° 1 (Porcher, *op. cit.,* n° 262, p. 127); Mansel dans sa *Fleur des histoires,* B.N., fr. 54, f° 11 (Ritter-Lafond, *Ms. à peintures de l'école de Rouen,* p. 12, pl. XLVIII); Monstrelet dans sa *Chronique,* B.N., fr. 2678, f° 1, *ibid.,* pl. XLVI) etc.

en son giron de sa main droite; deux doigts de sa main gauche sont tendus comme pour bénir ou pour argumenter. L'auteur apparaît là comme la personnification de son texte dans lequel il trouve sa justification. Il est promu au rang d'organe de l'Esprit, incarné entre les pages du livre.

L'auteur debout

Cette vocation prophétique rejoint celle de l'auteur représenté debout. Le motif est vraisemblablement calqué sur les figures antiques d'orateurs[6]. Le personnage tient généralement un livre ou un rouleau, parfois aussi un bâton ou une lance. De l'autre main il fait un geste de bénédiction ou d'éloquence. Ces figures sont très rares dans l'illustration de Josèphe. Ce type n'apparaît en fait que trois fois: une première fois au IXe siècle, avec des caractéristiques orientales très nettes (fig. 4)[7]; inséré dans le cadre de l'initiale 'P', dans un manuscrit du XIIe siècle («In Principio», B.N., lat. 5047, f° 2) et enfin au XVIe siècle dans un frontispice où l'influence antique est manifeste (Mazarine, ms. 1581, f°1)[8]. Dans chacune de ces représentations, le type de Josèphe est très différent, il s'agit donc de phénomènes isolés, plutôt que d'une tradition perdue. Un curieux croisement des deux types apparaît dans un Josèphe du XIIe siècle à Cambridge: dans l'initiale 'C' du prologue de la *G.J.*, c'est le scribe qui arrondit son dos sur le livre. L'auteur est debout à droite, dans l'attitude d'un prophète, tenant entre ses deux mains un rouleau où l'on peut lire les premiers mots du *Testimonium flavianum* (fig. 6).

Les dédicaces

L'auteur debout apparaît aussi dans deux scènes de dédicace du XIIe siècle, déjà décrites au deuxième chapitre (fig. 3). Mais ces images doivent peu à l'antique. De fait dans le ms. de Weingarten, au registre supérieur de la double dédicace, Josèphe est assis dans la position du scribe devant un lutrin, à la droite de Vespasien, apparemment en train de dicter[9]. Cette formule n'était donc pas entièrement élaborée pour lors, au XIIe siècle. La cérémonie au cours de laquelle l'auteur offre son ouvrage à quelque grand personnage pour obtenir sa caution et, d'une certaine façon aussi l'«imprimatur», n'apparaît explicitement que deux fois, dans les ms. de Chantilly et de Moissac (fig. 3). Dans les deux cas ce sont Vespasien et Titus, le père et le fils, qui sont invoqués (fig. 2). Le jeune Titus, représente sans doute le nouvel Empire romain chrétien par rapport à l'ancien

---

[6] Friends, *op. cit.,* p. 119–121.

[7] Voir notre article «Un portrait de Josèphe...», *Revue de l'Art,* 53 (1981), p. 53–55.

[8] Respectivement: Lauer, *Les enluminures romanes,* pl. XLIII, 4 et Ritter-Lafond, *op. cit.,* pl. XXXIV.

[9] Köllner, *Die Illuminierten Handschriften,* fig. 441.

qui était païen[10]. Ainsi est exprimée la ratification par l'Eglise de la caution donnée jadis à Josèphe pàr le pouvoir romain. Apparemment l'oeuvre de Josèphe était récusée à l'époque par certaines autorités qui s'insurgeaient contre l'assimilation de ces textes à l'Ecriture[11].

A Weingarten déjà, le sens de la dédicace différait. Le livre écrit par Josèphe sous les ordres de l'Empereur avait été transcrit par les soins de l'abbé, en l'honneur du saint tutélaire du couvent. Moins que de l'«imprimatur» accordé au contenu de l'ouvrage, il s'agit ici d'un acte d'hommage à saint Martin. Il y a sûrement quelque accent de polémique, dans cette ascendance qui relie directement Vespasien au saint patron du couvent, en omettant les autorités ecclésiastiques et civiles du lieu[12]. Cette façon d'offrir sa soumission à un patron, humain ou céleste, en tête d'un livre s'est multipliée pour devenir, une fois de plus, une formule de routine au XVe siècle. Ces dédicaces subissent la même évolution d'ailleurs que les annonciations à Marie, ce qui laisse entendre quelque corrélation sous-jacente. Comme l'ange, l'auteur ou son patron ploie le genou avec humilité devant la Vierge ou le prince, toujours assis sur un trône[13]. L'auteur reprend ainsi à son compte le mystère de l'incarnation, en soumettant l'idée matérialisée dans le livre au prince. Celui-ci est glorifié, par contre-coup, comme le détenteur du savoir.

Dans ces images, Josèphe apparaît toujours en entier, qu'il soit assis ou debout. Là où l'influence antique prédominait, l'auteur pouvait être réduit à un buste. Les *Sacra Parallela* de Jean le Damascène, ms. gr. 923 de la B.N., arborent cinq bustes de Josèphe à même la marge et sept têtes dans des médaillons[14]. Seul le ms. de Chartres, au Xe siècle, contient encore de la sorte des bustes dans les marges[15]. L'idée de couper un personnage devait heurter les sentiments frustes de la chrétienté d'occident. Les bustes, et parmi eux aussi Josèphe, reparaissent dans les manuscrits des milieux humanistes du XVe siècle, avec les amours et les grotesques[16].

---

[10]   Justifié par la légende: «Stemate vestitus prefulget cum patre Titus» et par le geste de Vespasien de donner à Titus le globe symbolisant le pouvoir universel; à comparer avec le poème français contemporain de la *Venjance,* voir Gryting, A.T., ed., *The Oldest Version of the XII*[th] *Century Poem, La venjance nostre seigneur,* Ann Arbor, 1952, p. 9–10, (laisses 24 à 30).

[11]   On trouve dans plusieurs ms. une mise en garde contre la tendance à prendre le témoignage de Josèphe à la légère, voir Stengel, Edmund, *Mitteilungen aus französischen Handschriften der Turiner Universitäts-Bibliothek,* Halle, 1873, p. 25; de la même époque, voir aussi le Josèphe de la Laurentiana à Florence (Plut. 66,5) et la légende qui accompagne le portrait de l'auteur (Bandini, *Catalogus Laurentianae,* II, p. 784).

[12]   Cf. Swarzenski, *op. cit.,* p. 1 et 14; le monastère dépendait en droite ligne de la dynastie anglaise.

[13]   De nombreux exemples dans Panofsky, *Early Netherlandish Painting,* vol. II, fig. 15, 23, 40, 64, 154, 330. Seul le livre tendu distingue ces dédicaces des scènes de dévotion ou d'adoration.

[14]   Weitzmann, *The Miniatures of the Sacra Parallela,* fig. 717 à 720, 751; p. 246 et suiv.

[15]   D'après Delaporte, *op. cit.* et nos observations personnelles.

[16]   Ainsi les Josèphe italiens à Florence, Laurentiana, Plut. 66,9, f° 1 (D'Ancona, *La miniature italienne,* pl. LXX, fig. 91) et à la B.N., n. acq. lat. 2455, f° 2.

La physionomie de Josèphe

Malgré la légende du ms. de Moissac: «corpore pictus», dépeint en personne (fig. 3), aucun effort de vraisemblance n'apparaît dans les portraits de Josèphe. Il a le type de l'orateur classique, avec chlamyde et *himation,* tête-nue, les cheveux longs et la barbe blanche, dans les *Sacra parallela.* Au f° 186v° deux signes distinctifs de Josèphe apparaissent que l'on reverra souvent par la suite: sa barbe est fourchue et il porte l'armure du guerrier sous sa chlamyde[17]. Le barbare hirsute et infernal du ms. de Berne a la barbe fourchue et porte un casque (fig. 4). La réputation des dons surnaturels de Josèphe a pour effet ces images intimidantes. Par-dessus le marché, c'est un dignitaire étranger, un Juif. Le contraste entre ces caractéristiques et son rôle de témoin prophétique explique la liberté avec laquelle la physionomie de Josèphe est traitée.

Il y aura ainsi l'auteur sacré (fig. 5 et 6), le Juif coiffé du chapeau pointu, le mage oriental (fig. 15 et 16), le savant humaniste (fig. 18, 19 et 20), le juriste revêtant la pourpre et l'hermine (fig. 14) et enfin le docte guerrier, chimère de la Renaissance (fig. 17). Ces images témoignent de la complexité et de l'ambiguïté de la personne de Josèphe dans la conscience occidentale. Cette approche nuancée est fonction du rayonnement des textes de Josèphe sur les lieux d'origine du manuscrit et ne dépend pas de circonstances objectives. Le portrait de l'auteur s'inscrit avec autant de franchise dans une vignette, un frontispice ou une initiale quelconque.

Le héros de la «Guerre des Juifs»

L'idée de mettre en scène Josèphe comme personnage de sa propre oeuvre est tardive. Elle ne se dégage qu'avec la vulgarisation de son récit: soudain la figure de Josèphe passe de la galerie des prophètes et des évangélistes à celle des héros et des «preux» populaires. Du XIIe siècle datent à la fois la première image et le premier texte avec Josèphe pour héros (fig. 143). Dans l'initiale du VIIe livre de la *Guerre* (B.N. lat. 16730, f° 262v°) il est le témoin (un peu comme le choeur de la tragédie antique) qui désigne d'un doigt réprobateur la mère cannibale. Dans la *Venjance* versifiée, il est le personnage mystérieux qui relate les événements dans lesquels son rôle est plutôt obscur[18]. Vincent de Beauvais, dans son *Miroir historial,* met, une fois pour toutes, de l'ordre dans le récit[19]. La scène qu'il a

---

[17]   Weitzmann, *ibid.,* fig. 720.

[18]   Suchier, W., «Über das altfranzösische Gedicht von der Zerstörung Jerusalems». *Zeitschrift für Romanische Philologie,* XXIV (1900), p. 95; Ham, Edw., «The Basic Ms. of the Marcadé «Vengeance», *The Modern Language Review,* XXIX (1934), n°4, p. 415–416, note 1.

[19]   Sur Vincent de Beauvais, voir le *Dictionnaire de théologie catholique,* t. XV, col. 3026–3033; Schreckenberg, *Tradit.,* p. 160 et 184–185. Le *Speculum historiale* n'a plus été réédité depuis 1624, à Douai.

décrite se retrouve partout, dans les textes et sur le plateau du mystère, dès le XIVe siècle: sa reddition à Vespasien et Titus à la suite de sa capture à Jotapata. Vincent se fonde sur le *De viris illustribus* de Jérôme[20], mais il étoffe un peu la matière avec la légende selon laquelle Josèphe «pronostiqua la mort de Néron et de son empire».

Au feuillet 353 v° d'un *Miroir historial* exécuté lui aussi pour Jacques d'Armagnac, vers 1460 (B.N., fr. 50)[21], Josèphe est confronté avec Vespasien et Titus, le père et le fils, en bas et à gauche, non loin d'une bombarde en batterie, pointée sur Jotapata au fond et à droite. Josèphe tient, comme un prophète, une banderole sur laquelle on lit «Nero mortuus est» (en latin: Néron est mort). Ainsi s'ajoutaient à la valeur symbolique déjà évoquée de cette confrontation, le merveilleux des romans courtois et la toile de fond de l'histoire romaine. Au XIVe siècle le message était plus simple, et le schéma artistique plus abstrait[22]. Mais le XVe siècle aime ces images d'un monde concret et vivant qui distille, comme dans la réalité, des vérités profondes. Pour certains, l'essentiel c'est l'humiliation de la capture et de la soumission du Juif: alors Josèphe apparaît, mains liées et le genou ployé devant l'asservisseur (fig. 127). Ailleurs c'est le chevalier cuirassé d'or qui est affranchi de ses entraves[23]. D'autres enfin confondent les Juifs de jadis avec les Sarrazins d'aujourd'hui et le présentent tout brun, drapé d'étoffes exotiques, le grand cimeterre courbe à la ceinture[24] (fig. 147).

La prédelle du Musée de Gand donne, comme sur un plateau, un raccourci saisissant de la *Guerre des Juifs.* Elle pose la question entêtante de la place du Mystère dans ce développement. D'après le texte, la confrontation des trois personnages y tenait une place importante[25]. Mais on imagine difficilement aujourd'hui ce que pouvait proposer comme spectacle le théâtre populaire de la fin du moyen âge. Ce qui reste néanmoins, c'est cette convergence de tous les moyens audio-visuels du temps sur une scène précise du destin de Josèphe. Elle a été choisie pour sa valeur édifiante: quittant sa dignité d'auteur, Josèphe devenait lui-même un «cas» exemplaire.

---

[20] Comme dit, ce passage de Jérôme sert de préambule aux textes de Josèphe.

[21] Porcher, *op. cit.,* n° 265, p. 128; attribué à François, fils de Jean Fouquet.

[22] Ainsi dans la *Bible rimée* néerlandaise de 1310, B.R., ms. 15001, p. 361 (Gaspar et Lyna, *Les principaux ms. à peinture de la B.R.,* n° 71, p. 168). Son auteur, Jacob de Maerlandt, a mêlé l'*Histoire scolastique* de Comestor, le *Miroir historial* de Vincent avec des passages de Josèphe.

[23] Respectivement: B.N., fr. 6446, f° 389; Condé, ms. 776, f° 151; B.N., fr. 249, f° 87; fr 406, f° 88.

[24] Dans la *Mer des histoires,* lat. 4915, f° 216 v° (foliotage incertain); sur ce texte voir Schaefer, «Le Maître de Jouvenel des Ursins», p. 86–87, note 12. Voir aussi l'extrême gauche de notre fig. 147.

[25] Petit de Julleville, *op. cit.,* t. II, p. 458.

Livre 1

LA PREMIÈRE IMAGE DES «ANTIQUITÉS JUDAÏQUES»

Il est de règle, dans les manuscrits illustrés, que l'effort principal de l'artiste porte sur l'image qui accompagne le début du texte. Selon les cas, l'illustration est intégrée dans le texte ou nettement séparée. La logique classique exige une discrimination entre le texte écrit, qui reproduit la parole, et le dessin et la peinture qui s'expriment par concepts, mais il y a régulièrement flottement entre les deux. C'est le cas, de façon très générale, pour les lettres initiales que leur place désigne pour des accents chromatiques et divers ornements plus ou moins élaborés[1].

Ainsi ces lettres sont parfois porteuses d'un double message. Pour le rendre lisible et intelligible simultanément, l'initiale est soumise à une distorsion calculée. L'effort exigé pour identifier la lettre empêche de passer outre sans s'arrêter sur le schéma auquel elle participe. Réciproquement, le signe alphabétique stylisé à outrance ou concrétisé en objet ou en être vivant échappe souvent, aujourd'hui surtout, à la perspicacité du lecteur. De par sa forme simple, le 'I' est particulièrement difficile à reconnaître quand il est décoré. Or c'est justement cette lettre qui attire les compositions les plus subtiles, car elle est l'initiale latine de la Bible. Le «Beréchit» hébreu, devenu «En arkhé» en grec se traduit par «In principio» en latin[2]. Deux textes ont repris le «au commencement» biblique comme ouverture: les *Antiquités judaïques* de Josèphe et l'évangile selon Jean. Au XIIIe siècle s'y ajoute un quatrième texte, l'*Histoire scolastique* de Pierre le Mangeur.

Ces mots de l'Ecriture prenaient ainsi un relief exceptionnel. Sur l'instigation des clercs, les artistes s'évertuèrent à extraire des lettres qui les composent, et surtout de l'initiale, leur puissance expressive, au niveau de la forme et des concepts. Le caractère mystique, presque magique, de cette vénération pour des signes abstraits se manifeste dans l'ambiguïté exacerbée des formes et la polyvalence symbolique des thèmes.

Au stade actuel de la recherche sur l'initiale historiée, il n'est pas possible de définir dans quel sens évolue la centaine d'*In principio* colligés par nos soins,

---

[1] Voir Gutbrod, *op. cit.* et Löffler, *Romanische Zierbuchstaben*. Sur ce sujet la littérature est fort réduite.

[2] Les mots initiaux de la Bible hébraïque jouissaient d'une vénération particulière, comme le prouve le soin méticuleux avec lequel les scribes recopiaient ces mots, incompréhensibles pour eux. Voir par exemple: La *Bible de Noailles* ou *de Roda*, B.N. lat. 6₁ datant du XIe siècle («Bresith», f° 6; «Ele smoth», f° 26, etc.) et la *Bible de la Sorbonne*, B.N., fr. 20065, du XVe siècle, f° 27 («Elesemoch», sic).

depuis le VIIe jusqu'au XVe siècle, parce que dès le IXe siècle, les principales caractéristiques apparaissent déjà. Si évolution il y a, elle porte seulement sur des détails. L'ordre logique à suivre, en ce cas, est celui des formes, des plus simples aux plus complexes, et des programmes thématiques.

Dans leur majorité, les artistes s'en prennent au 'I' seul. Généralement très long[3], sa décoration est abstraite ou figurée. L'ornementation comporte rinceaux et entrelacs vivement colorés; vers le XIIIe siècle apparaissent de longues protubérances arborescentes aux extrémités[4]. L''I' est tracé seul dans la marge ou inséré dans un ensemble[5]. Il est garni de personnages ou de scènes figuratives dès le IXe siècle[6]. Vers le XIIe siècle, il s'incarne, comme les statues-colonnes des cathédrales, dans une figure humaine — ou divine — et disparaît en elle[7]. Dès le IXe siècle, il sert de cadre à une série de médaillons ou de cartouches superposés. Leur nombre varie de un à treize[8]. A partir du XIIe siècle, les médaillons apparaissent aussi alentour et au XIIIe siècle, ils sont distribués avec une grande profusion, totalisant jusqu'à 25 unités dans un seul *In principio*[9].

Les miniaturistes carolingiens sont les premiers à tenter de tirer de l'entremêlement de plusieurs lettres ensemble une figure schématiquement élaborée et exprimant de mystérieuses correspondances. Ainsi pour l'*Evangéliaire de Godescalc* (B.N., n. acq. lat. 1203) et celui de *St. Vaast* (Arras, ms. 1045). Cette recherche aboutit, avec la *Bible de Saint-Paul-hors-les-murs,* à la création d'un monogramme très simple où le 'I' coupe le 'N' en son milieu[10]. Le point d'intersection entre les deux lettres se trouve au centre de la configuration et offre, avec les six extrémités de celle-ci, un nombre privilégié de places pour des figures (fig. 21 et 22). Quatorze variations sur ce thème au moins subsistent à ce jour. Vers le XIVe siècle, une telle interprétation quasi cabbalistique des lettres et des formes ne convenait plus à la vague montante des masses populaires et elle se perdit.

---

[3]   Dans le *Codex Gigas* de Stockholm (voir Friedl, *Kodex Gigas*), le 'I' atteint 78 centimètres de long.

[4]   Voir par exemple le catalogue de la Rossiana de Tietze, p. 30 et suiv.

[5]   Nos fig. 9, 10 et 12; 23 à 25; dans un ensemble, fig. 21, 22 et 24; voir aussi Boeckler, *op. cit.,* fig. 25.

[6]   Voir Braunfels, W., *Karl der Grosse,* 3 vol. Düsseldorf, 1965, pl. 2 et IX.

[7]   Voir Gutbrod, *op. cit.,* p. 74 et suiv., fig. 30 et suiv.

[8]   Pour le IXe siècle, voir note 6; pour le chiffre record de 13 médaillons superposés, voir la Bible du XIIIe siècle, B.M., Burney 3. A part les six jours de la création, les médaillons y représentent la trinité, la tentation, la chute, Adam et Eve au travail, l'arche de Noé, la tour de Babel et le sacrifice d'Isaac (Zahlten, *Creatio mundi,* fig. 96).

[9]   Pour les *Bibles historiales* du XIIe siècle, voir Berger, *Bible fr.,* p. 151 et suiv. (Zahlten, *op. cit.,* fig. 93). Pour le record de 25 médaillons dans un *In principio,* voir la Bible française du XIIIe siècle de la collection Gulbenkian de Lisbonne: outre sept médaillons entiers, 18 demi-médaillons racontent la *Genèse* jusqu'à la lutte de Jacob avec l'ange.

[10]   Respectivement: *Ev. de Godescalc,* Braunfels, *op. cit.,* pl. III; de *St. Vaast,* Boeckler, *op. cit.,* fig. 25; *Bible de St. Paul,* Mütherich, Gähde, *Carolingian Painting,* pl. 42. Voir surtout l'étude remarquable de Bober, «In principio, Creation before Time».

La formulation d'une idée grâce à un schéma visuel mêlant intimement, comme dans une composition chimique, lettres et figures, intervient pour la première fois dans les Evangéliaires, à la hauteur de l'évangile selon Jean. Ainsi l'image tentait d'exprimer la matérialisation du verbe, énoncée en tête de livre. La signification symbolique de l'image était, parallèlement, explicitement chrétienne. Le monogramme 'IN' de l'*Evangéliaire* du XIe siècle à *Cologne* arbore quatre carrés seulement, rayonnant en croix autour d'un cinquième, au centre de la configuration[11]. On y trouve les quatre animaux symboliques autour de l'agneau. L'*Evangéliaire de St. Vaast,* déjà mentionné, présente un *In principio* stylisé et inséré dans un cadre, aux quatre coins duquel figurent les quatre évangélistes. L'*Evangéliaire de Grimbald,* à la British Library (Ms. 34890, f° 115), du XIe siècle, enclôt le 'IN' dans un cadre coupé de huit médaillons où apparaissent la Vierge à l'enfant, des anges, les trois Marie etc.

La symbolique s'infléchit légèrement dans la *Bible de St. Hubert*: les quatre éléments dans quatre médaillons en croix entourent un médaillon central avec la figure du Christ[12]. Toujours au XIe siècle apparaît le premier *In principio* dans un Josèphe (B.R., II 1179, f° 3v°); il présente en trois médaillons des scènes de la Chute, tirées de la *Genèse*[13]. On dirait une découverte; un palier dans une évolution irréversible. Désormais, les scènes de la création du monde et de la chute reviennent avec une régularité presque sans défaut, enchâssées dans les médaillons eux-mêmes sertis dans l'initiale 'I' et alentour. Il est vrai que désormais aussi les Evangéliaires enluminés se font rares. Notre liste n'en comporte qu'un seul pour les XIIe, XIIIe et XIVe siècles (*Evangéliaire de la Ste-Chapelle,* XIIIe siècle, B.N., lat. 8892): il présente outre l'oeuvre des six jours de la création des épisodes de la vie de Jésus[14].

Les manuscrits illustrés de Josèphe apparaissent ainsi comme des précurseurs de la Bible, amorçant une nouvelle tradition iconographique, celle de la Genèse du monde, avec parfois le repos du septième jour. Le texte latin, ms. 5047 de la B.N., en fournit l'exemple: monogramme dont le 'I' est figuré en Pantocrator, reliant le ciel à la terre, il compte sept écus ou médaillons avec l'oeuvre des six jours exécutée par un démiurge juvénile et un médaillon central avec un personnage (la Vierge ou le démiurge) nimbé et assis, signifiant le repos dominical (fig. 21)[15]. Une autre aspect est illustré dans le manuscrit de Corbie, du

---

[11]   Bober, *op. cit.,* fig. 2.

[12]   Bober, *op. cit.,* fig. 1; l'important travail réalisé par Zahlten, *Creatio mundi,* avec un matériel photographique impressionnant, n'est concerné que par les représentations de la création du monde. Dans la mesure où celle-ci apparaît dans un *In principio,* nous avons pu tirer parti de ce livre; voir surtout p. 54 à 58 et fig. 66 à 113.

[13]   Gaspar et Lyna, *op. cit.,* pl. XIII b et p. 66 à 69.

[14]   Martin, *La miniature fr. du XIIIe au XVe s.,* pl. 8, fig. IX.

[15]   Zahlten, *op. cit.,* fig. 71; sous le monogramme court une légende en ces termes: «constitutio mundi et elementorum», la constitution du monde et des éléments: l'intention didactique est manifeste. Guldan, E., *Eva und Maria,* Graz-Köln, 1966, p. 48 (fig. 25) et p. 172, y reconnaît Eve, ce qui est peu plausible.

XIIe siècle également (fig. 24): l'‘I’ initial (de 40 cm. de long) est traité comme une pièce d'orfèvrerie, enchâssée de quatre petits médaillons au-dessus et en-dessous d'un grand cabochon. Celui-ci cumule deux jours de la création et permet ainsi la représentation du cycle complet en un minimum de place. L'intérêt du *In principio* de la B.R., II 991 vient de l'ordre et du choix des thèmes qui garnissent les six médaillons superposés dans un ‘I’ sans prétention. De haut en bas on reconnaît: l'expulsion du paradis, la Chute, l'admonestation d'Adam, Adam bêchant et Eve filant après l'expulsion, le sacrifice de Caïn et Abel et le meurtre d'Abel (fig. 23). L'insistance sur le péché et son châtiment n'explique pas la succession apparemment arbitraire des scènes.

L'effort investi dans la mise au point du monogramme ‘IN’ dans le Josèphe du XIIe siècle à Chantilly, mérite une analyse un peu plus soutenue pour apprécier l'esprit qui anime la confection de ces miniatures (fig. 22). Sur un fond quadrillé rouge, encadré de palmettes et de rinceaux de couleurs vives, le monogramme constitue un monde à part, fermé en haut et en bas par une ligne sinueuse. Neuf médaillons y sont distribués avec un sens méticuleux de la composition. Les trois supérieurs présentent le démiurge de face, bouclé et nimbé, séparant la terre du firmament, le jour et la nuit, tenus dans ses mains comme marionnettes, et les continents de l'océan. Au centre le Créateur est présenté de profil avec deux disques à la main, le soleil et la lune. De profil encore, en bas à gauche, il crée les plantes et les animaux; à droite il extrait Eve de la côte d'Adam assoupi. Le septième jour, à la base du ‘I’, est figuré par un démiurge de face, assis sur une sorte d'autel, un livre dans la main gauche, bénissant de sa droite. De part et d'autre de la barre transversale du ‘N’ les médaillons déjà mentionnés des deux reines nimbées figurant les deux Testaments[16]. Chacune d'elles est entourée de deux jeunes gens drapés à l'antique et versant de l'eau de jarres, figurant les fleuves du paradis.

Alentour sont engagés sous le cadre huit médaillons, deux par côté. Sur le bord supérieur à gauche est assis le patriarche Noé tenant de la gauche le bol de vin et de la droite la grappe. A droite, le sacrifice d'Isaac, vu de bas en haut, pour être casé dans le cadre exigu du médaillon, encore rogné par le cadre. Deux prophètes tenant des rouleaux se font face sur les côtés. Plus bas, à la crucifixion à gauche fait pendant l'Eglise triomphante à droite. Enfin le bord inférieur, sous les premiers mots du texte, figure le royaume des morts, avec un gisant anonyme à gauche, racheté, à droite, par la descente aux Enfers.

Ainsi l'abbé Wéric de Saint-Trond (mort en 1180), s'il était, comme on l'admet, l'instigateur de ce grandiose schéma, s'est donné pour tâche de condenser en une seule image tout le dogme chrétien. La création, le Verbe, le paradis, la concordance des deux Testaments; la messe en haut, avec le vin de Noé et le sacrifice préfiguré par Abraham; le salut par la croix et l'Eglise et le

---

[16]   Meurgey, *Les principaux ms. à peint. du Musée Condé*, p. 8 et suiv., pl. VI.

triomphe sur la Mort en bas. Josèphe était choisi pour véhiculer cet ensemble conceptuel imagé à des fins probablement didactiques. Le témoignage des *Antiquités* devait être énoncé sous une forme résumée qui en donnait l'essentiel. La miniature constitue ainsi une exégèse; elle présente un monde solide, ordonné et logique; elle est orientée sur la foi et l'espérance.

Ce genre d'images saintes en subtiles correspondances n'est pas unique au XIIe siècle. Au feuillet 3 v° d'un Josèphe de Zwiefalten, aujourd'hui à Stuttgart (Hist. fol. 418), le 'I' est traité seul. Long et étroit, il se termine en crucifixion en bas, par dessus les têtes d'Adam et Eve[17]. Divers personnages sont accrochés à l'initiale comme à un arbre: Adam et Eve avec le serpent en haut; Noé dans l'arche avec la colombe, Moïse, coiffé d'un chapeau juif, avec le serpent d'airain, la veuve de Sarepta avec deux branches croisées et le bélier du Sacrifice d'Isaac, étagés de part et d'autre et de haut en bas.

Ici le message est axé entièrement sur le salut par la croix: le péché originel racheté par elle ainsi que diverses préfigures usuelles du Saint Esprit (Noé et la colombe) et de la croix. Josèphe est utilisé, cette fois encore, comme rempart de la théologie. L'image condense le destin de l'humanité rythmé par la chute des premiers hommes et le sacrifice du second Adam. Les *In principio* semblent axés principalement sur l'idée de la chute qui réclame sa rédemption et donne sa raison d'être à l'idée messianique. La dernière illustration présentée ici, contrairement à tant d'autres, sera celle d'un Josèphe de Werden, aujourd'hui à Berlin (Staatsbibl. lat. fol. 226, f°3). La composition générale et l'idée fondamentale en sont très simples. Le pivot de l'image est l'arbre de la connaissance, figuré sous forme de croix, avec le serpent lové dessus. Adam, à gauche, hésite pendant que, à droite, Eve mange la pomme. Le cadre arqué de la miniature, au dessus, reçoit la figure de Dieu dont les mots sont inscrits dans la voûte: «Ego dominus creavi omnia haec» (Moi, l'Eternel, j'ai créé tout cela; d'après *Isaïe,* XLV, 8). Oiseaux et animaux complètent le tableau d'un univers entièrement sous l'oeil du Seigneur, avec le savoir, le mal et le salut[18]

Comme dit, l'*In principio* poursuit son chemin jusqu'au XVe siècle et mériterait une recension, mais les Josèphe n'y sont plus, à cause de l'éclipse[19]. Leur rôle aura été de fixer le programme iconographique sur certains aspects de l'oeuvre de la création. L'objectif, polyvalent, s'analyse en orientation, mais ne

---

[17] Reproduit entre autres par Löffler, *Schwäbische Buchmalerei,* pl. 39 et p. 65. Parmi de nombreuses légendes, on lit: «Ade delict. / solvit crucis / hoc male / dictum»: cet outrage de la croix expie la faute d'Adam. Sur le symbolisme typologique dans l'art, voir Mâle, *L'art religieux du XIIe siècle,* p. 154 et suiv.

[18] Reproduit par Klamt dans sa critique du livre de Zahlten, *Simiolus,* 12 (1981-2), p. 77–84, fig. 4.

[19] A l'exception du Josèphe de Dijon, datant du XIIIe siècle, aujourd'hui à la P.M.L., ms. 533–534 (2 vol.). Au f° 1 bis il présente dix médaillons superposés qui composent le 'I'. Outre les sept jours, figurent la tentation, la chute et l'expulsion.

se laisse pas définir avec rigueur. La cosmogonie et l'arithmologie n'inspirent plus les artistes à partir du XIIe siècle. L'approche typologique et anagogique qui sera fondamentale, au XIIIe siècle, dans la *Bible moralisée,* se décèle déjà dans les *In principio* du XIIe. C'est ce qui explique l'accent mis sur le côté narratif et sur certains épisodes, comme la création d'Eve[20] et la chute. Avec les années, il semble que ces belles images ont conservé la complexité de la forme, mais perdu la subtilité des thèmes et qu'elles ne sont plus que narratives et moralisatrices. Le caractère excentrique des *Antiquités judaïques* dont la nature revendiquait une réflexion est sans doute à l'origine de la fixation de ce thème dans la tradition picturale des textes bibliques.

LE MARIAGE D'ADAM ET EVE

Comme effet de l'éclipse de Josèphe, de l'avènement des masses populaires et du nouveau véhicule linguistique, l'*In principio* était définitivement abandonné, dans son contenu sinon dans sa forme, au XVe siècle. Nombre de manuscrits maintenaient en première page des scènes de la création. Mais ces images n'étaient plus imbriquées dans des lettres; elles apparaissent en bordure (fig. 29), en un frontispice divisé comme un retable en petits panneaux (fig. 30 et 31) ou en allusions plus ou moins suggestives dans une peinture qui occupe toute la largeur du feuillet (fig. 26 à 28). Le sujet de ces peintures est un nouveau venu dans l'iconographie: le *mariage d'Adam et Eve.*

Une vingtaine d'images sur ce thème ont été recensées depuis le XIIIe jusqu'au XVe siècle. Adelheid Heimann lui a consacré une étude très substantielle qui donne une réponse satisfaisante à la plupart des questions que ce thème peut poser. D'abord celui de l'origine. Il apparaît que le mariage d'Adam et Eve est le fruit d'une évolution qui se rattache à la présentation par Dieu d'Eve à Adam[21]. En fait aucun texte ne rapporte explicitement que le premier couple fut joint par liens de mariage, comme dans les images où l'on voit le Seigneur prendre leurs mains dans les siennes pour les réunir (fig. 26 à 29). Le deuxième chapitre de la *Genèse* dit au verset 24: «C'est pourquoi un homme abandonnera son père et sa mère, il s'accolera à sa femme et ils seront une seule chair». Le texte latin de la Vulgate porte ici abruptement «uxor» (épouse) en place du «mulier» (femme) employé jusqu'ici. La *Bible moralisée* reprend ce verset, au XIIIe siècle, et l'illustre par une représentation du mariage d'Adam et Eve. Les *Bibles moralisées* de cette époque comportent deux colonnes de quatre médaillons au

---

[20]   Dans la *Bible moralisée,* la création d'Eve, issue de la côte d'Adam est mise en parallèle avec une figure qui représente Jésus sur la croix, cependant que de sa blessure au flanc sort le personnage de l'Eglise. La création d'Eve préfigure ainsi le rôle de l'Eglise et lui donne justification; voir Guldan, *op. cit.,* p. 48 et suiv.; Heimann, «Die Hochzeit von Adam und Eva...», p. 13; infra, note 22.

[21]   Heimann, *op. cit.,* p. 11.

centre de chaque feuillet avec des explications de part et d'autre dans les marges. Un médaillon sur deux figure une scène biblique, à laquelle le deuxième donne une interprétation typologique (qui voit dans la Bible une préfigure cachée du récit des Evangiles) ou anagogique (avec des intentions moralisatrices)[22]. Au médaillon du mariage correspond un second qui représente Jésus épousant l'Eglise[23].

Le *Miroir de l'humaine salvation,* attribué à Ludolphe le Chartreux, date du XIVe siècle[24]. Il continue la lignée de la *Bible moralisée* en proposant des correspondances entre la Bible et le Nouveau testament, en quelque 5000 vers. Il est à peu près contemporain de la *Bible des pauvres*; comme elle, il est copieusement illustré dès sa parution, et jouit d'une grande diffusion. Son influence est reconnue jusqu'au XVIIe siècle. Les thèmes impliqués et le mariage d'Adam et Eve y compris, connaissent une floraison, dans l'illustration aussi bien que dans la statuaire et les vitraux. On ne sait quelle influence ce texte eut sur Boccace, toujours est-il qu'on lit, dans ses *Cas des nobles hommes et femmes,* selon la version française de Laurent de Premierfait: «et fut Eve jointe à Adam par ordre de mariage»[25]. Dans sa traduction d'un texte attribué à Adam de Clermont, la *Fleur des histoires,* Jean Mansel écrit, en 1454: «Adonc notre Seigneur établit premièrement l'ordre de mariage et les maria ensemble»[26]. Le mariage est considéré comme un des sept sacrements de l'Eglise, depuis le Concile de Bâle de 1439[27]. L'idée du sacrement était en l'air, elle explique la convergence des textes et des images sur ce thème.

LE MARIAGE D'ADAM ET EVE DANS LES «ANTIQUITÉS»

Mais dans les *Antiquités judaïques,* au premier chapitre du premier livre, on ne trouve rien qui fasse allusion à quelque cérémonie sacramentelle de mariage. Le texte d'A. d'Andilly, porte: «Aussitôt qu'Adam la vit [Eve], il connut qu'elle

---

[22]   Sur la *Bible moralisée,* voir les travaux de Laborde, *Moral.,* t. V et ceux, récents, de Reiner Haussherr.

[23]   La version latine dans Oxford, Bodleian, 270b, f°6 (voir Laborde, *Moral.,* t. I, p. 6), porte: «Hoc quod deus fecit matrimonium inter adam et evam significat Jesum Christum qui in utero beate virginis sibi sanctam ecclesiam matrimonialiter copulavit». La version française de la B.N. de Vienne, 2554, p. 4 (foliotation douteuse; voir Haussherr, *La Bible moralisée,* t. II, p. 4) est moins explicite: «Ici fait dieu le mariage d'adam et d'eve et les conjoint ensemble...; signifie jesus quand il eut tout esgardé si fit mariage de lui et de s. église et si se conjoint à [elle]».

[24]   Lutz et Perdrizet, *Speculum*; Breitenbach, Edgar, *Speculum humanae salvationis,* Strasbourg, 1930; Neumüller, Willibrod, *Speculum humanae salvationis, Codex Cremifanensis 243,* Graz, 1972; Silber, Evelyn, «*The Reconstructed Toledo S.h.s....*», *Journal of Warburg and C. Inst.,* 43 (1980), p. 32–51.

[25]   B.N., fr. 227, f°3 v°; voir supra, chapitre second, note 56.

[26]   B.N., fr. 55, f°8; voir *Dictionnaire de théologie catholique,* t. XV, s.v. «Vincent de Beauvais», col. 3026–3033; Schaefer, *Fouquet,* t. II, p. 326–327, sur ce ms.

[27]   Heimann, *op. cit.,* p. 28.

avait été tirée de lui et faisait partie de lui-même» (Lidis, p. 8). C'est tout. Pour quelle raison alors «cette représentation du mariage d'Adam et Eve semble avoir été comme de style dans les manuscrits enluminés des *Antiquités judaïques*»?[28] Alors que cette image n'apparaît pas, à notre connaissance, dans les Bibles illustrées de l'époque? Il s'agit sans doute d'une survivance de la tendance médiévale à affubler Josèphe de tous les thèmes théologiques controversés. Signalons toutefois que l'origine première du mariage d'Adam et Eve se trouve, sinon chez Josèphe, du moins dans la production exégétique légendaire juive, le *Midrach*, transmis par écrit autour du Ve siècle de notre ère[29].

Le motif formel du mariage tel qu'il apparaît dans les miniatures françaises du XVe siècle a quelque chose d'archétypique dans sa simplicité primordiale: trois corps humains debout l'un à côté de l'autre, un de face, au centre, les deux autres de profil de part et d'autre. L'identité des mariés et du marieur était interchangeable, depuis les couples romains anonymes des sarcophages antiques, jusqu'à Marie et Joseph mariés au Temple de Jérusalem par le grand-prêtre, en passant par Moïse et Zippora, David et Mikhal, Pâris et Hélène, Alexandre et Cléopâtre et d'autres[30].

Le Maître du *Hannibal de Harvard* ne dévie pas de ce motif fondamental, au feuillet 3 du ms. fr. 247 de la B.N. (fig. 26). Un bon vieillard, au centre de la composition joint de ses deux mains les mains droites du premier couple. Comme l'exigent les lois de la courtoisie, Eve est passée à la bonne place, à la droite du Seigneur[31]. Deux anges flottant alentour déploient en dais nuptial le manteau d'écarlate et d'azur du Créateur[32]. Toute cette scène se passe dans l'enceinte d'un Jardin d'Eden réduit de proportions pour le caser en entier dans le cadre du frontispice. Il est peuplé d'arbres et d'animaux; quatre ouvertures béent dans l'enceinte et dégorgent les quatre fleuves du Paradis où pullulent les poissons et autres animaux aquatiques. L'oeuvre de la création toute récente est ainsi suggérée[33]. Un pan du zodiaque par dessus, comme un arc-en-ciel, complète la composition arrondie du tableau qui est peut-être une réminiscence des médaillons du *In principio* et de la *Bible moralisée*. L'artiste a voulu ainsi

---

[28]   Durrieu, p. 25, note 1.

[29]   Midrach *Beréchit Rabba,* VIII, 15, trouve allusion au mariage dans le verset «mâle et femelle, Il les créa. L'Eternel les bénit; l'Eternel leur dit: «Fructifiez et multipliez et remplissez la terre et conquérez-la; et dominez le poisson de la mer et le volatile du ciel et tout animal piétinant sur la terre». (*Genèse*, 1, 27–28).

[30]   Heimann, *op. cit.,* p. 25–29, fig. 19 à 28. Pour Moïse et Zippora, voir les mosaïques de S. Maria Maggiore, à Rome (Karpp, H., *Die Frühchristlichen und Mittelalterlichen Mosaiken in S.M.M. zu Rom,* Baden-Baden, 1966, pl. 90); pour Alexandre et Cléopâtre, B.N. fr. 405, *G.J.,* f° 25 (inédit).

[31]   Heimann, *op. cit.,* note 38.

[32]   Sur la symbolique du manteau tutélaire, connu depuis le XIVe siècle en Italie, voir Belting-Ihm, Chr., *«Sub matris tutela», Untersuchungen zur Vorgeschichte der Schutzmantelmadonna,* Heidelberg, 1976.

[33]   Les sources juives, on l'a vu, note 29, supra, associent le mariage à la sujétion du règne animal à l'homme. Signalons aussi que les anges sont au nombre de six, comme les six jours.

suggérer que le sacrement constituait l'accomplissement de l'oeuvre des Six jours. Le cercle du zodiaque popularisé par les *Très riches Heures* du duc de Berry, au musée Condé[34], est comme l'interprétation vulgarisatrice de ces schémas cosmiques minutieusement élaborés aux XIe et XIIe siècles.

Tout en haut, le Père éternel reparaît en buste dans une encoche découpée dans le cadre supérieur du frontispice. Avec la même tête de bon vieillard, il tient le compas de l'architecte, selon un motif popularisé par les *Bibles moralisées*[35]. Une nuée de chérubins rouges et or l'entoure. De part et d'autre, deux anges hors cadre et deux autres dans les coins entre le zodiaque et le cadre lui proposent les instruments du Grand maçon: la fusée de treuil et l'équerre en haut, la vrille et le marteau de tailleur en bas. L'axe médian de la composition qui vient se perdre en bas dans la marge entre les deux colonnes du texte, traverse en passant une modeste fontaine à deux vasques. Ce symbole marial de l'eau vive n'est pas le seul dans ce frontispice. Il se rattache à l'enceinte du paradis, «hortus conclusus», et provient lui aussi du *Cantique des Cantiques*[36]. Il assujettit cette peinture au «symbolisme déguisé» des primitifs flamands[37].

Outre la représentation d'Eve en «Venus pudica»[38] qui caractérise les six frontispices reproduits ici (fig. 26 à 31), les anges dans les coins supérieurs du cadre, rappellent les victoires antiques déjà réemployées dans l'art toscan[39]. Ceci dit, le frontispice du ms. fr. 247 est plus proche du fr. 6446, à peine plus ancien, que des deux autres, plus récents et d'exécution flamande. Le Maître de la Cité des Dames qui exécuta le premier Josèphe du duc de Berry présente le mariage sur un fond quadrillé, entre ciel et terre plats comme galettes, devant une double haie d'animaux venus fêter les noces du maître de la création (fig. 27).

Chez les Flamands le message est bien plus subtil. Le «jardin enclos» est devenu la cour intérieure d'un château. La «fontaine de vie» occupe une place primordiale et c'est son eau qui baigne le paradis. L'artiste de l'école de Bening qui travaille vers 1480 à Bruges ou à Gand sur le somptueux ms. en six volumes, fr. 11 à 16 de la B.N., destiné à Louis de Bruges, seigneur de la Gruythuse et comte de Winchester, fait jouer aussi le symbolisme zoologique usuel du moyen-

---

[34] Bober, Harry, «The Zodiacal Miniatures of the *Très riches Heures of Duke of Berry*», *Journal of Warburg and C. Inst.*, 11 (1948), p. 1-34; Longnon, J. et Cazelles, R., *Les très riches Heures*, Paris, 1969.

[35] Laborde, *Moral.*, I, p. 1; Haussherr, *La Bible moralisée*, t. II, p. 1.

[36] Chap. IV, versets 12 et 15; Mâle, *L'art religieux de la fin du moyen-âge en France*, p. 208-217; Sleptzoff, Lola, «Fontaines mystiques et fontaines profanes...», *Scripta Hierosolymitana*, 24 (1972), p. 42-57.

[37] Selon l'expression bien connue de Panofsky, dans *Early Netherlandish Painting*, t. I, p. 140-144 et passim.

[38] Voir Adhémar, *Les influences antiques*, p. 290-291.

[39] Voir Panofsky, *Renaissance and Renascences*, fig. 107, 109, 110; Pope-Hennessy, John, *Italian Gothic Sculpture*, London, 1955, fig. 47, 71, 98.

âge (fig. 28). Derrière un petit personnage mythique casqué, une licorne blanche se repose. Elle pointe sa corne vers l'eau et symbolise la virginité de la seconde Eve, Marie. A la gauche de Jésus qui joue ici le marieur (à la droite du spectateur), une sirène se peigne devant un miroir: elle symbolise la fatuité ou la luxure. Au fond, un dragon aux ailes palmées et un serpent à silhouette féminine sont l'expression du Malin: l'intention, édifiante, est de montrer le sacrement comme un rempart de la pureté contre le Séducteur. Il ne s'agit pas ici de morale personnelle, comme l'indiquent certains accessoires cosmiques: le soleil confronté avec la lune, dans le ciel et les quatre éléments constitutifs de l'univers, représentés par l'eau, la terre et le feu, aux pieds de Jésus (l'air n'est pas indiqué).

Le ms. illustré en Flandre pour Philippe de Bourgogne, seigneur de Bèvres et fils du Grand Bâtard, après 1478, par un des Bening et le Maître d'Edouard IV, aujourd'hui ms. 5082–5083 (2 vol.) de l'Arsenal à Paris, reprend la séquence du péché originel. On a vu que celui-ci intervenait très tôt dans les *In principio* de Josèphe (fig. 29). Ici, comme dit, l'artiste a reproduit pieusement les six médaillons traditionnels, mais les a logés en bordure. Le frontispice proprement dit apparaît comme la scène du mystère où se jouait le Jeu d'Adam[40]. Trois scènes s'y déroulent simultanément mais constituent une séquence. Le mariage à gauche, la chute au fond derrière une immense «fons vitae» et l'expulsion à droite. L'effet de perspective et les notions d'anatomie donnent à l'ensemble un aspect théâtral qui paraît coupé de toute signification symbolique.

Ces mariages sont de superbes pièces d'art. Des amateurs peu scrupuleux arrachaient le premier feuillet des manuscrits pour se les approprier. Nombre d'entre eux ont ainsi disparu. Quatre tableaux ne permettent pas de tirer de conclusions définitives. On a vu néanmoins que, si la forme a profondément changé, les idées fondamentales demeurent. L'oeuvre de la création est insérée dans une vision philosophique du cosmos, avec un accent sur l'ordre logique de ses constituants et sur le péché qui en perturbe l'harmonie. Au XVe siècle, l'accent se déplace et vient souligner la place de l'Eglise et de ses sacrements dans un monde voué à la rédemption. Josèphe le témoin est pris comme texte privilégié pour ce genre de démonstration.

---

[40]   Voir Réau, Cohen, *L'art du Moyen-âge,* p. 421 et suivantes.

Livre 2

JACOB ET JOSEPH

«Après la mort d'Isaac, ses fils divisèrent entre eux les tabernacles». C'est en ces termes que s'ouvre le deuxième livre des *Antiquités,* dans sa version anonyme française du XVe siècle (B.N., fr. 247, f°25; fig. 32). Une phrase aussi ambiguë au début d'un livre appelle une interprétation symbolique ou typologique. Josèphe enchaîne sur une anecdote pour expliquer le nom du pays où Esaü choisit de s'établir, l'Idumée: c'est la vente par Esaü de son droit d'aînesse à Jacob, son cadet, pour un plat de lentilles. «Elles lui parurent si rouges et si bonnes... De jeunes gens de leur âge se moquèrent de la simplicité d'Esaü et, à cause de cette couleur rouge des lentilles, lui donnèrent le nom d'Edom qui en hébreu signifie roux» (Lidis, p. 42).

Dans la *Genèse,* au chapitre 25, verset 30, Esaü est cité: «Verse-moi donc de ce rouge rouge (adom), car je suis harassé. C'est pourquoi il fut appelé Edom». Ce n'est qu'au chapitre 36, versets 6 à 8, que la Bible rapporte, après la mort d'Isaac, à la fin du chapitre 35, que «Esaü prit ses femmes et ses fils et ses filles et toutes les personnes de sa maison... et il s'en alla ailleurs, à cause de Jacob son frère. Car leurs biens étaient trop nombreux pour habiter ensemble, et la terre de leur domicile ne pouvait les supporter, à cause de leurs troupeaux».

Josèphe prend ses libertés avec la Bible. Pour les besoins de l'articulation, il coupe le récit au moment ou s'opère le clivage entre Jacob et Esaü, les frères jumeaux ennemis, ceux qui sont comme les personnifications d'Israël et de Rome dans la tradition juive[1]. Josèphe connaît cette tradition et, comme en se jouant, il dévoile l'unité profonde qui relie Esaü, Edom et l'Idumée. Ce pays, patrie de Hérode, jouera un rôle important dans la *Guerre des Juifs* et la fin des *Antiquités.* En même temps il signifie que les rôles sont renversés et que Jacob le puîné a le pas sur Esaü, son aîné.

JACOB ET ESAÜ

Le 'P' initial du ms. B.N. lat. 8959 (déjà mentionné à propos de l'illustration du XIIe siècle) abrite dans sa boucle deux gracieux personnages juvéniles (fig. 7). Sans les attributs qui les distinguent, on ne saurait qui est Jacob et qui Esaü. Un

---

[1] Il est difficile de localiser exactement la source de l'extension de ces noms propres à des noms génériques. Dans les textes prophétiques de la Bible, le nom Edom prend déjà une résonance collective et messianique, ainsi *Isaïe,* 34, 5: *Jérémie,* 49, 17, etc. Dans la littérature talmudique cela va de soi et il faut chercher longtemps pour trouver une définition sans équivoque, ainsi par exemple *Berechit Rabba,* 78.9.

pot de terre est placé dans la flamme d'un foyer entre les deux; le personnage de gauche tourne une cuiller en bois dans la marmite et exprime des réserves de l'index droit levé. Esaü, vêtu de la même robe grisâtre que son frère, esquisse, à droite, un pas de danse pour exprimer sa détresse. Il pointe l'index droit sur le pot et tient de l'autre main un phylactère où se lit: «Da mihi de hoc coctione tua rufa». (Donne-moi de ta coction rouge)[2]. Ce texte, plus proche de l'original hébreu de la Bible que des *Antiquités* est celui de la Vulgate (*Genesis,* XXV, 30). Quelqu'un est allé consulter ce dernier texte, pour confectionner cette initiale historiée. Le sens de cette peinture est donc au-delà de ce qui s'aperçoit au premier coup d'oeil[3].

S'il ne s'agit pas ici des deux frères ennemis de la Bible, il ne s'agit pas non plus des Juifs et des Romains. De fait les deux petits personnages se ressemblent, avec leur curieuse chevelure verte qui tranche sur le fond rouge. Dans ses *Allégories,* Isidore de Séville affirme (chap. 25) que «Esaü, velu et roux, est le peuple des Juifs...» et (chap. 26) que «Jacob représente le Christ, ou bien le peuple des Gentils à qui la bénédiction de Dieu le Père donne la priorité sur le peuple des Juifs»[4]. Cette interprétation ne cadre pas non plus avec l'image. Pour résoudre l'énigme, il faut l'appui des illustrations usuelles de ce livre: il apparaît tout de suite qu'elles sont peu nombreuses, mais excessivement variées. Elles se regroupent néanmoins toutes autour de trois thèmes principaux: la «division des tabernacles», soit l'image fidèle du début du second livre, l'histoire de Joseph et Jean et Paul. Ces deux derniers noms apparaissent dans les deux plus anciens manuscrits, celui de Berne du IXe siècle et celui de Chartres, du XI[e][5]. Le sujet disparaît ensuite, pour céder la place à Jacob et Esaü, l'histoire de Joseph est illustrée dès le XIIe siècle et se maintient parallèlement, au moins jusqu'au XVe siècle.

Les informations qui nous restent sur le thème de Jean et Paul sont très maigres: une légende griffonnée au-dessus de deux têtes nimbées, sur un feuillet utilisé pour des essais de plume; une mention à propos d'un manuscrit endommagé. Il s'agit probablement d'une survivance, qui mériterait d'être tirée au clair, pour l'influence qu'elle a pu avoir sur les autres illustrations. En outre, le problème n'a, apparemment, pas attiré l'attention des savants: Jean et Paul se retrouvent aujourd'hui ensemble dans un prénom courant, dans le nom de

---

[2]   La *Genèse* de Vienne, un manuscrit grec du Ve siècle, de 24 feuillets de vélin pourpre, originaire du moyen-orient, comporte une image presque identique, p. 15; Von Hartel, W.R. — Wickhoff, F., *Die Wiener Genesis,* Prague, Vienne, Leipzig, 1895.

[3]   Emile Mâle a montré ce caractère équivoque de l'art religieux du moyen âge, qui, sous son aspect plaisant, cachait un message destiné aux élites, *XIIIe*, p. 135 et suiv.; p. 175.

[4]   *P.L.,* 83, col. 105; voir aussi la *Glose ordinaire, P.L.,* 113, col. 146. C'est reprendre la tradition juive et l'inverser.

[5]   F°2 du codex 50 de la Bibliothèque des bourgeois à Berne; Homburger, *op. cit.,* p. 92, fig. 86; f°9 v° du ms. endommagé, n°29, de Chartres; Delaporte, *op. cit.,* p. 12.

certaines églises, italiennes principalement (à Rome et à Venise) et datant de l'ère gothique. Il y avait deux saints orientaux de ce nom, mais on connaît mieux le tandem Pierre et Paul. Quoi qu'il en soit, il y a eu, vraisemblablement, une interprétation typologique de Jacob et d'Esaü qui les considérait comme les préfigures des deux apôtres Jean et Paul. La rivalité entre les deux personnages bibliques avait été déplacée en orientations différentes dans la doctrine et la pratique religieuse, au sein de l'Eglise. L'Eglise d'occident était attribuée à Jean et Paul se chargeait de l'orient. L'Eglise active et militante était représentée par Paul et l'Eglise monacale ou contemplative, représentée par Jean[6].

C'est dans cet esprit qu'il faut, sans doute, aborder les autres illustrations sur le thème de Jacob et Esaü. Les deux aimables pantins du ms. 8959 en question qui se disputent la «coction rouge» le font au niveau spirituel. Peut-être s'agit-il des deux Testaments, dans le sens invoqué par l'apôtre Paul, justement, et popularisé par l'abbé Suger, celui d'un matériau brut qui doit être broyé comme farine pour être consommé[7]. A ce niveau les oppositions perdent leur acuité: Israël et Edom apparaissent comme les deux pôles d'une même réalité. Les «tabernacles» prennent l'aspect de châteaux, de part et d'autre des deux interlocuteurs traditionnels, dans le ms. du XIIIe siècle, originaire de Dijon, aujourd'hui P.M.L., 533 (f° 11 v°; inédit)[8]. Le motif reparaît presque sans modification, sinon de style, dans le Josèphe du cardinal d'Amboise, exécuté au XVIe siècle à Rouen, aujourd'hui à la Mazarine, à Paris (lat. 1581, f° 34 v°).

Le 'P' initial du P.M.L. 533 est divisé en deux compartiments superposés. Sous le premier déjà décrit, apparaît une scène curieuse qui confronte un personnage isolé, à gauche, avec onze autres, à droite. Une peinture construite sur le même modèle apparaît dans un autre manuscrit, datant de la fin du XVe siècle, aujourd'hui à l'Arsenal, ms. 3686 (f° 17 v°; fig. 33). Nicolas Gomel qui se dit l'auteur de ce ms., commandé par Jean Lalemand, receveur général de Normandie, en 1489[9], plante douze enfants blonds et joufflus au centre. Ils sont encadrés par un grand personnage morose à gauche et quatre jeunes gens amènes à droite. La partition de la succession d'Isaac engage donc déjà, d'après ces deux illustrations, les enfants de Jacob, les futures tribus d'Israël. Elle apparaît comme un choix auquel sont soumis ces enfants. Dans l'optique chétienne, le seul choix possible est d'ordre moral: entre bien et mal, bon et mauvais penchant, Christ et Satan ou l'ancienne et la nouvelle Loi[10].

Ainsi toutes ces images découlent finalement d'une même conception de base.

---

[6] Mâle, XIIIe, p. 285 et 297.

[7] Smalley, The Study of the Bible, p. 198; Mâle, XIIIe, p. 176.

[8] La même formule, une fois de plus, apparaît déjà dans la Genèse de Vienne, p. 22.

[9] Renseignements donnés libéralement par la page de garde et la somptueuse reliure.

[10] Le Midrach Tana de-bey Eliahou zouta interprète lui aussi ce passage sur le plan moral: Esaü a reçu ce monde-ci en partage, cependant qu'à Jacob est réservé le monde futur.

Les thèmes précis varient avec des retours en arrière et des creux prolongés[11]. Le texte initial qui servait de fondement à l'illustration, apparemment une exégèse de Josèphe, s'est perdu. Les formes ont été conservées avec vénération, mais devenues incompréhensibles, elles ont été réinterprétées par elles-mêmes, avec plus ou moins d'à propos. Des relations de similitude avec la *Genèse* de Vienne indiquent une origine orientale probable des textes et des formes originelles.

LA PASSION DE JOSEPH

L'histoire de Joseph et ses frères débute, dans le texte, après le chapitre sur Esaü et sa lignée. Elle sert de thème à un certain nombre d'illustrateurs des *Antiquités,* depuis le XIIe siècle. Les raisons de ce choix sont multiples: Joseph est considéré comme une préfigure de Jésus et de ce fait, son iconographie est très riche; comme dit, la confrontation Jacob-Esaü était malaisée à définir; enfin Comestor donne le ton quand il écrit, selon la traduction de Guyart des Moulins, dans son *Histoire scholastique,* devenue *Bible historiale* en français: «Si finit le premier livre [de] Josephus. Ici met Moïse la génération [d'] Esaü dont il n'est nul métier (intérêt) de mettre. Si [j']irai [plus] avant, à l'histoire [de] Joseph. L'histoire de Joseph» etc.[12]... Ainsi Comestor lui-même renonçait à se mesurer avec Esaü et passait directement à Joseph. La plupart des illustrateurs ont suivi le mouvement.

L'histoire de Joseph, le fils préféré de Jacob, commence au trentième chapitre de la *Genèse* et s'achève avec le livre, au cinquantième chapitre, sur le récit de sa mort en Egypte. Son destin est marqué par de nombreuses péripéties pleines de rebondissements imprévus. Il est impossible de faire le tour d'un thème de cette envergure dans le cadre du deuxième livre des *Antiquités.* De toutes les scènes de la vie de Joseph qui ont été traduites en schémas visuels, les illustrateurs de Flavius Josèphe ont traité seulement deux séquences. Celle de la confrontation de Joseph avec Pharaon et son investiture au rang de Vice-roi et celle de la vente de Joseph par ses frères aux Ismaélites.

Le Josèphe mosan du XIIe siècle conservé aujourd'hui au Merton College d'Oxford est le seul connu à user de la figure de Joseph comme arme contre le pouvoir séculier. Le destin du patriarche illustre ces oints du seigneur, évoqués au chapitre second. Il apparaît deux fois dans l'initiale 'P', dans l'axe vertical de laquelle une deuxième boucle a été ménagée[13]. La première fois, en haut, le

---

[11]   Le ms. B.N., fr. 404, «Histoire matériée», constitue une énigme. C'est un texte des *Antiquités* (jusqu'au livre XIV) qui porte 14 peintures inachevées en registres doubles. Le style en est relâché et sans grâce, mais les thèmes sont toujours excentriques. Il date probablement de la fin du XIVe siècle. Ici au registre supérieur figure la lutte de Jacob avec l'ange, puis la rencontre avec un Esaü qui le menace de son épée brandie; en bas, le buisson ardent (f° 18; inédit).
[12]   D'après B.M. Royal, 19 D II, f° 33 v°; Berger, *La Bible fr.,* p. 110; 158.
[13]   Cahn, p. 298, fig. 1.

rouleau rouge déroulé dans sa main gauche le désigne comme le prophète, envoyé par Dieu pour instruire le Pharaon. Celui-ci, quoique assis de face sur son trône, montre sa soumission en tendant son sceptre à Joseph. En bas, le jeune Joseph, nimbé de bleu est présenté dans l'attitude du Christ, main gauche étendue, main droite ramenée sur le coeur, trois doigts repliés en signe de bénédiction. L'exégèse typologique est ainsi démontrée de façon éloquente et suggère, une fois de plus, à qui doit aller le vrai pouvoir[14].

L'influence orientale sur ces images a été démontrée par Walter Cahn. Elle se manifeste aussi dans les représentations de Joseph vendu par ses frères, dont le ms. fr. 247 fournit un exemple particulièrement soigné (fig. 32). Les peintures de ce type sont nombreuses au XVe siècle. Outre cinq ms. de Josèphe (fig. 34), nous avons connaissance d'encore au moins six ms. sur des sujets variés qui reprennent le motif[15]. La raison en est, vraisemblablement, le théâtre, une fois de plus, qui, en trilogie, présente la vente de Joseph par son frère Juda comme la préfigure de la trahison de Judas (notez la similitude des noms), jouée dans la *Passion* et vengée par la vente de trente captifs juifs pour un denier (montée sur scène d'après la *Guerre des Juifs*)[16]. Mais, à vrai dire, l'idée de comparer le destin de Jésus à celui de Joseph est fort ancienne et remonte aux premiers siècles de l'ère chrétienne[17]. Dans l'art on peut suivre sans effort une longue tradition qui part de la catacombe de la Via latina, à Rome, en passant par la chaire de Maximien à Ravenne, les manuscrits grecs enluminés des XIe et XIIe siècles, les coupoles de St. Marc de Venise, les chapiteaux de la Madeleine de Vézelay, les fresques de St. Savin-sur-Gartempe, les vitraux de la Ste-Chapelle, à Paris, les médaillons de la *Bible moralisée* et jusqu'aux *Bibles historiales* du XIVe siècle. Sur cette toile de fond, les miniatures sur Joseph, au XVe siècle, méritent quelque approfondissement.

On chercherait en vain quelque allusion spécifique à l'auteur et son texte au f°25 du ms. fr. 247 (fig. 32). L'iconographie est biblique en tout et pour tout. La composition en bandes obliques rappelle l'ornementation usuelle du temps (fig. 31). La bande étroite, à droite, est rouge, par association avec la Mer rouge, probablement, quoiqu'elle soit absolument hors de propos ici[18]. Le récit débute

---

[14] Ainsi s'explique (s'il faut vraiment tout expliquer) le Christ à la hauteur du deuxième livre, dans un Josèphe de Cambridge (Univ. Libr. Dd. I.4, f° 18 v°); Kaufmann, *Romanesque mss. 1066–1190,* p. 80.

[15] Outre les ms. mentionnés dans le texte, les *Antiquités* B.N. fr. 11 et 6446; la *Mer des histoires* (B.N., lat. 4915), la *Fleur des histoires* (B.N., fr. 55), le *Miroir de la salvation humaine* (B.N., fr. 6275), le *Miroir historial* (B.N., fr. 50), la *Bible historiale* (B.N., fr. 156) et le *Trésor des histoires* (Arsenal, 5077).

[16] Pour Joseph dans les Mystères, voir Creizenach, *Geschichte des neueren Dramas,* Halle, 1911, p. 275; Mâle, *XIIIe,* p. 159 et 174. Nous n'avons pas connaissance d'une monographie sur le thème de Joseph au théâtre.

[17] Réau, *Iconographie de l'art chrétien,* t. II, p. 156; Mâle, *XIIIe,* p. 157.

[18] Avec le symbolisme typologique, des allusions au sang ou au vin sont toujours possibles; cela vaut également pour la «coction rouge» du ms. lat. 8959.

en haut et à gauche et se lit de haut en bas: du départ de l'enfant Joseph du
manoir paternel jusqu'à la scène du versement des vingt pièces d'argent en bas
un peu à droite[19]. En diagonale, vers le centre, les frères de Joseph complotent sa
mort et en bas à gauche, il est précipité, tête la première, dans le puits. De
nombreux détails anecdotiques sans portée enrichissent le récit: un ours doré en
haut, des oiseaux dans le ciel, des caravelles sur la mer, une sorte d'église outremer, une chèvre comme prise sur le vif, à gauche, en train de brouter un arbre, et
de même quelques chameaux, probablement croqués d'après nature dans la
fameuse ménagerie de Jean de Berry[20]. Le combat, cornes contre cornes, d'une
chèvre blanche contre une chèvre noire, en bas, marque néanmoins une
intention symbolique.

De fait, parallèlement à la composition générale, manifeste, il y a une
composition conceptuelle qui ne se dévoile qu'à l'examen attentif. Les trois
apparitions de Joseph, au départ en haut, dans le puits à gauche et sur le
chameau de ses ravisseurs vers la droite, délimitent un triangle isocèle de couleur
claire, coupé par les trois figurations d'un personnage en manteau à capuce bleu
foncé, où son chapeau fait une tache mauve ronde. Dos à dos en bas, elles
forment avec le même personnage assis vers le centre, capuce sur la tête, un angle
très aigu. Cette zone exiguë est celle de Juda, qui perçoit le prix de la trahison;
elle est marquée par les chèvres blanche et noire qui symbolisent le combat
contre le Malin, et sa victoire sur Juda[21]. Elle est mise en opposition avec Joseph
dans le puits que les chrétiens considèrent comme la préfigure de la sépulture de
Jésus, elle-même liée, par la résurrection, avec le triomphe sur la Mort[22].

La figure féminine qui pousse avec tendresse l'enfant Joseph vers son destin,
ne peut choquer quand on connaît mieux l'Evangile que la *Genèse*. Il est clair que
dans cette perspective, l'artiste représentait ici la Vierge Marie, complétant ainsi
l'exégèse chrétienne de l'histoire de Joseph avec une note de douceur maternelle
mélancolique caractéristique. Pourtant dans la Bible, Rachel, la mère de Joseph
était morte lorsque cette histoire débute. L'interprétation typologique se fonde
rarement sur une altération du texte original, à moins d'erreur[23]. Le seul modèle

---

[19]   *Genèse*, 37, 28; Lidis, p. 44; dans le ms. du XVe siècle, la somme a été convertie en «trente
deniers» (f° 27), pour parfaire l'acception symbolique.

[20]   Sur la ménagerie du duc et l'ours héraldique, voir Meiss, *Late XIVth*, p. 32.

[21]   Ce genre de symbolique reparaît au livre III (fig. 36), infra. Il appartient au langage usuel de
certains artistes particulièrement rigoureux sur le plan expressif des formes, tels Giotto dans la
Nativité de l'Arena (Stubblebine, J., *Giotto*, New York, 1969, fig. 25) et Piero della Francesca dans la
fresque de Sigismond Malatesta à Rimini (Battisti, *Piero d.F.*, Milan, 1971, p. 70).

[22]   Le *Miroir de l'humaine salvation* met Joseph dans le puits en parallèle avec les trois jours au
tombeau (B.N., fr. 6275, f° 29); pour Isidore de Séville, c'est une préfigure de la descente en Enfer
(*Quaestiones in Vet. Test.*, Genes. XXX; *P.L.* 83, 272).

[23]   Isidore de Séville insiste même sur le fait que Joseph a été envoyé par son père et non sa mère,
dans une perspective typologique conséquente (par. 5: «Et Deus Pater misit...»: par. 4: «Jacob misit
Joseph»; *Quaestiones*), chap. XXX; *P.L.*, 83, 272). La *Glose ordinaire* reprend presque mot pour mot
cette interprétation (chap. XXXVIII, 2; *P.L.*, 113, 165).

connu sur lequel le «Maître du Josèphe de Jean de Berry» pouvait se fonder, c'est la *Genèse* de Vienne déjà mentionnée. A la p. 30 on voit effectivement une femme avec Jacob et Benjamin dans les adieux de Joseph. Il est peu probable que ce texte ait pu arriver à la connaissance de l'enlumineur du duc de Berry; d'autres textes de ce genre étaient-ils en circulation à cette époque, voire dans la «librairie» du duc bibliophile[24]? Toujours est-il que le texte même du ms., en regard du frontispice, au feuillet 26 v°, dit explicitement que c'est son père qui envoya Joseph. Le *Miroir historial* de Jacques d'Armagnac exécuté par un émule de Fouquet après 1459 présente au f° 68 une peinture calquée sur celle-ci[25]. Une des variantes les plus notables y est constituée justement par la suppression du personnage féminin en tête de la composition, ce qui déséquilibre d'ailleurs sa construction.

Les rêves de Joseph contribuent à l'incertitude à propos de sa mère. Son père lui rétorque: «Viendrons-nous, moi et ta mère et tes frères, nous prosterner devant toi jusqu'à terre?» (*Genèse,* 37, 10). «Comment le pourrions-nous, explique l'exégèse traditionelle, puisque ta mère est morte?» Et le *Midrach* de poursuivre: «Mais Jacob ne savait pas qu'il s'agissait de Bilha [l'une des deux servantes] qui l'avait élevé comme une mère» (*Beréchit Rabba,* 84, 10). L'influence du *Midrach* sur la Genèse de Vienne est aujourd'hui un fait reconnu[26]. La voie de la tradition est mystérieuse: c'est sans doute ce *Midrach* qui a fait écrire à Petrus Comestor dans son *Histoire scholastique* que, d'après Josèphe, toute cette histoire se place avant la mort de Rachel, ce qui est une erreur (chap. 87; *P.L.,* 198, col. 1125)[27].

S'il faut choisir entre une lecture assidue de l'*Histoire scholastique* et un excès de zèle irrespectueux de la part du «Maître du Josèphe», cette dernière éventualité semble la plus plausible. Mais l'influence d'un modèle oriental n'est pas à écarter, car elle se manifeste aussi dans certaines similarités de forme. Outre la disposition scénique qui rappelle à la fois la *Genèse* de Vienne et les

---

[24] Le *Psautier de la Reine Mary,* publié en 1912 par Warner, George, à Londres, présente lui aussi la «mère de Joseph» au moment de son départ; mais il est peu probable que ce spécimen excentrique de l'art anglais du XIVe siècle ait pu parvenir à la cour du duc de Berry. L'auteur de ce ms. paraît avoir été en relation étroite avec quelqu'un qui connaissait les légendes juives. Par contre la présence de la «mère de Joseph» intervient aussi dans *Les Homélies de Grégoire de Naziance* (B.N., gr. 510, f° 69 v°), ms. byzantin du IXe siècle (Beckwith, John, *Early Christian and Byzantine Art,* Harmondsworth (1970), 1979, p. 180–182, note 3). On sait que Jacob lui-même avait été envoyé à Haran par sa mère Rébecca (voir *Sacra Parallela,* B.N., grec. 923, f° 78). Peut-être une confusion s'est-elle glissée entre les deux Patriarches et leur mère.

[25] B.N., fr. 50, f° 48; Porcher, *Les ms. à peint. en France, du XIIIe au XVIe siècle,* propose François Fouquet, fils de Jean, comme auteur possible des peintures (p. 128, n° 265).

[26] Levin, M.D., «Some Jewish Sources for the Vienna Genesis», *Art Bulletin,* 54 (1972), p. 241–244; Revel, Elizabeth, «Contribution des textes rabbiniques à l'étude de la Genèse de Vienne», *Byzantion,* 1972; Schubert, Kurt, "Die Wiener Genesis in der Rabbinischen Tradition", *Kairos,* N.F. XXV, jan. 1983, p. 6.

[27] «Hic vult Josephus matrem adhuc vixisse»; voir supra note 24.

Homélies de Grégoire de Naziance du IXe siècle (B.N., grec 510)[28], le groupement des frères de Joseph réduits à cinq rappelle une illustration des *Sacra parallela* où les frères de Joseph trempent sa robe dans le sang d'un chevreau (B.N., grec 923, f° 353; fig. 35)[29]. Il s'agit là de motifs qui apparaissent comme emprunts directs. Parfois des textes occidentaux en ont fait usage, avant le XVe siècle, et ont servi de modèles intermédiaires. Ainsi pour la scène du puits figurée dans de nombreux manuscrits et vitraux gothiques, et pour de menus détails tels la gourde pendue au cou de Joseph[30] et les types orientaux du bas du frontispice.

La préférence marquée, au XVe siècle, pour le thème de la vente de Joseph indique une intention typologique généralisée. A la fin du XVe siècle, dans le ms. 5082 de l'Arsenal, la vente se fait encore sous le signe du soleil, de la lune, des étoiles et d'une gerbe dans le ciel (fig. 34). Comme l'a montré Emile Mâle, ces éléments appartiennent à l'iconographie des cathédrales et découlent eux aussi de cette tendance[31]. C'est le signe d'une grande fidélité à la tradition. Le problème du deuxième livre des *Antiquités* pour les illustrateurs, c'est la richesse de traditions apparentées qui se croisent et s'emmêlent: de là cette grande variété de thèmes et de motifs.

---

[28]   Supra, note 24: on notera aussi la similarité des marchands Ismaélites sur leurs chameaux.

[29]   *Genèse,* 37, 31.

[30]   Il faut noter ici l'influence considérable de la *Bible moralisée,* dans ses diverses versions; voir Laborde, *Moral.,* p. 22; Haussherr, *La Bible mor.,* t. II, p. 14.

[31]   *XIIIe*, p. 157.

Livre 3

MOÏSE ET LES TABLES DE LA LOI

Le second livre s'achève sur le passage de la Mer rouge. Les Hébreux, affranchis de la servitude d'Egypte, se retrouvent seuls dans le désert du Sinaï avec leur chef Moïse, sous la tutelle d'un Dieu invisible. Josèphe consacre le troisième livre des *Antiquités* à la peinture des fondements de la religion juive et à l'infrastructure religieuse et sociale du peuple juif. Il raconte, avec des protestations de sincérité à l'égard du lecteur sceptique, la Révélation divine du mont Sinaï et la Promulgation du Décalogue. Il présente la Tente d'assignation et le culte des sacrifices qui s'y déroulait. Il décrit certains préceptes puis conclut son livre sur l'épisode des cailles et des douze explorateurs. Son récit se fonde sur des éléments cueillis dans les livres de l'*Exode,* du *Lévitique* et des *Nombres.* Il essaye de camper le personnage exceptionnel de Moïse comme un événement de l'Histoire: prophète inspiré, grand législateur et meneur d'hommes. Il précise ses rapports avec la masse frondeuse de son peuple, par l'intermédiaire des grands fonctionnaires qui l'assistent: Aaron, son frère, le grand pontife; Josué, le chef militaire; Bezalel, l'artiste qui sait travailler tous les matériaux et Jethro, le prêtre midianite de bon conseil.

En suivant l'ordre des chapitres 15 à 17 de l'*Exode,* Josèphe est amené à mettre en tête de son livre un épisode assez peu connu par ailleurs, celui des eaux saumâtres de Mara, ainsi que ceux de la manne et de la lutte contre Amalec. C'est peut-être grâce à cette place que Mara a mérité d'être traité par les exégètes chrétiens qui ont interprété dans un sens typologique aussi bien l'eau adoucie que le bois utilisé par Moïse[1]. Mais ces explications symboliques n'ont été traduites en images dans les textes de Josèphe que vers le XVe siècle[2].

---

[1] «Prise à la lettre, la loi est amère» déclare Isidore de Séville au VIIe siècle et la *Glose* après lui (*Quaestiones in Vet. Testam.,* chap. XXXI, *P.L.,* 83, 297; chap. XV, 23-24; *P.L.,* 113, 233); selon eux, le bois de Moïse préfigure le bois de la croix qui est censée idéaliser les anciens préceptes (*ibid*).

[2] A part le ms. 533 de la P.M.L., du XIIIe siècle, voir infra, note 6. Pour le XVe: B.N., fr. 6446, f°33: Moïse est debout à gauche, le bâton à la main; divers personnages puisent, boivent et expriment leur admiration à droite. Le motif est repris dans le B.N., fr. 11, f°64. Dans les deux cas, Mara est lié avec le buisson ardent (*Exode,* 3 et 4). Sans rapport avec Josèphe, Mara apparaît au Ve siècle à S. Marie Majeure et à Sainte Sabine de Rome, puis au XIIe siècle dans un ms. de Ratisbonne; enfin au XIIIe siècle dans la *Bible moralisée* Bodleian, 270 b, f°49 v° (Laborde, *Moral.,* p. 49; Vienne, B.N. 2554, p. 22; Haussherr, *op. cit.,* p. 42) et la *Bible en images* à la P.M.L., 638, f°9 et 9 v° (Cockerell, Plummer, *Old Testament Miniatures,* N.Y., n.d., p. 59-60). Poussin reprend ce thème dans une toile aujourd'hui à Baltimore. Le sujet n'en était donc pas si rare que le pensait Blunt A., *N. Poussin,* N. Y., 1967, p. 179.

L'illustration usuelle de ce livre est axée sur la personne de Moïse et sur les Tables de la Loi[3].

Le 'I' initial de ce livre («Igitur inopinabiliter hebreos...») permet de vérifier ce que nous en disions au livre 1, avec la différence que cette majuscule ici n'est pas comprise dans un programme iconographique préconçu. Avec Gutbrod, constatons l'affinité du corps du 'I' avec le corps humain[4], dans les ms. B.N. lat. 16730 (fig. 10), Merton College M.2.11, 13 v°, et H.A., W.276, 18 v° de Cologne, tous du XIIe siècle[5]. On y voit Moïse avec les Tables et le serpent, Aaron tenant une verge fleurie à la main et Moïse avec Aaron et Josué ensemble. Pour l'artiste de Dijon, dans le ms. 533 de la P.M.L. de New York, le 'I' constitue encore, au XIIIe siècle, cette pièce d'orfèvrerie où se logent harmonieusement des médaillons. Dix petites scènes y résument le troisième livre[6].

Le «Maître du Josèphe du duc de Berry» a préféré s'aventurer ici comme au livre précédent hors des sentiers battus traditionnels (fig. 36). Il dispose une série de petites scènes narratives de façon à dégager une idée générale unique. La clé en est apparemment, comme au livre 2, dans le coin supérieur gauche. A partir d'un soleil invisible, des rayons d'or y illuminent, sur un piton rocheux, un aigle, les ailes déployées pour protéger son nid[7]. Les diverses scènes représentées dans le frontispice sont à comprendre en fonction de cette allusion métaphorique à la Providence divine, qui couvre de son aile les fidèles comme l'oiseau sa couvée.

A la séquence disposée en diagonale, selon le type décrit au livre 2, s'oppose une diagonale en direction inversée. Les deux se croisent au centre du tableau et créent ainsi une composition chiastique. Cette construction est soulignée par la conception topographique du décor, une sorte de vallée, ouverte à ses deux extrémités et étranglée en son centre par deux promontoires rocheux de part et d'autre. Ainsi l'artiste établit un rapport entre les quatre coins du frontispice et son centre. Or les thèmes traités à ces cinq points stratégiques sont refermés sur eux-mêmes et constituent des entités isolées, apparemment coupées du reste. C'est encourager les interprétations allégoriques.

---

[3]   Pour Isidore de Séville, véritable manuel des artistes du moyen-âge, Moïse préfigurait le Messie. C'est pourquoi il a sa place parmi rois, prophètes et saints des cathédrales, voir Mâle, *XIIIe*, p. 158. Il apparaît aussi dans la statuaire imputée au Temple de Jérusalem, voir infra, fig. 62 et 91, reconnaissable à ses cornes et aux Tables qu'il porte. Celles-ci mériteraient un supplément d'étude.

[4]   Gutbrod, *op. cit.,* p. 74 et suiv.

[5]   Voir Cahn, p. 302; *Monumenta Judaica,* Cologne, 1963, Texte, p. 755 et suiv., fig. p. 27. Voir aussi supra, fig. 9 et p. 69 (Hist. fol. 418 de Stuttgart).

[6]   De haut en bas: l'eau de Mara (de couleur verte!); la guerre avec Amalec: l'investiture de Josué; Moïse avec quatre femmes(?); Moïse reçoit les Tables; Moïse montre le tabernacle; l'investiture d'Aaron; les explorateurs; Moïse avec Josué et Caleb(?); Moïse et la femme adultère.

[7]   Le départ de ces métaphores se trouve dans le verset 11 du *Deutéronome,* chap. 32: «Comme l'aigle éveille son nid, plane sur ses oisillons, il déploie ses ailes, il le prend, il le porte sur sa rémige». L'exégèse juive du *Midrach* précise: il bat des ailes pour les éveiller en douceur (*Sifrei,* 12). De là au motif christologique du pélican, tiré des Bestiaires du moyen âge, il n'y a qu'un pas. Mais il n'a pas été franchi ici.

Sous le petit triangle rouge qui représente la Mer rouge avec ses voiliers, on reconnaît l'épisode de Mara. Il est placé dans l'angle d'intersection du 'X', à proximité du campement des Hébreux, à gauche. Au dessus d'un simple trou dans la terre, un palan primitif est dressé. Un personnage tire la corde et puise l'eau à l'aide de vases en terre. Trois dignitaires expriment par geste leur répulsion pour cette eau, goûtée par un quatrième à genoux. Une femme à gauche jette son aiguière. Généralement les artistes présentent Moïse au moment où il met son bâton dans l'eau[8]. L'interprétation typologique du bois qui adoucit l'eau permet ainsi de mettre en valeur le moment critique du récit, celui de la métamorphose miraculeuse[9]. Le «Maître du Josèphe» a délibérément choisi de souligner l'épreuve aux dépens du miracle.

La foule bigarrée et joyeuse, dans l'angle inférieur du 'X' qui régit la composition est en contraste frappant avec l'épisode de l'eau saumâtre. Belles dames, bourgeois cossus et chevaliers armés font demi-cercle pour accueillir trois chefs montés sur des chameaux à droite et neuf hommes de troupe qui arrivent par-dessus[10]. Leur costume et leur harnachement est du type généralement attribué dans l'art occidental aux Sarrazins. Leur allure qui devrait être épouvantable apparaît fort civile. Tous ces étrangers causent familièrement entre eux ou rient sous cape. L'interprétation de Durrieu qui voit dans ce tableau les Amalécites appelant du renfort pour combattre les Hébreux ne semble pas fondée[11]. D'ailleurs, selon Isidore de Séville, la réputation des Amalécites ne leur vaut pas les frais d'un frontispice à leur honneur[12].

Les exemples de la guerre des Israélites contre les Amalécites dans l'art occidental ne sont pas nombreux[13]. C'est le combat qui y est représenté et non pas quelque scène galante de style «gothique international». Certains détails indiquent que la foule mêlée massée au bas du frontispice figure le peuple juif. Dans les images du XIIIᵉ siècle, les guerriers juifs viennent régulièrement de gauche et leurs ennemis de droite; ils sont coiffés d'un heaume fermé et portent un bouclier orné d'une tête de lion, comme les chevaliers chrétiens du moyen

---

[8] Dans les grands cycles où il y a place pour plus d'une scène sur le même sujet, on trouve des représentations de ce stade de l'épreuve de l'eau saumâtre. Ainsi dans la *Bible en images* de la P.M.L., déjà mentionnée, f°9, au bas de la page, on voit quelqu'un verser l'eau verte d'une cruche, cependant que trois autres expriment leur mécontentement (supra, note 2).

[9] Dans la *Bible moralisée* de Vienne qui est écrite en français du XIIIᵉ siècle, on trouve à cet endroit: «divinité devint douce par le fust [bois] de la croix». Voir supra, notes 1 et 2.

[10] Ce chiffre de douze hommes n'est sûrement pas fortuit. Il rappelle les douze tribus d'Israël et les douze apôtres.

[11] *Antiquités*, p. 26; suivi par Meiss, *Limbourg*, p. 45.

[12] *Allegoriae quaedam script. sacr.*, *P.L.*, 83, 109: les Amalécites figurent le diable.

[13] A S. Marie Majeure de Rome (Karpp, *op. cit.*, pl. 113); dans le ms. de Ratisbonne mentionné par Blunt (supra, note 2), le combat contre les Amalécites est mis, comme ici, en rapport direct avec l'épisode de Mara. Puis il y a de nouveau la *Bible moralisée* et la *Bible en images* (*ibid.*), et Poussin, une fois de plus, dans un tableau de l'Ermitage, à Léningrad.

âge[14]. Ici la foule est à gauche par rapport aux étrangers et une belle tête de lion est mise en évidence sur le bouclier du premier plan. De plus, certains personnages sont singularisés dans la foule et on les reconnaîtra ailleurs dans le frontispice.

Un peu sur la droite par rapport au centre de la composition on voit de profil une tête ronde un peu épaisse mangée par une grande barbe et coiffée d'un grand chapeau rond. Ces traits qui conviendraient à Moïse se retrouvent à quatre reprises dans le tableau. Ici Moïse, avec son peuple, accueille une troupe d'Orientaux; au bout du bras du 'X', en haut à gauche on croit l'apercevoir, terré dans le rocher, serrant deux jeunes gens contre lui[15]. Le dignitaire à genoux de dos, dans le coin inférieur gauche, pourrait encore être le même Moïse. Il adore le Décalogue, gravé sur une des Tables de la Loi et placé sur un autel tout uni, sous un frêle baldaquin de type flamand[16]. Un personnage de ce type apparaît encore une cinquième fois assis à croupetons à l'entrée de la première tente, non loin du centre.

Si la foule représente les Hébreux, les étrangers accueillis avec joie ne peuvent être les Amalécites. Il faut relire Josèphe pour trouver la réponse: au deuxième chapitre (Lidis, p. 78), l'auteur vante la victoire des Israélites qui «se rendirent maîtres du camp des Amalécites» et y trouvèrent, en plus du butin habituel, «des armes avec tout l'équipage dont on se sert à la guerre, tant pour l'ornement que pour la commodité, des chevaux, et généralement toutes les choses dont on a besoin dans les armées». Josèphe insiste sur les dépouilles des vaincus qui servirent à armer les Hébreux qui ne l'étaient pas. Puis il décrit les réjouissances dans le camp en l'honneur de la victoire et de Josué le chef militaire qui n'a pas perdu un seul homme dans la bataille. Ces orientaux sont donc apparemment les guerriers hébreux revenus vainqueurs du combat, vêtus des dépouilles de leurs ennemis «sarrazins» ou Amalécites.

Encore faut-il trouver le thème qui relie entre elles toutes ces scènes apparemment incohérentes. Dans le coin inférieur on retrouve l'opposition tête-bêche blanc-noir des deux boucs du livre 2. Cette fois-ci ce sont deux cavaliers de type mongol qui paraissent totalement hors de propos. Le cavalier de gauche est noir et monte un cheval blanc, alors que son voisin, vêtu de blanc, enfourche une

---

[14]   Cockerell, Plummer, *op. cit.,* p. 60.

[15]   C'est peut-être une allusion à la prière de Moïse pendant la bataille contre les Amalécites: ses bras fléchissants furent soutenus de part et d'autre par Aaron et Hur. (*Exode,* 17, 10–12). L'iconographie de ce thème est importante, voir Réau, *Iconographie de l'art chrétien,* t. II[1], p. 202–203.

[16]   Ce type de ciborium en gloriette apparaît chez Melchior Broederlam, dans son retable de Dijon (Panofsky, *Early Netherlandish Painting,* t. II, fig. 104 et 105). Il semble que le motif, byzantin d'origine (Huber, *op. cit.,* passim) a été introduit en Europe par le siennois Ambrogio Lorenzetti au XIVe siècle (Panofsky, *Renaissance and Renascences,* fig. 101). L'accoutrement des deux personnages agenouillés à droite de l'autel se reconnaît distinctement dans la foule, tout au fond, près du centre.

monture noire. Comme précédemment, l'allusion est d'ordre moral et suggère la lutte contre le Séducteur. Elle est opposée, en haut et à gauche, avec un château doré par le soleil. En face, le coin supérieur droit est de nouveau abandonné à l'arbitraire. Mais il présente les ours de Jean de Berry et ses cygnes dans le ciel. Il constitue comme une dédicace à l'intention du mécène.

Amalec vaincu signifie, selon Isidore, le diable vaincu par la croix[17]. Mara est conçu par les chrétiens comme une préfigure de la croix. Or l'eau reste saumâtre; le pan de gauche du frontispice est sombre; on y adore l'Ancienne Loi. Plutôt qu'une diatribe contre les Juifs et la Loi de Moïse, qui ne devaient pas être la préoccupation majeure du duc de Berry, il faut voir ici une leçon allégorique morale. A gauche «sub lege», l'ère de la Loi, à droite «sub gratia» l'ère de la grâce, dans la lumière et la joie. La lumière de la grâce, dans le coin supérieur gauche, est fonction de la Providence. Quand elle ne l'accorde pas, l'humanité vit dans l'ombre et s'abreuve de doctrines mensongères. Quand la grâce est accordée, le Malin est vaincu et le succès est assuré[18].

Mais à première vue, c'est tout le récit de Josèphe qui apparaît ici, avec Mara, le Décalogue et les Amalécites[19]. Sous les formes chatoyantes conquises par l'art occidental du XVe siècle, la lecture de Josèphe reste celle d'un texte sacré qui recouvre divers niveaux de signification. Et l'artiste reste le créateur inspiré qui sait rendre visibles les correspondances profondes.

---

[17] Ce qui montre que chez Isidore déjà, Mara et Amalec étaient liés, supra, note 12. Il y a ici, comme en filigrane, un texte inconnu qui se dessine.

[18] Nous sommes dans la deuxième décade du XVe siècle, un siècle avant Luther. Les «doctrines mensongères» foisonnaient au temps de Huss et des antipapes, voir Ozment, *op. cit.,* p. 162 et suiv.

[19] Les scènes sont choisies soit d'après la harangue de Moïse avant le combat contre Amalec (Lidis, p. 77), soit d'après le récit des péripéties de cette guerre (*ibid.,* p. 78).

Livre 4

LES REBELLES DU DÉSERT

La première des miniatures attribuées par François Robertet à Jean Fouquet apparaît au f° 70 du ms. fr. 247 de la B.N., à Paris (supra, p. 53). Il est assez surprenant de voir cohabiter deux styles aussi différents dans leur conception dans un même manuscrit. Un manuscrit pouvait être abandonné l'espace de cent ou deux cents ans; un jour, on le reprenait, on décidait de compléter l'illustration inachevée, et aujourd'hui, il faut toute la perspicacité de l'observateur pour déceler le point de soudure. Ici, après moins de cinquante ans, la transformation est profonde. Les modifications ne sont pas aisément définissables, ce sont des impondérables, que seule l'investigation scientifique peut discerner. La différence n'est pas dans la technique du médium ou du matériau. Elle s'exprime en termes d'illusion spatiale, plus ou moins réussie, sous le signe de la perspective. Elle est surtout dans l'esprit nouveau, qui anime tout le frontispice et que seule une analyse minutieuse permettra d'élucider.

Pour conserver la cadence de son articulation, Josèphe a coupé les quarante années passées par les Hébreux dans le désert, jusqu'à la mort de Moïse, en deux livres. Le livre trois s'achevait sur l'épisode des explorateurs, le quatrième s'ouvre sur un détail détaché de cet épisode, la rébellion des «activistes». Plutôt que de subir la punition des quarante années d'errance, ils vont conquérir le pays de Canaan à leur propre compte et se font massacrer par ses habitants. De nécessaire transit, le séjour dans le désert devient une vocation imposée, ponctuée de révoltes contre le Maître, Moïse, dont un long discours, prononcé avant de mourir, clôt le livre. Ainsi, comme dans le livre précédent, cet intermède presque ignoré dans la Bible où il ne concerne que six versets (chap. XIV des *Nombres*), précède la rébellion de Coré et de ses acolytes et la floraison de la verge d'Aaron qui lui fait suite. Ces grands événements se trouvent placés de la sorte au deuxième plan.

L'audace téméraire des guerriers décidés à vaincre contre la volonté de Dieu est mise en images vers la fin du XV° siècle. La bande de reîtres et de lansquenets, affublés d'oripeaux extravagants et impatients d'en découdre, croqués dans le ms. 5082 (f° 83) de l'Arsenal, éveillait apparemment des associations précises dans l'esprit des gens de l'époque (fig. 42). On sait que des bandes de mercenaires

---

[1] Outre les ms. mentionnés dans le texte, les ms. Bodmer cod. 181, f° 63 et Mazarine, 1581, f° 71 v°. Les illustrateurs semblent n'y voir qu'une occasion de peindre une bataille. Le ms. 533 de la P.M.L. donne ici 4 scènes de l'enfance de Moïse; le B.N. fr. 404 l'histoire de Phinée (Pinhas) et les filles de Moab (fig. 44); le B.N., fr. 6446 installe ici, fort mal à propos, le veau d'or (fig. 39).

ravageaient l'Europe à la fin de la Guerre de Cent ans et de la *Reconquista.* Le problème était d'actualité et sa condamnation implicite dans le texte bienvenue. Mais la correspondance de cette scène avec des préoccupations actuelles n'est pas sensible dans les trois autres représentations qui nous restent[1]. Au f°43 du ms. 3686 de la bibliothèque de l'Arsenal à Paris (fig. 43), les deux partis affrontés sont présentés avec objectivité. L'avantage va aux troupes déboulant de la gauche, les Canaanéens. Débordés sur la droite, les Hébreux avec leur bannière ornée d'un lion héraldique, ne sont pas traités comme des rebelles à la parole divine. Esprit chevaleresque ou indifférence — on ne sait.

Fouquet (fig. 41), dresse deux cavaliers sur les étriers de chevaux blancs, pour bouter vers le fond de l'image les Hébreux. Ils refluent sur leur position de départ, à gauche. Le gros des troupes païennes massées à droite n'interviennent pas: les Hébreux n'ont aucune chance. Le répertoire de routine utilisé par le peintre ne se restreint pas à la convention de la gauche contre la droite (supra, p. 85). Dans un tableau de bataille prodigieusement animé et comme croqué sur le vif, il accumule les formules toutes faites. Le cavalier, à droite, sur son cheval blanc, sa lance plantée dans les corps allongés sous lui, est calqué sur le modèle de Saint Georges. Sous le pinceau de Fouquet les formes prennent vie et cessent d'être un réseau de lignes, mais Fouquet ne pouvait ignorer leur prototype. Son cavalier rappelle, inversé, celui qui figure au début du livre des *Juges,* au f° 108 de la *Bible historiale* du XIVe siècle, ms. fr. 3 de la B.N. à Paris[2]; son modèle peut être un des chevaux de droite de la *Bataille de San Romano,* par Uccello, au Louvre; il est du type byzantin du diptyque Barberini du Louvre et des icônes de *Saint Georges et le dragon*[3]. Ce motif a eu une grande diffusion en occident entre autres, dans le *retable Sforza,* attribué à Rogier van der Weyden, aux Musées Royaux de Bruxelles; il a connu un usage si routinier qu'il est entré, avec les autres stéréotypes, dans le dictionnaire de motifs, *Iconologia,* de Ripa[4].

L'autre cavalier qui, vu de dos, entraîne le regard dans l'espace pictural, est repris trait pour trait du *Trésor des Hystoires* de l'atelier du Maître de Boucicaut, aujourd'hui à la bibliothèque de l'Arsenal à Paris (5077, f° 39)[5]; il y accompagne également un cavalier du type «Saint Georges», mais inversé. Dans ce même *Trésor des Hystoires,* f° 42, on trouve le modèle du soldat entièrement cuirassé de fer, brandissant son épée horizontalement derrière son dos, avec le geste d'un faucheur, à gauche dans l'image; dans le manuscrit de l'Arsenal, il figure de

---

[2] Meiss, *Limbourg,* p. 371, l'attribue au Maître de l'Apocalypse du duc de Berry.

[3] Pour Uccello, voir J. Pope-Hennessy, *P.U.,* Londres 1950; pour le dyptique, voir Beckwith, *op. cit.,* fig. 65, p. 84. De nombreuses icônes au Musée byzantin d'Athènes.

[4] Le cavalier de ce type s'intitule «Bellérophon contre la Chimère» chez Ripa; dans la mythologie grecque, ce fils de Poséidon tuait la Chimère, monté sur Pégase, et devenait roi de Lydie. Inversé par l'effet technique de la gravure, il symbolise, pour cet auteur, la victoire de la vertu sur le vice: voir l'édit. Olms-Hildesheim, N.Y. 1970, p. 508–509 (d'après l'édition romaine de 1603). Voir aussi *Les dessins de Jacopo Bellini,* Goloubew, Bruxelles, 1908, t. I, fig. 28.

[5] Meiss, *The Boucicaut Master,* p. 108–113.

profil, mais il se signale par le même accoutrement, épaulettes, lambrequins sur une courte jupette. Ce type de posture dérive d'une formule de bourreau s'apprêtant à trancher le col à une victime à genoux; on la trouve dès le XIIIe siècle, dans la *Bible en images* de la bibliothèque P. Morgan de New York, f° 3 v°[6] et dans le *Roman du roi Arthus,* B.N. fr. 342, f° 47. Fouquet en fait lui-même grand usage (fig. 70 et 97)[7].

Un dernier stéréotype extrait du bas du frontispice, ancien aussi, mais plus rare, se trouve déjà dans les *Grandes Heures de Rohan,* B.N. lat. 9471, f° 33 v°[8]. Un homme armé d'une épée y saisit un autre par les cheveux pour lui trancher le cou. Le groupe voisin où la victime est immobilisée par la nuque rappelle aussi nettement d'autres scènes de massacre. Ces quatre exemples doivent suffir à montrer comment le miniaturiste construisait ses batailles. Une répartition judicieuse de formules toutes faites, mises en relief par les jeux d'ombre et le souci des proportions confère à l'ensemble le style personnel de l'artiste.

LA COMPOSITION ÉTAGÉE

Les éléments examinés sont intégrés avec d'autres dans une composition qui introduit le spectateur de plain pied dans le coeur d'un horrible carnage, atténué légèrement par le ton sombre des coloris. Cette bataille, polarisée gauche-droite, comme dit, se brise comme une vague, sous l'étrave du plateau rocheux qui la domine. Celui-ci est le champ de la rébellion de Coré, Dathan, Abiram et de leurs fidèles. Etrange disposition qui localise une violente bataille sur une corniche étroite, à quelques pieds en contrebas d'une immense plaine désertique, dont rien ne perturbe la sérénité. Tout en occupant presque la moitié de la superficie de l'image, la bataille se rétrécit ainsi au rang d'un épisode sans portée. Ce souci de hiérarchie dans la présentation des événements occupe une place privilégiée dans une autre oeuvre qui est unanimement attribuée à Fouquet, les *Heures d'Etienne Chevalier,* au Musée Condé de Chantilly. Ce double plateau superposé y est presque une routine. Dans près de la moitié de ces images le récit principal est coupé par une falaise à pic ou quelque autre paroi de convention, et un étroit soubassement dallé et orné[9]. L'artiste obtient deux effets par cet artifice: il montre les dessous de l'Histoire, selon un procédé commode du théâtre médiéval, où le plateau était surélevé sur tréteaux; il crée aussi un fossé qui coupe le spectateur du monde mythique où se déroule l'action dépeinte.

---

[6]   Reproduit par Cockerell et Plummer, *Old Testament Miniatures.*

[7]   Voir aussi les *Grandes chroniques de France* (Durrieu, pl. XXI); les *Heures d'Etienne Chevalier,* (Schaefer, *HEC,* pl. 26) et le *Boccace de Munich* (Perls, *J. Fouquet,* fig. 121).

[8]   Voir Leroquais, *Livres d'Heures ms. de la B.N.,* pl. XXXVIII; Meiss, *The Limbourg,* p. 352–353. Voir infra, p. 108.

[9]   Voir Sterling et Schaefer, *HEC,* Paris, 1971.

Comme ici, la plateforme ainsi créée se bombe généralement ou s'avance en éperon en direction du spectateur et contribue à l'illusion tridimensionnelle[10].

La vue devient panoramique et balaie le tableau d'un point de vue moins en surplomb donc plus réaliste que dans l'art franco-flamand du passé. Il suffit de comparer avec les frontispices précédents du même manuscrit pour s'en convaincre. Forcé de quitter son point d'observation en survol, d'où il pouvait considérer avec détachement tout ce qui se passait très bas en dessous, comme sur une autre planète, l'observateur bénéficie, par l'artifice de Fouquet, d'une vue rasante partielle, celle de tous les jours, avec ses exigences d'unité de lieu et de temps. Mais cette composition est la première et la dernière de ce type dans les *Antiquités.* Est-ce une étape dans la carrière artistique du peintre?

La première miniature des *Heures d'Etienne Chevalier* de Fouquet représente Jean l'évangéliste sur son île, au milieu d'une mer bordée par une bande de gazon, coupée abruptement par une falaise qui constitue donc, logiquement, un barrage. Un peu plus loin, le même peintre montre un sens du réalisme irréprochable, sans coupure, dans l'image des Vêpres («La descente du Saint Esprit», au Metropolitan Museum de New York)[11].

Une miniature apparemment plus tardive, du même manuscrit, le «Martyre de Ste. Apollonie», présente à nouveau cette disposition étagée. Il ne s'agit donc pas d'une ficelle adoptée puis abandonnée par l'artiste. Cette peinture qui est reprise régulièrement dans les manuels d'histoire du spectacle corrobore l'hypothèse d'une influence théâtrale[12]. Il fallait quelque artifice pour cacher à la vue des spectateurs tout l'espace sub-scénique, qui permettait pourtant des effets dramatiques imprévus, comme les diableries d'enfer conçues comme menées souterraines[13]. Apparemment une toile était tendue en ce but sur le pourtour de la scène; on pouvait l'écarter selon les besoins. Il suffisait de quelques coups de pinceau, pour confectionner une falaise, un dallage de marbre relevé d'or[14], ou une simple décoration florale[15]. Une palissade d'osier, vraie ou factice, rendait le même service comme dans le martyre de Sainte Apollonie. Un peu de couleur, quelques brins de feuillage permettaient d'atténuer le contraste déplaisant entre les planches et le rideau, comme on le voit dans l'image de Jean à Patmos, par exemple. La forme arrondie du plateau devait correspondre à cette «scène sur plan convexe», qui s'imposait pour la confection des gradins tout autour[16].

L'aspect spectaculaire de ces compositions à «double registre» répond à des

---

[10]   White, John, *The Birth and Rebirth of Pictorial Space* (1956), Boston, 1967, p. 225–226.

[11]   Schaefer, *HEC*, pl. 1 et 23.

[12]   L. Dubech, *Histoire générale illustrée du théâtre,* Paris, 1931; Decugis-Reymond, *Le décor de théâtre en France, du moyen-âge à 1925,* Paris, 1953; Dumur, *Histoire des spectacles,* à la Pléiade, 1965; Schaefer, *HEC*, pl. 45.

[13]   Voir Cohen, *Hist. de la mise en scène,* p. 96.

[14]   *HEC,* pl. 34, 37 et 38.

[15]   *Ibid.,* pl. 35.

[16]   Laclotte, *Primitifs français,* p. 29. Voir aussi Decugis, *op. cit.,* p. 18.

nécessités conceptionnelles. Dans les *Heures d'Etienne Chevalier,* le «talus à tranche verticale», au premier plan, a toujours des buts utilitaires. Il présente les armes, le blason et les initiales du patron, ou bien une ou plusieurs scènes qui complètent la scène principale, en haut; celles-là constituent parfois des commentaires *in petto,* transposés du mode auditif de la scène au mode visuel de la peinture. Ainsi en 'Prime', sous Jésus devant Pilate, on voit, comme le remarque judicieusement Cl. Schaefer (pl. 15), le dilemme du procurateur romain, hésitant entre la confection de la croix d'une part et l'élargissement du prisonnier de l'autre. Plus loin, dans la miniature représentant l'enseignement de Bernard (pl. 40), on voit en dessous ce qui en forme vraisemblablement le thème: la tentation et les menées du diable. Avec le théâtre, la peinture était conçue comme un moyen privilégié de voir la réalité en coupe, de l'intérieur.

Certes, l'esprit concret de la fin de ce siècle a pu aussi réinterpréter l'illustration du «bas de la page», comme si elle était située en contre-bas. Dans les *Très Belles Heures de Notre-Dame* de la fin du XIVe siècle déjà, cette décoration avec de petits personnages cessait de présenter des drôleries, pour présenter comme l'écho de la scène principale, dans la «descente de croix», f°216, par exemple[17], ou dans les *Heures de Turin,* de Jan van Eyck, où la naissance de Jean trouve son accomplissement, en bas de page, avec le baptême de Jésus, f°93 v°[18]. De fait, dans les *Heures d'Etienne Chevalier,* la scène dépeinte en contre-bas comporte aussi toujours l'initiale du texte qui débute, elle-même historiée de surcroît.

L'ENCOCHE

Ces registres inférieurs avancés constituent donc, une sorte de glose à la scène principale. Celle-ci s'inscrit ici dans le cadre d'un grand schéma, la défaite des rebelles, châtiés par l'intervention agissante d'un Dieu jaloux dans les affaires de ce monde. Sa présence dans l'encoche qui distend le cadre supérieur de la miniature, avec sa tiare et sa gloire de séraphins rouges, est ainsi démontrée (fig. 41). De sa position éminente, il domine toute la composition: un jet de flammes émane de lui et détruit la faction de Coré; c'est à lui que s'adresse le geste implorant de Moïse, isolé à droite sur un tell; il est dans la ligne de fuite de l'architrave du portique classique en haut et à gauche; vers lui se tendent les bras des misérables engloutis dans la faille, au centre; c'est lui, enfin, le véritable instigateur de la bataille au premier plan: les deux cavaliers blancs sont ses justiciers, il se ruent contre ses fidèles qui ont péché.

Avec le thème de la Providence Fouquet s'aligne sur les frontispices précédents. L'encoche, dans le haut du cadre répond-elle aussi à une

---

[17]   Panofsky, *Early Netherlandish Painting,* t. I, p. 45; t. II, fig. 39; Meiss, *Late XIVth,* p. 107–133; 247–255; 337–340; pour les «bas de page», voir Panofsky, *op. cit.,* t. I, p. 31 et suiv., p. 244.
[18]   *Ibid.,* fig. 299.

préoccupation d'unité dans le style du manuscrit? Il faut constater que les deux précédents frontispices étaient démunis d'encoche mais que, par contre, on trouve un grand nombre de ces encoches dans les manuscrits enluminés du milieu du siècle[19]. Cette lunette se justifie ici par le personnage divin qui l'occupe et qui dicte l'enchaînement des scènes dépeintes et des masses humaines déployées.

LA RÉBELLION DE CORÉ

Les péripéties et les rebondissements de la rébellion de Coré la rendent difficile à traduire en images. Aussi est-elle généralement découpée en quatre scènes successives: Dieu courroucé; Moïse contesté fait appel à lui; l'engloutissement des rebelles; Moïse restauré dans sa pleine autorité. Le thème perd ainsi son caractère narratif et se réduit à une condamnation de la contestation au sein de l'Eglise[20]. C'est dans cet esprit qu'apparaît la rébellion de Coré dans le Josèphe du XIIe siècle conservé à la Bodléienne. Le modèle est emprunté aux octateuques byzantins et utilisé aussi, avec des variantes, pour l'illustration de certaines Bibles (fig. 40)[21].

La petite taille de tous les personnages chez Fouquet, le caractère accidentel et presque insignifiant de la faille dans la terre le prouvent: personnalités, autorités, échec et châtiment s'estompent dans le cadre d'un ordre plus vaste, un ordre cosmique, dirait-on, où leurs proportions s'amenuisent (fig. 41). Cette grandeur sublime qui transcende tous les maigres figurants du tableau se confirme dans le refus de toute concession au pittoresque et l'anecdotique. Sur le vaste plateau de la scène principale, tous les objets plaisants à l'oeil qui devraient y être, en principe, sont absents: ni tentes bariolées, ni bétail, ni même encensoirs, pourtant élément de base du drame[22].

---

[19] Durrieu, *Antiquités,* p. 53. Surtout dans les livres d'*Heures* de ce temps; ainsi: Paris, 1430, ms. 100, f° 130, anc. coll. Chester Beatty (Cat. Sotheby, 3.12.68); à l'usage de Paris, 1460, ms. 102 (*ibid.*); *Heures de Marg. d'Orléans,* 1430, B.N., lat. 1156b (Porcher, *Ms. à peint. XIII–XVe*, en couverture); on en trouve encore de nombreux exemples dans Leroquais, *Livres d'Heures ms.*; voir aussi Mâle, *L'art religieux de la fin du moyen-âge,* p. 227.

[20] C'est ainsi qu'il est interprété par Isidore de Séville, *Quaestiones in Numeros* (*P.L.,* 83, 317–318): hérétiques, schismatiques et profanateurs sont voués au feu du jugement éternel; voir infra.

[21] Cahn, p. 298–299, fig. 2; la *Bible moralisée* de la Bodléienne répartit ses quatre médaillons du f° 78 selon le même schéma, grosso modo; les deux seuls autres ms. illustrés des *Antiquités* qui comportent la sédition et le châtiment de Coré, sont plus récents que celui de Fouquet; l'un, Bodmer, cod. 181, f° 69, en est une copie servile; l'autre, B.N., fr. 11, f° 90, en présente une version anecdotique, avec un accent sur les mouvements d'opinion et les conciliabules de la foule des Hébreux, travaillés par la subversion de Coré.

[22] Ces éléments sont effectivement représentés aussi bien dans la *Bible moralisée* que dans le B.N. fr. 11, voir note précédente; de même pour l'*octateuque Vatopedinus* (Huber, Paul, *Bild und Botschaft,* Zurich, 1973, fig. 25) et la *Bible de Padoue* du XIVe siècle (Folena, G.F.—Mellini, G.L., *Bibbia istoriata padovana,* fig. 159); les autres illustrations suivent la voie allégorique dépouillée: dans le

Celui-ci se joue aux abords du Tabernacle. Le grêle baldaquin du livre précédent a été remplacé, dans l'angle supérieur gauche du frontispice, par un sobre portique classique. Six colonnes à section carrée et chapiteau corinthien, sur un mince stylobate, supportent un entablement tout simple; au fond, l'édifice s'arrondit sur un cintre évasé en abside. Un autel, sept chandeliers et sept cierges y sont logés.(Voir infra, p. 152, note 10). Le style et l'emplacement singuliers de cette «loggia» à l'italienne, coupée de son fronton, rappellent certains motifs de Filippino Lippi ou de Pollaiuolo[23]. Ce grand portique, avec son architecture inconsistante, apparaît aussi comme un praticable de théâtre, une de ces «mansions» en matériau léger et en trompe-l'oeil du manuscrit du *Mystère de la Passion de Valenciennes,* de 1547 (B.N., fr. 12536)[24]. C'est sous forme d'accessoire de théâtre que Fouquet a dû imaginer un Tabernacle démontable et transportable tel qu'il est décrit dans l'*Exode* et les *Antiquités,* peut-être par routine de peintre de décors.

Groupés à l'entrée du portique, Moïse et Aaron avec leur suite assistent à l'horrible sort de la faction de Dathan et d'Abiram. Sans tentes et sans bétail, mais cuirassés et armés, ceux-ci sont déjà enfouis à mi-corps dans le sol. Fouquet a une façon très personnelle de respecter le texte. Ainsi pour la panique de la foule des Hébreux à droite, où l'on reconnaît une fois de plus la silhouette du grand-prêtre Aaron; à ses côtés, vêtu d'une longue robe, Josué préfigure visuellement son homonyme Jésus[25]. La même foule fait cercle autour de la petite éminence sur laquelle Moïse à genoux supplie Dieu. Aaron reparaît au fond une troisième fois, au milieu des deux cent cinquante partisans de Coré, avec leurs encensoirs, enveloppés dans les volutes du feu du ciel.

L'apparente liberté de Fouquet par rapport au texte, n'est l'effet ni de l'ignorance ni de la légèreté de l'artiste. Savamment calculée, elle s'érige au rang d'une interprétation personnelle, d'une glose en image. Les trois colonnes de chaque côté du vestibule précédant le Tabernacle figurent dans sa description au troisième livre des *Antiquités,* chapitre X (Lidis, p. 84)[26]. Mais la terre ne s'est pas ouverte à côté du Tabernacle, car il est dit que Moïse se dérangea lui-même

---

Psautier B.N. grec 20 (Dufrenne, S., *L'illustration des psautiers grecs du m.-â.,* Paris, 1966, pl. 40), la *Bible carolingienne de St. Paul hors les murs* (Nordenfalk, C., *La peinture romane,* Genève, 1958) et la Bible hébraïque de Schocken (*Encyclopaedia Judaica,* t. 7, 396–397).

[23]   Ainsi dans l'*Histoire d'Esther* de Lippi, au Louvre (Cat. 1972–13); dans le *Saint-Sébastien* de Pollaiuolo, à la National Gallery de Londres (Cat. 292), elle occupe la même place dans la composition. Ces deux oeuvres datent du 3e quart du XVe siècle: plutôt que des modèles, ce sont les indices d'un style.

[24]   Voir Decugis, *op. cit.,* qui donne de nombreuses reproductions de ce ms., et surtout les ill. 9 à 18; p. 17, on lit que le Temple de Jérusalem, entre autres, était transportable et constitué de «quatre colonnettes portant un léger toit».

[25]   Voir infra, p. 96-97.

[26]   *Exode,* 36, 27: il est question de six planches au flanc de la Tente d'Assignation, mais la description n'en est pas très claire.

jusqu'aux tentes des séditieux, probablement situées avec celles du reste du peuple, pour les engager à revenir sur leur obstination (livre 4, chap. III; Lidis, p. 106), et c'est là même qu'ils furent engloutis. Par contre, les deux cent cinquante notables qui, avec Coré, disputaient la prêtrise à Aaron, se placèrent avec leurs encensoirs «devant le Tabernacle», et c'est là que descendit le feu du ciel (*ibid.,* p. 107)[27]. A quelle fin Fouquet a-t-il interverti l'ordre du texte?

Les quatre scènes traditionnellement choisies pour représenter la rébellion de Coré sont distribuées ostensiblement dans la composition de Fouquet et en soulignent la structure. La figure du Maître du monde domine, de son encoche, le frontispice. La prière de Moïse, à droite, le rejoint par une diagonale qui se brise pour aller buter, au centre, sur la faille. Cette ligne repart vers la gauche, vers le Tabernacle et Moïse, pour retourner vers l'encoche, en fin de parcours, à travers l'architrave des trois colonnes de droite. Ce schéma de composition en losange, reconnu par Pächt[28], est souligné par l'éperon rocheux et la bataille du premier plan. Probablement fondé sur la forme du plateau du Mystère, ce schéma a servi à Fouquet, comme on verra, à construire nombre d'autres frontispices. Il lui permet ici de créer une oeuvre personnelle à partir des données de la tradition. Mais il n'explique pas tout. Il apparaît, et c'est encore une constante chez Fouquet, que son tableau est constitué d'une combinaison du losange avec son axe de symétrie et les deux coins supérieurs ainsi mis en opposition.

Sur l'axe médian, un Dieu sévère dont sourdent des cataclysmes, le feu, le gouffre et le fer des deux cavaliers vengeurs. De part et d'autre, la Synagogue à gauche et l'Eglise, symbolisée par la nudité du décor et la figure de Jésus. Apparemment le message garde son caractère traditionnellement symbolique: hérétiques, schismatiques et profanateurs seront châtiés, sous le signe des deux Lois, des deux Eglises, des deux Testaments. Mais déjà ici on discerne ce qui se précisera encore par la suite: le sentiment de réserve et de commisération d'un humaniste qui réprouve toute violence et dont la voie n'est justement pas celle que définit si puissamment son frontispice.

---

[27]　*Nombres,* 16, 25 et suiv.
[28]　«J. Fouquet: A Study of His Style», voir surtout p. 92–93.

Livre 5

LA PRISE DE JÉRICHO

Le cinquième livre du Pentateuque s'achève avec la mort de Moïse. La conquête du pays de Canaan par Josué, le successeur de Moïse, est contée dans le livre qui porte son nom et ouvre la série des *Premiers prophètes*. L'articulation des *Antiquités judaïques* rejoint ici celle de la Bible, mais Josèphe n'en est qu'à son cinquième livre. Ce parallélisme n'a pas enrichi la tradition iconographique. Les Bibles présentent un certain nombre de thèmes illustrés qui reviennent périodiquement et forment une tradition. Le cinquième livre des manuscrits des *Antiquités* n'est pas illustré, à deux exceptions près, jusqu'au XVe siècle[1]. Même alors, les thèmes des frontispices diffèrent de ceux que l'on trouve dans les Bibles. On ne peut parler à ce propos de deux traditions parallèles, puisque les manuscrits de Josèphe n'en ont pas, mais néanmoins d'une iconographie particulière à Josèphe[2].

Les sujets des illustrations autour de Josué sont variés: Josué l'auteur, la vocation de Josué, Josué prenant le commandement[3], les deux explorateurs avec Rahab[4], le passage du Jourdain[5] et la prise de Jéricho. Une Bible de Chartres (ms. 139) montre de façon éloquente qui est Josué: le haut du 'E' initial figure Moïse sur son lit de mort; en bas, Dieu s'adressant à Josué[6]. Le latin d'Eglise ne connaît pas la forme 'Josué'; le prophète y a pour nom 'Jésus' avec un patronyme, 'Nave' (Bin Noun, en hébreu), pour le distinguer. Il n'en fallait pas

---

[1] Le ms. du XIIe siècle à Cambridge (Univ. Library, Dd. I. 4, f° 50) présente à ce livre un homme avec deux dragons (Kaufmann, *Romanesque mss.*, fig. 116); le Josèphe du XIIIe siècle à la P.M.L. (533, f° 43), dans le 'M' initial, une bataille à cheval à gauche et les renards de Samson à droite (fig. 45).

[2] Les thèmes en sont: Barak, Yaël et Sisra et Samson au f° 79 du ms. B.N., fr. 404 (inédit); Rahab et Samson avec la prise de Jéricho au f° 111 du ms. B.N. fr. 12; Eléazar et l'éléphant (fig. 13) et des batailles au f° 59 v° du B.N. fr. 6446, f° 89 v° du ms. 1581 de la Mazarine et fig. 47. Rappelons que les thèmes de Barak et Samson appartiennent, dans la Bible, au livre des *Juges*.

[3] Voir *Lexikon der Christlichen Ikonographie*, t. II, 437 à 440; ces trois thèmes apparaissent ensemble dans la Bible de Guyart des Moulins du XIVe siècle, ms. 4 du Musée Condé, f°s 137 à 138 v°; voir aussi B.N., n. acq. fr. 1404, une Bible croisée, f° 54 v° (Folda, *Crusader Ms. Illumination*; fig. 41) et la Bible historiale du B.M., Royal 19 D 11, f° 110.

[4] *Bible de Noailles*, B.N., lat. 6, f° 89: la scène avec Rahab y figure à côté de la vocation et du commandement de Josué. Voir aussi supra, note 2. Le *Trésor des Hystoires*, Arsenal 5077, f° 31 v°, montre Josué envoyant les deux explorateurs. Pour Isidore, Rahab préfigure l'Eglise (*Allegoriae*, 73, *P.L.*, 83, 111).

[5] *Mer des histoires*, B.N., lat. 4915, f° 37: Josué et ses hommes devant le Jourdain ont l'air d'une troupe de chevaliers.

[6] Delaporte, *op. cit.*, p. 48.

plus pour le considérer comme une préfigure du Messie. Dans cette perspective toutes les scènes illustrées sont conçues symboliquement, et non comme de simples images d'histoire sainte. Ainsi sont figurés en sous-main la vocation de Jésus et l'envoi en mission des apôtres[7].

La chute miraculeuse des remparts de Jéricho, première étape de la conquête de la Terre promise, ne pouvait pas être prise à la lettre dans l'exégèse chrétienne. Elle était considérée comme l'image concrète du Jugement dernier, quand la sonnerie des trompettes ferait ébouler les murs de Jéricho, la «cité lunaire», symbole de ce monde-ci[8]. Mais cette symbolique ne découlait pas directement du personnage principal, Josué. C'est sans doute la raison pour laquelle ce thème a connu une carrière indépendante.

Il apparaît pour la première fois en mosaïque du Ve siècle, dans la nef de Ste. Marie Majeure, à Rome[9]. Les motifs qui le composent sont définis aussi bien par le récit que par l'exégèse et ils ne varieront guère au cours des siècles: les trompettes, l'arche portée en procession par les prêtres et les murs de la ville. Seuls des détails apparemment insignifiants seront touchés par des variantes: le nombre et la forme des trompettes[10], le type de représentation de l'arche[11] et le sens de sa progression[12], ainsi que l'état plus ou moins délabré des remparts[13]. Le thème doit être originaire d'orient puisqu'il apparaît dans les manuscrits byzantins[14]. Il refait surface en occident dans la Bible de Charles le Chauve, à Rome, et une Bible espagnole du Xe siècle[15]. A partir du XIIe siècle on le trouve

[7]   Isidore, *Allegoriae,* 72; *P.L.,* 83, 111; voir aussi *Lexikon, ibid.*

[8]   Origène, *Homélies,* Josué, VII, 1-2; *P.G.,* 12, 856–858; Hugo de St.-Victor, *Allegoriae in vet. testam.,* IV, 3; *P.L.,* 175, 672. La liaison entre l'hébreu «Yeri'ho» et «Yera'h», la lune, est faite par Isidore, *Quaestiones in vet. testam.,* Josué, VII; *P.L.,* 83, 374.

[9]   Karpp, *op. cit.*; Nordenfalk, *Le haut moyen âge,* Genève, 1957, p. 39.

[10]   L'interprétation symbolique du récit est la cause probable d'une infidélité systématique au texte sur ce point. Les «tuba mirum» du Jugement dernier ont leur propre iconographie qui a recouvert celle de la prise de Jéricho. Seul l'octateuque Vatopedinus représente des instruments courts et recourbés qui rappellent le «chofar» du texte biblique (*Josué,* 6); voir note 14. Par ailleurs, seul Fouquet respecte leur nombre, voir infra.

[11]   Lassus, *L'illustration byzantine,* p. 21; *Lexikon der Christl. Ikonographie,* t. I, 341–343; Revel-Neher, E., *L'arche d'alliance* (Diss.), Jérusalem, 1980, t. I, p. 125 et suiv.

[12]   La polarisation gauche-droite est responsable sans doute de la volte-face de toutes les processions connues de l'arche. Après Ste. Marie Majeure et jusqu'à Fouquet, l'arche est portée de gauche à droite, dans le sens de progression attribué traditionnellement aux Hébreux.

[13]   On voit généralement des pans de mur ou des tours inclinés. L'observation et la représentation de ruines est une invention de la Renaissance.

[14]   *Rouleau de Josué,* Macédoine, Xe siècle (Vat. gr. 431); Weitzmann, K., *The Joshua Roll,* Princeton, 1948; octateuque Vatopedinus, Vatopedi 602, XIIe siècle; Huber, *op. cit.,* fig. 76.

[15]   St. Paul hors les murs, IXe siècle, f° 58 v°; Boinet, *La miniature carolingienne,* pl. 124; Léon, *Bible de St. Isidore* (Got. leg. 2, f°90), Xe siècle; Neuss, W., *Die Kunst der alten Christen,* Augsburg, 1926, fig. 74.

épisodiquement dans des Bibles, des Psautiers, la *Bible moralisée* et dans l'art du vitrail[16].

C'est probablement l'Italie du XIVe [17], puis du XVe siècle qui reprend à son compte la prise de Jéricho. Elle occupe un des dix panneaux de bronze doré des *Portes du paradis* de Ghiberti, au baptistère de Florence; elle est peinte à fresque par Gozzoli au *Campo Santo* de Pise; enfin elle sera figurée sur les voûtes des *Loggie* du Vatican par l'école de Raphaël[18]. L'idée de représenter la prise de Jéricho au cinquième livre des *Antiquités* a dû être suggérée à Fouquet par les Italiens, mais il est le premier à le faire et son exemple ne sera suivi que dans deux autres manuscrits de Josèphe[19].

Il faut contempler le frontispice de Fouquet, au feuillet 89 du ms. B.N., fr. 247 pour constater à quel point sa conception de départ diffère de celle de tous les autres artistes qui se sont mesurés avec ce thème (fig. 46). Chez Fouquet, l'événement biblique est inséré dans un paysage réaliste, calme et moelleux comme un paysage des bords de la Loire. Ceci équivaut à une pétition de principe alléguant que la nature est éternelle et qu'elle est le cadre inaltérable de toutes les entreprises humaines. De là à soutenir que toute action humaine, même inspirée, n'est que contingence fortuite qui passe avec le courant paresseux du fleuve à l'arrière plan, il faut une certaine audace. Nous ne sommes qu'à la seconde moitié du XVe siècle, en France, la fille aînée de l'Eglise. On a vu et on verra encore par la suite avec quel esprit de conséquence Fouquet suggère par son art des idées subversives de ce genre. Il devait avoir été touché par l'esprit de scepticisme laïc de certains milieux humanistes.

Cette fois la composition d'ensemble n'est pas en losange. Elle est conçue en trois bandes horizontales parallèles, chacune dominée par un autre ton. Elle est traversée par deux diagonales et un axe vertical: le sens de la progression des prêtres porteurs de l'arche, des trompettes et des torches, au premier plan; la rue principale de Jéricho qui s'enfonce perpendiculairement dans la profondeur de l'espace pictural et forme un coin sombre, engagé dans le paysage, avec l'axe vertical dessiné par les maisons qui bordent la rue à droite, l'arête droite de l'arche et le corps du prêtre drapé de vert qui tient un encensoir et une navette à la main. Ce sont ces lignes qui perturbent l'harmonie d'une calme cité française aux toits rouges et bleus pointus qui constituent, avec le paysage, la bande supérieure

---

[16] Bible de Souvigny, Moulins, ms. 1, f° 73; Psautier de Gloucester, Munich, Clm. 835, f° 31; *Lexikon d. Chr. Ik., ibid.*; Bible de Salzburg, XIIe siècle, Admont, Hs 4 AB, f° 86; Buberl, *Die Illuminierten Handschriften*, p. 23; Bible de St. Jean d'Acre, XIIIe siècle, Arsenal, ms. 5211; *Lexikon d. Chr. Ik., ibid.*; Psautier de St. Louis, XIIIe siècle, B.N., lat. 10525, f° 42; Dupont-Gnudi, *La peinture gothique*, Genève, p. 37; Laborde, *Moral.*, p. 98; Haussherr, *La Bible mor.*, p. 68, et dans les vitraux de la Ste Chapelle, à Paris.

[17] B.M., Addit. 15277, f°s 72 v° – 74, Bible italienne du XIVe siècle, *Lexikon d. Christ. Ik., ibid.*

[18] Krautheimer, R., *L. Ghiberti*, Princeton, 1956, fig. 107; *Lexik. d. Chr. Ik., ibid.*; Rumer, G., *The Raphael Bible*, N.Y., 1970, p. 58.

[19] Entre autres thèmes au f° 111, B.N. fr. 12; Bodmer, cod. 181, 87 v°.

aux tons pastels. Une étroite bande grise indéfinie, menaçante dans sa conglomération informe, sépare la première de la troisième. Celle-ci, de couleurs vives, est constituée par Josué et sa suite, tout en bas, à gauche, devant qui défile la procession des prêtres. Par le geste de sa main avec le bâton, Josué souligne l'orientation de l'événement qui est figuré par le coin d'ombre, véritable meurtrissure dans le bloc pimpant des maisons.

Des masses d'hommes agissent dans ce triangle et dans la bande médiane grise. Ce sont des soldats anonymes qui font le siège de la ville, escaladent les murailles ébranlées en tas informes, pénétrent la cité conquise par la gauche et se livrent au massacre des défenseurs, au fond. Quelques flammèches orange apparaissent çà et là, quelques volutes de fumée dans le ciel sont les seuls présages du sort réservé à Jéricho, selon le récit biblique.

La composition souligne ainsi, avec un sens tout nouveau du temps qui passe, les diverses étapes de la conquête. Les processions monotones de l'arche et des trompettes, apparemment vaines pendant sept jours; les sacrificateurs accompagnés du sénat marchent vers Jéricho au milieu des bataillons[20]; les murailles effondrées quand le soleil tombe et jette de longues ombres sur les toitures; l'invasion et la ruine définitive de Jéricho discrètement suggérées.

Dans son plan général Fouquet suit le schéma de la mosaïque de Ste. Marie Majeure, avec les troupes en bas, l'arche progressant de droite à gauche, aux pieds des murs de Jéricho. Il n'a pas pris garde au mot «cor» du texte de Josèphe, mais il respecte le nombre des sept trompettes. Son arche a la forme d'un bahut, mais elle rappelle par son relief en pilastres l'arche du linteau de la synagogue de Caphernaüm. Avec les deux encensoirs qui apparaissent de part et d'autre de son couvercle bombé, elle ressemble à une arche sainte de style sepharad, voire à la forme générale de celle-ci dans la peinture de la synagogue de Doura-Europos, avec ses cabochons[21]. Les sept torches ne sont mentionnées ni chez Josèphe, ni dans la Bible: elles sont à mettre en relation avec le motif, régulier chez Fouquet, des sept cierges sur l'autel (supra, p. 94; infra, p. 152, note 10). Tous ces détails indiquent une recherche minutieuse de modèles et de motifs hors du répertoire commun. Ce soin lié avec le contraste entre l'action et le décor et avec la retenue qui n'est pas toujours caractéristique de l'artiste (voir p. ex. fig. 51, 70 et 87) prouve que le sens du frontispice est à découvrir sous la sérénité grandiose de son apparence extérieure.

L'image de Fouquet est trop concrète pour donner l'idée du Jugement dernier. Il y a comme une affinité entre la bande inférieure, celle du culte et des gens du culte, et le paysage. Ces visages levés vers le Ciel chantent avec les

---

[20]   Lidis, p. 134; dans la *Légende des Siecles,* Victor Hugo imagine la dérision des défenseurs de Jéricho envers ces Juifs qui font le siège avec des processions.

[21]   Sed-Rajna, G., *L'art juif,* Paris, 1975, p. 98; Bialer, Y.L.–Fink, E., *Jewish Life,* Jérusalem, 1980, p. 105, 107; Grabar, A., *Le premier art chrétien,* Paris 1966, fig. 66.

collines et les prés la louange du Seigneur. Les passions des hommes et leurs débordements, sur la bande intermédiaire, ne sont qu'un épisode passager de l'histoire du monde. On croit capter une philosophie bourgeoise qui cherche les valeurs sûres dans la nature inanimée et dans la religion et condamne l'insanité de la guerre et des actes de violence, que l'aile maternelle de la nature a tôt fait de recouvrir et d'éliminer.

Livre 6

VICTOIRE DES PHILISTINS

Le livre de *Samuel* commence avec la naissance providentielle du prophète, fils d'Elkana et de Hanna, la femme stérile. Le temps anarchique des *Juges* est ainsi achevé et le peuple d'Israël reprend, sous l'égide du prophète Samuel, sa vie collective organisée. Influencé par le style gréco-romain, Flavius Josèphe ouvre son sixième livre sur les circonstances qui conduiront à un changement de régime: une grande défaite militaire, la capture de l'Arche d'alliance par l'ennemi, ce qui est généralement interprété comme une absence divine. La fatigue du peuple qui revendique un gouvernement autoritaire fait monter indirectement David et sa maison sur le trône. C'est sans doute le même esprit qui induit la Septante à inclure les deux livres de *Samuel* dans les quatre livres des *Rois*[1]. Le début des livres fournit ainsi des thèmes différents aux illustrations, selon qu'il s'agit de la Bible avec l'histoire d'Elkana et Hanna et la vocation de Samuel[2] ou des *Antiquités* avec l'histoire de l'Arche dans le temple de Dagon. Deux manuscrits enluminés de Josèphe, l'un du douzième, l'autre du quinzième siècle, comportent une image rappelant cette histoire[3] (fig. 48 et 49). Elle apparaît par ailleurs, dans les cycles bibliques, comme Doura Europos, le *Livre des Rois* byzantin[4], dans la *Bible moralisée,* la *Bible en images,* les Psautiers ou les bas-reliefs des cathédrales gothiques[5], parfois résumée en une seule image, comme dans la *Bible des Pauvres*[6].

---

[1]   *Encyclopédie Biblique*, 8 vol., Jérusalem, 1955-1982, t. VIII, col. 81, s.v. «Samuel» (en hébreu).

[2]   Elkana et Hanna dans le 'F' de la *Bible des Capucins* (B.N., lat. 16745, f°3; fig. 111) et d'autres Bibles à Admont (Hs. 4 AB, f°138; Buberl, *Die Illuminierten Hs. in Steiermark*, fig. 38), à Chantilly (Musée Condé, ms. 4, f°197) et au British Museum (Roy. 19DII, f°128 v°); la vocation de Samuel, c'est à dire, au sens étymologique, l'appel divin que celui-ci crut provenir d'Héli; Bible d'Arras, ms. 1, f°57, également dans le 'F' (Porcher, *Ms. à peint. XIII*ᵉ *-XVI*ᵉ, n° 55, p. 31, pl. IX, avec une erreur d'interprétation); le livre byzantin des *Rois* (Vat. gr. 333, f°7 v°, Lassus, *op. cit.*, fig. 7) et le *Psautier de Saint-Louis* (B.N. lat. 10525, f°68; Leroquais, *Psautiers ms. lat. des bibl. publ. de France*, pl. LXXXIII).

[3]   Le Josèphe de la Bodléienne, Merton Coll. Ms. 2.II, f°31 et celui de l'Arsenal à Paris, 3686, f°71. Il s'agit, dans les deux cas, d'une interprétation assez confuse de la chute de l'idole de Dagon au pied de l'Arche; voir notre article, «L'Arche d'alliance dans le temple de Dagon», *Hebrew University Studies of Literature*, 1983, p. 24-35.

[4]   La similitude entre les deux est soulignée par Lassus, *op. cit.*, p. 37-41.

[5]   Pour la *Bible moralisée*, Haussherr, *op. cit.*, p. 87-88; Laborde, *Moral.*, p. 131; pour la *Bible en images*, f°21, voir Cockerell-Plummer, *Old Test. Min.*, p. 107; *Bible souabe* du XIVᵉ siècle, P.M.L., Ms. 268, f°16; Warner, *Queen Mary's Psalter*, pl. 83; pour les cathédrales, voir Sauerländer, W., *Gothic sculpture in France*, N.Y., p. 37, ill. 55-57. Voir aussi *Lexikon d. Christl. Ikon.*, II, s.v. «Götzenbild», col. 180-181.

[6]   Voir G. Schmidt, *Die Armenbibeln des XIV.J.*, parmi de nombreux exemples, fig. 1, 10b, 25b, 26b, 27a etc.

Le thème de la naissance et de la jeunesse de Samuel fait partie de ces cycles. Il en est fréquemment extrait pour orner le début du premier livre des *Rois*. Celui-ci s'ouvre sur les mots: «Fuit vir», par lesquels commence aussi le *Testimonium flavianum* (voir supra, p. 14, et infra, p. 162). Contre toute attente, rien ne souligne cette similarité. Le 'F' est utilisé pour y loger le couple Elkana et Hanna, comme dit (fig 111), un roi avec une banderole (Mazarine 312, f°87 v°), ou un épisode de bataille[7]. Les historiens des *Antiquités* cherchent dans le texte, bien loin, des thèmes familiers, en rapport avec les Rois d'Israël; le plus populaire, c'est la victoire de David sur Goliat[8]; après elle, la mort de Saül et le couronnement de David[9].

Tous ces thèmes, toutes ces idées se mêlent avec les images voisines dans les cycles bibliques et constituent un enchevêtrement iconographique qui n'était pas moins déroutant pour l'illustrateur du XVe siècle que pour nous qui essayons d'en débrouiller le fil aujourd'hui. Le ms. fr. 247 de la Bibliothèque nationale à Paris présente une bataille acharnée, au pied d'un piton rocheux (fig. 51). Au fond, le cortège des Philistins triomphants fait route, avec l'Arche pour trophée, en direction d'une ville; son nom apparaît dans le texte juste en dessous du tableau, c'est «Azotum» (Asdod). Les Hébreux fuient sur la gauche, comme il se doit[10].

Cette représentation ne soutient pas un examen logique. Le combat n'est pas encore fini que déjà les Philistins sont loin avec l'Arche. Fouquet semble attacher plus d'importance au combat qu'à son effet, la capture de l'Arche. Il faut bien chercher pour voir cette arche à l'arrière-plan. Le coin inférieur gauche est vide de combattants mais jonché de cadavres. Fouquet y brosse avec réalisme une scène de meurtre qui semble hors de propos.

Agenouillé, une couronne dans la main gauche, un jeune individu s'évertue, avec une courte épée, à couper la gorge à un grand barbu cuirassé d'or. Couché sur le dos, celui-ci tient encore sa lance dans sa main gauche; son épaule droite repose sur son bouclier, son casque a roulé sur le sol à quelque distance. C'est ainsi qu'est représenté David décapitant Goliath, déjà mort, ou bien Yaël tuant le général cananéen Sisra (*Antiquités*, livre V, chap. VI; Lidis, p. 153) aux f°s 91 et 107 des *Sacra Parallela*, fonds grec 923, de la Bibliothèque nationale de Paris (fig. 52). La similarité des formes confirme l'impression que Fouquet avait vu un manuscrit byzantin de ce type. Fouquet s'est d'ailleurs directement inspiré du

---

[7]   Bible italienne, Rossiana, ms. 101, f°64 v°; Tietze, *Die Ill. Hs. der Rossiana in Wien*, p. 68-71.
[8]   B.N., fr. 6446, f°73 v°, la scène classique; B.N., fr. 12, f°135 v°, avec le couronnement de Saül; Arsenal 5082, f°131 v° (fig. 50).
[9]   B.N., fr. 404 f°99 v°; voir aussi infra. Le ms. de Dijon, P.M.L. 533, f°55, présente une double scène de bataille dans l'initiale 'P' (fig. 55).
[10] Les Hébreux fuient vers la gauche, à deux reprises dans la *Bible en images*, Cockerell-Plummer, p. 63 et 107 (f°10 et 21); dans la *Bible moralisée* reproduite par de Laborde (f°130) et par Haussherr, p. 87; dans le *Trésor des Hystoires*, ms. 5077 de l'Arsenal, f°62 v°; voir aussi supra, p. 85.

personnage de Sisra tel qu'il apparaît une première fois, debout, juste au-dessus, au moment d'entrer dans la tente de Yaël: la même lance dans la main gauche, le même bouclier rond derrière l'épaule droite. L'inversion de la position de Yaël peut être l'effet d'une variante dans le modèle imité. L'existence de diverses versions de ce motif est confirmée par l'octateuque de Vatopédi. Mais Fouquet a pu adapter le motif à un nouveau contexte, car cet épisode des *Juges* n'est guère a sa place au début du sixième livre.

Cette scène a embarrassé Durrieu; il s'est demandé s'il ne s'agissait pas de la mort de Saül, achevé par le jeune Amalécite (p. 29), mais n'a pu l'admettre avec certitude, parce que la fin tragique du premier roi d'Israël n'apparaît qu'à l'extrême fin du livre. De fait cette identification compromet la logique interne de tout le frontispice. Mais les diverses circonstances de la mort de Saül apparaissent ici telles que dans le récit de l'Amalécite à David au septième livre (f° 136 de notre ms.): «Et disait que Saül tenait sa lance en sa main, mais il était si flesbe [faible] pour les grandes plaies qu'il avait eues qu'il ne se pouvait tuer lui même... il montra signes qu'il était mort. C'est assavoir l'or que le roi avait es [sur] armures de ses bras et la couronne qu'il avait apportée avec soy...» On sait que Saül, par ailleurs, «depuis l'épaule dépassait tout le peuple» (I *Samuel*, IX, 2); Josèphe aussi fait état de sa grande taille (*Antiquités*, livre VI, chap. V; Lidis, p. 171). A l'encontre des illustrations d'autres manuscrits de Josèphe, Fouquet ne peint ici ni Yaël et Sisra ni David et Goliat[11], mais un condensé du sort tragique de trois hommes redoutables morts misérablement. Rappelons que Saül est un des «cas» de Boccace[12] et que d'autre part la tête de Saül fut coupée par les Philistins et non par l'Amalécite[13].

Diverses images de ce récit comportent au coin inférieur gauche un schéma formel similaire: le geste de brandir, de lever haut le bras avec quelque instrument menaçant. Cette identité sous la diversité pourrait dériver de quelque prototype comme une obsession mal définie. Par quelque obscur processus fétichiste, une formule toute faite serait privilégiée pour certains récits hautement expressifs. Parvenue au niveau de la conscience, cette formule serait interprétée logiquement[14].

---

[11]   Voir supra, livre 5, note 2; supra, note 8.

[12]   Livre II; Pleister, *G. Boccacio*, p. 50-51.

[13]   I *Samuel*, 31, 9; I *Chroniques*, 11, 9-10; Lidis, p. 198; ce récit est très proche de celui de l'Arche à Dagon, avec la différence que c'est la dépouille de Saül et de ses trois fils qui sont portés en trophée, non à Ashdod, la ville, mais Astarot, la déesse Ishtar.

[14]   La série commence avec la fresque de la synagogue de Doura-Europos, mur occidental (Grabar, *Le premier art chrétien*, pl. 68); dans le livre byzantin des *Rois*, le geste est exécuté par un personnage à gauche de l'Arche (Lassus, *op. cit.*, p. 39-40, pl. 12), comme dans le ms. mosan du XIIe siècle (Merton College, M. 2.II, f°31, fig. 48), mais plus prononcé dans ce dernier cas. Fouquet (fig. 51) est suivi de son émule, Bodmer, 181, f°109; le geste du bras ainsi que le grand barbu avec le bouclier à tête de lion ont passé au livre 5 dans Arsenal 3686, f°56 (fig. 47), alors que les éléments principaux de la scène sont réunis au livre 6, f°71 (fig. 49). L'épée est brandie sur la tête de Goliat dans Arsenal 5083, f°131 v° (fig. 50).

Ce même geste est repris par les trois soldats, signalés par leur casaque jaune, qui sont autant de touches claires dans un tableau plutôt sombre (fig. 51). Leur mouvement est comme reflété dans la posture des guerriers qui leur sont opposés et en constituent le contrepoint. On sent ici chez Fouquet un souci minutieux de composition, à partir de formules toutes faites, probablement extraites d'un livre de modèles[15]. En effet, des guerriers dans cette posture apparaissent dans deux manuscrits «historiques» à la mode du temps, au f° 89 v° du *Livre de Marc Paul et des Merveilles* (B.N., fr. 2810), datant du début du XVe siècle, et au f° 62 v° du *Trésor des Hystoires,* déjà mentionné, conservé à la Bibliothèque de l'Arsenal (ms. 5077). Comme dit, ce dernier manuscrit semble avoir exercé une vive influence sur Fouquet. Le feuillet susdit représente le même épisode de la victoire des Philistins; il présente encore d'autres analogies avec le frontispice en question, dans la disposition des guerriers en général, la place occupée par le bouclier à tête de lion au centre de la composition, les dominantes jaunes du coloris. Cette influence est marquée par une filiation de formes apprises, caractéristique des relations de maître à apprenti. Sur le fond, Fouquet semble faire peu cas de ses modèles.

Au-delà de la mêlée furieuse, celui-ci donne une nouvelle preuve de sa sensibilité envers la nature. Quelques fortins distribués dans les lointains, un énorme piton rocheux peu convaincant sur la droite, contrastent avec la mollesse des collines se répandant comme une onde jusqu'à l'horizon, sur la gauche. Le type italien de certains détails ne doit pas faire oublier le style de celui qui a peut-être été le maître de Fouquet, ce Maître de Jouvenel que de récentes études identifient à Coppin Delf et localisent autour de Saumur[16]. Au f° 169 du *Mare Historiarum* (B.N. lat. 4915), une bataille de Jules César est figurée; on reconnaît le piton, la ville au fond, les combats de premier plan, les masques léonins sur les boucliers, la pièce d'eau. Le «réemploi textuel de motifs de détail» est évident, mais superficiel. Il y a si peu de rapport avec le sens profond caché derrière la juxtaposition de ces éléments, qu'il ne peut être question d'«identité de main»[17]. Harcelé par une inspiration qui court plus vite que sa main, Fouquet construit son oeuvre en poète, à l'aide des poncifs courants, ces vocables d'une conception unique qui les éclaire en retour, les remodèle et, finalement, les recrée.

Ainsi la ville d'Azotum est figurée à partir d'un stéréotype sans épaisseur, galvaudé par un long usage. On le trouve, à deux reprises, aux f° 5 v° et 55 v° d'un

---

[15]   Les trois combattants à casaque jaune, les plus acharnés, sont peut-être les trois fils de Saül, Jonathan, Avinadav et Malkisoua (ces deux derniers devenus «Jésus et Melchisea» chez Boccace). Ce qui complique l'imbroglio entre les deux récits du livre.

[16]   Schaeffer, «Le Maître de Jouvenel», p. 81-114; Koenig, «Un atelier d'enluminure à Nantes», p. 64-71.

[17]   Selon une terminologie de Nicole Reynaud, dans «Un peintre français cartonnier de tapisseries», *Revue de l'art,* 22 (1973, p. 7-21).

manuscrit du XIIIe siècle, appelé la *Vulgate* des romans de la Table ronde (B.N., fr. 342)[18]; dans une *Histoire d'Orose* des années 1460, dont le style est si proche de celui du maître tourangeau qu'il est attribué à un de ses élèves[19]: au f° 55 v° une cité fermée de remparts y est dominée par des tours, des flèches et une coupole avec bulbe de même type que celle de Fouquet. Ces villes ressemblent aux villes médiévales d'Europe, avec une grande coupole qui leur donne un accent oriental. Y a-t-il quelque allusion à Jérusalem[20], ou bien est-ce l'indice d'un répertoire de modèles fort exigu? La pauvreté du décor dans le Mystère tel que l'image s'en est conservée milite en faveur de cette deuxième éventualité.

La cavalcade avec l'Arche d'alliance dans notre frontispice, est, comme dit, d'une telle discrétion, qu'elle ravale un événement, apparemment capital, au rang d'un détail pittoresque sans importance. Assez rarement mise en image, elle se dirige vers la droite, le côté des païens victorieux, dans la *Bible moralisée* et les autres illustrations de la Bible[21]. Fouquet a retrouvé l'orientation de Doura-Europos et des octateuques byzantins, peut-être par l'entremise de modèles italiens, comme le suggère une Bible du XIVe siècle[7].

L'enchevêtrement des thèmes et des sujets autour de ce sixième livre est le signe d'une défection de l'exégèse traditionnelle. L'ancienne confrontation de l'Arche avec le dieu Dagon donnait lieu à de grossières erreurs d'interprétation[22]. Fouquet semble avoir voulu réaliser ici comme une anthologie de tous ces thèmes, liés non pas par des rapports chronologiques, mais par des associations conceptuelles. La composition d'ensemble nous aidera, cette fois encore, à en débrouiller le fil (fig. 51).

Cette image touffue et apparemment mal construite est dominée par le piton à droite qui la déséquilibre et souligne la dichotomie entre le paysage de l'arrière-plan et les combats en bas. Une ligne horizontale bien délimitée coupe le frontispice en deux en son milieu. Une deuxième ligne court parallèlement à la première et constitue la route suivie par l'Arche et les Philistins vainqueurs. Comme précédemment deux diagonales se coupent perpendiculairement et introduisent dans le tableau un mouvement dramatique. La première de ces diagonales part du coin inférieur droit pour former, avec l'axe horizontal, un angle aigu qui souligne la sauvagerie du combat et laisse présager la victoire du

---

[18]   Voir Loomis, *Arthurian Legends in Med. Art.*, p. 87; Porcher, *Ms. à peint. XIIIe–XVIe*, p. 33, n°60.

[19]   Porcher, *ibid.*, p. 126, n° 261.

[20]   Pour les représentations médiévales de Jérusalem, voir Krinsky, «Representation of the Temple of Jerusalem»; Rosenau, *Vision of the Temple*.

[21]   Voir supra, note 5; pour les manuscrits plus récents, le Josèphe de la collection Bodmer suit Fouquet, cependant que celui de la bibliothèque Mazarine (lat. 1581, f°108 v°) reste fidèle à l'orientation gauche-droite médiévale (ou représente le retour de l'Arche).

[22]   Sur la confusion entre l'Arche d'alliance et l'arche de Noé (fig. 49), voir Schmidt, *op. cit.*, p. 135 et notre article mentionné.

côté droit, les Philistins. La scène de la mort de Saül, en rejet, est bien mise en évidence; elle contrebalance dans la composition le lourd piton de droite. La diagonale perpendiculaire suit la haie buissonneuse des champs et le côté droit de la ville d'Asdod. Elle prend son départ dans un étang avec des pêcheurs, tout à fait incongrus dans ce contexte. Elle souligne la lourde coupole du Temple de Dagon, dans la ville, à gauche. Enfin, en traçant un axe vertical imaginaire, l'Arche joindrait le bouclier à tête de lion du centre avec le profil christologique posé à même le cadre du frontispice.

Tels sont les éléments appareillés par la composition et reliés par le plan général de l'image. L'opposition du puissant rocher et du roi achevé sont dans la ligne de l'exégèse typologique traditionnelle: elle doit symboliser, avec l'Arche qui s'éloigne, le déplacement de l'amour divin du peuple d'Israël à la Gentilité[23]. Ainsi le bouclier à tête de lion, signe distinctif des Hébreux et centre de la composition appartient dorénavant aux Philistins et relie l'Arche d'une part et la tête du Christ de l'autre. Même le temple de Dagon prend, dans cette perspective, les traits caractéristiques du Temple de Jérusalem.

Le réalisme de Fouquet engage à chercher une interprétation au-delà des traditions de l'école. L'artiste-humaniste ne fait-il pas un pas de plus, en exprimant sa conviction que le passage de l'ancienne Loi à la nouvelle annonce une ère nouvelle où toute brutalité sera bannie et où chacun mettra sa confiance en ce «rocher» divin de la prière de Hanna (I *Samuel,* 2) dans un monde apaisé et serein? Ainsi Fouquet construit-il sa pensée comme son art, avec des éléments usuels soigneusement choisis et disposés pour promouvoir une vue d'ensemble pleinement sienne.

---

[23]   Isidore, *Allegoriae, P.L.* 83, 112; *Glose ordinaire, P.L.*, 113, 547; selon les mêmes sources, la mort des fils d'Héli symbolise la fin de l'ancien sacerdoce. Dagon, lui, symbolise le diable: raison suffisante pour ne pas le mêler ici. Mais la mort de Saül ouvre la voie à David, préfigure du Messie.

DAVID ET LE RÉGICIDE

Le deuxième livre de *Samuel* et le septième livre des *Antiquités* s'ouvrent tous deux sur le deuil de David à la mort de l'homme qui était à la fois son beau-père et son pire ennemi. La nouvelle lui en est apportée par le jeune Amalécite qui sur les instances de Saül, l'a achevé. Pour preuve de ses dires, il offre en hommage au nouveau souverain la couronne d'or et le brassard de l'ancien. Il sera exécuté sur le champ, pour avoir osé porter la main sur «l'oint du Seigneur». Ces éléments ont été exploités pour transcrire le récit en images depuis l'antiquité. Toutes sortes de variantes montrent la richesse suggestive de l'événement, quand il est considéré sous toutes ses facettes. Mais les illustrateurs ne s'arrêtent pas à cette seule scène. Les thèmes couverts vont de la blessure et de la mort de Saül à l'intronisation de David à Hébron. Outre les différences de style plus ou moins considérables, selon l'artiste, le contexte et l'époque, on peut distinguer quatre types distincts: la fin de Saül, David avisé, l'exécution de l'Amalécite et David roi à Hébron.

Les deux types les plus usités sont le second et le troisième, souvent jumelés. L'onction de David, important jalon de l'histoire du messianisme judéo-chrétien, dont les incidences politiques sont toujours prises en considération, est un thème particulièrement fréquent.[1] Mais il faut distinguer son onction par Samuel (I *Samuel*, 16; Lidis, p. 180)[2] et son onction par les Anciens à Hébron (II *Samuel*, 2,4; I *Chroniques*, 11, 3; Lidis, p. 199). Ce dernier épisode qui seul nous concerne ici et n'est qu'une ratification de son élection par le peuple de Judée, est apparemment assez rare dans la peinture et la statuaire. Les illustrateurs ne s'embarrassent guère de ces subtilités: l'onction ou le couronnement de David sont généralement représentés sans référence historique. Josèphe contribue à l'éveil du sens de l'événement dans son contexte historique: trois manuscrits du XVe siècle figurent l'épisode du couronnement à Hébron (fig. 58 et 59).[3] La scène du suicide de Saül, éventré sur son épée dressée, qui a nom «Eidisam» dans une Bible du XIIIe siècle,[4] est d'origine byzantine. Elle apparaît en occident dans

---

[1] Shapiro, Meyer, *Late Antique, Early Christian and Mediaeval Art*, N.Y., 1979, p. 331–346.

[2] Le premier exemple d'une longue série de scènes figurant Samuel oignant David avec une burette d'huile apparaît sur le mur occidental de Doura-Europos; Grabar, *op. cit.*, fig. 66; B.N. gr. 923, f° 80; Laborde, *Moral.*, p. 135 et d'autres.

[3] B.N. fr. 6446, f° 90; Arsenal 3686, f° 88 v° et Mazarine, 1581, f° 130 v°. Il n'est pas question d'onction dans ce contexte chez Josèphe. L'épisode en question apparaît déjà dans le *Livre des Rois* du Vatican, gr. 333, f° 44; Lassus, *op. cit.*, p. 83. Le *Trésor des Hystoires*, Arsenal 5077, f° 67 v°, est le modèle du type reproduit fig. 58; Meiss, *Boucicaut*, p. 109.

[4] *Bible en images*, Pierpont Morgan Library (M 638); les noms d'épée, fréquents, comme

l'art carolingien, dans des Bibles, des textes liturgiques et des vitraux.[5] Les *Cas de Boccace* lui donnent une grande diffusion au XVe siècle et de là elle passe dans les gravures de diverses éditions illustrées de Josèphe.[6]

David et le messager, et l'exécution de celui-ci par l'épée sont deux stéréotypes dont les racines sont profondément enfouies dans la mentalité occidentale. Il faudrait étudier quelque jour le contraste entre leur signification réelle et leur futilité apparente.

Leur forme la plus typique apparaît dans l'initiale 'F', au deuxième livre des *Rois (Samuel)* f°28, de la *Bible des Capucins*, B.N., lat. 16745 (fig. 54): devant le roi trônant de face, un sceptre stylisé dans la main droite, un phylactère dans sa gauche, le jeune Amalécite, genou droit en terre, tend la couronne de Saül de sa main droite à David. Le même jeune homme est agenouillé à droite et désigne sa gorge de sa main droite; ses cheveux sont solidement maintenus dans la main gauche d'un homme qui tient l'épée au-dessus de sa tête. De face, la robe troussée dans la ceinture, il attend un signe du souverain.

Une exécution capitale, celle d'un régicide en plus, est un événement, jadis spectaculaire, assurément peu commun, sans être exceptionnel. Les assassinats politiques ont scandé le déroulement de l'Histoire depuis ses origines, avec pour contrepoint le châtiment exemplaire des coupables. La hantise des attentats dans les cercles du pouvoir et l'attrait des foules pour les spectacles sanglants ont fixé de bonne heure sans doute la formule archétypale qui en rend compte.[7] C'est ce qui explique la constance assidue avec laquelle les artistes reviennent sur le même motif, depuis l'Antiquité. On le trouve, dans ce contexte, dans les cycles bibliques byzantins tels que le *Livre des Rois* du Vatican, les *Bibles moralisées*, les Bibles croisées de Saint Jean d'Acre et les *Bibles historiales* du XIVe siècle.[8] Comme la banderole dans la main de David le rappelle impérativement, dans la *Bible des Capucins*, il n'est de contenu, au moyen-âge, sans implication

---

«Golias» (f° 28 v°), «Odismort», «Ioiouse» (Joyeuse) et notre «Eidisam», f° 34 v° (Cockerell-Plummer, *Old Testament Min.*, p. 137 et 161) mériteraient une étude.

[5] Dans le livre des *Rois* byzantin, Vat. gr. 333, f° 38 v°; Lassus, *op. cit.*, p. 73; *Bible de St. Paul-hors-les-murs*, 81 v°, Kaufmann, *Romanesque Mss.*, fig. 27; Buberl, *op. cit.*, fig. 13; Haussherr, *La B. moralisée*, p. 102; Cockerell-Plummer, *op. cit.*, p. 161; Ehrenstein, *Das alte Testament im Bilde*, p. 585, 21; Leroquais, *Les livres d'Heures*, pl. LXXI; vitraux de Chartres.

[6] Supra, livre 6, note 12; B.N., fr. 227, *Cas* de Boccace, XVe siècle, f° 39 v°; Perls, *Fouquet*, pl. 115 pour le *Boccace de Munich;* Schaefer, «Le Maître de Jouvenel», fig. 18, pour le *Boccace de Genève*. Les éditions de Francfort, Lyon et Amsterdam de Josèphe présentent, respectivement, f° 106 v°, p. 135 et p. 159, une gravure sur le sujet du suicide de Saül.

[7] Au plus tard, dans l'art assyrien, au VIIIe siècle avant l'ère vulgaire, à Til-Barsib; Parrot, A., *Assur,* Paris, 1961, fig. 115–116.

[8] Vat. gr. 333, f° 39 v°–40 (Lassus, *op. cit.*, p. 76); Bodl. 270b, *Bible mor.*, f°148 (Laborde, *Moral.);* B.N. Vienne, ms 2554, f° 43 (Haussherr, *ibid.*); P.M.L., 638, f° 18 (Cockerell-Plummer, *op. cit.*, p. 165); B.N., n. acq. fr. 1404, f°123 v° (Folda, *Crusader Ms. Illumination,* fig. 44); British Museum, Royal 19 D II, 142 v°; Mazarine, 312, f° 97 v°. La Bible de Souvigny, du XIIe siècle, présente une curieuse contamination (Moulins, Bibl. munic., ms. 1, f° 93; Cahn, W. «Autour d'une Bible lyonnaise», *Revue de l'art* (47), 1980, fig. 1, p. 11–20.

religieuse: «Qua re non timuisti occidere christum domini» (Comment n'as-tu pas craint d'occire l'oint du Seigneur?) y lit-on. C'est une citation littérale du verset 14 du premier chapitre, selon la version de la Vulgate. Le mot «oint», «christum» en latin, est écrit sous sa forme abrégée usuelle dans les textes latins. A côté d'une allusion politique actuelle éventuelle, c'est le signe manifeste d'une intention symbolique typologique.

LE SCHÉMA DU MESSAGER

La notion d'annonciation, de bonne nouvelle, essentielle au christianisme, a dû contribuer à la fixation de l'image du messager qui précède l'exécution de l'Amalécite. En fait le personnage assis, au pied duquel un ou plusieurs vassaux ploient le genou sert, probablement depuis des temps immémoriaux, à exprimer toute une gamme de concepts dérivant de la notion du Pouvoir (voir infra, p. 137 et suiv.). Sous cet aspect, l'art religieux en fait un usage varié et copieux, en humanisant ses divinités ou en divinisant ses personnages mortels, selon le point de vue. On parlera alors d'adoration, comme à propos des Rois Mages, ou des anges entourant le Trône céleste. Les exemples en sont parfois inattendus, comme la Madeleine du *Noli me tangere*. L'image traduit alors l'aspiration qui monte comme un flux ascendant subtil depuis le servant jusqu'à l'objet de son culte. Réciproquement celui-ci fait rejaillir l'effet de sa grâce, de son esprit, de sa connaissance ou telle autre substance immatérielle sur l'adorateur.[9]

Le «messager» se distingue facilement de l'adoration, car l'échange a lieu entre mortels, et le subalterne est détenteur d'une notion que n'a pas son supérieur. Le mouvement est donc unilatéralement ascendant. En ce sens la dédicace d'un livre par son auteur appartient au type du messager; on a vu (supra, p. 61–62) que c'est ainsi qu'elle est effectivement représentée. Parfois le motif du messager est utilisé pour représenter concrètement la communication, ce phénomène de liaison entre deux enveloppes isolées, deux entités humaines encloses sur elles-mêmes. Le messager passe alors au rang d'un accessoire impersonnel, véhicule d'une idée dont il n'est que le porteur, sans le moindre rapport entre contenant et contenu. De nombreuses images sont construites sur ce type qui représente soit la nouvelle adressée au potentat, soit réciproquement l'ordre issu de lui.[10] Les illustrations qui représentent à la fois David avisé et l'exécution du messager, montrent une tendance à associer à la notification son effet. Un mouvement descendant répond à l'ascendant, ou si l'on veut, après avoir agi sur l'esprit du souverain, l'idée prend corps, de façon douloureusement concrète, sur la personne du messager.

Dans l'optique chrétienne traditionnelle ce schéma apparaît toujours revêtu

---

[9]   Voir Ozment, *op. cit.,* p. 135–137.
[10]   Généralement un chef militaire, voir par exemple ici-même fig. 79–80, 117, 118, 125.

d'un stéréotype familier. Pour la *Bible moralisée*, l'Amalécite est le type du mauvais messager.[11] Dans le commentaire d'Irimbert sur les *Rois* (Admont, ms. 33, f°169, XIIe siècle), l'Amalécite brandit un phylactère sur lequel on lit: «Occissum regem destructam nuncio legem» (Le roi occis, j'annonce la destruction de la Loi). Dans la main de David, l'épée est devenue «gladius verbi dei» (L'épée du verbe divin, considéré comme une arme meurtrière).[12] Le jeune régicide est ainsi devenu un précurseur de la Nouvelle loi, venue supplanter l'Ancienne. L'exégèse typologique de la Bible au moyen âge chrétien tire sa richesse de sa versatilité qui ignore la contradiction. Texte et illustrations vibrent en assonances et en dissonances comme un motet polyphonique. L'Amalécite régicide et sacrilège devient l'instrument d'une volonté supérieure. Il est messager divin. Le porteur de la Parole est de nature essentiellement équivoque; quelle que soit sa valeur propre, il participe de quelque grand mystère, sa fonction le hisse au niveau des anges (grec *angelos*: annonciateur). C'est le même esprit qui fait figurer le messager d'Assuérus, à gauche de l'Arche sainte, sur le mur occidental de la synagogue de Doura-Europos du IIIe siècle. Ce que contredit la peinture du type de la *Bible des Capucins*, comme dit (fig. 54).

La composition

A partir de ces schémas savamment combinés, Fouquet a forgé une réalité objective: le messager funeste, à genoux devant David debout à droite, au milieu de sa suite, a les traits d'un jouvenceau sans malignité (fig. 56). L'effet de la triste nouvelle apparaît dans le geste de David, déchirant sa tunique et le sort réservé au régicide se lit comme un présage dans le geste menaçant du soudard qui brandit la lance au-dessus de sa tête.[13] Présent, passé et futur se greffent sur l'espace déployé dans le cadre du frontispice, à partir des anciens stéréotypes. Le symbolisme à registres de l'iconographie médiévale permet à Fouquet d'exprimer à termes couverts son propre article de foi.

L'entrée en matière ainsi que la pénétration dans l'espace du frontispice se fait, une fois de plus, en oblique, à partir du milieu du bord inférieur. L'Amalécite commande la ligne qui suit le sentier, rencontre un détachement à

---

[11]   Voir Haussherr, *op. cit.*, t. II, p. 102, dans la légende jouxtant le deuxième médaillon en haut et à droite. Dans le même texte, l'exécution de l'Amalécite est mise en parallèle avec l'archange Gabriel tuant le diable au jour du Jugement dernier.

[12]   Cette illustration pouvait être montée sur scène: outre la légende sur l'épée, David sur le trône, couronne en tête, tient encore dans sa main gauche un phylactère avec les mots: «Quis sis, quia venias, dicito, quid referas»; Buberl, *op. cit.*, p. 56–57, fig. 57. («Qui que tu sois, pour quoi que tu viennes, dis, que rapportes-tu?»).

[13]   Ce geste expressif plein de mouvement est calqué sur un modèle byzantin, l'octateuque Vat. gr. 746, f° 455 v°; Lassus, *op. cit.*, fig. 126. Fouquet lui-même a repris ce geste, voir infra, livre 11, fig. 75, la statue sur l'arc de triomphe (p. 139).

gauche[14] et derrière, une galère sur la rivière. Elle sépare les fuyard hébreux des vainqueurs philistins, à peine visibles sur l'autre rive. Puis elle s'élève jusqu'au ciel, au bord supérieur du cadre, à travers les contorsions d'un triple piton rocheux. David commande l'autre oblique qui décrit le sens de la marche de sa troupe depuis la tour crénelée de Tsiclag (Ziceleg, dans le texte), à droite.[15] Cette ligne repart en suivant le cours sinueux de la rivière pour aller se perdre quelque part derrière les trois configurations rocheuses. Par cette disposition chiastique, le rocher triple est mis en parallèle avec David et ses hommes, le losange formé par les obliques reste béant par le haut et la succession des événements dans le temps est suggérée par la progression du regard du spectateur à travers l'espace illusoire de la peinture. Enfin ce frontispice est relié par de discrètes similitudes avec celui du livre précédent.[16] Une conception grandiose des événements chez Fouquet a donné le jour à une composition qui transcende les multiples motifs, plus ou moins naïfs, disposés comme des pions sur un échiquier.

DEUIL ET QERIYA

Fouquet apparaît comme un collectionneur passionné, comme un des rhétoriqueurs de son temps qui choisissaient avec préciosité les vocables les plus rares, en forgeaient de nouveaux à partir du latin et recherchaient la perfection formelle. Quelques exemples donneront une idée de la variété de ses modèles et de sa façon d'en jouer comme d'un clavier.

La douleur de David prend chez Fouquet une double dimension. Il emprunte à une *Bible historiale* du XIVe siècle la scène des trois amis de Job, venus le consoler (B.M. Royal 19DII, f°195 v°), et les retransforme en David avec deux conseillers. En outre, il tient à reproduire fidèlement le geste biblique de douleur dont font état le livre des *Rois* et les *Antiquités*: son David entreprend de déchirer ses vêtements en fermant les poings sur son encolure. Il n'y parviendra pas; le geste n'a pas été observé sur le vif, c'est encore un motif d'école. Mais c'est un motif capricieux, il ne devait pas être facilement accessible, surtout pas dans ce contexte. Il remonte à l'Antiquité et n'exprimait pas nécessairement le deuil ou la douleur. Des mains opposées sur le haut de la poitrine s'observent en Mésopotamie, au troisième millénaire avant l'ère vulgaire, sur des vases minoëns, et des statuettes égyptiennes funéraires du deuxième millénaire, sur des sarcophages philistins et des représentations du culte d'Adonis et de Dionysos

---

[14]   Le texte (Lidis, p. 201) dit qu'Abner, le général de Saül, va trouver David, accompagné de vingt hommes, pour porter serment d'allégeance.

[15]   Le récit est situé, dans le texte (Lidis, p. 199) «deux jours après son retour à Ziceleg.» Voir aussi Schaefer, *Fouquet,* p. 163.

[16]   L'Amalécite bien entendu, pivot de l'histoire; le piton rocheux qui domine la bataille et la composition toute entière; les collines bordant une plaine ouverte jusqu'à l'horizon et la barque exactement à la même place dans les deux frontispices.

en Grèce.[17] Il représente, à Rome, le geste classique des pleureuses, en bas-relief ou en peinture de manuscrit.[18]

Le rite traditionnel juif de la *Qeriya* de deuil s'effectue à l'aide d'une lame effilée.[19] De toute façon, pour déchirer une étoffe, il faut la saisir des deux mains, l'une à côté de l'autre. Mais les Pères de l'Eglise condamnèrent ces marques ostensibles de douleur avec les autres préceptes actifs du judaïsme.[20] Quand on voulut représenter la *Qeriya* plus tard, pour les nécessités d'une démonstration théologique, on fit appel au motif antique. Ainsi le rite juif fut figuré régulièrement par les chrétiens sous forme d'un motif funéraire païen.

Quand Jésus comparaît devant le Sanhédrin de Jérusalem, selon l'Evangile, et qu'il admet être le fils de Dieu, le grand-prêtre Caïphe crie au blasphème et déchire ses vêtements (en parfaite conformité avec les prescriptions traditionnelles). Les dissensions au sein de l'Eglise sur la nature du Christ, autour du VIIᵉ siècle, ont donné à cet épisode un relief particulier[21]. Depuis, les figurations de la *Qeriya* de Caïphe se sont succédées indéfiniment jusqu'à l'ère moderne[22]. Les passages de la Bible où la *Qeriya* était mentionnée ont bénéficié d'une illustration du même type, selon les besoins[23]. D'autres passages de l'Evangile, particulièrement douloureux, comme le «Massacre des innocents» ou la «Crucifixion» ont été traités de façon expressive, grâce à la *Qeriya* juive[24].

Chez David, le geste apparaît à maintes reprises dans le texte, conformément aux coups du sort qui caractérisent sa carrière. Son deuil pour le roi Saül est

---

[17] Statuette sumérienne en terre cuite, Musée Fogg, Harvard, cat. 893, 5.44; poignée d'un vase double et statuette d'argile de Petsofa (Crète), Marinatos, Sp., *Creta and Mycenae,* Londres, fig. 15 et 88; *ushabtis* égyptiens, Panofsky, E., *Tomb Sculpture,* Londres, 1964, p. 14–15; sarcophages en terre cuite de Dir-el-Balah, Musée d'Israël, Jérusalem; pour le culte d'Adonis, voir Nilsson, M.P., *Geschichte der griechischen Religion,* Munich (1955) 1967, p. 727–728; Cratère volute dionysiaque, no. 8263, Tarento, Mus. Naz. Archeolog., Arias-Hirmer, *1000 Jahre griechische Vasenkunst,* Munich, 1960, fig. 234–235.

[18] Daremberg-Saglio, *Dictionnaire des Antiquités grecques et romaines,* t. II², Paris, 1367–1408, s.v. «Funus», fig. 3360; Vatican, lat. 3225, f° 41, *Enéide,* IV, 663, la mort de Didon. Pour cette scène et le geste de désespoir dans l'art, voir Barasch, M. *Gestures of Despair in Medieval and Early Renaissance Art,* N.Y., 1976 (fig. 15).

[19] Lamm, M., *The Jewish Way in Death and Mourning,* N.Y. (1966), 1979, p. 38–44; *Encyclopaedia Judaica,* s.v. «Keri'ah».

[20] Barasch, *op. cit.,* p. 34–36.

[21] Voir, par exemple, les controverses de l'époque sur le monophysitisme, sous ce nom, dans *The Oxford Dictionary of the Christian Church,* Oxford, 1974, p. 931–932 et *Dictionnaire de théologie catholique,* t. X, col. 2216–2306.

[22] Schiller, *Iconography of Christian Art,* t. II, p. 56–57; fig. 11, 19b, 186–190, 192, 194. Voir aussi l'index P.I.C.A. à Princeton, N.J., sous «Caiphas».

[23] A vingt-sept occasions, la Bible mentionne le geste de déchirer ses vêtements, généralement pour cause de deuil (Jacob pour Joseph, David pour Abner et pour Amnon, Job pour ses enfants), mais aussi pour un malheur (*Genèse,* 44, 13; II *Samuel,* 13, 19), une mauvaise nouvelle (II *Rois,* 5, 7; 11, 14; *Ezra,* 9, 3–5; *Esther,* 4, 1) et une seule fois pour un blasphème (II *Rois,* 18, 37 et *Isaïe,* 36, 22).

[24] Barasch, *op. cit.,* fig. 5 et 34; Schiller, *op. cit.,* fig. 177; Stubblebine, J., *Giotto, The Arena Chapel Frescoes,* N.Y., 1969, fig. 43, 47, 65.

cependant le plus fréquemment figuré par l'image, mais de façon sélective: deux ou trois images par siècle. C'est dans la Bible carolingienne de St. Paul-hors-les-murs que le motif apparaît pour la première fois, au IXe siècle. On le trouve dans les grandes Bibles anglaises du XIIe siècle, des Bibles françaises et des Psautiers des XIIe et XIVe siècles[25]. Fouquet est apparemment le premier à remettre le vieux motif en usage au XVe siècle[26].

Or cette douleur est inexplicable sur le plan typologique traditionnel. Quoi de plus réjouissant que la fin de Saül, figure diabolique, et l'avènement de la Maison de David? Mais, ici comme ailleurs, l'exégèse chrétienne n'est jamais uniforme. Diverses interprétations annexes ont circulé qui ont condamné, on l'a vu, le régicide, préfigure du déicide et violation sacrilège de la royauté de droit divin et de l'ordre établi.

Fouquet se place ainsi à première vue dans la tradition iconographique usuelle. L'élargissement du thème sur le plan spatial et temporel lui donne un caractère monumental et grandiose qui l'élève au rang d'un événement capital dans l'histoire de l'homme et du monde (fig. 56). Les mystérieuses correspondances au sein du frontispice même et avec le précédent suggèrent une perspective bien plus vaste. Sur le plan mythique, c'est à un carrefour des temps que Fouquet nous fait assister: la ruine de l'ancienne Loi; l'ancien monde qui s'effondre au centre, au pied des pitons et dans les flammes d'une ville embrasée à droite. Le début d'une nouvelle ère sous le signe de la trinité rocheuse à gauche et avec la lignée messianique en diagonale. Mais peut-être Fouquet s'arrête-t-il à des considérations personnelles sur l'irréversibilité du temps et de l'histoire. Les héros ont la grandeur tragique de jouets impuissants d'une fatalité inéluctable. L'Amalécite y joue le rôle principal: la victime désignée par Dieu, pour parachever la destruction de l'ancien monde et passible de mort dans le nouveau. Telle était apparemment la leçon du récit biblique dans les milieux humanistes bourgeois où évoluait Fouquet.

---

[25] Kaufmann, *op. cit.*, p. 34, fig. 27–29; Réau, *Iconographie de l'art chrétien*, t. II$_1$, p. 266; P.I.C.A., «David — told of Saul's Death; weeping for Saul».

[26] C'est la seule peinture de Fouquet copiée, à notre connaissance, outre le fidèle émule de Bodmer 181, dans une gravure ornant une édition de Josèphe: Lyon 1566, p. 135 (par Rudolph Wyssenbach de Zurich).

Livre 8

LA CONSTRUCTION DU TEMPLE DE JÉRUSALEM

Le lustre des civilisations passées et le prestige des grands tyrans se sont toujours exprimés dans l'art de bâtir. Inversement les peintres se sont complu à représenter les maçons à l'ouvrage. C'est un des thèmes qui reviennent le plus fréquemment dans l'histoire de la peinture: le caractère expressif et symbolique — voire mystique — d'un chantier de construction en activité a sans doute toujours provoqué les artistes. Mais cette réalité aussi, comme les autres, ne pouvait être saisie et transmise que par le canal de formules stéréotypées, copiées d'une génération à l'autre. Une recension, même partielle, de ce thème à travers les siècles permet de reconnaître un certain nombre de motifs fondamentaux qui reviennent sur eux-mêmes sans modification essentielle. Parallèlement on peut relever un certain nombre de sujets qui sont l'occasion d'une illustration représentant un édifice en construction; la Tour de Babel et l'esclavage des Enfants d'Israël en Egypte sont les sujets bibliques les plus représentatifs à cet égard, dans la peinture monumentale et l'illustration des manuscrits[1].

Paradoxalement, la construction du Temple de Jérusalem par Salomon n'a pas été représentée aussi souvent qu'on aurait pu l'attendre. Nous en connaissons une douzaine d'exemples seulement. Jusqu'au XVème siècle, l'illustration du huitième livre des *Antiquités* est maigre; elle traite généralement de scènes de la vie du roi Salomon, mais l'iconographie de ce personnage est assez riche pour permettre une grande variété de thèmes. Fouquet ainsi que son imitateur anonyme de la collection Bodmer à Genève, est le seul à consacrer une peinture à la construction du Temple de Jérusalem; par là encore il manifeste une grande liberté d'inspiration (fig. 62).

COUPLES ROYAUX

Avec sa logique habituelle, Josèphe commence son huitième livre sur le début du règne de Salomon. Le premier livre des *Rois* présente un roi David, vieilli et frileux, entouré des soins de la belle Sunamite, Abisag, comme prélude à la lutte pour la succession au trône. L'importance politique de ce problème n'a pas percé

---

[1] Voir la monographie impressionnante de H.Minkowski, *Aus dem Nebel der Vergangenheit steigt der Turm zu Babel*, Berlin, 1960, qui a réuni 388 représentations de la Tour de Babel. L'esclavage des Enfants d'Israël en Egypte n'a pas encore été étudié comme thème iconographique générique.

l'écran de l'exégèse typologique du texte qui en limitait l'interprétation objective. Trois manuscrits, du XIIIème et du XIVème siècles, mettent en image la transmission de la royauté de père en fils, dans la Maison de David: l'un est un Josèphe souabe de Zwiefalten, les deux autres sont des Bibles de Guyart des Moulins[2]. A la fin du XVème siècle et au début du XVIème dans deux Josèphe déjà mentionnés, celui du Receveur Lalemant, à l'Arsenal, et celui du Cardinal d'Amboise, à la Bibliothèque Mazarine, Salomon est représenté sous les traits du roi avisé qui suit les derniers conseils de son père et supprime ses ennemis: une allusion politique n'est pas exclue (fig. 61)[3].

La figure juvénile d'Abisag, la belle Sunamite, qui ouvre le livre des *Rois* et que l'exégèse chrétienne considère comme la préfigure de la Vierge, ferait un joli tableau de genre aux côtés du vieux roi David[4]. Mais il faudrait le réalisme plein de mystère et de sous-entendus d'un Rembrandt. A l'âge de la peinture par stéréotypes, il n'y a pas place pour le pittoresque ni pour les nuances dans l'expression des sentiments. De fait on rencontre souvent dans l'illustration du Livre des *Rois* un personnage couronné avec une figure féminine à ses côtés. Mais ils sont si peu caractérisés qu'il est difficile de les identifier. Les femmes ont joué un rôle important dans la carrière de David et de Salomon. A côté d'Abisag, il y a eu Abigail et Betsabée et aussi la Reine de Saba et la bien-aimée du *Cantique des Cantiques,* pour ne mentionner que celles qui apparaissent le plus souvent dans l'art.

A l'instar de la Reine de Saba, dont la place à côté de Salomon dans la statuaire des cathédrales vient d'une tradition légendaire et typologique bien définie[5], la représentation de ces héroïnes ne constitue pas une illustration du texte au sens actuel du terme. Ces couples royaux couvrent tous ou presque une signification symbolique invariable: Jésus et l'Eglise; Jésus et Marie, sa mère; Jésus et la Gentilité. Aussi importe-t-il peu, en dernière analyse, de désigner par leur nom des personnages dont l'individualité est si peu prise en considération au départ. S'il faut néanmoins mettre un nom sur le charmant couple du feuillet

---

[2]   Stuttgart, Würt. Landsbibl., cod. hist. fol. 418, f° 107 (voir Löffler, *Schwäbische Buchmalerei,* p. 66, taf. 38b); Mazarine, 312, f° 106; British Museum, Royal 19 D II, f° 155.

[3]   Dans le Josèphe de la Mazarine, lat. 1581, f° 154, l'intention politique semble particulièrement nette; le frontispice est divisé en deux compartiments: dans celui de gauche, Salomon est couronné, dans celui de droite, il assiste à un incroyable défilé de bourreaux, de victimes et de supplices. L'enlumineur normand de l'Arsenal 3686, f° 108 v°, s'est engagé à nouveau dans des chemins fourrés où il est difficile de le suivre: une colonne divise cette image en deux compartiments inégaux; le vieux roi sur son trône, et le visage féminin encapuchonné à sa gauche, ne peuvent être que David et Abisag; le jeune homme debout en long col d'hermine devant eux est donc Salomon; à droite, le roi qui préside aux exécutions est vieux et ressemble à David; est-ce bien lui, ou serait-ce un Salomon vieilli avant l'âge (fig. 61)?

[4]   Cf. Réau, *Iconographie de l'art chrétien,* II, 1, p. 277.

[5]   J.B. Pritchard, *Solomon and the Queen of Sheba,* N.Y. 1974; A. Chastel, «La rencontre de Salomon et de la Reine de Saba dans l'iconographie médiévale» in *Fables, formes, figures,* Paris, 1978.

66v° du Josèphe, lat. 16730 de la B.N. (fig. 8; voir supra p. 37), nous pencherions pour Salomon et Betsabée. Telle est aussi l'identification émise par Durrieu à propos du couple au f° 195 du Josèphe flamand de l'Arsenal (fig. 60)[6]. C'est Abisag, par contre, que l'on voit en galante compagnie du jeune Adonia, derrière un vieux roi allongé, dans les Bibles des XIIIème et XIVème siècles[7]. Le livre des *Rois* rapporte qu'Adonia, fils de David, fit demander la main de la Sunamite, par l'intermédiaire de la reine-mère, Betsabée. Ce fut l'occasion pour elle de rendre visite à son fils, le roi Salomon. Cette entrevue, où le roi se leva de son trône pour honorer sa mère est assimilée par la typologie chrétienne au respect de Jésus pour la Vierge. C'est probablement le sujet de l'initiale historiée du huitième livre du Josèphe de Corbie (fig. 8). Cet épisode qui apparaît tout au début du huitième livre des *Antiquités* est relégué dans la Bible aux versets 13–18 du second chapitre des *Rois*. Le choix de ce thème pour orner le début du livre des *Rois* dans les Bibles du bas moyen âge semble tirer sa source de la popularité de Josèphe.

LA CONSTRUCTION ET SES CONSTANTES

La construction d'un édifice est plus qu'un thème, c'est un genre avec ses exigences propres. Apparemment, ces exigences n'ont guère varié depuis la première représentation connue dans un manuscrit du Vème siècle, le Virgile du Vatican (lat. 3225, f° 13): le chantier est à droite, alors que la gauche de l'image est réservée au roi, au potentat, à celui dont le nom reste lié à la construction[8]. Les principales règles du genre sont déjà fixées dans cette peinture antique: l'honneur est partagé équitablement entre le souverain et les besognes les plus humbles, les plus rudes, quand celles-ci ne sont pas seules représentées, comme dans les peintures funéraires de Rekhmiré, sous la 18ème dynastie en Egypte (1500 avant notre ère). Dans les centaines d'images passées en revue dans les études existantes[9] et dans nos propres recherches, c'est toujours le simple porteur, courbé sous sa charge, qui est l'élément de base de la construction. Ici

---

[6]   Durrieu, *La miniature flamande à la Cour de Bourgogne*, p. 60, pl. LXIII; il attribue cette image à un maître de Gand qu'il nomme le «Maître aux têtes triviales».

[7]   Outre la *Bible historiale*, ms. 4 du musée Condé à Chantilly (f° 234), on trouve cette figure dans un nombre considérable de Bibles; voir, pour la Rossiana, à Vienne, Tietze, *Die Illuminierten Hs. der Rossiana*, n° 42 (p. 27, Bible française du XIVe siècle), 43 (p. 29, id°); 44 (p. 30, id°), f° 102v°; 95 (p. 64, Bible italienne du XIIIème siècle), f° 144v°; 101 (p. 69, id°), f° 80v°; pour Chartres voir Delaporte, *op. cit.*, p. 48, CXVII (ms. 139), XIIIème siècle.

[8]   Reproduit dans Nordenfalk, *Le haut moyen-âge*, Skira, p. 94. Il y a une sorte de concrétisation de la pensée du tyran dans ce face à face de l'homme qui ordonne et de la pierre qui obéit.

[9]   Voir note 1; ajoutons encore P. du Colombier, *Les Chantiers des cathédrales*, Paris (1953), 1973; M. Metzger, *La Haggada enluminée*, Leyde, 1973, p. 224; dans une communication au Congrès annuel d'art juif, tenu à Jérusalem en 1980 (à paraître en hébreu), nous avons étudié «Le motif de la construction dans les Haggadot».

l'art semble aller à l'encontre de la hiérarchie sociale; comme s'il voulait nous laisser entendre que dans les grands monuments, l'essentiel c'est la maîtrise de la pesanteur, traduite par un lent amoncellement du matériau; avec la technique la plus primitive, la pierre sur le dos, la hotte, l'oiseau, la palanche avec les seaux, la civière à deux, la brouette, sur l'échelle ou sur le plan incliné; ou avec des appareils perfectionnés, poulies, roues de levage, treuils et grues. Parmi les autres métiers du bâtiment, ce sont les tailleurs de pierre, équarrisseurs et sculpteurs, au burin et à la masse, qui sont dépeints le plus souvent, puis ceux qui travaillent le mortier à la râclette, puis les charpentiers. La corporation des maçons est relativement mal représentée: rarement plus qu'un ouvrier avec son aide, au sommet du mur, en train de poser des blocs de pierre, truelle en main. Enfin architectes, ingénieurs et chefs de travaux n'apparaissent qu'épisodiquement, munis des attributs de leur profession, l'équerre, le compas, le plan en rouleau ou la baguette.

L'examen du frontispice de Jean Fouquet (fig. 62) montre qu'il a cherché à y caser à peu près tous les motifs usuels énumérés. Sans doute apparaissaient-ils dans son livre de modèles. A première vue on les croirait croqués sur le vif, tant l'artiste a su leur donner mouvement et animation. En fait ces petits personnages ne sont que des figurants, dans une composition fondée sur le contraste entre deux masses, deux monuments qui se font face et s'opposent: le palais royal de Salomon à gauche et la cathédrale gothique qui représente le Temple de Jérusalem à droite. Par un habile effet de lumière, l'artiste indique sans équivoque à qui va sa priorité. Sous le soleil à son couchant, la masse du temple vibre dans l'or ruisselant à sa base et la blancheur neigeuse de son sommet. Le gris profond du palais royal lui sert pour ainsi dire de repoussoir.

LA CONFUSION TEMPLE-EGLISE

Sans y prendre garde, nous venons de découvrir une signification cachée dans ce frontispice. L'opposition entre le roi et l'Eglise est un problème d'une actualité brûlante au moyen âge, nous l'avons déjà évoqué (p. 39). Mais elle n'est pas dans le texte. Fouquet, répétons-le, n'essaye pas de traduire la réalité de l'histoire en images, il use des deux comme véhicule de sa pensée, celle d'un chrétien instruit du XVème siècle. Pour situer la vraie création de Fouquet, son génie, il faut la replacer dans son temps. Or Fouquet n'a pas inventé cette façon de représenter la construction par Salomon du Temple de Jérusalem. Il a seulement infléchi le schéma fondamental dans le sens qui lui convenait par un jeu subtil d'accents et de contre-points qui sont sa vraie réalisation.

Malgré la raréfaction des manuscrits de la fin du moyen-âge, on peut encore aujourd'hui inférer de leur uniformité sur ce point, l'existence d'une tradition picturale ayant pour thème Salomon présidant à la construction du Temple. Fondée sur un modèle oriental, comme le suggère un Psautier grec du Xème siècle (B.N. gr. 20, f° 4), cette tradition apparaît en France au XIIème siècle dans la Bible moralisée puis dans diverses autres oeuvres bibliques ou historiques du XIVème et du XVème siècles. Véhiculée par la traduction de l'*Histoire Scolastique* de Pierre le Mangeur, on la retrouve aussi hors de France, ainsi dans la Bible rimée du XIVème siècle à la Bibliothèque royale de Bruxelles (Ms. 15001, f° 69)[10]. La formule est partout la même: à gauche, debout ou assis, le roi Salomon; à droite quelques ouvriers s'affairent sur un temple qui a l'air d'une église.

On a trop qualifié d'anachronisme la représentation du Temple, bâti au Xème siècle avant l'ère chrétienne, sous forme d'une église gothique. L'artiste du XIVème ou du XVème siècle n'avait pas la moindre ambition de donner une image fidèle d'une société du temps passé; il parlait un langage actuel destiné à ses contemporains. Comme toute histoire, l'histoire sainte constituait une leçon exemplaire figurée par l'image. Comme dans la plupart des cas, la leçon avait été établie par les théologiens et mise en image vers le XIIIème siècle. Isidore de Séville, suivi par Walafrid Strabo, puis par Rupert von Deutz et d'autres, avait déjà assimilé le Temple de Jérusalem à l'Eglise, elle-même constituant le corps mystique du Christ, préfiguré par le roi Salomon[11]. La Bible moralisée de Vienne (ms. 2554, f° 50, e) fait explicitement correspondre au médaillon de Salomon avec le temple de Jérusalem, un médaillon où Jésus fait construire l'Eglise. L'idée est reprise, mais dans un cadre unique dans le *Psautier de la Reine Mary* (B.M. 2B VII) du XIVème siècle, puis dans *les Très Riches Heures du Duc de Berry* de Chantilly du début du XVème siècle, puis vers le milieu du siècle, c'est à dire peu avant Fouquet, dans la *Mer des Histoires* (B.N. lat. 4915, f° 46, 3)[12].

INNOVATIONS DE FOUQUET — PROBLÈMES DE DATATION

Le schéma de base du frontispice était donné: le roi Salomon à gauche, une église à droite. Mais il suffit d'un coup d'oeil pour voir combien cette description rend peu compte de la réalisation de Fouquet (fig. 62). Par l'effet de la distance et le souci de vraisemblance des proportions, le roi Salomon est devenu tout petit, presque invisible sur un riche balcon en poivrière, perdu dans la masse grise du palais royal. Le Temple-église est devenu un monumental édifice gothique, massif sous une dense parure de statues, de gâbles et de fleurons. L'affrontement immobile et muet des deux bâtiments est rompu au

---

[10]   Respectivement: Dufrenne, *L'illustration des Psautiers grecs,* p. 43, pl. 34; R. Haussherr, *La Bible moralisée,* Graz–Paris, 1973, vol. II, pl. 116; G. Warner, *The Queen Mary's Psalter,* Londres 1912, pl. 116; le ms. 27, *Cy nous dit,* du musée Condé à Chantilly n'est pas folioté, ni reproduit à notre connaissance; pas plus que la Bible en néerlandais de Bruxelles, voir Gaspar et Lyna, *Les principaux manuscrits à peinture de la Bibliothèque royale,* p. 168–172.

[11]   Kirschbaum (éd.), *Lexikon der Christlichen Ikonographie,* IV, 1972, s.v. «Salomon», col. 22.

[12]   Voir note 10; J. Longnon, R. Cazelles, M. Meiss, *Les très riches heures du duc de Berry,* Paris, 1969, 35v°; pour la *Mer des Histoires,* voir note 16, p. 104.

premier plan par l'agitation laborieuse des tailleurs de pierre et de l'ouvrier gâchant le mortier, à droite. Derrière ces personnages, auxquels l'artiste a curieusement octroyé la place d'honneur dans la composition, on distingue deux files symétriques de figurants, l'une escaladant les marches du palais royal, à gauche, l'autre pénétrant dans l'Eglise-Temple à droite.

Il faut comparer cette image avec celle qui lui correspond dans le *Trésor des Hystoires* de l'Arsenal (ms. 5077, f° 73 v°) pour saisir l'élaboration que fait subir le génie de Fouquet au matériel acquis au temps de son apprentissage[13]. On retrouve ce «réemploi textuel de motifs de détails» même dans le groupement des personnages et leur place dans la composition[14]. Restituer les emprunts de Fouquet à leur source est un jeu très instructif, plaisant même, mais il ne nous apprend rien sur la conception qui préside à l'exécution de cette peinture. Qu'il suffise de conclure une fois de plus que Fouquet fait un usage copieux de modèles stéréotypés, pour meubler ses compositions. Il ne craint pas de faire usage de poncifs pour promouvoir la conception nouvelle qui sous-tend son tableau.

La même inconséquence apparente préside dans la peinture du Temple. Comme dit, l'artiste nous le présente, selon l'exégèse du temps, sous l'aspect d'une église — plus précisement, d'une cathédrale gothique de style XVème siècle[15]. En même temps il se réfère aux textes de Josèphe et s'en inspire fidèlement dans certains détails. D'une part il insiste sur les tailleurs de pierre et revêt le Temple de Salomon de centaines de statues, en opposition flagrante avec le texte. Mais d'autre part il montre une cathédrale qui, finie, sera entièrement plaquée d'or, comme on le verra au frontispice du livre 10 (fig. 70); ce n'est pas d'usage courant dans les églises, mais cela correspond à la description de Flavius (*A.J.* VIII, chap. 2; Lidis, p. 236-7). De plus le sommet, dont la pierre est blanche comme la neige et les fleurs de lys qui couronnent le flanc droit de l'édifice ne sont pas l'effet du hasard. Fouquet, a relevé ces précisions dans la *Guerre des Juifs* (Livre V, chap. 5; Lidis, p. 853) qu'il pratiquait sans doute assidûment comme d'autres peintres avant lui[16]. Par son art, le peintre recule donc la limite entre la préfigure et son accomplissement; il nous présente une création qui n'est en fait ni l'une ni l'autre, mais est toute une vision de son esprit. Quelque chose comme un Temple idéal, ou bien ce Temple céleste et immatériel peuplé de saints conçu par Isidore de Séville[17].

---

[13]   Note 77, p. 55.

[14]   Note 17, p. 104.

[15]   Voir C.H. Krinsky, «Representations of the Temple of Jerusalem before 1500», *Journal of the Warburg and Courtauld Institute,* 33, 1970, p. 1-19; H. Rosenau, *Vision of the Temple,* Londres, 1979, p. 66 et sq.

[16]   F. Deuchler, «Duccio Doctus...», *Art Bulletin,* dec. 1979, p. 541–548; L. Borgo, «New Quest for Piero's Flagellation», *Burlington Magazine,* 121, sept. 1979, p. 549–553.

[17]   Pour Isidore de Séville, Salomon préfigure le Christ, mais celui-ci a construit la Maison de Dieu dans la Jérusalem céleste, non pas avec du bois et des pierres, mais avec tous les saints (*Allegoriae..., P.L.,* 83, col. 113, 91); voir aussi P. Bloch, *loc. cit.,* p. 755–763.

Le palais royal, en revanche, apparaît trop réel pour être vrai. Fouquet y a multiplié les effets en une superficie relativement fort réduite; une flèche et une tour, deux fenêtres étroites à clochetons et à gâbles, un balcon à encorbellement et dais en coupole, et un porche de style antique à perron. On dirait un décor de théâtre, un praticable envahi par les acteurs de circonstance du Mystère. L'ouverture béante sous les marches de l'escalier le confirme d'ailleurs, on la retrouve dans les documents sur la scène et le théâtre, et particulièrement dans les dessins de Serlio[18]. Fouquet a pu vouloir monter sous nos yeux le plateau de quelque jeu qui se donnait sur la grand'place, devant l'église. Mais toute la construction à droite et les ouvriers du bâtiments en bas ne sont pas conçus dans ce sens. Il semble plutôt que l'artiste a donné tous ses soins à la figuration du temple de ses rêves et que pour le palais royal il a encore eu recours aux modèles tout faits — qui servaient peut-être à monter les décors de théâtre. Quoi qu'il en soit, l'effet artificiel du palais demeure et rien ne le dément. La seule réalité suggérée par celui-ci dans le frontispice est donc la réalité idéale d'un temple de Jérusalem qui est aussi un lieu de culte actuel.

La formule artistique de ce tableau de Fouquet apparut si heureuse à ses contemporains qu'ils l'adoptèrent. Malgré sa richesse expressive et symbolique qui en rend l'interprétation si douteuse — ou peut-être à cause d'elle — les contemporains de Fouquet admiraient le modernisme de son aspect et la clarté de sa composition. En effet la représentation d'un chantier de construction après les *Antiquités Judaïques* ne ressemble plus à ce qui se faisait avant. Une fois établi, ce fait conduit à deux conclusions: d'abord que les collègues des autres ateliers d'enluminures avaient plus d'accès aux peintures des manuscrits que l'on ne l'imaginerait aujourd'hui; puis que cette répartition des images avant et après Fouquet devrait nous permettre une datation plus sûre que celle que l'on propose habituellement depuis Durrieu (supra, p. 122).

Il est regrettable que l'on ne puisse pas juxtaposer ici toutes les reproductions concernées. A partir du ms. 5077 de l'Arsenal, souvent cité, où se reconnaît la main du Maître des Heures de Bedford, dans la construction de la Tour de Babel, f° 18, et dans celle du Temple de Salomon, f° 73 v°, les motifs nettement copiés se regroupent en éléments complets de composition[13]; ainsi pour le *Girard de Roussillon*, ms. 2549, f° 164, de la Bibliothèque nationale de Vienne, exécuté en 1447 pour Philippe le Bon (par Jean Dreux?)[19]; ainsi pour la *Mer des Histoires,*

---

[18]   Dans le 2ème volume de ses *Regole,* f° 47 et sq. (reproduits par J. Burckhardt, *Geschichte der Renaissance in Italien,* Eszlingen, 1912, Abb. 337-8); cette ouverture est parfois munie d'une porte grillée et sert de prison, voir Decugis et Reymond, *Le décor de théâtre en France...,* ill. 14, 15, 16; voir aussi p. 17. Mais il s'agit, sans doute, d'une transposition théâtrale d'une réalité très ancienne, comme le prouve le *Livre des Rois* de la Vaticane, gr. 333 (Lassus, *op. cit.* fig. 5 et 18). Ceci dit, cette tache d'ombre, à gauche, dans notre frontispice, mais absente au livre 10, constitue, probablement, une allusion à l'Enfer et au Diable, comme dans la symbolique flamande.

[19]   Winkler, *Die Flämische Buchmalerei des XV. und XVI. Jahrhunderts,* p. 45, fig. 14; voir aussi Colombier, *op. cit.,* fig. 4.

fonds latin 4915 à la Bibliothèque nationale de Paris, aux feuillets 4t et 151 v°
que Claude Schaefer attribue à Coppin Delf, actif dans tout le bassin de la Loire,
de Bourges à Angers, et daté de 1448–9[12]. Puis dix ans plus tard, le cap est passé;
on relève des peintures nettement influencées par celle de Fouquet: ainsi au f° 70
v° de la *Fleur des Hystoires,* premier volume, fr. 55 de la B.N. de Paris, dont
l'exécution est parfois attribuée à Fouquet lui-même; au f° 17 de l'*Histoire
d'Orose,* la construction de la Tour de Babel s'effectue exactement sur le même
schéma, dans le fr. 64 de la B.N. de Paris. Puis vers 1470, dans la *Conquête de
Jérusalem* de Guillaume de Tyr, fr. 2629, f° 17 de la même bibliothèque, une vue
de la mosquée d'Omar qui est censée représenter le temple de Salomon s'inspire
elle aussi abondamment de la peinture de Fouquet[20]. Les dates après 1450
manquent de précision. Il apparaît pourtant que le frontispice du VIIIème livre
des *A.J.* de Fouquet n'a pas pu être très postérieur aux années 1460.

SALOMON ET LE TEMPLE DE JÉRUSALEM
DANS LA CONCEPTION DE FOUQUET

La construction du Temple de Jérusalem par Salomon est l'occasion pour
Fouquet de poser un certain nombre de problèmes essentiels, qui ne dévient
guère de ce que nous avons déjà vu si ce n'est par leur aspect réaliste et
illusionniste. L'artiste développe l'opposition entre le pouvoir temporel du roi et
l'intemporel de la religion; il la met en relation avec l'opposition fondamentale
entre le règne de la matière, apparemment massive et durable, et la réalité
spirituelle qui brave le temps, inchangée. Mais un certain nombre d'éléments
dans la composition soulèvent des questions qui n'effleuraient pas les
illustrateurs de Josèphe avant Fouquet; ce sont l'élément temps et l'élément
humain. La construction du temple est en cours: les ouvriers s'affairent en bas,
les pierres s'amoncellent en haut et le revêtement doré est inachevé. Le sens du
présent incomplet, étape provisoire entre passé et futur, régit la composition du
frontispice. De même, l'intervention humaine, étalée sur le temps en une
multitude d'instants présents, anime le frontispice dans ses moindres recoins.
Chez Fouquet, l'homme est ridiculement petit, comme dans les paysages
flamands. Mais ici, aucun personnage de premier plan ne donne cette illusion de
grandeur dont se targue la société humaine. Pourtant au point précis
d'intersection entre les deux masses colorées de la composition, non loin du
centre géométrique, la figure du roi Salomon apparaît. Son index impératif est
grotesquement menu et son pouvoir en est grandi d'autant. La grandeur de
l'homme est inversement proportionnelle à sa taille physique. L'index du roi
donne le mouvement aux tâcherons qui s'affairent autour du temple en

---

[20] Respectivement: note 26, p. 71; note 19, p. 105; pour la *Conquête de Jérusalem,* voir Porcher,
op. cit., n° 245.

construction. Mais l'édifice qui éclot sous leurs efforts n'est pas celui que perçoivent leurs yeux. Personne, même pas Salomon, ne semble placé de façon à en saisir une vue d'ensemble. Chacun s'absorbe dans sa propre occupation. Les masses laborieuses oeuvrent pour un avenir qu'elles n'entrevoient pas. De ces masses qui forment la base du tableau divergent deux cortèges, l'un à droite qui prend la bonne route, vers le temple en construction; l'autre à gauche, est attiré par le pouvoir temporel où l'entraîne le Malin (il est là, à gauche, juste devant la colonne bleue du perron, sous laquelle bée la porte de l'Enfer).

Quel est ce Temple idéal qui se constitue peu à peu sous l'action des humains en ce monde? Est-ce la Jérusalem céleste? Ou quelque Jérusalem mystique d'un âge de spiritualité, dans l'optique de Joachim de Flore? Ou encore un âge d'or utopique qui annonce les rêves des Humanistes du XVIème siècle[21]? Il est difficile de se prononcer à l'heure actuelle. Sans doute Fouquet n'était-il pas lui-même capable de définir clairement l'objet de ses aspirations. Ce devait être un amalgame des trois tendances à la fois, en ce qu'elles représentaient la pensée chrétienne traditionnelle, le désir de réforme à l'intérieur de l'Eglise et l'idéal d'une promotion laïque de la société humaine. Les trois tendances allaient jaillir en force au siècle suivant et devaient déjà être en gestation au siècle de Fouquet. La sensibilité d'un artiste devait lui permettre de ressentir certaines angoisses encore avant qu'elles ne trouvent le terrain propice pour s'exprimer ailleurs que dans le monde irréel de la peinture.

---

[21]   Voir un intéressant essai de synthèse sur ces questions chez Ozment, *The Age of Reform, 1250–1550,* New Haven–London, 1980.

Livre 9

JOSAPHAT ROI DE JUDA

Le premier mot du livre neuf des *Antiquités judaïques* de Flavius Josèphe est
«Josaphat», orthographié avec un «I» majuscule selon l'alphabet latin en
vigueur jusqu'à l'adaption de la lettre «J» par l'Académie Française en 1762[1].
L'initiale «I» constitue un cadre adéquat à la représentation d'une figure
humaine, comme nous l'avons vu[2]. Dans le cas présent la figure de Josaphat, roi
de Juda, s'y prête particulièrement (fig. 12). L'illustration souligne par là ce qui
peut apparaître comme une intention préméditée de l'auteur dans l'articulation
de son ouvrage, qui distingue ainsi Josaphat de l'ensemble des rois de Juda et
d'Israël. On est en droit de se demander ce qui lui confère cette place privilégiée
que la Bible ne lui accorde pas. Le récit de sa vie y est dispersé entre les livres I et
II des *Rois* (III et IV si l'on préfère, respectivement 22, 2-51; 3, 1-27) et le
deuxième livre des *Chroniques* (chap. 17 à 21). Basée sur les têtes de livres,
l'illustration traditionnelle de la Bible n'est donc pas concernée par Josaphat,
excepté dans les cycles d'images en séquences[3].

Le nom de Josaphat se trouve ainsi lié d'une certaine façon avec Josèphe.
Cette fois l'initiale ne varie pas avec la transposition et la traduction[4] et Josaphat
demeure un thème fréquemment illustré, même quand l'image passe du cadre de
l'initiale à celui du frontispice. De sujet exclusif de l'initiale historiée, il devient
un personnage parmi d'autres dans la peinture en frontispice qui retrace une
scène de sa vie. Sur les huit manuscrits latins de Josèphe connus qui portent une
illustration au début de ce livre, sept ornent le «I» initial d'une silhouette royale
glabre (fig. 12)[5]. Deux seulement des frontispices, dans des manuscrits français
des *Antiquités judaïques,* mettent en scène le roi Josaphat. Les autres
représentent des événements de la vie des rois Amasia ou Jéhu ou de la reine

---

[1] M. Grevisse, *Le bon usage,* Gembloux–Paris, 1936[8], p. 47.

[2] Voir supra p. 66; Jürgen Gutbrod, *Die Initiale,* Stuttgart, 1965, *passim* et p. 74 et sq., fig. 30 à
51; parmi les manuscrits enluminés de Josèphe, B.N. lat. 16730, f° 20, fig. 10; B.N. lat. 5047, f° 2, fig.
21; B.N. lat. 5049, f° 1v°, fig. 9; B.N. lat. 5051, f° 2, fig. 16; B.N. lat. 5054, f° 2.

[3] Ainsi une mosaïque (détruite) de l'église San Giovanni e Paolo, à Rome; vitrail de la rosace
nord, Notre Dame de Paris; Bible moralisée, Bodléienne, 270b, f° 172, voir *Lexikon der Christlichen
Ikonographie,* II, 422-3.

[4] Le nom n'a évidemment pas changé avec la traduction, mais il a pu être déplacé par les
nécessités de la syntaxe, ainsi Arsenal, ms. 3686, f° 129v°, fig. 64.

[5] Le MS. 533 de la Bibliothèque Pierpont Morgan, à New York, porte au f° 97 un «I» formé de
sept médaillons, avec diverses scènes de l'histoire des Rois et du prophète Elie. Dans le Josèphe du
Merton College à Oxford, c'est le roi Joram qui figure dans l'initale, comme en fait foi la légende;
Cahn, p. 302.

Jézabel, ou du prophète Jonas que Josèphe a inséré dans son neuvième livre (fig. 68). Ces scènes font partie de l'illustration traditionnelle de la Bible au second livre des *Rois* (au quatrième dans les textes)[6] et du livre de *Jonas*. Mais Amasia n'est pas représenté, à notre connaissance, dans les Bibles enluminées qui, en revanche, dépeignent couramment l'épisode de la chute et de la maladie d'Ahazia, placé au début de ce second livre des *Rois*. On rencontre fréquemment aussi à cet endroit l'ascension sur un char de feu du prophète Elie, sous les yeux de son disciple Elisée[7]. Josèphe a censuré cet épisode, jugé trop invraisemblable sans doute (supra p. 11). Mais ce thème est si populaire que certains illustrateurs l'ont introduit de leur propre autorité dans les *Antiquités*[8]. Calqué sur le motif antique du char du soleil, considéré comme une préfigure de l'Ascension, ce thème apparaît dès l'art paléochrétien et se maintient avec constance jusqu'à l'ère moderne[9].

La personnalité du roi Josaphat, selon l'Ecriture, manque de saillant et ne semble pas justifier sa place priviligiée chez Josèphe. Il est vrai qu'il a laissé le souvenir d'un bon roi, à la fois brave au combat et respectueux des traditions, grand administrateur, soucieux de la promotion morale de son peuple. Sa grande faute fut de pactiser avec Achab, roi d'Israël, un des personnages les plus sombres de l'Ecriture. Dans le texte, elle lui fut reprochée par le prophète Jéhu dont le message est repris par l'exégèse chrétienne[10]. Sur l'arbre généalogique de Jésus, dont les ramifications tirent leur racine de la forme allongée de Jessé, père de David, Josaphat n'est qu'un roi de Juda parmi les autres[11]. Dans deux manuscrits latins du XIIe siècle, de la région entre Rhin et Moselle, Josaphat brandit une inscription sur une banderole. L'une dans un Josèphe de Cologne, reprend un passage des *Chroniques,* selon la version de la Vulgate: «O Juda et Jérusalem ne craignez rien... demain vous marcherez [contre eux] et le Seigneur sera [avec vous]». L'autre, originaire de Saint Trond, aujourd'hui au musée Condé à Chantilly, se lit malaisément: il y est question d'occultisme[12].

---

[6]   Ainsi dans les Bibles ms. 4, f° 253 v°, du Musée Condé; ms. 42, f° 140; 95, f° 159; 103, f° 125; 371, f° 157 de la Bibliothèque Rossiana (Tietze, *op. cit.*).

[7]   Ainsi dans les Bibles ms. 312, f° 120 de la Mazarine; Royal 19D11, f° 174 v° du British Museum; ms. 101, f° 89 de la Rossiana (*ibidem*).

[8]   Sous forme de gravures dans les éditions Feyerabendt de Francfort (à partir de 1569, f° 155v°) et Rihel de Strasbourg (à partir de 1574, p. 240). Voir supra p. 56.

[9]   Dans les catacombes de Domitilla et Via latina, au IVe siècle, voir L. Kötzsche-Breitenbuch, *Die neue Katakombe an der Via Latina in Rom,* Münster, 1976, p. 95, pl. 27 a-d; Gustave Doré (1833–1883) le reprend dans ses illustrations de la Bible. L'ordre des Carmélites a donné au thème un regain de popularité, voir *Lexikon der Christlichen Ikonographie,* I, 607–613.

[10]   Elle constitue l'exemple de l'amitié de certains «catholiques» pour les hérétiques, *Glose ordinaire,* II, Paral., *P.L.* 113, col. 683.

[11]   La belle étude d'Emile Mâle dans l'*Art religieux du XIIIe siècle* est encore valable (p. 60-1).

[12]   L'inscription tirée des *Chroniques,* II, 20, 17 est libellée ainsi: «O Iuda et I[e]r[usa]l[e]m nolite timere [...] cras egrediem[ini] et domin[us] erit [...]». Elle apparaît au f° 77 du ms. Hist. Arch. W. 276, à Cologne. Au f° 121 v° du ms. 774 du Musée Condé, nous lisons: «Que occulte aorun/t a do[mino] n[ostro] ignorant». Pour ces deux ms., voir la table des ms. de Josèphe en fin de volume.

Sans doute y avait-il une tradition qui rattachait Josaphat à certaines doctrines ésotériques, concernant la fin des temps. La confusion était facile entre le roi Josaphat et la vallée du même nom, à Jérusalem, entre le mont du Temple et le mont des Oliviers, là où coule le Cédron. Un épais tissu de légendes recouvrait ce lieu de pélerinage chrétien, mentionné déjà chez Eusèbe et chez Cyrille d'Alexandrie[13]. On venait y chercher le tombeau du roi Josaphat et sur le lieu censé être la sépulture de la Vierge Marie, un sanctuaire fut érigé par les Croisés, Sainte Marie de la Vallée de Josaphat[14]. A l'origine de cette affabulation il faut voir le texte prophétique de Joël (4, 2; 12) qui évoque la réunion de tous les peuples, à la fin des temps, dans la vallée de Josaphat, pour le jugement de l'Eternel. Ce sera, après le retour de captivité de «Juda et de Jérusalem», l'expiation du mal fait à Israël. Josèphe lui-même était peut-être déjà contaminé par les traditions légendaires fondées sur cette mystérieuse homonymie, elle-même axée sur l'étymologie du nom «Josaphat»: Dieu juge. L'attribution d'une balance au roi Josaphat figuré sur l'arbre de Jessé confirme le caractère polyvalent du personnage.

Quand vers le XVe siècle l'initiale historiée tomba en désuétude, la figure énigmatique de Josaphat cessa de faire corps avec elle et se dilua dans les scènes à grand spectacle du frontispice. Obligés d'innover, les enlumineurs puisaient dans leur réserve des scènes passe-partout, adaptées tant bien que mal à la situation désirée. Les frontispices du IXe livre présentent ainsi une série de batailles et de cortèges assez peu différenciés. Pour l'artiste normand des *Antiquités,* ms. 3686 de l'Arsenal, la scène de bataille figure la victoire d'Amasia contre Iduméens et Amalécites, comme en fait foi la légende sous le cadre (fig. 64). Dans un autre Josèphe de l'Arsenal, de l'école du peintre flamand Bening (ms. 5082), la moitié inférieure à la droite du frontispice est jonchée de guerriers morts (fig. 63). Cette entorse à la routine laisse entendre qu'il s'agit d'un miracle, assez malvenu dans un contexte d'armures médiévales et un paysage rustique de type germanique. Le premier chapitre du livre neuf raconte que Josaphat remporta, sans coup férir, la victoire sur les Ammonites, dans la «vallée des louanges», non loin de Tecua, dans le désert de Juda. Le peintre anonyme de l'école de Rouen qui a illustré au début du XVIe siècle le Josèphe latin de la Mazarine (ms. 1581, f° 178 v°) montre un goût antiquisant. Le roi Josaphat est chez lui le pivot du frontispice; son armée est massée à gauche; à droite le prophète «Hyeu» (Jéhu) lui parle avec un air réprobateur et figure ainsi, de façon imagée, la mise en garde contre toute collusion avec les pécheurs, conformément au commentaire de la *Glose ordinaire*[60]. Comme dit, dans les autres manuscrits,

---

[13]   D'après *Enciclopédia Cattolica,* Vatican, 1951, t. VII, col. 153–156; voir aussi *Entsiclopedia mikraït,* 8 vol., Jérusalem, 1955–1982, VI, col. 297–8 (en hébreu).

[14]   Voir H.E. Mayer, «Bistümer, Kloster und Stifte im Königreich Jerusalem», Schriften der *Monumenta Germaniae Historica,* Stuttgart, XXVII, 1977, p. 258–372.

les thèmes de Jonas avec la baleine (fig. 68) ou du roi Jéhu et de la reine Jézabel précipitée du haut de la tour de Jezréel sont préférés aux scènes de la vie de Josaphat[15]. Il apparaît que vers l'époque de Jean Fouquet le personnage de Josaphat avait perdu sa signification particulière.

Le personnage principal peint par Fouquet, au frontispice du neuvième livre des *Antiquités,* ms. fr. 247 de la B.N., f° 194, garde un ascendant mystérieux. Il prend l'apparence d'un roi méditatif et morne, barbu et cuirassé d'or, assis sur le siège avant d'un char de cérémonie, sous un dais de forme pyramidale, surmonté d'un pavillon frappé d'un aigle. Il constitue le centre de la composition dont le premier plan est occupé par un chemin en lacet, bordé par des falaises et une végétation touffue. Le haut du tableau s'ouvre sur une vaste plaine limitée à l'horizon par des coteaux verdoyants. A son habitude, Fouquet a groupé en une masse dense et confuse un long cortège qui sort de la gauche et tourne à droite pour s'enfoncer abruptement sur une sorte de corniche qui escalade les rochers[16]. En rejet, en bas et à gauche, une vingtaine de prisonniers sont enchaînés les uns aux autres. Leur accoutrement rappelle celui des prêtres dans la prise de Jéricho, au livre 5 (fig. 46). Ils sont gardés par deux soldats en cotte de maille et un personnage enturbanné dont le haut du corps émerge des tentures du char royal. De son siège, le roi tient dans sa main droite le bout de la chaîne qui lie les prisonniers. De sa main gauche il étreint une large épée nue, la lame haute. Deux vieillards de type oriental montés sur des chameaux ferment la marche. Mais on distingue derrière eux, dans le feuillage, un nombre indéterminé d'hommes de guerre qui suivent le char, au même titre que ceux qui le précèdent sur la droite.

Dans ce frontispice plus qu'à l'accoutumée, les motifs de répertoire réemployés par Fouquet abondent. Une médaille antique reproduite au XVe siècle constitue manifestement le modèle du roi sur son char (fig. 66). Elle représente l'Empereur Héraclius, vainqueur de Chosroès, roi des Perses au VIIe siècle[17]. La ressemblance est particulièrement évidente dans les menus détails,

---

[15]   Jonas dans le ms. B.N. fr. 6446, f° 128 v°; B.N. fr. 13, f° 240; au f° 169 du ms. B.N. fr. 404 on voit Jéhu et Jézabel au registre supérieur et Jéhu exécutant les «gouverneurs» de Baal à l'inférieur.

[16]   Au départ, il s'agit d'une convention de routine, qui semble originaire de la miniature franco-flamande du début du XVe siècle. Le premier exemple connu se trouve dans les *Très riches heures du Duc de Berry* d'avant 1416; aux f°s 71 et 72 se déroule la «procession de S. Grégoire» qui circule également de gauche à droite, autour d'un coin (Longnon, Cazelles, Paris, 1969, p. 73-4). Fouquet fait un usage intensif de ce schéma qui se lie chez lui avec une conception curviligne de l'espace visuel, Schaefer, Sterling, *H.E.C.,* pl. 16, 32; *A.J.* ici même, livre 12 (fig. 83), 15 (fig. 97). Sur cette conception du «Drehraum», voir: E. Panofsky, *La perspective comme forme symbolique,* Paris, 1975, p. 176; J. White, *The Birth and Rebirth of Pictorial Space,* Boston (1956), 1967, p. 225–235; Schaefer, *Foucquet,* p. 404. La peinture de chevalet française use volontiers de cette convention du mouvement tournant de gauche à droite, de la seconde moitié du XVe siècle à la fin du XVIe siècle: ainsi Henri de Vulcop, *Résurrection de Lazare,* Louvre, n° 250; diverses oeuvres de Jean Cousin et Antoine Caron, Francastel, *Histoire de la peinture française,* I, Paris 1955, p. 70.

[17]   Baltimore, Walters Art Gallery, *The International Style,* Octobre 1962, Catalogue, no. 155, p. 146-7, pl. 119.

apparemment insignifiants: la place du personnage par rapport à la roue du char et au dais par-dessus, le jeu des tentures, le jarret tendu du cheval de trait. Le visage du monarque dérive d'un autre modèle: le roi mage de gauche dans la miniature au f° 51 v° des *Très Riches Heures du Duc de Berry,* par les frères Limbourg, au musée Condé de Chantilly[18]. Curieusement ce personnage est lui-même inspiré d'une autre médaille de même type que la précédente, représentant cette fois l'Empereur Constantin[19]: on dirait que Fouquet cherche à appuyer le pouvoir suggestif de ses compositions.

D'après nos observations, le motif des prisonniers en chaînes apparaît dans deux contextes iconographiques liés par le sens quoique différents: la captivité des Hébreux et les damnés en enfer. Deux psautiers grecs du IXe siècle montrent l'origine ancienne — et orientale — du motif de la chaîne associé à l'exil de Babylonie. De fait le mot hébreu «nehouchtayim» (entraves) revient cinq fois consécutives, à propos de trois des souverains judéens exilés en Mésopotamie: Sédécias, Manassé, Joachim[20]. En occident, le motif apparaît dès le XIIIe siècle, on le retrouve transposé sur Ptolémée, souverain héllénique d'Egypte, qui emmena lui aussi des captifs juifs dans son pays (fig. 67). Le motif perd son caractère particulier au XVe siècle, et s'applique aux captifs en général[21]. Ailleurs, c'est le diable qui remorque une grappe de damnés au bout d'une grosse chaîne. Cette formule a connu une grande fortune, et reparaît, presque sans changement, dans un grand nombre de représentations du Jugement dernier et de l'enfer dans l'art des cathédrales[22]. Son origine remonte sans doute aussi à des prototypes orientaux, peut-être parallèles à celui des psautiers grecs mentionnés; son apparition dans l'*Apocalypse de Beatus,* au Xe siècle, semble le confirmer[23]. Sans doute a-t-elle connu encore un périple dans le monde coloré du drame religieux; toujours est-il qu'elle passe au rang d'un symbole abstrait dans

---

[18]   Longnon, Cazelles, *op. cit.,* pl. 48 (f° 51 v°). Pour le modèle de ce roi mage voir note suivante.

[19]   Voir E. Panofsky, *Early Netherlandish Painting,* N.Y. Londres (1953), 1971, I, p. 64, fig. 85.

[20]   II *Rois,* 25, 7; *Jérémie,* 39, 7; 52, 11; II *Chroniques,* 33, 11; 36; 6. Pour les psautiers grecs, voir S. Dufrenne, *L'illustration des Psautiers grecs,* p. 45, 65; pl. 42, 59.

[21]   Pour le XIIIe siècle: Psautier de Ste. Elisabeth, p. 276, Haseloff, *Eine thüringischsächsische Malerschule,* p. 86, pl. XXVIII, fig. 61; pour le XIVe siècle: Bible rimée néerlandaise, B.R. ms. 15001 f° 112 v° (fig. 67), voir note 22, p. 64; pour le XVe siècle: *Bible historiale,* B.R. ms. 9634, f° 145 v°, Gaspar, Lyna, *Les Principaux ms. à peinture de la B.R.,* pl. LXXa; *Mare Historiarum,* B.N., lat. 4915, f° 59 (non reproduit à notre connaissance). Le motif de la chaîne est employé aussi pour le triomphe de Pompée, dans les *Commentaires* de César, B.N., fr. 279, f° 17 (id°).

[22]   Ainsi E. Mâle, *L'art religieux du XIIe siècle en France,* p. 416: St Trophîme, Arles; id°, *XIIIe,* fig. 183: Notre Dame de Paris et Reims; Sauerlandt, *Deutsche Plastik des Mittelalters,* Leipzig 1935, fig. 39: Cathédrale de Bamberg; Stubblebine, *Giotto: The Arena Chapel Frescoes,* N.Y. 1969, fig. 76.

[23]   L'influence orientale sur les *Apocalypses de Beatus* a été démontrée par A. Grabar, «Eléments sassanides et islamiques dans les enluminures des manuscrits espagnols du haut moyen âge», *Arte del primo millenio,* Torino (1950), 1953, p. 312–314; pour l'image en question, voir *Sancti Beati a Liebana, Apocalypsin Codex Gerundensis,* Lausanne-Olten, 1962, f° 17.

l'allégorie du Bon Gouvernement, peint à fresque par Ambrogio Lorenzetti au XIVe siècle[24].

Durrieu a tiré la conclusion qui s'imposait, en considération du contexte originel du motif. Pour lui, le frontispice met en scène la captivité des derniers survivants du royaume d'Israël sous la férule de Salmanasar roi d'Assyrie, chapitre 14 du livre 9, f° 211 v° dans le manuscrit (p. 301–302 dans l'édition Lidis)[25]. Si Fouquet a probablement eu cet événement à l'esprit, il ne l'a pas pris pour autant comme thème de base de son frontispice, et ce pour de nombreuses raisons: le récit intervient loin du début du livre; l'exégèse chrétienne traditionnelle ne lui attache pas de signification particulière et on ne lui connaît pas de précédent dans l'iconographie. Il est impensable que le peintre ait mis un roi d'Assyrie pour un roi de Juda dont c'est la place attitrée, et présenté le triomphe des ennemis d'Israël comme celui d'un général romain[26]. Enfin rien n'explique un tel décor pour un Salmanasar victorieux et triste. Avec les modèles sur lesquels il est calqué, le roi figuré par Fouquet doit vraisemblablement être du bon côté de la barricade. Mais alors les prisonniers qu'il remorque avec lui sont du même côté que lui.

La solution du paradoxe est à trouver dans cette conception synoptique déjà rencontrée chez Jean Fouquet. Une série d'événements se résume chez lui dans une image unique au détriment des exigences logiques d'unité, de réalisme et de vraisemblance historique. L'interprétation du frontispice ne peut prendre le contrepied de l'acception usuelle des illustrations du neuvième livre. Un roi de Juda triomphant dans un décor abrupt et contourné met en cause un récit déjà mentionné du dixième chapitre. Ce récit fait l'objet d'un autre frontispice contemporain (fig. 64): parti en guerre contre Amalécites, Iduméens et Gabalitains, Amasia réduisit ses forces sur l'injonction expresse de l'Eternel. Il remporta néanmoins une grande victoire, tua dix mille de ses ennemis et, selon la traduction d'Arnauld d'Andilly, «prit un pareil nombre de prisonniers qu'il fit conduire au lieu nommé la Grande Roche, proche de l'Arabie; d'où il les fit tous précipiter du haut en bas». (Lidis, p. 294).

Les prisonniers du coin inférieur gauche du frontispice sont sans doute censés représenter ceux qui seront précipités du haut du rocher à droite dans cette vaste plaine qui s'étend derrière le rideau d'arbres du second plan. Mais Fouquet leur donne cet air digne et tragique qu'il réserve aux personnages bibliques, au frontispice du XIe livre par exemple (fig. 75); par ailleurs, le roi victorieux ne paraît guère savourer les fruits de son succès. C'est que la perte d'Amasia suivit

---

[24]   Voir N. Rubinstein, «Political Ideas in Sienese Art», *The Journal of Warburg and Courtauld Institute,* 1958, p. 179–189.

[25]   Durrieu, p. 31. Son interprétation, qui ne le satisfaisait pas pleinement, a été reprise par tous les auteurs après lui. Le texte du manuscrit stipule que Salmanasar emmena «le roy Ozie tout vif» avec lui. Aurait-il été omis par Fouquet?

[26]   Comme dans les *Commentaires* de César, B.N. fr. 279, f° 17 (note 21).

de près son heure de grâce. Enivré de son triomphe, il commit le péché d'orgueil et refusa de reconnaître l'effet de la bienveillance divine. Le visage d'Amasia exprime apparemment cette conception toujours présente dans l'oeuvre de Fouquet que, sur cette terre, le succès contient déjà les germes du revers inévitable. Les mêmes Hébreux aujourd'hui victorieux seront bientôt les captifs emmenés à Babylone par Nabuchodonosor. Le motif des prisonniers enchaînés est interchangeable, aujourd'hui eux, demain ce seront d'autres. L'air morne du souverain souligne la fragilité des grands de ce monde, qui ne sont autre chose que des instruments entre les mains de la Providence ou des pions sur la roue instable de Fortune[27]. La fatalité règne dans ce frontispice comme dans la conception de l'Histoire de l'élite bourgeoise dont Fouquet se fait le porte-parole.

---

[27] C'est sans doute sur cette base que repose le choix fait par Boccace du roi Amasia comme héros d'un de ses «cas» (Pleister, *op. cit.,* p. 56). Pour l'emprise de l'idée de Fortune et de sa roue sur les esprits depuis la fin du moyen-âge jusqu'à l'ère du baroque, voir Panofsky, *Essais d'iconologie,* p. 129; Patch, H.R., *The Goddess Fortuna in Mediaeval Literature,* Cambridge, Mass. 1927.

Livre 10

SENNACHÉRIB ET NABUCHODONOSOR

A partir de ce livre, l'articulation des *Antiquités judaïques* diverge définitivement de celle de la Bible. Pour composer ce livre, Josèphe puise dans les *Rois,* les *Chroniques, Jérémie, Daniel* et même les *Psaumes,* sans compter des auteurs païens comme Bérose, Hérodote et Philostrate. La tradition de l'illustration de la Bible porte sur les têtes des livres, quand elle ne suit pas le texte, pas à pas, dans les grands cycles d'images. L'illustration des *Antiquités* prend donc ici, elle aussi, une route parallèle. Les thèmes figurés ne sont pas étrangers à l'illustration biblique, mais ils apparaissent dans un contexte différent. Ils s'offrent ainsi à l'usage des compilateurs et des vulgarisateurs qui réécrirent la Bible et l'Histoire pour les masses populaires à partir du XIIème siècle. Certains sujets ont surnagé, gagnés par la faveur du public; ils se sont fixés en motifs formels plus ou moins constants, plus ou moins autonomes. Ainsi pour le destin — le «cas» — tragique du roi de Juda Sédécias[1]; ainsi pour la fin du pieux «Godolie» (Guedalia).

LE MOTIF DU SIÈGE

Cette libération du cadre rigide de l'illustration biblique se fait ici sous le signe d'une grande richesse et d'une grande variété. Les quinze manuscrits connus des *Antiquités* qui sont illustrés au début du Xème livre présentent une dizaine de thèmes différents. Mais les motifs qui les traduisent en images conservent cependant une remarquable uniformité. Huit de ces images évoquent des places fortes assiégées, de façon plus ou moins schématique suivant le style et l'époque (fig. 71). Cette uniformité dans la diversité plaide en faveur d'une tradition formelle par motifs qui s'imposait aux artistes et que les plus indépendants d'entre eux s'efforçaient d'infléchir en conformité avec les exigences de leurs clients. Parfois on dirait que l'illustrateur use d'artifices pour justifier dans le texte les formes préétablies qui lui sont suggérées par la tradition et dont l'adaptation au contexte lui échappe. Ainsi s'explique l'apparition de formules stéréotypées, dont le sujet est interchangeable selon les besoins. Ainsi pour le siège de Jérusalem: la formule vaut pour Nabuchodonosor, le plus célèbre des

---

[1] Boccace a inséré le destin de Sédécias dans ses *Cas des nobles hommes et femmes,* voir Durrieu, *Le Boccace de Munich,* Munich, 1909; Martin, *Le Boccace de Jean sans Peur,* Bruxelles, 1911; W. Pleister, éd., Boccaccio, *Die neun Bücher vom Glück und vom Unglück berühmter Männer und Frauen...,* Munich, 1965.

assiégeants de la cité, préfigure de la vengeance de Jésus par Vespasien et Titus, comme elle vaut pour Sennachérib, le roi d'Assyrie, forcé de lever le siège, au temps du pieux roi Ezéchias[2]. En fin de compte, le schéma visuel figuré par les illustrateurs est une graphie de l'idée générale de «siège», au même titre que les lettres qui composent le vocable.

A partir de ce schéma de base, les artistes brodent selon leur tempérament. Pour certains, un siège est l'affrontement des chefs de deux partis adverses (fig. 71); ce n'est que plus tard qu'il apparaît comme une masse grise anonyme de soldats vus de dos, sur le fond de hautes murailles qui bouchent l'horizon (fig. 121). Mais en tout cas il faut pouvoir distinguer l'agresseur belliqueux de l'agressé pacifique: l'un tient une épée, l'autre une fleur de lys (fig. 71); l'un est entièrement bardé de fer, l'autre porte des vêtements souples (fig. 73). Parfois l'agresseur en armes attend une délégation pacifique qui arrive de la place assiégée (fig. 74). Ailleurs le schéma de base est élargi pour permettre l'insertion d'un grand nombre d'épisodes, difficiles à reconnaître aujourd'hui, aussi bien dans le camp des assaillants que derrière les murs de la ville assiégée (fig. 72). Mais toutes ces représentations ne s'écartent pas du concept mental de «siège»; le but n'est pas de décrire quelque réalité sensible. Aussi n'y a-t-il pas lieu de s'étonner de voir des canons en batterie devant les murs de Jérusalem (fig. 73, 74; supra p. 50).

PERSONNAGES

Outre le siège de Jérusalem, le dixième livre est riche en personnages et en événements mémorables. En premier se dresse, énigmatique et envoûtante, la silhouette de Nabuchodonosor. Justicier, instrument du courroux divin, il est lui-même le siège de passions excessives. Il devrait être réprouvé et maudit pour son rôle dans la ruine de Jérusalem, il n'est qu'attachant dans son humanité pleine de contradictions. C'est en tout cas ainsi que s'inscrit l'attitude des diverses sources à son égard. La Bible l'invoque comme le serviteur de l'Eternel, alors que l'exégèse chrétienne insiste sur le caractère démoniaque du personnage[3]. Tout-puissant, il n'hésite pas à se parjurer dans ses négociations

---

[2] La destruction par Nabuchodonosor du Royaume de Juda et l'Exil de Babylonie sont relativement fréquents dans l'illustration. A part les exemples déjà mentionnés (supra, p. 127), il faut citer la *Bible de Roda* (B.N., lat. 6[3], f° 19v°) et la *Bible moralisée* (Bodl. 270 b., f° 184; Laborde, *ibid.*); voir aussi infra, note 4. Nous ne connaissons pas d'illustrations de manuscrits ayant pour thème l'affrontement d'Ezéchias avec Sennachérib autres que celles mentionnées dans le texte.

[3] A trois reprises, dans le livre de *Jérémie* (XXV, 9; XXVII, 6; XLIII, 10), on lit: «Nabuchodonosor, roi de Babylone, mon serviteur». Dans la traduction d'Arnauld d'Andilly (Lidis, p. 319), Josèphe fait dire à Nabuchodonosor: «Mais le Grand Dieu pour vous punir, vous a livré entre mes mains». Ce rôle fatidique d'exécuteur de la vengeance divine n'a pas toujours été perçu ainsi dans l'exégèse biblique chrétienne. Pour Isidore de Séville (*Allégoriae*, 127; Migne, *Patrologie latine*, 83, col. 116), Nabuchodonosor représente le diable, qui «dévoie le peuple dans la confusion de l'ignorance».

avec les rois de Juda, sur lesquels il exerce arbitrairement les effets de sa cruauté ou de sa mansuétude. Il met à mort Joachim qui le recevait désarmé, confiant en sa parole; il fait égorger les enfants de Sédécias sous ses yeux, puis les lui fait crever, pour le punir d'avoir fui[4]. Mais à Babylone il le traite princièrement avec les notables de sa famille. Il oublie un matin le rêve extraordinaire qu'il a eu la nuit et exige, sous peine de mort, qu'on le lui rappelle. Daniel réalise ce tour de force et raconte le célèbre songe de la statue aux pieds d'argile et de fer (de fer seulement, dans les *Antiquités*). Nabuchodonosor passe enfin sept ans dans le désert avec les bêtes[5].

La succession des rois de Juda se présente comme des personnages souvent falots, mais grandis parfois par un destin sans pareil, comme Sédécias, par exemple. D'abord il y a le pieux Ezéchias, déjà mentionné, qui tente de parlementer avec les émissaires de Sennachérib, mais sans succès, et que Dieu sauve en dernière extrémité (fig. 71, 73, 74). Il guérit d'une maladie mortelle et gagne quinze années de règne supplémentaires. Mais il commet le péché d'orgueil en exhibant ses trésors devant Balad, roi des Babyloniens[6]. Il y a Manassé qui installe une idole dans le Temple de Jérusalem, mais se repent et meurt en juste[7]. Puis les rois Amon, Josias, Joachaz, Joachim, Joacin, Sédécias. Le dernier espoir des Judéens, Guedalia ou Godolias, nommé gouverneur de Judée par Nabuchodonosor, est assassiné à table par ses hôtes, princes du sang jaloux de sa nomination[8].

---

[4]   Au camp de Nabuchodonosor, à Réblatha, *A.J.,* X, chap. XI; Lidis, p. 319 (II *Rois,* XXV, 6-7). Pour Isidore de Séville, ce roi «dont le roi de Babylone creva les yeux à Réblatha» (*Allegoriae,* 106; *P.L.,* 83, col. 114) représente ceux qui sont pris dans les filets du diable et en perdent les yeux de l'esprit. Le thème de l'aveuglement de Sédécias, qui apparaît pour la première fois, à notre connaissance, dans les *Sacra parallela* (B.N., grec 923, f° 31; fig. 69), surgit inopinément dans la *Bible moralisée* (p. ex. Bodl. 270b, f° 184, méd. c) et ne se retrouve, au XVème siècle que dans des oeuvres para-bibliques, telles le *Miroir Historial* (B.N., fr. 50, f° 88) ou les *Antiquités* (B.N., fr. 247, f° 163 (fig. 70); fr. 13, f° 266; Bodmer, 181, f° 211). Le motif de l'aveuglement en tant que tel connaît une floraison parallèle, qui commence dès le XIIIème siècle, dans la *Bible en images* de la P.M.L. de New York (f° 15; Cockerell-Plummer, p. 83), à propos de Samson qui connut un sort identique; on le trouve aussi bien dans la *Bible moralisée* (ibid. f° 118, g) que dans le *Miroir de l'humaine salvation,* B.N., fr. 6275, f° 21).

[5]   Ces épisodes (*Daniel,* IV, 26–30) sont illustrés dans les *Sacra Parallela* (B.N., grec 923, f° 259, voir Weitzmann, *S.P.*), puis dans la *Bible de Roda* ou de *Noailles* (B.N., lat. 6³, f° 64 v°, 65 v°); la popularité leur est venue du *Miroir de l'humaine salvation* (*loc. cit.,* f° 13), voir la récente étude de E.Silber, «The Reconstructed Toledo Speculum humanae salvationis...», *Journal of Warburg and Courtauld Institute,* 43 (1980), p. 38, pl. 2d. Un Josèphe français du XVème siècle prend le rêve de Nabuchodonosor comme thème de frontispice du Xème livre (B.N. fr. 6446, f° 141); Mâle, *L'Art religieux du XIIème siècle en France,* p. 13.

[6]   II *Rois,* chap. XIX–XX; aux versets 12–13 de ce dernier chapitre, il est question du roi de Babylone, nommé Brodakh Baladan. Le frontispice du Josèphe, ms. 5082 de l'Arsenal à Paris, illustre apparemment cette exhibition des trésors en haut et à droite (fig. 72).

[7]   Le roi agenouillé devant un bouc, dans l'initiale historiée du livre 10 des *A.J.* (Oxford, Merton College, M.2.11) s'identifie mieux à Manassé qu'à Ezéchias, Cahn, p. 301, fig. 4.

[8]   *Jérémie,* XL, 41; II *Rois,* XXV, 25; figuré dans la *Bible historiale* (B.M. Royal 19D11, f° 212;

En tenant compte des grands prophètes eux aussi mentionnés dans le livre 10,
Jérémie, Ezéchiel et Daniel, il devient hasardeux de tenter l'identification des
personnages anonymes figurés dans deux des plus anciens manuscrits[9].
Ezéchias, le roi pieux, semble tout indiqué, mais Manassé, le roi repenti, et
Nabuchodonosor, l'exécuteur de la volonté divine ne sont pas à rejeter non plus.

FOUQUET ET LA RUINE DU TEMPLE

Le frontispice de Fouquet appartient à la catégorie des images de siège (fig.
70). Mais il faut aussi le situer dans le contexte de son oeuvre à lui. Il constitue le
contrepoint exact du frontispice du livre 8 (fig. 62). Deux centres d'intérêt y sont
ménagés: l'incendie du Temple au deuxième plan et le supplice de Sédécias dans
la foule compacte des soldats du premier plan[10]. Il s'agit, cette fois encore, d'une
construction personnelle de l'artiste, conçue à partir d'éléments traditionnels.
La composition générale de cette image, au f° 213 v° du ms. fr. 247 de la B.N.,
entoure le corps doré du Temple, en haut et à droite, d'une sorte d'auréole qui
l'isole de la tache sombre des personnages massés en bas et du palais royal sur la
gauche. Fouquet a juxtaposé ses modèles de répertoire un peu au hasard, comme
des soldats de plomb. On trouve ainsi en bas et à droite deux cavaliers qui
donnent une charge sans objet dans ce contexte et revêtent un aspect irréel[11].
Tous ces sabreurs et ces lansquenets du premier plan, vus de dos et animés d'un
mouvement furieux sont en contraste absurde avec les troupes alignées pour la
revue juste derrière. Si on ne reconnaissait pas «cette pesante densité, cette
pureté incisive de ses formes»[12], on admettrait volontiers que cette zone a été
abandonnée aux assistants de Fouquet.

Mazarine, ms. 312, f° 142) ainsi que dans le Josèphe excentrique, B.N., fr. 404, f° 182 v°. Pour le motif
du festin fatal, voir infra, p. 286.

[9]   Le Josèphe du XIème siècle qui était à Chartres comportait trois bustes au livre 10 (f°s 92 v°,
94 v° et 98 v°, Delaporte, *Les manuscrits enluminés de la Bibliothèque de Chartres,* p. 11). Le Josèphe
du XIIème siècle à Berlin, lat. fol. 226, s'orne aussi à cet endroit d'un buste anonyme, Rose, *Die
Handschriftenverzeichnisse...,* XIII, 2 n. 1027, p. 1318.

[10]   Durrieu ne semble pas l'avoir aperçu, p. 31–32. Comme dit (supra, note 4), le supplice n'eut
pas lieu devant le Temple de Jérusalem. Mais Fouquet, dont la vision survole les événements,
connaît certainement le passage de la *Guerre des Juifs* (V; Lidis, p. 864) où Josèphe fait assister
Sédécias à la ruine de Jérusalem et du Temple.

[11]   Ces deux cavaliers sont nettement calqués sur des modèles de répertoire; on trouve le même
mouvement du cheval et du cavalier de droite, lance en arrêt et bouclier haut, à la Tour Ferrand de
Pernes (reproduit au musée du Trocadéro), puis dans les *Antiquités Romaines,* par l'atelier de
Fouquet, aujourd'hui au Louvre (reproduit dans Schaefer, *Fouquet,* fig. 109), à nombreuses reprises
enfin à sa suite, chez Jean Colombe (B.N. fr. 405, f° 28 v°, 49, 56 v°), dans l'*Histoire d'Orose* (B.N., fr.
64, f° 106) et dans la *Chronique de Monstrelet* de l'école rouennaise (B.N., fr. 2678, f° 1; voir Ritter-
Lafond, *Ms. à peint. de l'école de Rouen,* pl. XLVI). Le cavalier de dos, au centre de la bordure
inférieure, rappelle à peu de chose près, celui qui se trouve presque à la même place au livre 4 (f° 70,
fig. 41). Tous ces chevaux rappellent d'ailleurs étrangement quelques-uns de ceux de la *Bataille de
San Romano* d'Uccello, au Louvre, des années 1450–1460, ainsi que des dessins de Jacopo Bellini, au
Louvre également, cf. Goloubew, *Dessins de J.B.,* I, pl. 40, par exemple.

[12]   Sterling, *Les peintres primitifs,* p. 62–63.

L'exécution minutieuse du décor enveloppant un assemblage hétéroclite de motifs d'atelier donne à l'ensemble l'aspect irréel de l'allégorie. Pourtant le maître tourangeau ne dévie pas d'une lecture rigoureuse du texte. Le déroulement des événements tel qu'il est rapporté en quelques lignes dans le livre se lit, de bas en haut, dans le frontispice: la bataille, le châtiment de Sédécias et l'incendie du Temple. Au coeur de la zone sombre, au pied du Temple, Nabuchodonosor, couronné et cuirassé d'or, se tient, l'épée haute, immobile sur son cheval blanc, hiératique et imposant. Fouquet le situe très exactement sous le pilier d'angle de la châsse d'or qui représente le Temple de Jérusalem et dont le sort dépend ainsi, de façon imagée, de son bon vouloir. Lui seul fait face au roi de Juda dont la roue a tourné: il constitue le «je règne» (regno) par rapport au «j'ai régné» (regnavi), selon les termes figurant traditionnellement sur la roue de dame Fortune[13].

La juxtaposition des frontispices des livres 8 et 10 suggère des niveaux de signification différents pour chacun d'eux. Achevé ou en construction le sanctuaire reste scrupuleusement identique. Seules quelques légères fumerolles qui s'exhalent de ses porches laissent présager de sa ruine. Mais elles ne paraissent pas plus mettre en danger cette masse de pierre et d'or que les quelques porteurs de torches qui s'en approchent. Faut-il comprendre que le temps n'a pas prise sur le Temple, dans une acception spiritualiste de sa finalité? En tout cas le balcon du palais royal qui abritait au livre 8 le roi Salomon avec un mystérieux compagnon est occupé ici par une silhouette prostrée et muette, sans doute le prophète Jérémie pleurant la destruction du Temple[14]. Entre les deux frontispices, composition et centre d'intérêt ont varié. Le losange qui constitue la base du Temple a reculé et n'empiète pas sur la moitié inférieure du frontispice[15]. Au temps de la construction, le devant de la scène était occupé par des artisans industrieux, apportant chacun sa part à l'entreprise commune. Ici le bas du frontispice est devenu une masse compacte, livrée à la violence et à la force brutale. L'affrontement du palais royal et du Temple, la rivalité entre les deux pouvoirs s'estompe à présent dans le lointain. Dans une grisaille morne et uniforme les Hommes de toute appartenance s'abandonnent à la fureur des instincts sauvages qui les dominent. On dirait une leçon morale tirée par un artiste désabusé sur les événements et les hommes de son temps.

---

[13] Supra, p. 129, note 27; voir aussi Nelson, «Mechanical Wheels of Fortune, 1100–1547», *Journal of Warburg and Courtauld Institute,* 43 (1980), p. 227–233. Dame Fortune peut être considérée comme le *leitmotiv* des *Cas* de Boccace, voir Pleister, *op. cit.,* p. 12.

[14] Le prophète Jérémie est représenté pleurant la ruine du Temple et de Jérusalem, dans de nombreuses Bibles, au début du livre des *Lamentations*; ainsi Musée Condé, ms. 5, f° 125 v°; B.M., Royal 19D11, f° 357 v°; Mazarine, ms. 312, f° 249 v°. En parallèle, on trouve aussi Jésus pleurant le second Temple, voir infra, p. 179. Mais ce peut-être aussi le Messie, qui, comme le rapporte André de Saint-Victor, est né le jour de l'incendie du Temple et qui est là à attendre son temps, voir Smalley, *The Study of the Bible in the Middle Ages* (Oxford, 1952), Indiana, 1964, p. 163 (Voir Talmud de Jérusalem, *Berakhot,* 82; Midrach Rabba, *Lamentations,* 1; Midrach *Panim Aherim*).

[15] Le losange est un élément de base dans le style de Fouquet, voir supra, p. 95.

Livre 11

La carrière légendaire du grand Cyrus

Durrieu décrit le frontispice au livre onze de notre manuscrit (f° 230 v°) comme «une des plus admirables miniatures qui aient jamais été exécutées dans aucun temps et aucun pays» (p. 50). Une étude iconographique de son héros, Cyrus, roi des Perses, contribuera à l'éclairage du contexte idéologique qui donne à l'oeuvre de Fouquet sa qualité particulière (fig. 75). Car ce que Durrieu admire est vraisemblablement l'exceptionnelle harmonie entre la richesse du contenu et le pouvoir expressif des formes. Le sujet de cette peinture, «la clémence de Cyrus» selon Durrieu, n'a jamais été remis en question. Il s'accorde incontestablement avec le texte de Josèphe, situé en regard avec le frontispice, au feuillet 231: «Si appela Cyrus tous les plus nobles des juifs qui habitaient en Babilonie». Mais il n'est pas difficile de s'apercevoir que Fouquet ne se contente pas d'une illustration servile du texte. Il construit un décor, des personnages, des attitudes qui ne rendent même pas ce qui apparaît comme le motif principal de ce début de livre dans les *Antiquités.* Josèphe insiste, en conformité avec le récit biblique, au début du livre d'*Ezra* (ou Esdras), sur une profession de foi en Dieu, assez inattendue dans la bouche du conquérant perse. Le frontispice de Fouquet est loin de traduire un état d'esprit correspondant.

Le roi Cyrus occupe une place importante dans la mythologie iranienne. Vainqueur des Mèdes et fondateur d'une dynastie, il est dans l'ordre des choses que la légende se soit emparée de sa figure pour en souligner le caractère héroïque. Plus exceptionnel est le passage du mythe de Cyrus tel quel dans le patrimoine culturel du monde occidental chrétien. Ce sont les historiens grecs de l'Antiquité, Ctésias, Hérodote et Xénophon qui se sont faits ses propagateurs en rapportant dans leurs écrits la naissance et la jeunesse merveilleuses du fils de Cambyse. Son histoire a été justement rattachée à un archétype mythique de l'enfance du héros qui reparaît sans doute dans toutes les civilisations: sa naissance est considérée comme un mauvais présage par le roi Astyage, son grand père, qui donne ordre de le mettre à mort. Sauvé *in extremis*, il passe son enfance dans la montagne avec les bergers et finit par réaliser les prédictions qui avaient mis son existence en danger: il évince son grand père et usurpe son trône[1]. Comme dit, la Bible puis Josèphe ont enrichi la biographie du

---

[1] Voir surtout Georg Hüsing, «Beitrage zur Kyros-Sage», *Orientalische Literaturzeitung,* Berlin, 1903, col. 114, 145, 200; 1904, 125, 173; 1906, 77, 123; Joseph Campbell, *The Hero with a Thousand Faces* (New York, 1949), Londres, 1975, p. 271 et sq. (sans mention de Cyrus d'ailleurs); Schmitt,

personnage d'une dimension spirituelle qui se prêtait particulièrement aux interprétations typologiques[2].

Pour Isidore de Séville (560–636), il est la préfigure du Christ. Le Temple qu'il autorise les Juifs à reconstruire à Jérusalem est la préfigure de l'Eglise divine regagnant la Jérusalem céleste. Pour Bède le Vénérable (673–735), il est l'antétype de Jésus triomphateur qui vainc le Satan et force les portes de l'enfer. Le retour des exilés de Babylonie symbolise le retour dans le giron de l'Eglise des hérétiques et des dissidents trompés par le diable[3]. Puis, vers le XIVème siècle, la littérature historique populaire se fait l'écho des anciennes légendes iraniennes[4]. Leur résurgence impromptue laisse supposer l'existence d'un «roman antique» du type du *Roman d'Alexandre,* mais nous n'en avons pas trouvé trace. La carrière légendaire de Cyrus s'achève apparemment avec le roman-fleuve de Madeleine de Scudéry, *Artamène ou le Grand Cyrus* (1649–1653)[5].

Les plus anciennes illustrations de Cyrus connues remontent au XIème siècle. Elles apparaissent simultanément dans des Bibles et dans des *Antiquités*[6]. Comme dit (p. 33), la figure de Cyrus reparaît avec une grande régularité au cours des siècles, ce qui confirme l'ascendant du personnage; dans la vision eschatologique du Moyen âge, il représente l'Empire des Perses, le deuxième des quatre qui, selon le livre de *Daniel* (VIII, 22) se succéderont avant la fin des temps[7]. L'exceptionnelle polyvalence de Cyrus se résume, à partir du XIIème siècle, dans les illustrations, en quatre principaux types de représentations: les

---

Gall, Heydenreich éd., *Reallexikon der Deutschen Kunstgeschichte,* vol. III, Stuttgart, 1954, col. 899–911.

[2] Le personnage de Cyrus occupe une place assez exceptionnelle dans la Bible. Dans *Isaïe* (XLIV, 28), il est appelé «mon berger» ou le «messie» (XLV, 1–13); il est cité dans *Daniel* et clôt la Bible avec les derniers versets de II *Chroniques* (XXXVI). Sa position dans la littérature rabbinique est ambivalente; voir *Encyclopaedia Judaica,* vol. 5, col. 1184–1186.

[3] Respectivement: *Quaestiones in vetus testamentum, Esdras,* I, 1 (*P.L.,* 83, col. 421); *In Esdram et Nehemiam prophetas allegoria expositio,* I (*P.L.,* 91, col. 811-2).

[4] Nous en avons trouvé témoignage dans les oeuvres suivantes: la *Bible historiale* (B.M., Royal 15 DI, f° 60), *le Miroir historial* (B.N., fr. 50, f°91 v° -92), *la Fleur des histoires* (B.N., fr. 55, f° 172v°), le *Trésor des histoires* (Arsenal 5077), *le Miroir de la salvation humaine* (B.N., fr. 6275, 3 v°: l'annonce de la naissance de Cyrus y préfigure l'annonce à Joachim), les *Cas des nobles hommes et femmes* de Boccace (B.N., fr. 227). Tous ces manuscrits présentent des peintures illustrant les légendes de Cyrus, excepté les ms. Arsenal, 5077 et B.N., fr. 227.

[5] Dans le prologue aux dix volumes de son roman, l'auteur déclare avoir tiré son inspiration des sources antiques et d'un «manuscrit rare et précieux de Hégésipus»... (dans une réimpression moderne de l'édition de 1656).

[6] *Reallexikon, ibidem;* C.O. Nordström, «Rabbinic Features in Byzantine and Catalan Art», *Cahiers archéologiques,* XV, 1965, p. 203–205.

[7] Le thème des quatre empires est très courant dans la littérature rabbinique, ainsi *Midrach Rabba, Genèse,* XLIV; *Exode,* XV; *Proverbes,* XXX (Cyrus y est évoqué) etc. L'une des sources principales est *Zacharie,* VI, 1-6. Les quatre empires sont: Babylone, Mèdes, Grecs et Romains. Les sources chrétiennes évoquent quatre personnages (en compromis entre les quatre empires et les quatre bêtes de *Daniel* (VII, 2-8): Nabuchodonosor ou Nemrod, Cyrus ou Darius, Alexandre, César ou Auguste.

bustes[8], le triomphateur à cheval (fig. 77), la scène du trône (fig. 76) et la reconstruction du Temple de Jérusalem (fig. 78). Ces quatre types comptent, comme par un fait exprès, parmi les motifs les plus anciens dans le répertoire des grandes civilisations indo-européennes. Bustes et scènes de construction ont déjà retenu notre attention (p. 62 et 116); la figuration équestre du triomphateur sera étudiée au livre 12 (p. 143 et suiv.). La scène du trône a servi de base à la construction du frontispice de Fouquet (fig. 75), c'est donc elle qu'il convient de considérer ici.

La scène du trône

Depuis les origines, qui remontent aux époques les plus reculées, il semble que cette scène ait la valeur figée d'un concept[9]. C'est la traduction en image de l'inégalité de certains hommes qui ont droit de vie et de mort sur leurs congénères. Roi ou potentat, voire divinité, le personnage est présenté de profil sur un siège de forme non différenciée avec divers attributs de son pouvoir (sceptre, dais, suivants etc.). A ses pieds un nombre variable de personnages prostrés dans une attitude humble et suppliante. En étudiant ce que nous avons appelé (p. 109) «le schéma du messager», nous avons remarqué que dans ce dernier il y a passage, transmission. Dans le motif du trône, c'est la différence de statut qui est immortalisée; l'excellence du roi ou de la divinité est présentée comme une réalité immuable, figée pour l'éternité.

L'emprunt de ce motif par les illustrateurs de la «Clémence de Cyrus» le déporte apparemment de sa signification hiératique. Il y a mouvement, clémence du souverain et gratitude ou supplication des notables juifs agenouillés. Parfois le contenu de ce mouvement est particularisé et concrétisé dans un deuxième pan de l'image: on verra alors une représentation — hors du temps — de l'objet de l'entrevue de Cyrus avec les notables, la construction du Temple. La première image entièrement élaborée de ce type apparaît au XIIème siècle déjà dans la *Bible de Gumpertus* (Bibliothèque universitaire d'Erlangen, cod. 121, f°288v°). On le retrouve au XIIIème siècle dans la *Bible moralisée,* à la hauteur du livre d'*Ezra* (f°s 184 et 185v°, Laborde), puis dans les diverses Bibles françaises du XIVème et du XVème siècle[10]. Certains illustrateurs des Antiquités reprennent

---

[8]   Dans les manuscrits des *Antiquités* les plus anciens; Chartres ms. 29, dont seule demeure la description de Delaporte, *Les ms. enluminés de la Bibl. de Chartres,* p. 11; Bibliothèque universitaire de Berlin, lat. fol. 226; Rose, *Die Hs-verzeichnisse der Königlischen Bibliothek zu Berlin,* XIII, 2, nr. 1027, p. 1318.

[9]   Ainsi, dans l'art babylonien, la tablette de pierre de Sippar, IXème siècle avant notre ère, British Museum (91000); Parrot, *Assur,* Paris 1961, fig. 215.

[10]   Pour le XIIIème siècle, à la Laurentiana de Florence, Camald. 149, f°169 (voir P. Ancona, *La miniatura fiorentina,* Florence, 1914, pl. VI); pour le XIVème, Musée Condé, Chantilly, ms. 4, f°313; pour le XVème, B.M., Royal 15 D.I., f°62v°; B.N. fr. 159, f°240v°; des exemples supplémentaires dans Ehrenstein, *Das Alte Testament im Bilde,* p. 908-9, fig. 58–59.

servilement le motif traditionnel (fig. 79 et 80). La scène du trône subit le sort de la plupart des motifs, érodés par un usage répété, pour devenir un stéréotype édulcoré, dans les scènes de dédicace (voir p. 62).

En faisant abstraction du réalisme de Fouquet et des qualités spatiales du décor, on constate que, cette fois, son frontispice reste dans la ligne de la tradition iconographique séculaire (fig. 75). Le sujet en est bien une scène du trône. Le modernisme des formes ne fait que cacher une stratification méticuleusement concertée d'éléments symboliques accumulés. Déjà l'attitude hiératique un peu figée des personnages nous replace dans le contexte oriental d'origine du motif. L'artiste semble nous priver, à dessein, de toute allusion à l'objet de l'entrevue entre Cyrus à droite, les douze notables agenouillés au pied des marches du trône et la foule des juifs à gauche, sous l'arc de triomphe qui donne accès à l'enclos où siège le souverain. A son habitude, Fouquet use de poncifs que l'on peut reconnaître au passage. Seul leur agencement dans la composition d'ensemble peut nous révéler l'intention du peintre.

Le portique à l'antique qui abrite le trône de Cyrus est d'un type que l'on retrouve dans d'autres oeuvres de Fouquet: il surmonte l'entrée du Temple de Jérusalem dans les *Heures d'Etienne Chevalier*. Le Ponce-Pilate du même manuscrit, inversement assis, à l'extrême gauche, ressemble beaucoup à Cyrus: même posture déhanchée, même position de la main et du bras gauches, même grand siège gothique de bois (ici drapé d'une tenture), sur trois marches couvertes d'un tapis[11]. L'arc de triomphe, à gauche, est d'un type usuel dans l'enluminure flamande, chez Fouquet puis dans l'art français à sa suite[12]. Son teint uniformément gris et son manque de profondeur est en flagrante opposition avec le portique royal à droite, éclatant de lumière et solidement construit dans l'espace. Au milieu d'un paysage de rêve, tout en pastels, il a l'aspect fin et frêle d'un château de cartes. Il est orné de victoires en écoinçons et d'une scène de bataille en frise. Une colonne grise dont la saillie en ronde bosse tranche avec la platitude du décor, épaule l'arc à sa jointure avec la murette qui ferme l'enclos royal. Au sommet de la colonne, la statue dorée d'un guerrier

---

[11]   Schaefer, *H.E.C.,* pl. 7, Visitation; Ponce-Pilate apparaît pl. 15. Sous la tapisserie qui le drape, on reconnaît un trône de bois du type reproduit par H. Martin, dans *la Renaissance française,* série «La grammaire des styles», Paris, 1928, pl. V, p. 32. Il est caractérisé par son dossier droit, ses accoudoirs et surtout les quatre boules qui en ornent les angles. Il a joui d'une grande diffusion dans la peinture en France dès le XIIIème siècle (Cockerell-Plummer, *Old Testament Miniatures,* p. 12, 18v°, 23 etc...) et en Italie de la Renaissance, voir par exemple le siège de Federigo da Montefeltro dans le célèbre tableau de Berruguete, à Urbino, 1477 (Levey, *Early Renaissance,* fig. 12).

[12]   Il apparaît pour la première fois, semble-t-il, dans les *Très riches Heures du duc de Berry,* Musée Condé, Chantilly, ms. 65 (supra p. 126 note 16); voir aussi le catalogue de l'exposition *Primitifs flamands anonymes,* Bruges, 1969, fig. 7, 28, 49, 87. Un arc de ce type apparaît aussi au f° 187 du Boccace de Munich, cod. gall. 6 (Perls, *J. Fouquet,* fig. 151), puis dans divers manuscrits de Romuléon, de la fin du XVème siècle (Schaefer, Die «Romuleon Hs...», *Jahrbuch der Berliner Museen,* 23, 1981, fig. 9 et 10).

armé d'une lance, dont le mouvement rappelle le geste menaçant du bourreau, au frontispice du VIIème livre (p. 110, fig. 56). Ainsi posté, ce guerrier ne peut en vouloir qu'à la foule silencieuse des quémandeurs juifs à ses pieds. Est-ce le signe des sentiments de Fouquet lui-même envers les Juifs?

L'inexplicable tristesse du souverain semble gagner tous les participants de cette scène dont le message devrait être exaltant, bien au contraire. Fouquet dispose çà et là des personnages comme des potiches, pour meubler des coins morts dirait-on. Deux dignitaires verts et roses sont placés symétriquement de part et d'autre du trône; entre les deux colonnes du fond, un digne vieillard couvert d'un vaste chapeau blanc-crème en pointe paraît absorbé dans un discours éloquent qu'il est seul à entendre. A demi masqué par une colonne violacée, un personnage barbu dont les longs cheveux sont réunis sous un turban doré se réclame à l'attention du spectateur par sa manche verte qui enlace le fût de la colonne avec le même geste que celui du bonhomme sur le perron du palais royal, au frontispice du livre 8 (fig. 62).

D'après nos observations, ce frontispice si élaboré est le seul qui ait été copié par la suite — ou, à la rigueur, dont un prototype inconnu ait été copié par la suite — outre le Josèphe de la collection Bodmer à Genève, bien entendu. La bénédiction du patriarche Jacob au Pharaon (*Genèse*, XLVII, 10) dans un manuscrit de l'*Histoire universelle* d'Orose aujourd'hui à la Bibliothèque nationale de Paris (fr. 64, f° 53) et exécuté vers 1460 par un disciple de Fouquet justement, se présente sous une forme qui rappelle presque point par point le frontispice du Maître[13]. Mais nous avons découvert avec surprise, par ailleurs, dans une iconostase orientale du XVIIème siècle, conservée au Musée byzantin d'Athènes, un petit panneau qui peut être considéré comme une réplique du chef-d'oeuvre de Fouquet[14]. Sans doute le message en était-il plus accessible qu'il ne l'est à l'heure actuelle.

En fouillant un peu plus les détails révélateurs du frontispice, on découvre une orientation christologique systématique. Le beau roi mélancolique dont le visage et la robe sont empruntés au Jésus devant Pilate et de la montée au Calvaire, tels que Fouquet lui-même les représentait; le mystérieux prophète au chapeau blanc dont le geste est celui du grand prêtre désignant Jésus, dans la Procuratie romaine; la statue dorée du soldat qui s'apprête à pourfendre les déicides; enfin et surtout le nombre précis de onze dignitaires à genoux au pied du trône royal, avec un douzième rejeté à l'extérieur, dos au spectateur, revêtu d'une robe brune comme celle de Judas dans la Cène des *Heures d'Etienne Chevalier*[15]. La typologie des docteurs de l'Eglise est tracée en filigrane sous le

---

[13] Supra, p. 105 note 19; les Romuléon déjà mentionnés comportent aussi une réplique de ce modèle, voir Schaefer, *ibidem,* fig. 32.

[14] Nous n'avons pas pu nous procurer de reproduction de ce panneau.

[15] Schaefer, *H.E.C.,* pl. 15, 16 et 30. Le geste du montreur a fait l'objet d'une étude de Cl. Gandelman, «Ostention as a pictorial category: the gesture of the montreur in Quattrocento

réalisme apparent des figures et du drame. Les deux histoires sont contées simultanément, le sens littéral et le sens allégorique apparaissent côte à côte dans cette ingénieuse composition. D'une part Cyrus annonce aux Juifs la bonne nouvelle du retour à Jérusalem; d'autre part, sous les mêmes formes, Jésus annonce la même bonne nouvelle transfigurée aux onze apôtres. Outre sa perfection artistique, ce frontispice est un document humain sans pareil. Il illustre mieux que n'importe quel traité la conception du monde d'un humaniste français du XVème siècle. L'univers y est régi par un réseau serré de correspondances qui transcendent un temps et un espace relatifs[16]. Dans l'infini divin que Fouquet essaie de capter par la magie des formes, Cyrus et Jésus vivent ensemble dans la même personne; leur action reste perceptible à travers les âges et s'offre, tangible, sous le pinceau de l'artiste. Pour anti-scientifique qu'est cette vision polyvalente de la réalité unique, masquée par le pluralisme des apparences, elle est fascinante par sa richesse dont le baroque cherchera à exploiter les résonances.

---

painting», à paraître dans *American Journal of Semiotics,* Special Number on Art (1985). Dans ce contexte, on remarque chez Fouquet un autre geste peut-être expressif: le pouce gauche passé dans la ceinture roulée.

[16]   Voir D. Koenigsberger, *Renaissance Man and Creative Thinking,* Hassocks, 1979, surtout p. 100 et suivantes.

Livre 12

L'ENTRÉE TRIOMPHALE DE PTOLÉMÉE SOTER

Après avoir épuisé l'histoire consignée dans la Bible hébraïque, les *Antiquités judaïques* de Josèphe traitent, au douzième livre, de la période troublée de l'Etat hasmonéen jusqu'à sa perte. Josèphe s'inspire entre autres des livres des Macchabées[1] dont seule la version grecque subsiste et que la tradition juive range parmi les Apocryphes. La relation des événements, échelonnés du quatrième au second siècle avant notre ère, recoupe celle des historiens grecs et romains qui couvre cette époque d'un réseau déjà important d'informations[2]. La figure dominante est celle d'Alexandre de Macédoine, entourée de légendes; elle préside à l'hellénisation progressive du Proche-Orient et, par contre-coup, à la révolte de Mathatias et de ses fils.

Ces événements marquent aussi, paradoxalement, le début de l'expansion des croyances juives à travers le monde païen. La traduction alexandrine des *Septante,* sous l'égide de Ptolémée Philadelphe, en est le signe manifeste, cependant qu'un fossé d'antagonisme se creuse entre les deux grandes civilisations du temps, judaïsme et hellénisme. Le martyre de Hanna et de ses sept fils et les prouesses des guérilleros juifs animés par le «preux» Juda et ses frères, en soulignent le cheminement versatile. Avant de devenir le foyer spirituel de la diaspora juive et de la nouvelle foi qui va naître de ses cendres, Jérusalem devient peu à peu cette capitale, perpétuellement vaincue, ravagée et restaurée, sous les yeux d'un monde étonné; elle constitue comme le symbole de la primauté de l'esprit sur la matière, du courage d'une élite sur la force brutale des professionnels de la guerre. L'imagination extasiée d'une foule grandissante de clercs et de fidèles adopte ces héros et ces scènes avec tout l'éclat d'une gloire soigneusement entretenue; dans un jaillissement intarissable de récits merveilleux, toujours plus riches et plus détaillés, l'Eglise a appris à faire resplendir ses saints, ses chevaliers et ses martyrs.

Des textes nombreux et variés attestent l'intérêt passionné des générations sur cette période de l'histoire humaine: depuis le cycle des *Romans d'Alexandre* jusqu'à l'*Histoire scolastique* de Pierre le Mangeur, depuis Quinte Curce, Orose et le pseudo-Callisthène jusqu'à Boccace, depuis l'*Annolied* allemand jusqu'à la *Fleur des Histoires* en français, en passant par la version hébraïsée de Tarascon et les diverses adaptations en néerlandais, légendes et histoires se trouvent étroitement mêlées; la contribution de Josèphe s'insère dans un écheveau touffu

---

[1] Pour la lecture chrétienne de ce livre, voir supra, p. 14.
[2] G. Hölscher, *Die Quellen des Josephus,* Leipzig, 1904.

de récits et de traditions antiques et moyen-âgeuses, religieuses et profanes, chrétiennes, juives et païennes[3]. Le reflet de cette production littéraire anarchique et prolifique nous est donné de façon révélatrice et immédiate par les vestiges artistiques, chaque époque mettant en image, surtout dans l'illustration des manuscrits, l'aspect spécifique le plus proche de ses préoccupations. Mais aucun texte ne peut conserver plus qu'un pâle reflet de l'emprise de ces légendes sur le public et il ne peut être question aujourd'hui de chercher à rattacher telle image à tel texte précis: ce n'est pas Alexandre selon Josèphe qui est représenté, c'est le monde d'associations que ce nom éveille dans l'esprit des contemporains.

L'idée générale qui se dégage de l'ensemble plutôt disparate des illustrations au douzième livre des *Antiquités* est celle de la grandeur humaine, avec son corollaire inévitable de précarité et de fragilité devant la destinée, dans la perspective moralisatrice du moyen âge chrétien. Le sens précis de la plupart de ces images ne saurait être élucidé aujourd'hui, semble-t-il, sans l'appui d'une étude approfondie des connotations suscitées, au cours des âges, par les personnages et les événements de ce livre. Le souverain représenté debout ou sur son trône, seul ou avec d'autres personnages, peut aussi bien être Alexandre, dont la fin prématurée intervient à la fin du onzième livre, ou Antigone, le diadoque qui reçut l'Asie en partage, ou l'un quelconque des Ptolémée d'Egypte (fig. 84–85)[4]; même le message, apparemment explicite, du subalterne que la mort de son chef élève au plus haut rang devient illisible dans un réemploi du XVème siècle[5]. Un Timothée épisodique (*A.J.,* XII, chap. 12; Lidis, p. 383; I *Macch.,* IV, 6–37; II *Macch,* VIII, 30) est représenté dans un Josèphe du XIème siècle, sans doute par confusion avec le saint du même nom[6].

Il faut garder à l'esprit cette réflexion traditionnelle sur les grands de ce monde pour aborder la lecture de ce passage par Fouquet, au f° 248 de notre manuscrit (fig. 83). Fouquet choisit l'entrée triomphale comme image du pouvoir temporel exercé par les souverains hellénistiques. Certes il est question à plusieurs reprises dans le texte de la visite, généralement saluée par des massacres, d'un potentat à Jérusalem. C'est l'occasion d'une docte controverse entre érudits: pour Curmer il s'agit de l'entrée d'Antiochus Epiphane (chap. 7, p. 377); pour Durrieu, de

---

[3]   Voir Ross, *Alexander historiatus,* Londres, 1963.

[4]   Stuttgart, Würt. Landesbibl. cod. hist. fol. 418, f° 160; P.M.L., MS. 533, f° 127 v°; Arsenal, ms. 3686, f° 173; *ibid,* ms. 5082, f° 295 v°; B.N., fr., 13, f° 308.

[5]   Dans le Josèphe du XIIème siècle, au Merton College, M2-11, f° 67 v°, le trône d'Antigone est posé sur le sarcophage d'Alexandre, où se lit une inscription sur la vanité des choses de ce monde (Cahn, p. 301, fig. 5); le ms. fr. 6446 de la B.N. représente au f° 163 v° un roi avec une barbe rousse et une couronne à arches, assis sur un trône sous lequel gisent en tête-bêche deux personnages couronnés.

[6]   Chartres, Bibl. munic., ms. 29, f° 116 v°; Delaporte, *Les ms. enluminés de la Bibl. de Chartres,* p. 11.

l'incursion de Ptolémée Soter (chap. 1; p. 361)[7]. Comme nous ne connaissons pas d'exemple de ce dernier événement, avec des exceptions très spécifiques, et que l'entrée d'Antiochus, au contraire, est presque l'image de marque du premier livre de la *Guerre des Juifs* (infra, p. 168 et suiv.), l'hypothèse de Curmer nous paraît plus plausible[8]. Mais dans sa vision synthétique, Fouquet condense une série d'événements dans une seule perspective qui en saisit les correspondances. Aussi ne semble-t-il pas pertinent de s'attarder sur l'identité d'un personnage qui est plutôt une allégorie.

LE MOTIF DU CHEVALIER

En ce sens, il est plus judicieux d'examiner le motif équestre qui est l'élément de base du frontispice de Fouquet. Comme le montre l'étude de Janson, l'origine du motif remonte au deuxième millénaire avant notre ère et ses premières manifestations apparaissent à la fois en Mésopotamie et en Egypte[9]. Mais le prestige qui s'attache au concept du cavalier ne date que de la civilisation gréco-romaine et atteint son apogée avec l'idéal du chevalier courtois autour du XIIème siècle. En Italie, c'est la puissance de caractère de l'homme d'armes qui tient tête à sa destinée qui est célébrée dans la personne du «condottiere». Peint ou en relief, le motif qui traduit ces mythes en images n'a guère évolué depuis les origines, si ce n'est sur les accessoires et l'équipement. Représenté de profil, pour des raisons bien compréhensibles, le cavalier de prestige s'avance au pas de gauche à droite (le cheval au galop apparaît pourtant déjà dans l'art assyrien du VIIème siècle avant notre ère)[10]. Il indique le triomphe du personnage concerné, généralement en tenue militaire, avec à la main une bannière, une lance, un sceptre ou quelque autre attribut. Il représente des Empereurs romains sur des médailles ou des monnaies de l'Antiquité[11]. Ainsi apparaît, à fresque, le Christ triomphant du XIIème siècle, à la voûte de la crypte de St. Etienne d'Auxerre[12]. Dans l'enluminure byzantine du IXème siècle, on trouve une série de cavaliers de

---

[7]   Curmer, *L'oeuvre de J. Fouquet,* Paris, 1867, p. 89; Durrieu, *Antiquités,* p. 33, note 3. Dans les premières lignes du livre, Josèphe relate la fourberie de Ptolémée Soter, profitant du repos du Sabbat pour s'emparer de Jérusalem sans coup férir.

[8]   Les exceptions sont la *Bible rimée néerlandaise,* B.R., 15001, f° 112v° (fig. 67) et Mazarine, lat. 1581, f° 228. S'il s'agit d'Antiochus Epiphane, le frontispice représente un épisode rapporté quelques lignes après la première entrée de ce roi dans la cité. Deux ans plus tard, Antiochus revient à Jérusalem et livre cette ville déjà soumise au pillage.

[9]   Janson, «The Equestrian Monument from Cangrande...», *16 Studies,* New York, n.d., p. 159–188. Voir aussi Adhémar, *Influences antiques,* p. 207.

[10]   Fresque murale du palais de Til-Barsib, Parrot, *Assur,* fig. 339. Notre affirmation se fonde sur l'examen de près de cinquante exemples collectionnés au cours des années.

[11]   Voir supra, p. 126; médaille de l'Empereur Valens, Vienne, Kunsthistorisches Museum; Grabar, *Le premier art chrétien,* fig. 17.

[12]   Michel, *La fresque romane,* p. 6, fig. 1.

ce type, figurant Nabuchodonosor de Babylonie (fig. 82)[13]. En Occident, une longue galerie de princes et de preux méritent, à partir du XIIIème siècle, l'attribut triomphal: héros de l'antiquité, tels Josaphat (fig. 63), Cyrus (fig. 77), Alexandre, Ptolémée Soter (fig. 83 et 67); Antiochus Epiphane, Antiochus Eupator, Juda le Macchabée et ses frères, Hérode (fig. 99), Vespasien (fig. 128), Titus (fig. 133–134)[14]; héros légendaires, tels le cavalier divin d'Héliodore ou le roi Arthur; enfin des personnages allégoriques, telle *Superbia,* l'orgueil, dans la *Psychomachie* de Prudence, aussi bien dans la miniature, depuis le XIème siècle, que dans la statuaire des cathédrales[15].

C'est bien dans l'esprit triomphal et suffisant de *Superbia* que Fouquet peint le potentat bardé d'or qui se rengorge à son entrée. Un seul conseiller qui a l'aspect démoniaque d'un Judas le suit en trottinant[16]. Ils longent le palais royal qui a l'air efflanqué d'une «mansion» de théâtre. La fenêtre apparaît trop proche et trop basse. Sur la droite, des victimes désarmées sont massacrées méthodiquement. Au second plan, le long d'une paisible rue de Touraine, les habitants se pressent en haie morne et résignée. Comme au livre 5 (fig. 46), Fouquet souligne le contraste entre le calme du décor et l'activité dramatique des humains. Au bout de la rue, le second Temple de Jérusalem, lourd et trapu dans sa livrée d'or, n'apparaît plus comme un symbole de spiritualité (supra, p. 134)[17]. Le relief tourmenté de la chaîne de montagnes qui ferme l'horizon est inhabituel dans l'illustration de Fouquet; il traduit probablement l'émotion contenue du peintre.

Or les entrées royales faisaient partie de la routine professionnelle d'un peintre

---

[13]   Dans les *Sacra Parallela,* B.N., grec, 923, f° 31; voir aussi Dufrenne, *L'illustration des Psautiers grecs,* p. 45, pl. 42 et p. 65, pl. 59.

[14]   Mentionnons quelques autres exemples non figurés dans cet ouvrage: Alexandre, voir Ross, *Illustrated Medieval Alexander Books,* pl. 13; les deux Antiochus, B.M., Royal 15 DI, f° 138 v° et 175; Juda, B.N. fr., 15104, f° 1.

[15]   Héliodore: B.N. lat. 11534, f° 188 v°; Arthur et ses chevaliers: B.N. fr., 342, f°s 1, 16 v°, 29 v°, 99 etc...; *Superbia,* voir Stettiner, *Die Illustrierten Prudentius—Hss,* pl. 29, entre autres; Michel, *op. cit.,* p. 162; Mâle, *XIIIème,* p. 201 et suiv. Remarquons que *Superbia* est souvent représentée désarçonnée.

[16]   Ce profil, parfois avec un nez crochu, une barbiche longue et pointue et un chapeau pointu à bord retroussé se retrouve au livre 7, également à gauche, sur les marches du perron; on le trouve dans d'autres illustrations du temps, ce qui nous fait croire à un stéréotype de juif, probablement calqué sur le théâtre (Exemples: Arsenal 590, *Bible de Charles V, f°* 496 v°: «Paul discute avec un juif»; B.N. lat. 18014, *Petites Heures* de Jacquemart de Hesdin, f° 207, «naissance de Jean-Baptiste»; B.N. lat. 4915, f° 89, *Mare Historiarum,* «Alexandre et les juifs»; même Joseph est présenté parfois ainsi, dans l'*Adoration* du Maître du Retable de St. Barthélémy, de Cologne (XIVème siècle), au Musée du Petit Palais, à Paris, par exemple.

[17]   Le second Temple n'atteignit jamais la taille ni la splendeur du premier (*A.J.,* XI, chap. IV; Lidis, p. 339); chez Fouquet il se distingue aussi du premier par les deux clochers bulbeux qui le surmontent. Nos observations ont montré que ces boules étaient considérées comme un signe distinctif du Temple de Jérusalem, sans doute basé sur un stéréotype très ancien, lié à la *Géographie* de Ptolémée, voir R. Roehricht, *Bibliotheca geographica Palestinae,* Berlin, 1890. Pour Rosenau, *Vision of the Temple,* Londres, 1979, p. 66, il s'agit d'un simple motif oriental.

comme Fouquet[18]. Le choix de ce motif peut donc s'interpréter comme une intention d'actualisation de la part de l'artiste. Le style irrespectueux et réprobateur de la facture[19] s'entend ainsi comme une critique des souverains mal conseillés et trop imbus d'eux-mêmes. Leur entrée sur la scène s'accompagne de tueries et d'exactions. Les bras levés en signe d'impuissance du personnage enturbanné, à la fenêtre du palais royal, marquent la consternation indolente de ces prêtres qui, à l'instar des rois-prêtres hasmonéens, abandonnent leur tâche et leur vocation pour se jeter dans le temporel, au détriment de la communauté.

---

[18] Le nom de Fouquet apparaît dans les archives de Tours en 1461, parmi les hommes de métier préparant l'entrée solennelle du roi Louis XI dans la ville. Schaefer, *Fouquet,* p. 52; Chartrou, *Les entrées solennelles et triomphales à la Renaissance* (1428–1551), Paris, 1928; Guénée, *L'occident aux XIVème et XVème siècles: les Etats,* Paris, 1971, p. 88.

[19] Signalé par Schaefer, *Fouquet,* p. 248.

Livre 13

LE PRINCE-PONTIFE JONATHAN

La mort de Juda le Macchabée et l'accession de son frère Jonathan au commandement suprême de la révolte juive constituent l'articulation du treizième livre des *Antiquités judaïques* de Josèphe. Le récit de la carrière du nouveau prince-pontife s'ouvre sur deux démarches qui mettent en lumière sa personnalité. Il apparaît doué d'un opportunisme dont l'utilité en politique est plus grande que la valeur militaire. Acculé au Jourdain avec sa suite par la phalange de Bacchidès, général de Démétrius de Syrie, et conscient de son infériorité numérique et qualitative, Jonathan fuit à la nage. Puis il châtie cruellement les pillards d'Amar[1] qui ont attaqué, détroussé et assassiné son frère Jean, en route vers le royaume des Nabatéens: tous les convives d'une noce célébrée chez le prince arabe Amar sont massacrés. Désorganisés et persécutés, les rebelles juifs implorent Jonathan de prendre leur tête. D'habiles manoeuvres lui permettent en fin de compte de se faire reconnaître grand-prêtre de Jérusalem et chef suprême de son peuple[2]. Josèphe suit fidèlement le récit du premier livre des *Macchabées,* qui s'achève sur l'accession au pouvoir de Jean Hyrcan, fils du dernier des «glorieux frères», Simon. A partir de là, Josèphe fait appel à diverses sources locales et étrangères reconstituées et inventoriées par Gustav Hölscher, au début de ce siècle[3].

Ce récit fait concurremment l'objet des deux premiers livres de la *Guerre des Juifs,* composé antérieurement comme on sait. Ceci induisit divers scribes à couper le récit des *Antiquités* à la fin du douzième livre pour y incorporer les sept livres de la *Guerre des Juifs,* avec son prologue. L'ensemble s'en trouve réduit à vingt-deux, les livres treize à dix-sept des *Antiquités* étant totalement éliminés du cycle. F. Blatt a recensé 21 manuscrits de ce type, datant du XIIème au XIVème siècle[4]. Nous en avons examiné onze, dont un n'appartenait pas à ce type[5]. Aucun des dix autres n'était illustré, à l'exception d'une vignette insignifiante au premier livre. Un supplément d'étude serait nécessaire pour étudier l'influence

---

[1] La nature de ce nom est incertaine; l'original grec porte: «Amaraiou païdes» chez Josèphe et dans I *Macchabées* (IX, 36): «Iambrien» (voir l'édition des *Apocryphes* de A. Kahana, Tel-Aviv, 1956, p. 141 (en hébreu). Dans les ms. B.N., fr., 6446, f° 179, puis fr. 13, f° 334 v°, on trouve la forme: «Arey».

[2] I *Macchabées,* X, 19–20; P. Vidal-Naquet, *Du bon usage de la trahison,* p. 44.

[3] Voir, p. 141, note 2.

[4] P. 54; il s'agit du type 'μ'.

[5] Le ms. P.M.L. 533-4, en fait, n'appartient pas à ce type. C'est probablement une erreur.

de cette articulation singulière sur l'iconographie, déjà délicate en elle-même, des livres concernés. Les effets devraient se manifester dans le sens d'un affaiblissement de la tradition, déjà ébranlée par la mise en veilleuse des textes de Josèphe à la fin de la période en question (supra, p. 41 et suiv.).

Ceci dit, on constate une uniformité remarquable dans l'illustration du treizième livre des *Antiquités* au cours des siècles. Deux thèmes principaux y sont traités alternativement: «Jonathas», le «prince-évêque», d'une part et la noce tragique d'Amar de l'autre. Dès le XIIème siècle, la figure du pontife-roi apparaît dans un manuscrit de Josèphe (B.N. lat. 16730, f° 113; fig. 11): ce cumul du pouvoir temporel entre les mains de la plus haute autorité spirituelle était l'incarnation du rêve le plus cher des clercs et des théologiens[6]. De fait quand l'illustration des livres devient l'affaire du monde laïc, au XVème siècle, la conception change: c'est en tant que roi couronné que Jonathan est glorifié (Arsenal, ms. 3686, f° 190; fig. 89).

LE FESTIN FATAL

La noce sanglante d'Amar est représentée sous la forme d'un festin perturbé par des massacres. L'idée fondamentale du banquet guet-apens apparaît comme un archétype qui intervient dans toutes les mythologies. Pour mention, citons au passage les festins d'Amnon (II *Samuel,* chap. XIII), Balthazar (*Daniel,* V) et Esther (*Esther,* VII), dans la Bible; le festin de Pirithous et d'Hippodamé dans les *Métamorphoses* d'Ovide (XII, 210)[7]; d'une certaine façon aussi les festins de l'Evangile, les noces de Cana, le repas chez Simon et la Cène; enfin les Chevaliers de la Table Ronde et le cycle d'Arthur. Pour figurer ce brutal passage de l'harmonie entre convives à une sauvage tuerie, l'artiste peint une table nappée, avec quelques personnages placidement assis derrière, au centre de la composition. Les troubles interviennent sur les côtés, généralement par l'intrusion d'hommes d'armes (fig. 86). La formule se trouve dans des Bibles, à partir du XIème siècle (B.N., lat., 6[3], f°s 66 et 97; P.M.L., M. 638, f° 41v°)[8], et dans l'*Histoire d'Arthus* (B.N., fr., 342, f°s 1, 58v°, 170v° etc.).

Fouquet rompt avec la tradition et entraîne après lui un certain nombre d'autres enlumineurs[9]. Il choisit, au f° 270v° du ms. fr. 247 de la Bibliothèque Nationale (fig. 87) l'épisode qui voit Jonathan décrocher et fuir, plutôt que de livrer un combat glorieux mais sans espoir. Le texte même illustré par Fouquet

---

[6]   De fait, le premier à porter le titre de «basileus» fut Aristobule, en 104-3 avant notre ère; *A.J.,* XIII, 301, 318; *G.J.,* I, 70; cf. Vidal-Naquet, *op. cit.,* p. 46.

[7]   C'est l'ancêtre de la rixe de «saloon» dans les «western» de Hollywood.

[8]   Seul reproduit à notre connaissance, Cockerell-Plummer, *Old Testament Miniatures,* p. 181.

[9]   Le Josèphe de la collection Bodmer à Genève, cod. 181, f° 268, comme à l'accoutumée (supra, p. 55 note 79); le ms. B.N., fr. 13, f° 334v°, déjà mentionné (note 1), tous deux de la fin du XVème siècle.

nous fournit une description précise du frontispice: «Jonathas vit que Bachidès présomptueusement levait la dextre main et la tendait pour le frapper; il y pourvut et déclina le coup et sailly (sauta) au fleuve du Jourdain avec ses compagnons et nagea outre» (f° 271). Au premier plan, à gauche, on distingue un Jonathan barbu, immergé à mi-corps dans le fleuve, la tête tournée vers la berge où un cavalier brandit sur lui un javelot. Les traits de son visage rappellent le même personnage figuré seul dans le ms. de Corbie du XIIème siècle (fig. 11). Ceci dit, on ne trouve rien de saillant dans ce frontispice à dominante grise. Des motifs copiés sur des livres de modèles y sont disposés devant un décor qui est de production courante dans l'atelier du Maître tourangeau. Bacchidès, le javelot levé, sur un cheval dressé sur ses pattes arrières, est la réplique inversée d'un cavalier au frontispice du quatrième livre (fig. 41; p. 89 et suiv.). Il s'inspire manifestement d'un prototype antique tel qu'il apparaît dans l'ivoire Barberini du Louvre[10], réemployé par Uccello dans ses scènes de batailles. Il semble avoir été planté dans la composition à l'improviste, ce qui a nécessité un réajustement de la berge sous le jarret droit du cheval, pour le maintenir sur la terre ferme. On cherche vainement un centre d'intérêt dans le maigre corps à corps et dans la masse compacte des troupes qui semblent sourdre d'un souterrain, au pied d'un manoir (Jérusalem selon Schaefer)[11] dont la localisation est incertaine. La forêt dense sur la droite et le décor rocheux à l'italienne, à l'arrière-plan, ne contribuent pas à sortir ce frontispice de la routine d'un travail d'atelier.

L'exécution relâchée indique peut-être un mouvement de dépit de l'artiste, incapable de trouver à exprimer ses sentiments. Selon notre lecture de l'illustration de Josèphe par Fouquet, c'est ici l'occasion pour celui-ci de faire l'éloge du prince éclairé qui place l'intérêt de son royaume avant sa propre gloire et préfère décrocher que de livrer bataille pour l'honneur. Une telle interprétation du frontispice se confirme dans le choix, sans précédent, de l'épisode représenté ainsi que dans la conception d'ensemble du tableau. Le chef qui fuit à la nage est l'aboutissement d'une diagonale qui traverse celui-ci de part en part et que surplombe le manoir campagnard, symbole de paix bucolique. Sous le règne du roi Louis XI, cette vision du monde est plausible.

---

[10]   VIème siècle, reproduit par Bonicatti, *De la Grèce à Byzance,* Paris 1963, p. 382.

[11]   *Fouquet,* p. 290; on retrouve dans divers autres ms. les types de combattants de cette miniature: Arsenal 5077, f°s 42, 193 v°; B.N. fr. 6465, *Grandes Chroniques* (de l'atelier de Fouquet), f°s 12, 57 (pl. 1 et 4 dans: B.N., Paris, *Reproduction des 51 miniatures du ms. fr. 6465,* n.d.).

Livre 14

POMPÉE DANS LE TEMPLE DE JÉRUSALEM

Les deux personnages contorsionnés qui se menacent mutuellement de leur épée dans le cadre du 'A' initial («Alexandra regine»), au feuillet 123v° du Josèphe de Corbie (B.N., lat., 16730) ne doivent pas être pris pour des «drôleries» (fig. 90). Ils résument les événements de ce début de livre dans l'esprit de son auteur: «Ce fut ainsi que la division d'Hircan et d'Aristobule... nous fit perdre notre liberté, nous assujettit à l'empire romain...» (chap. VIII; Lidis, p. 429). La lutte entre les deux frères pour la succession de leur mère, veuve d'Alexandre Jannée, Alexandra, habilement attisée par Antipater l'Iduméen, ouvre les portes de Jérusalem devant Pompée et ses troupes. Le Talmud met lui aussi sur le compte de la haine entre deux êtres la ruine du Temple[1]. Mais la leçon tirée de ce livre par les illustrateurs, sûrement inspirés par la lecture contemporaine de Josèphe, diverge de celle de l'auteur. Ils tirent à la lumière un épisode secondaire et transitoire qui a le mérite de répondre aux préoccupations des milieux cléricaux: il traite du problème vital de la coexistence entre les pouvoirs, le spirituel et le temporel. Un accord éphémère entre les deux frères ennemis intervient à la fin du premier chapitre et instaure «dans l'enceinte du Temple» une trêve fondée sur le désistement de Hyrcan l'aîné en faveur d'Aristobule, le cadet, investi dès lors, mais pas pour longtemps, des deux pouvoirs.

Telle est la scène dépeinte, à la fin du XVème siècle, par l'atelier de Bening, à Gand, dans un Josèphe aujourd'hui à l'Arsenal, à Paris (Ms. 5082, f° 350; fig. 91). Deux partis s'affrontent devant la façade d'un édifice de style Renaissance nordique. La statue de Moïse avec des cornes et les Tables, au trumeau, indique qu'il s'agit du Temple de Jérusalem. Un jeune homme entouré de conseillers, à gauche, tend la main à un vieillard qui, au milieu d'une suite d'ecclésiastiques, désigne du doigt l'archivolte du portail du Temple. A cet endroit précis, l'artiste s'est efforcé de représenter, en haut relief, le roi Salomon et la reine de Saba (supra, p. 115). L'allusion indique le sens de l'accord conclu entre les deux frères dont l'âge a été exagéré pour permettre de les identifier: le jeune homme est Aristobule, le vieillard, Hyrcan.

Le feuillet 124 d'un manuscrit de Stavelot, datant du XIème siècle (B.R., II

---

[1] La confusion entre Kamtsa et Bar-Kamtsa, *Talmud de Babylone,* Gittin, 55b; voir *Encyclopaedia Judaica,* vol. 10, col. 732.

1179) est orné d'une belle tête de femme couronnée, la reine Alexandra, qui sut instaurer la paix dans son royaume (*A.J.,* fin du livre XIII, Lidis, p. 418) et, en tant que telle, fut probablement considérée comme une préfigure de l'Eglise régnante.

Les autres épisodes illustrés, tous axés sur la carrière tragique de Hyrcan, sont tellement dispersés dans le cours du quatorzième livre, qu'il y a lieu de supposer que les lecteurs préféraient suivre l'histoire dans le premier livre de la *Guerre des Juifs,* où le récit est plus ramassé (chap. XI–XXII; Lidis, p. 658–674). Le choix des épisodes ne décèle pas d'allusion actuelle apparente; ceci plaide en faveur d'une interprétation typologique du cas de Hyrcan, aujourd'hui disparue. Chronologiquement, ces épisodes sont: la bataille entre Aristobule et Hyrcan, près de Jéricho; Hyrcan réfugié à Jérusalem; la captivité et la mutilation de Hyrcan (chap. I; Lidis, p. 422; XXV; p. 449)[2]. Certaines illustrations découragent toute tentative d'interprétation[3].

Le thème choisi par Fouquet au feuillet 293 v° de notre manuscrit, l'intrusion de Pompée dans le Saint des Saints (chap. VIII; Lidis, p. 427; *G.J.,* I, chap. V; Lidis, p. 649; fig. 92) est sans précédent dans l'illustration. Le bas de la composition en forme de losange (supra, p. 95), est jonché de cadavres. De part et d'autre, les derniers survivants sont massacrés. L'oeil du spectateur s'enfonce en diagonale, sur la gauche, derrière le dos d'un détachement romain massé devant un cancel de type romain[4], et aboutit sur un grand bahut tout simple empli de pièces d'or. Placé en biais, celui-ci renvoie le regard en haut et sur la droite jusqu'à une monumentale arche d'alliance, surélevée sur quatre colonnettes bleues et protégée par deux chérubins à six ailes, érigés sur des colonnes courtes. Ramené plus bas sur la droite par un autre groupe de soldats romains, l'oeil retombe ensuite sur le carnage du premier plan. La composition ménage une haie sur l'axe médian qui enjambe les corps en bas, franchit la baie du cancel, escalade cinq marches jusqu'à l'autel, emprunte le chandelier central avec son cierge, le pilastre central de l'arche pour se perdre dans une des fleurs de lys qui ornent la lourde couronne d'or pendue à une voûte invisible et une des

---

[2] Respectivement: P.M.L., ms. 533, 153 v°; Arsenal, ms. 3686, f° 207 (fig. 94); B.N., fr., 6446, f° 195, qui transpose curieusement la bataille de Jéricho en bataille navale (fig. 93); B.N., fr. 404, f° 241; B.N., fr., 13, 363 v°. Le ms. de la P.M.L. présente plusieurs illustrations dans l'initiale, dont la mutilation de Hyrcan.

[3] Le registre inférieur de la miniature mentionnée du B.N., fr. 404 est indéchiffrable; au f° 270 v° du Mazarine, ms. 1581, une confusion entre vie privée, «privatum vivere» et privé de vie, dans la légende de l'illustration, est responsable de l'enluminure mal à propos. La carrière de Hyrcan est résumée par Josèphe avec le récit de sa mort, au livre XV, chap. IX; Lidis, p. 473.

[4] Voir Cabrol-Leclercq, *Dictionnaire d'archéologie chrétienne et de liturgie,* t. II[2], Paris, 1925, fig. 2005, qui représente le cancel d'un lieu de culte romain du IVème siècle, col. 1821–1831. Le *Glossaire* des éditions Zodiaque, La pierre-qui-vire, 1971, porte, p. 114, l'orthographe «chancel»: «clôture entre le choeur et la nef».

tours d'angle qui en garnissent le pourtour[5]. Huit colonnes torsadées de type appelé «salomonique» en bronze doré et ouvragé, soutiennent une architrave de style dépouillé[6].

Le Saint des Saints du Temple de Jérusalem qui intriguait tant le monde païen parce que seul le grand prêtre y avait accès, est dépeint par Fouquet comme le sanctuaire d'une Eglise paléochrétienne[7]. Enclos d'un cancel bas de marbre à incrustation polychrome, une simple tenture verte, sur des tringles soutenues par quatre colonnes, surmontées d'anges porte-flambeaux, le cache en principe aux regards. Cuirassé d'or, Pompée interdit à ses hommes de toucher au trésor. En contraste avec l'attitude hautaine du général, le grand-prêtre se distingue, au fond, par une sorte de mitre en bonnet d'âne, et son pectoral en forme de Tables de la loi. Avec ses acolytes, habillés comme des hommes d'église, il semble dans l'expectative.

A côté de ces anachronismes et des libertés qu'il prend avec le texte, Fouquet fait preuve d'un souci scrupuleux de couleur locale et de fidélité au texte. Symétriquement à Pompée, dans l'enceinte du cancel, on distingue les trois soldats romains que Josèphe signale pour avoir été les premiers à pénétrer dans le temple (*A.J.*, XIV, chap. VIII; Lidis, p. 428-9; *G.J.* I, chap. V; p. 649). Fouquet les signale à son tour par les lettres «S.P.Q.R.» qu'ils arborent sur leurs boucliers. Seuls Pompée et un soldat romain, le regard tourné vers le spectateur, à gauche de la baie du cancel, ont droit également à cet insigne de la légitimité romaine («Senatus populusque romanus»)[8]. Par contre, au centre de ce prestigieux décor, archaïsant sinon archéologique, peuplé d'uniformes romains

---

[5] Ces tours, au nombre de douze, représentent les douze portes de la Jérusalem céleste, selon l'interprétation symbolique de ce genre de couronnes, voir Bloch, «Nachwirkung des Alten Bundes...», p. 767. La tradition rapporte que l'Empereur Constantin aurait offert une couronne de lumière à l'église Sainte Sophie de Byzance, voir Tikkanen, *Die Psalterillustration im Mittelalter,* Helsingfors, 1895, p. 185–186, note 3. L'origine de ces couronnes remonte à l'art perse, voir Baldwin-Smith, *Architectural Symbolism of Imperial Rome and of the Middle-Ages* (Princeton, 1958), New York 1978, p. 114, note 19. Le motif n'est pas rare chez Fouquet lui-même, voir Schaefer, *H.E.C.,* pl. 6, 25 et 37, et *id°*, *Fouquet,* fig. 80b (*Boccace de Munich*). Une couronne de lumière d'environ deux mètres de diamètre est pendue à des chaînes dans une chapelle du XVIIème siècle, reconstituée dans le Musée byzantin d'Athènes.

[6] L'histoire de ces colonnes antiques à Saint-Pierre de Rome est relatée par Lavin, *Bernini and the Crossing of St. Peter's,* p. 14–15 et 22. A notre connaissance, Fouquet est seul à son époque à les représenter, voir infra, p. 156, fig. 97; voir aussi Schaefer, *H.E.C.,* pl. 25.

[7] La conception de cet intérieur rappelle une peinture sur bois de Gentile da Fabriano, datée de 1425, aujourd'hui à la National Gallery de Washington (Collection Kress, n°379; p. 148–149 du catalogue illustré *European Paintings,* de 1975).

[8] Selon nos observations, ces lettres S.P.Q.R. apparaissent à Assise, en Italie, au temps de Cimabue (XIIIème siècle) et régulièrement dans des scènes de crucifixion; on les retrouve dans l'enluminure française du XVème siècle, dans les manuscrits historiques. Fouquet lui-même en fait grand usage, voir Schaefer, *H.E.C.,* pl. 15, 17, 31, 34. Durrieu note leur présence, mais ne s'interroge pas sur leur signification, p. 75; voir aussi pl. XXV. Ces lettres ornent, sur un bas relief, l'entrée du château de Fontainebleau.

puisés aux sources[9], l'artiste installe un autel d'église, drapé de blanc et surmonté de sept chandeliers d'or, avec des cierges, en place du chandelier à sept branches mentionné dans le texte[10]. Il ignore délibérément «la table d'or... et plusieurs encensoirs et autres vaisseaux du sacrifice» (f° 297 dans l'original). Il ne fait pas la moindre allusion à la dévotion extrême des prêtres, mise en relief par Josèphe, qui montre que seule leur mort put interrompre le service divin et les sacrifices dans le Temple.

Une fois de plus, il apparaît que Fouquet use de Josèphe pour traduire sa propre vision des choses. Dans l'histoire de la conquête du Temple de Jérusalem par Pompée, l'artiste choisit pour thème manifeste la vertu du général romain, son désintéressement et son respect pour le culte, qui lui permet certes de massacrer les prêtres mais lui interdit le pillage. Mais le vrai sujet du tableau est suggéré par son centre et la haie qui y conduit et que souligne le regard du soldat romain mentionné plus haut, à l'entrée du Saint des Saints. Ce soldat, dont le visage pourrait-être l'autoportrait du peintre[11], semble adresser un message personnel au spectateur et l'engager à enjamber les obstacles pour aller droit à l'autel, sans égard ni aux prêtres massacrés, ni au trésor étalé, ni à la force brutale des armes. Par dessus les contingences, on croit reconnaître l'appel à une foi qui s'exprime sans médiation, dans la confrontation directe de l'homme avec son Créateur. Ce frontispice apparaît ainsi comme une sorte de testament spirituel de Fouquet qui ne déroge en rien à une tendance toujours endémique dans la chrétienté et qui ne saurait surprendre dans le cercle des humanistes, amis de l'artiste.

---

[9]   Les sources de Fouquet sont apparemment les reliefs romains du IIIème et IVème siècle, comme le sarcophage Ludovisi, au Musée national à Rome et l'arc de Constantin, *ibid.*; peut-être aussi les octateuques byzantins, voir Huber, *Bild und Botschaft,* Zurich, 1973, fig. 77–78, entre autres.

[10]   Le texte des *A.J.* porte «les chandeliers», mais celui de la *G.J.* «le chandelier», au singulier. Le chandelier affectant la forme d'un tronc qui porte 3 branches de part et d'autre a été très répandu dans le monde chrétien, voir Bloch, *loc. cit.,* p. 755 et suiv., quoi qu'en dise Leclercq dans le *Dictionnaire d'archéologie chrétienne et de liturgie,* t. III[1], col. 215–220. A l'article «cierges», t. III[2], col. 1613–1622, celui-ci soutient que le nombre des cierges sur l'autel est laissé à la discrétion de l'officiant. Au t. III de *New Catholic Encyclopedia,* p. 23–24, il appert que les cierges sur l'autel sont obligatoires pour la messe depuis le XVIIème siècle et que leur nombre est de sept pour la messe pontificale. Les chandeliers à sept branches apparaissent dans la *Bible moralisée* (Bodl. 270b, f° 53 v° et 73 v°; Laborde) et les vitraux de la Sainte Chapelle à Paris (2ème travée, nord). Fouquet a pu transformer le chandelier à pivot unique en sept chandeliers autonomes sous l'influence de l'Apocalypse, ou pour accentuer le caractère symbolique de sa composition.

[11]   La tradition de l'auto-portrait dans l'art italien remonte au moins à Ghiberti, avant le milieu du XVème siècle, cf. Levey, *Early Renaissance,* Harmondsworth, 1967, p. 23; il est admis que Fouquet a adopté cette tradition dans le frontispice de tête du *Boccace de Munich,* voir Schaefer, *Fouquet,* p. 266. A l'accoutrement près, le personnage en question y est traité de la même manière qu'ici. Signalons de plus le portrait sur l'émail du Louvre (reproduit en couleurs, ainsi que le frontispice du Boccace dans *Du,* déc. 1958, p. 42–43), qui confirme cette tendance du peintre à faire appel directement au spectateur.

Livre 15

HÉRODE ROI

Hérode le Grand, premier du nom, occupe une place surprenante dans l'oeuvre de Josèphe. Il apparaît dès le douzième chapitre (Lidis, p. 433) du livre quatorze et constitue le héros principal des livres 15 à 18 des *Antiquités*. Aucun personnage n'y mérite une telle attention; celle-ci n'est pas fondée exclusivement sur des motifs historiques. Les sources abondantes dont disposait Josèphe[1] et les allusions à une prédestination surnaturelle, réunies par Schalit dans son étude monumentale sur Hérode[2] sont les marques d'un prestige exceptionnel qui fait de lui une figure de légende, encore avant son apparition dans le Nouveau testament. Les fragments épars que l'on peut recueillir çà et là laissent entrevoir un destin para-historique qui mériterait une étude particulière. Dans ce cadre, on ne saurait aller au-delà d'une brève énumération de quelques sources connues.

Pour la tradition juive, il est l'usurpateur, l'esclave des Hasmonéens qui leur a ravi le trône et s'y est maintenu par des mesures sanguinaires et macchiavéliques[3]. Au deuxième chapitre de l'évangile selon Matthieu, il ordonne le massacre des innocents à Bethléem. Le tétrarque qui fait décapiter Jean-Baptiste (*Matthieu*, XVI; *Marc,* VI) et puis livre Jésus à Pilate (*Luc*, XXIII, 8–11) s'appelle Hérode aussi[4]. Il n'en faut pas plus pour conférer au personnage l'auréole noire des anti-héros. Les apocryphes du Nouveau Testament lui réservent la place la plus brûlante dans les enfers, aux côtés de Caïn et Judas[5].

Le récit de Josèphe présente de lui une image humaine, bien plus équilibrée. Mais ce qui frappe le lecteur tout au long de cette histoire, ce sont un certain nombre de méfaits retentissants: une liste interminable d'exécutions dont les plus horribles sont celles des membres de sa propre famille: sa femme aimée Mariamne, ses enfants Alexandre et Aristobule, son aîné Antipater. L'horreur ne le quitte pas: tout le monde complote contre lui, ses proches s'accusent mutuellement de vouloir l'empoisonner[6] ou l'égorger. Il est atteint d'une

---

[1] Hölscher, *Die Quellen des Josephus,* Leipzig, 1904.

[2] Abraham Schalit, *König Herodes,* Berlin, 1969, p. 459–460.

[3] Talmud de Babylone, traité *Baba Batra,* 3b; *Ascensio Mosis,* VI, 2-6. Schalit, *op. cit.,* p. 648.

[4] Il faut y ajouter le sens péjoratif du terme «Hérodiens» chez *Matthieu,* XVI, et *Marc,* III, 6; XII, 13, appliqué à une secte paganisante, avec des «opinions dangereuses» selon les termes significatifs de *l'Encyclopédie* de 1751–80 (réimprimée en 1967 à Stuttgart), vol. 8, p. 179–180.

[5] *Resurrectio Christi,* James, *The Apocryphal New Testament,* p. 183; *Martyrium Matthaei, ibidem,* p. 460; Schalit, p. 649.

[6] Dans le coin supérieur droit de notre fig. 96; de même, M 533, P.M.L., f° 167 v°. *A.J.,* XVI, 16, p. 520; 17, p. 526; XVII, 6, p. 532; *G.J.,* I, 26, p. 685; 23, p. 680 etc. dans l'édition Lidis.

maladie qui lui ronge les intestins et souffre tant qu'il tente de se suicider[7]. Ses médecins lui prescrivent un bain qui ne fait qu'aggraver ses tortures[8]. En outre il est cupide et fait main basse sur toute la vaisselle d'or (fig. 98); il profane le Temple de Jérusalem en y érigeant l'aigle romain pour complaire à l'Empereur[9]; il fait détruire le Temple (fig. 96) pour en reconstruire un plus beau[10].

Dès le Vème siècle, l'érudition chrétienne s'empare d'épisodes de la vie de Hérode pour des interprétations typologiques: l'exécution des fils de Mariamne est la préfigure du massacre de Bethléem[11]. Le choix de certains thèmes par la tradition iconographique laisse entendre que d'autres épisodes ont subi la même interprétation sans qu'il soit possible de l'établir avec précision. C'est ce qui explique aussi sans doute la place privilégiée qui est faite à Hérode dans la grande production littéraire à partir du XIIème siècle: la *Bible Historiale* de Petrus Comestor, le *Miroir historial* de Vincent de Beauvais, la *Légende dorée* de Jacob de Voragine, la *Bible rimée* néerlandaise de Jacob de Maerlandt, le *Miroir de l'humaine salvation* attribuée à Ludolphe le Chartreux, les *Cas des illustres hommes et femmes* de Boccace, la *Mer des Histoires* de Giovanni Colonna et le *Trésor des Histoires* anonyme.

Mais c'est le théâtre assurément qui a fait le plus pour la popularité de Hérode et a simultanément fixé des formules visuelles dont se sont inspirés les artistes. Sa figuration dans des scènes de l'adoration des mages est probable depuis le Xème siècle, mais n'est documentée que vers le XIème siècle, à Nevers. Il se maintient ainsi au cours des divers stades d'évolution du théâtre jusqu'à nos jours. Outre le massacre des innocents, le drame médiéval représente le festin de Hérode avec la mort de Hérode qui en est une variante, liée à la danse macabre. Il est un des figurants de la Passion et du «Jeu des Prophètes»[12]. A partir du XVIème siècle, la littérature dramatique se penche sur le cas de l'amour jaloux et dévastateur de Hérode pour Mariamne, avec des pièces de Hans Sachs, Calderon, Tirso de Molina, Voltaire (qui émet la supposition que Hérode serait le vrai père de Jésus) et Oscar Wilde[13].

---

[7]   Pour l'iconographie de ce thème, voir Nordström, «Herod the Great...»; pour des images plus récentes, voir *A.J.*, P.M.L., Ms 533, f° 167 v°; *G.J.*, B.N., fr. 405, f° 153; *Miroir historial*, B.N., fr. 50, f° 205; *Cas* de Boccace, B.N., fr. 227, f° 270 v°. *A.J.*, XVII, 8, 9, Lidis, p. 540-1; *G.J.*, I, 33, p. 696.

[8]   La scène du bain est particulièrement populaire. Hérode est maintenu sous les aisselles dans un tonneau: au soubassement de sa propre statue, au portail d'Amiens, Mâle, *XIII*[e], p. 258; B.N., fr. 50, voir note 7; voir aussi *Encyclopaedia Judaica*, t. 8, col. 385-6. *A.J.* et *G.J.*, *ibid.*

[9]   *Bible rimée* néerlandaise, B.R., ms. 15001, f° 127; *Mer des histoires*, B.N., lat. 4915, f° 201 v°; *G.J.*, B.N. fr. 405, f° 151. *A.J.*, XVII, 8; Lidis, p. 539; *G.J.*, I, 33, p. 695.

[10]   B.N., fr. 405, f° 113; B.N., lat. 4915, f° 194 v°. *A.J.*, XV, 14; Lidis, p. 490-5; *G.J.*, I, 21, p. 671.

[11]   Macrobe, *Saturnales*, II, 4, 11; Schalit, p. 648; voir aussi Otto in *Paulys Realencyclopädie der Classischen Altertumwissenschaft*, Supplement Band II, Stuttgart, 1913, col. 1-158; plus particulièrement col. 14.

[12]   Creizenach, *Geschichte des Neueren Dramas*, Halle, 1911, p. 65; Pflaum, «Les scènes de Juifs», *Revue des Etudes juives*, 89 (1930), p. 113; Tomlinson, W.E., «Der Herodes-Charakter im englischen Drama», *Palaestra 195*, Leipzig, 1934.

[13]   Tomlinson, *op. cit.*, p. 1; *Brockhaus Enzyklopädie*, 20 vol., Wiesbaden, 1969, t. VIII, p. 408.

Selon Creizenach, c'est le personnage de Hérode qui, le premier, donne au théâtre chrétien sa dimension proprement dramatique en figurant le principe du mal[14]. Sur scène, il est violent, hargneux et tonitruant. Il gesticule, l'épée au clair, et laisse libre cours à un flot d'injures et de grossièretés; il devient aussi de ce fait un personnage comique, l'ancêtre du «miles gloriosus», le matamore vantard et ridicule qui trouve sa place dans la Fête des fous. Il est le suppôt de «Mahound» (Mahomet) et du diable et finit dans le tonneau de son bain, mangé par les vers[15].

Sur les dix-sept manuscrits compulsés qui comportaient des illustrations sur Hérode, deux seulement datent du XIIème siècle; ils représentent déjà l'exécution de Mariamne (fig. 95)[16]. C'est l'épisode le plus populaire, on le retrouve encore six fois dans les autres manuscrits, datant tous du XVème siècle (fig. 96)[17]. Six miniatures montrent le couronnement de Hérode et son accession à la royauté[18]. Trois fois apparaît la mise à mort du jeune grand prêtre Aristobule, noyé dans une piscine à Jéricho (fig. 96–97)[19]. Les scènes d'exécution sont en fait l'élément caractéristique de cette tradition iconographique; sous la grande diversité des motifs, le thème reste partout reconnaissable (fig. 95–97, 99). Le frontispice du ms. fr. 6446 de la B.N., feuillet 207, ne s'explique probablement que par rapport au contexte littéraire et dramatique de la figure de Hérode: on y voit une reine qui allaite deux serpents et aux pieds de laquelle se contorsionnent deux personnages couronnés. D'autres aspects de cette influence sur l'illustration de Josèphe apparaîtront dans les livres 16 et 17, infra.

Le ms. fr. 247 de la B.N. qui constituait le pivot de cette étude s'achève avec le quatorzième livre, sur la fameuse apostille de Robertet. Il y est question de neuf peintures de Fouquet (supra, p. 53). Manifestement ce ms. en contenait dix. Une onzième a été identifiée dans le livre offert à la B.N. de Paris dans le cadre de l'«Entente Cordiale», anciennement dans la collection H. Yates Thompson à Londres, et enregistré sous le chiffre n. acq. fr. 21013. La composition en losange, le style des personnages et leur groupement en masses compactes

---

[14] *Op. cit.,* p. 56.

[15] Tomlinson, *op. cit.*

[16] B.N. lat. 16730 de la fig. 95 et ms. A. 8, de Saint-John College, Cambridge, quoi qu'en dise Dodwell, *The Canterbury School of Illumination,* Cambridge, 1954, p. 80, fig. 25a.

[17] Excepté le M 533, de la P.M.L., datant du XIIIème siècle, f° 167 v°; du XVe: le B.N., fr. 14 de la fig. 96, en bas à droite; B.N., lat. 4915, f° 195 v°; B.N., fr., 50, f° 190 v°; Munich, Staatsbibliothek, Cod. gall. 6, f° 243 (Perls, *J. Fouquet,* fig. 166; il s'agit du «Boccace de Munich»); B.N., fr. 405, f° 117; voir aussi Gaspar-Lyna, *Les principaux ms. à peintures de la B.R.,* p. 459.

[18] B.N., fr. 405, f° 97 v°; B.N., lat. 4915, f° 189; Arsenal, ms. 5077, f° 251 v°; B.M., Royal 15 DI, f° 211 (il s'agit d'une *Bible historiale*); Soane. Londres, ms. 1, f° 11; le Hérode couronné et à cheval de la fig. 97 se range dans la même catégorie.

[19] A part les fig. citées, cette scène apparaît aussi dans le ms. Soane, 1, f° 11, voir Millar, *Les ms. à peintures des bibliothèques de Londres,* p. 89; on la discerne aussi vaguement en haut à gauche dans la fig. 105 qui correspond au livre XVII des *A.J.*

justifient l'attribution à Fouquet de son frontispice de tête, au verso du premier feuillet (fig. 97). L'artiste, en tout état de cause, a campé à la base du losange et du frontispice un portrait remarquable du roi Hérode. Sombre et replié sur lui-même comme un héros tragique, celui-ci est représenté de face sur un cheval cuirassé d'or dont le mouvement opposé de la tête et de l'antérieur gauche équilibre l'attitude un peu voûtée de son cavalier. Seul, l'épée au clair (comme au théâtre, on vient de le voir), Hérode est placé sur l'axe qui coupe le frontispice en son milieu et se prolonge dans le rameau de lierre séparant les deux colonnes du texte en contrebas. Simultanément et sur plusieurs niveaux, diverses scènes sont dépeintes alentour, baignées dans un «sfumato» qui est peut-être l'effet d'une mauvaise conservation. Au premier plan s'opposent, à droite, l'allégeance des deux Pharisiens, Pollion et Sameas (Lidis, p. 460)[20], en costume sacerdotal, et l'exécution de nombreuses victimes anonymes et entravées, à gauche; une des têtes coupées a roulé jusque sous les pieds du cheval, au centre.

Le peloton serré des troupes qui défilent juste derrière, sans césure, conduit le regard sur deux édifices de part et d'autre de l'axe médian. Celui de gauche, surmonté de coupoles, est difficile à identifier; celui de droite, de type médiéval, représente l'entrée de la cité de Jérusalem. Selon un procédé déjà observé au frontispice du livre 14 (fig. 92), Fouquet place à cet endroit des objets cubiques en biais pour renvoyer l'oeil vers l'axe médian. Un ensemble complexe, dominé par l'intérieur du Temple de Jérusalem et précédé par des pièces d'eau, occupe l'espace ménagé au centre de la composition. Un cancel de marbre polychrome enclôt l'espace intérieur du Temple, doublé d'un mur bas qui le sépare d'une fontaine gothique dorée, presque au centre du tableau. L'eau de cette fontaine est recueillie dans une vasque ronde puis se déverse dans un bassin circulaire, alimentant par des gueules de lion dorées une piscine où se baignent plusieurs personnages. L'architrave du Temple qui supporte un toit indéfinissable est elle-même soutenue par six colonnes salomoniques. Quatre marches conduisent à un autel d'église avec trois niches vides de style gothique en retable, sous un grand dais. A genoux sur les marches, on voit de dos un prêtre qui officie et balance son encensoir.

Comme précédemment, la clé du frontispice joue sur l'axe médian qui, ici, relie le roi Hérode à la piscine et au prêtre devant l'autel. Fouquet place parfois, à la base du tableau, un ou plusieurs cavaliers (voir fig. 41, 70), le dos au spectateur, ainsi invité à suivre le mouvement à l'intérieur de l'image. Face au spectateur, Hérode semble défendre comme un cerbère l'accès à l'espace illusoire enclos dans la peinture. Il se trouve placé dos à dos avec le prêtre à l'autel, auquel il est pourtant relié comme à la fontaine, légèrement mais nettement décentrée. Les allusions sont claires: le roi sanguinaire et le prêtre à l'autel sont les deux aspects d'une même entité que symbolise la fontaine de vie

---

[20]   Schalit, *op. cit.*, p. 768-771.

avec le jardin enclos virginal («hortus conclusus») en son milieu (supra, p. 73). Le motif employé pour représenter le prêtre est celui de la messe de Grégoire et aussi du *Mariage de la Vierge* de Robert Campin, au Prado de Madrid[21]. En revanche, la piscine en contrebas qui rappelle celle de Bethesda, par sa position à proximité du Temple, est assurément le lieu de l'assassinat d'Aristobule par Hérode. A partir de cette série d'éléments, il est malaisé aujourd'hui, de reconstituer l'idée maîtresse dont Hérode était le fondement. Fouquet se réfère apparemment à un monde d'associations suscitées et diffusées par le drame liturgique, comme l'indiquent la construction en losange, la simultanéité de l'action, le réalisme ramassé et fragile du décor et divers détails, comme l'épée de Hérode.

Autant pour la lecture en surface. Mais entre les lignes, on devine un homme qui médite une fois de plus sur l'incompatibilité des deux pouvoirs; le temporel, avec sa séquelle de violences et d'excès, et le spirituel, coupé du monde, enfermé dans le sanctuaire aux niches vides. Esseulée, enclose dans une double enceinte, la fontaine de vie n'est plus le centre de gravité d'un univers gris où triomphe une fatalité sans espoir.

---

[21]   Reynaud, *Dossiers du Département de peintures,* p. 16 et 17; Bruges, *Flamands anonymes,* exposition, 1969; à part le pan gauche du *Mariage de la Vierge* (Panofsky, *Early Netherlandish Painting,* p. 136; fig. 199), voir aussi l'archivolte du volet de gauche du *Retable de Saint Jean,* par Roger van der Weyden, aujourd'hui à Berlin (*ibid.,* fig. 346).

LES CINQ DERNIERS LIVRES DES ANTIQUITÉS JUDAÏQUES

Livre 16

HÉRODE ET L'EMPEREUR

Un exemple de l'efficacité du système administratif du roi Hérode le Grand constitue l'articulation du seizième livre des *Antiquités*. «L'esclave des Hasmonéens» se cherche une légitimation dans la pacification du royaume. Les érudits ont montré l'importance à la fois juridique et constitutionnelle de l'application à la Judée du droit impérial qui prévoit la vente sur le marché international des condamnés pour vol avec effraction. Hérode est soucieux de manifester ses prérogatives et Josèphe s'en fait l'interprète obséquieux[1].

Aucun manuscrit connu d'avant le XVème siècle ne porte d'illustration en tête de ce livre, excepté celui de l'abbaye de Stavelot, exécuté au XIIème siècle (aujourd'hui B.R. ms. II 1179). Le personnage figuré dans le 'I' initial («In administratione») du feuillet 142 v° ne peut être autre que Hérode, comme l'indique le phylactère qu'il tient à la main et où on lit: «fures vendantur» (les voleurs seront vendus)[2]. Ainsi l'illustrateur a senti lui aussi l'importance de cet édit, quoique dans un autre ordre d'idées que l'auteur, vraisemblablement. Ce thème reparaît dans un manuscrit tardif du début du XVIème siècle, le ms. 1581 de la Bibliothèque Mazarine de Paris; il rappelle l'un des éléments essentiels, sur le plan typologique, de la *Vengeance de Notre Seigneur,* la vente des captifs juifs après la capture de Jérusalem par les Romains, trente pour un denier, en souvenir du prix de la trahison de Judas[3].

Le motif du roi au phylactère semble s'être fixé dans les mémoires. On le reconnaît dans le frontispice d'un Josèphe du XVème siècle, feuillet 27 du ms. 5083 de l'Arsenal (fig. 102). Mais il est masqué par une profusion d'accessoires, destinés à répondre à l'exigence de réalisme de l'époque. Le roi est assis à gauche sur son trône, sous un portique surélevé de quelques marches, entouré de sa suite. Devenu rouleau, le phylactère est tenu par un jeune hérault qui en lit le contenu, appuyé sur le parapet, à l'intention d'une dizaine de manants groupés

---

[1] Schalit, *op. cit.,* p. 460. La propagande royale entache les principales sources et surtout Nicolas de Damas, d'où elle rejaillit sur Josèphe.

[2] Gaspar et Lyna, *Les principaux ms. à peinture de la B.R. de Belgique,* p. 66, suggèrent qu'il s'agit d'Alexandre, roi des Juifs.

[3] Deutsch, «Déicide et vengeance», *Archives juives,* p. 71.

pour l'écouter. Du côté droit est représentée une galéasse qui fait voile, avec Hérode bien visible à bord. Il apparaît une troisième fois, à l'extrême droite, faisant acte de soumission devant Octave, le nouvel Empereur, sous les murs de Rome.

L'artiste s'est efforcé d'introduire ce dernier épisode, à peine visible à l'arrière plan, parce qu'il appartenait à la tradition iconographique de l'illustration des *Antiquités*. Ce thème est traité dans cinq des manuscrits répertoriés. Mais seuls les livres abondamment illustrés pouvaient se permettre de lui consacrer une illustration entière. Or ces livres qui s'étendent sur l'histoire de Hérode ne sont pas, selon nos observations, des *Antiquités*. Il s'agit de la *Guerre des Juifs* (B.N., fr. 405, f° 110 v°) et de la *Mer des Histoires* (B.N., lat. 4915, f° 191 v°). Dans les autres, la scène se confond avec le retour de Rome d'Alexandre et d'Aristobule, les deux fils que Hérode eut de Mariamne. C'est le cas pour le manuscrit-témoin de cette étude, n. acq. fr. 21013 de la B.N. (f° 22; fig. 100), le ms. fr. 6446 de la même bibliothèque (f° 221) et le *Trésor des histoires* de l'Arsenal (ms. 5077, f° 252 v°).

L'occasion est offerte pour ces illustrateurs de préciser la différence de niveau hiérarchique entre le roi vassal et son suzerain, l'Empereur. Auguste se distingue par la couronne «à arches». C'est encore un indice du rôle de l'art dans l'affirmation des normes politiques et sociales[4]. Une autre constatation s'impose: le répertoire des illustrations pour les derniers livres des *Antiquités,* les premiers de la *Guerre* et la littérature historique correspondante n'est pas différencié. Tout se passe comme si l'Histoire selon Josèphe s'était diluée dans le patrimoine culturel de la chrétienté occidentale.

Il semble que le plateau du théâtre a servi de fixation vécue et visuelle à cette matière: l'apparition régulière de certains accessoires le laisse entendre. Le navire aperçu dans le ms. 5083 (fig. 102) surgit également à l'arrière-plan, dans le ms. n. acq. 21013 (fig. 100). Nous retrouverons ce motif par la suite: monter des bateaux sur scène était une des prouesses favorites du théâtre dès le XIVème siècle[5]. Les deux fils de Hérode présentés comme d'adorables chérubins blonds se raccrochent à la même tradition qui faisait de leur exécution la préfigure — contre toute logique — du massacre des innocents[6]. Le rapprochement est souligné dans le ms. 3686 de l'Arsenal qui figure au frontispice du livre 16 (f° 244, fig. 101) le procès et la condamnation d'Alexandre et d'Aristobule. Cette scène pathétique que Josèphe rapporte à la fin du livre (Lidis, p. 527) est généralement représentée au début du livre 17, où nous la retrouverons.

---

[4] Voir R.W. Scheller, «Imperial Themes at the Period of Charles VIII...» *Simiolus,* 12 (1981-2), p. 5–69.

[5] Ainsi dans le mystère de la «Conquête de Jérusalem» de 1378, Cohen, *Histoire de la mise en scène,* p. 64; voir aussi p. 101.

[6] Exécutés vers 7 avant l'ère vulgaire, l'un d'entre eux, Aristobule était père de grands enfants, comme on verra par la suite.

L'artiste qui prend la succession de Fouquet au feuillet 22 du ms. n. acq. fr. 21013 (fig. 100) doit se contenter d'un espace réduit de moitié, la largeur d'une colonne de texte. Trois des motifs mentionnés y sont réunis dans une composition qui est exiguë aussi dans sa conception. Les personnages réunis dans ce que Durrieu décrit pompeusement comme un belvédère manquent de grandeur[7]. Le geste de Hérode soulevant sa couronne comme on ferait d'un bonnet et topant la main de l'Empereur ont la trivialité d'une scène de famille dans le drame bourgeois. La réalité historique est vue ici à travers la mentalité populaire qui présidait à sa transposition au théâtre. Le bon sourire des deux enfants agenouillés entre Auguste et Hérode, ainsi que la barbe chenue et l'air bonhomme de l'Empereur ne peuvent que confirmer cette hypothèse. Le superbe panorama brumeux avec les navires en rade à l'arrière-plan apparaît comme une réalisation personnelle de l'artiste qui introduit ainsi dans son tableau la notion de temps: l'arrivée et le retour de Hérode, passé et avenir, sont impliqués dans ces vaisseaux[8]. Ce qui ne réduit en rien l'influence supposée du théâtre sur le recours à ce motif.

A ce niveau, il est permis de pousser plus avant le parallélisme entre illustrations et théâtre. Le roi au phylactère du Josèphe de Bruxelles déjà mentionné pourrait provenir du drame liturgique contemporain. Le genre de l'époque est le «Jeu des Prophètes», où figure une file de personnages représentant prophètes et héros bibliques, qui s'avancent tour à tour pour déclamer leur verset devant le public. On sait que Hérode faisait partie de la liste (supra, p. 154). Il n'est pas exclu que le miniaturiste se soit inspiré du drame pour croquer Hérode avec son verset inscrit sur le phylactère.

Livre 17

HÉRODE ET SES FILS

L'absence d'illustrations au dix-septième livre des *Antiquités* jusqu'au XIIIème siècle et la floraison d'un nombre important de représentations à partir de cette date confirment l'hypothèse d'un essor dans la carrière de la figure légendaire de Hérode vers la fin du Moyen Age. Le sens de cette évolution est donné dans le *Miroir de la salvation humaine* du XIVème, où Antipater et Hérode sont les antétypes du Père et du Fils[9]. Apparemment la lecture typologique des

---

[7] *Antiquités*, p. 39.
[8] L'influence des théories de Nicolas de Cuse en ce domaine a été démontrée par Koenigsberger, *Renaissance Man and Creative Thinking*, 1979.
[9] D'après le ms. fr. 6275, f° 44 de la B.N.

Antiquités en général, et de l'histoire de Hérode en particulier descendait jusqu'au moindre détail, mais la source qui en donnerait la clé s'est perdue.

Au XVème siècle, les illustrateurs disposent d'un riche répertoire dont l'horreur est la seule caractéristique commune. Cette fois encore aucune distinction n'est possible entre les divers textes de Josèphe et les livres d'histoire. Pour raisons de typologie, comme dit, c'est l'affrontement d'Antipater, fils de Doris, avec son père Hérode qui tient la première place. On montre le jeune homme mis en accusation (*Mer des histoires,* B.N., lat. 4915, f° 199; *G.J.,* B.N., fr. 405, f° 146), implorant son père (B.N., lat. 4915, f° 199 v°; Mazarine, 1581, f° 326 v°), grâcié par César (B.N., fr. 6446, f° 234 v°), réinvesti au rang de dauphin royal (Arsenal, 3686, f° 262 v°; fig. 106; Arsenal, 5083, f° 51; fig. 107) puis exécuté (*Trésor des Histoires,* Arsenal, 5077, f° 255 v°; B.N., fr. 6446, f° 371, déporté au frontispice du livre 5 de la *G.J.*; fig. 135). L'exécution des «enfants» de descendance hasmonéenne de Hérode, Alexandre et Aristobule, vient en second rang (fig. 101 et 103; *Mer des Histoires,* B.N., lat. 4915, f° 197; *G.J.,* B.N., fr. 405, f° 132) suivi par le suicide manqué de Hérode (supra, livre 15, note 7).

Le thème illustré par les *Antiquités* enregistrées sous le matricule fr. 14 à la B.N. (f° 71 v°), les mariages des enfants d'Alexandre et d'Aristobule par Hérode, leur grand père, qui venait de faire étrangler les pères des mariés, ses fils — un épisode apparemment marginal du début de ce livre (Lidis, p. 528; *G.J.,* I, chap. XVIII; p. 686), dénote une inconséquence surprenante. Il démolit le mythe des enfants de Hérode préfigurant le massacre des innocents; il indique une variante d'interprétation qui nous échappe. Une telle anarchie est le signe vraisemblable de cette dilution dans le domaine populaire que nous avons invoquée (p. 159). Toutes sortes de disciplines y participent: la théologie, l'histoire, la littérature, le folklore avec ses légendes et surtout le théâtre. Toutes ces images ont le même style pédestre de personnages engoncés dans des «mansions» exiguës et banales qui doivent être le propre de la scène populaire de l'époque.

Seul Fouquet était capable de faire participer les poncifs et les modèles stéréotypés à une conception d'ensemble pleine de grandeur. Son successeur au feuillet 40 v° du ms. n. acq. fr. 21013 de la B.N. (fig. 103) ne parvient pas plus que sés confrères à s'élever au-dessus de la trivialité de l'événement. Il cherche néanmoins à capter la compassion du spectateur en soulignant le pathétique — théâtral! — de la scène dépeinte. Les deux émouvants bambins blonds emmenés vers leur destin par un massier bonhomme sous l'oeil fuyant du calomniateur, le jeune Antipater; le regard éperdu de l'un d'eux en direction d'un Hérode chenu et paternel donnent à l'histoire la sentimentalité d'une scène de genre[10]. Même les significations typologiques s'estompent dans ce décor bourgeois. Seule la

---

[10] Il apparaît que la scène a eu la carrière d'un archétype. Qu'il suffise de rappeler l'assassinat des enfants d'Edouard, par Richard de Gloucester, en 1483, dans la Tour de Londres et la peinture qu'en a faite P. Delaroche (1797–1856), au Louvre.

notion du temps qui s'écoule, ancêtre de la science de l'Histoire, reparaît ici dans
le développement du geste injonctif du roi que suit le début de l'engrenage qui
conduira à l'exécution des deux enfants, à droite.

Livre 18

JOSÈPHE ET JÉSUS; PROCURATEURS EN JUDÉE

Le court passage interpolé dans les *Antiquités* au livre 18, qui a élevé l'historien
juif Josèphe au rang de témoin du mythe fondamental de la religion chrétienne
(supra, p. 14) n'est pas signalé en conséquence dans la masse du texte. Dans la
majorité des manuscrits répertoriés, quelques lettres rouges dans la
nomenclature des «tituli», le contenu des divers chapitres, sont la seule allusion à
l'importance du passage en question, le «testimonium flavianum»[11]. Outre
quelques pieux graffiti, de mains plus ou moins expertes, dans la marge du
chapitre neuf où apparaît généralement l'alinéa concerné[12], nous n'avons trouvé
que cinq tentatives d'orner cérémonieusement son 'F' initial («Fuit autem isdem
temporibus iñc sapiens vir»: il y eut en ce temps Jésus homme sage, fig. 110)[13].
Les deux barres du 'F' majuscule se prêtent particulièrement bien à l'enluminure
avec des figures (voir fig. 111): ce n'est donc pas un empêchement d'ordre
technique qui a joué en ce cas. Dans un manuscrit du XIIIème, une image de type
christologique attire l'attention sur le texte en regard[14]. De tous les manuscrits
des *Antiquités* compulsés un seul, le B.N., fr. 6446, du XVème siècle, présente au
frontispice du livre 18 une crucifixion destinée à mettre le lecteur dans
l'ambiance (f°252v°).

Cette constation permet de tracer les limites et les intentions de l'illustration
des textes. L'image n'est pas un signe mnémotechnique ni un poteau indicateur.

---

[11] «de dño ihu xpo» est la formule la plus courante: B.R. II 991, f°180 et 182; Cologne, Bibl.
Diocésaine, 163, f°63. On trouve aussi «de ihũ xpo» tout court (Condé, 774, f°57; B.M. Add 22861,
f°206v°) ou un titulus très explicite: «Attestatio Josephi in dominum nostrum ies. xpm de eius
sapientia et miraculis de passione eius sub pylato et resurrectione» (B.M., Royal 13 DVII, f°45;
Mazarine, 1581, f°349v°).

[12] Une croix au f°113v° du ms. lat. 5047, de la B.N.; deux mains, au f°60 du ms. 774 du musée
Condé; diverses inscriptions, au f°182v° du ms. B.R. II 991; f°124v°, lat. 5763 de la B.N. (IXème
siècle) etc...

[13] A part le f°165v° du ms. B.N. lat. 16730 (fig. 110) avec un 'F' historié, les autres ms. présentent
une initiale à peine plus ornée que le reste: B.N. lat. 5047, f°113v°; B.M. Royal 13 D VII, f°47;
Cologne, Archives historiques, W 276, f°154v°; le cinquième, B.M., Add. 22861, f°206v° est
inachevé.

[14] Le B.N. lat. 5059 présente dans la marge du f°193v° un superbe Christ en Pantocrator rouge et
or.

Elle est exégèse, et s'efface quand le texte est suffisamment clair et ne recouvre pas de signification cachée. Le «testimonium flavianum» parle par lui-même et consacre toute l'oeuvre de Josèphe. Josèphe, lui, par contre, ne doit pas être pris pour un historien classique. C'est ce que spécifie, au XIIème siècle, l'initiale 'C' du premier livre de la *Guerre des Juifs* dans un manuscrit anglais de Cambridge (S. John College, Ms. A. 8., f° 103 v°; fig. 6; supra p. 61). L'auteur y est représenté avec dans les mains, pour attribut, un rouleau sur lequel on peut lire «Fuit autem isdem temporibus...» Josèphe est ainsi assimilé à son message et n'existe que par lui.

De ce fait le début du dix-huitième livre est illustré, comme à l'accoutumée, par la peinture d'une scène évoquée dans les premières lignes du texte. Une fois de plus, la scène généralement choisie permet une démonstration en matière de hiérarchie. Après la mort de Hérode et par suite de l'impéritie de son successeur Archélaüs, Auguste choisit Quirinius, vieil homme expérimenté, pour gouverner la Judée. Dans le Josèphe du XIIème siècle de Corbie (fig. 106), les personnages se distinguent aisément: le souverain couronné à gauche, assis jambes largement croisées, sur un siège zoomorphe est de plus grande taille que son vassal, assis à ses côtés, les jambes humblement jointes. Selon le texte, Quirinius («Cyrin», en français) doit rejoindre Coponius, commandant de cavalerie en Judée, pour y ramener l'ordre, en l'occurrence par l'effet du cens. C'est apparemment la première mesure administrative prise par l'occupant, à tous les âges de l'histoire, pour quadriller la population et garantir sa passivité.

Mais ce n'est pas de cela qu'il s'agit dans les illustrations qui représentent le cens (Arsenal, 5083, f° 83; fig. 109; Mazarine, 1581, f° 349 v°; B.N., fr. 14, f° 101), comme le démontre d'ailleurs le choix régulier de cet épisode apparemment secondaire par les illustrateurs. Les événements relatés dans ce contexte servent de toile de fond aux évangiles. Le début du second chapitre de *Luc* reprend presque mot pour mot le texte des *Antiquités.* Le cinquième chapitre des *Actes des Apôtres* fait allusion, au verset 37, à un certain Juda de Galilée qui aurait incité ses compatriotes à se rebeller contre le cens, comme en fait foi Josèphe dans son texte. Si l'on se souvient que Joseph est originaire de Nazareth, en Galilée, et que le dénombrement de Bethléem passe, vers le XVème siècle, au rang d'un motif iconographique usité[15], on s'aperçoit que ces images ne peuvent être aussi innocentes qu'elles en ont l'air. Mais sans doute ne reflètent-elles pas la complexité de ces recoupements entre les textes parce qu'elles sont issues d'une source intermédiaire qui en est l'expression populaire — le théâtre, une fois de plus.

Le «musée imaginaire» des artistes du XVème siècle était assurément plus riche que celui du XIIème siècle. Un des effets de cette nouvelle richesse est que les diverses sources ne s'annulaient pas mais oeuvraient de concert sur l'esprit

---

[15]   Le plus célèbre exemple en est le tableau de Bruegel, datant de 1566, à Bruxelles.

des peintres. Ainsi ce que nous appelions «l'archétype du messager» (supra p. 109 et suiv.) surnage, et les illustrateurs ne rechignent pas à recourir à lui, sans égard pour les significations impliquées. Il manifeste ici la vénération de l'Eglise pour la structure administrative de l'Empire romain auquel elle s'était unie[16]. D'où la variété des types utilisés: instructions du suzerain au vassal (fig. 106; P.M.L., M 534, f° 25 v°); investiture du vassal (fig. 107; Soane, 1, f° 85); passation des pouvoirs (fig. 108).

Le disciple de Fouquet se distingue, cette fois encore, par son habileté à marquer le mouvement du temps. Derrière le vieux sénateur Cyrin agenouillé devant l'Empereur, un écuyer tient un cheval blanc par la bride. Il indique le départ imminent du nouveau procurateur de Judée, au même titre que les navires en rade derrière Hérode (fig. 100) et que le destin des enfants de Hérode était impliqué dans leur sortie vers la droite (fig. 103). Ce sens nouveau du déroulement irréversible du temps est une des caractéristiques de l'esprit de la Renaissance[17]. Il est curieux de le déceler en coexistence pacifique avec des survivances d'une lointaine tradition iconographique. Josèphe sert de table d'essais pour de nouvelles expérimentations à partir de sa recension d'un passé bien révolu.

Livre 19

L'ASSASSINAT DE CALIGULA

Le récit de l'attentat contre l'Empereur Caligula et le début du règne de Claude absorbent presque toute la matière du dix-neuvième livre des *Antiquités*. Toutes les illustrations tournent, comme il était à prévoir, autour de la mort de l'Empereur. Seul le style varie et, partant, le point de vue sur ce régicide. Une seule image à ce propos d'avant le XVème siècle a subsisté. C'est le signe d'une lacune de la tradition iconographique, en l'absence d'une démonstration symbolique bien définie. Un Josèphe bourguignon du XIIIème siècle, à la Bibliothèque Pierpont Morgan de New York, fait exception avec la description du siège d'une ville forte (M 534, f° 40). Mais dans le 'G' initial des *Antiquités* de Corbie, ms. latin du XIIème siècle à la B.N. (16730, f° 175 v°; fig. 112), le personnage sur lequel le bourreau lève son épée porte une couronne; c'est bien de l'assassinat de Caligula qu'il s'agit, quoique la forme, très schématisée, ne s'embarrasse pas de fidélité au récit. Il importe bien plus à l'artiste de figurer la

---

[16] Pour Augustin, la cité de Dieu a pour silhouette terrestre la Rome impériale (*Cité de Dieu,* livre V).

[17] Voir Panofsky, *Renaissance and Renascences in Western Art,* p. 113.

touffe de cheveux, inconfortablement empoignée par le bourreau sous la couronne, selon un modèle évoqué supra p. 108. Cette exécution a donc une signification symbolique qui n'a pas été conservée.

Les autres illustrations connues datent toutes du XVème siècle. Elles sont très variées mais se caractérisent par un sens pratique qui suggère une expérience vécue du genre de celles qu'offre le théâtre. Cette fois l'hypothèse est corroborée par le fait documenté que l'assassinat de Caligula était représenté sur le plateau de la *Vengeance de Notre Seigneur,* dès la fin du XIVème siècle[18]. Le spectacle simultané du mystère comprenait probablement aussi les massacres ordonnés par Caligula lui-même. Toujours est-il que le Josèphe de la collection Soane, à Londres (ms. 1, f° 116v°) présente un tableau sanglant et confus où Millar affirme voir aussi «les mauvais traitements infligés aux chevaliers par Caligula»[19]. Mais dans l'ensemble les illustrateurs s'efforcent de respecter le texte de Josèphe.

Dans la plupart des cas, Caligula est tombé sur les genoux (fig. 113, 114) et les conjurés se préparent à l'achever; un geste de l'épée haute ou de la massue brandie derrière la victime s'observe à plusieurs reprises et dénotent un modèle commun. Certaines images présentent simultanément aussi l'assassinat de l'impératrice Césonia et de sa fille, quoique, en réalité, il eût lieu plus tard (Lidis, p. 600-1; B.N., fr. 6446, f° 271; *Mer des histoires,* B.N., lat. 4915, f° 208; *G.J.,* B.N., fr. 405, f° 190v°).

Le Maître du Tite-Live de Versailles qui est le successeur de Fouquet selon Durrieu tente d'évoquer les réactions de la foule à l'événement: l'attentat est ignoré que ce soit par inadvertance, ou délibérément (fig. 113). Cette trace de sens politique et social qui nous paraît rudimentaire aujourd'hui est absente dans les autres illustrations. Le ms. 3686 de l'Arsenal rappelle par son frontispice du dix-neuvième livre la dérision de Jésus, dans la Passion, et suggère quelque interprétation symbolique sur le mode typologique, à moins qu'il ne s'agisse d'une réminiscence du *Jeu de la Passion* (fig. 114).

La note de diversité est apportée par l'illustration de l'école de Bening, ms. 5083 de l'Arsenal (f° 119; fig. 115). Un jeune prince barbu, à gauche, commande de son cheval l'exécution de deux jeunes gens en tunique sans manche, agenouillés à droite, face au spectateur; la scène se passe sur une place publique au milieu d'une foule mêlée de civils et de militaires. Josèphe relate (Lidis, p. 606) l'ordre donné par Claude, à contre-coeur, d'exécuter les chefs des conjurés dans l'attentat contre Caligula, Chéreas et Lupus; l'artiste pousse la fidélité jusqu'à indiquer le courage du premier, mort stoïquement, les bras croisés, et la panique de Lupus dont l'agitation obligea le bourreau à se reprendre à plusieurs reprises.

C'est un signe de l'autonomie grandissante des artistes par rapport à la

---

[18]   Frank, G., *The Medieval French Drama,* Oxford (1954), 1972, p. 192.
[19]   Dans *Les ms. à peintures dans les Bibliothèques de Londres,* p. 89 et suiv.

tradition. Mais le symbolisme chrétien garde néanmoins ses droits comme le suggère la figure de type christologique que l'on aperçoit au balcon, sur la gauche, juste derrière la tête de Claude.

Livre 20

LES PRODROMES DE LA RÉBELLION —
DERNIER LIVRE DES ANTIQUITÉS

Plusieurs motifs se disputent les illustrations du dernier livre des *Antiquités*. Ils semblent choisis sans grand discernement dans un répertoire copieux de stéréotypes qui ne s'est constitué que peu à peu, puisque rares sont les manuscrits illustrés à cet endroit avant le XVème siècle. L'un d'eux est celui de Corbie, B.N., lat. 16730 qui, au feuillet 184 v° (fig. 116), présente trois personnages liées à la barre médiane du 'M' initial, avec un bourreau qui brandit l'épée au-dessus de leurs têtes et saisit la victime la plus proche par son toupet (supra, p. 108). Le texte nous apprend que Fadus, le procurateur romain, s'empara de trois chefs séditieux et les mit à mort. Le manuscrit du XIIIème siècle de la P.M.L., à New York, présente deux personnages barbus et auréolés conversant dans un temple: ce pourraient être Fadus et son assesseur Cassius Longinus qui apparaissent à nouveau ensemble dans une miniature du XVIème siècle (Mazarine, 1581, f° 387 v°), mais l'auréole, en ce cas, indique une interprétation christianisée.

Au XVème siècle, c'est une scène d'investiture qui, comme à l'accoutumée, retient l'attention des illustrateurs. Au début du livre, Josèphe rapporte que l'Empereur Claude chargea Cuspius Fadus de la procuratie de Syrie. Fadus réprima la sédition des Juifs, comme dit, puis fit exécuter «Ptholémée, prince des larrons» (fig. 117). Un curieux épisode est celui de «l'étole», les vêtements sacerdotaux du Temple de Jérusalem. Les Juifs revendiquent le droit de les conserver dans le sanctuaire, mais le procurateur exige de les mettre sous la garde de la garnison romaine. Une délégation juive se rend à Rome, et Claude leur accorde leur requête, grâce à l'intervention du jeune Agrippa qui est élevé à la Cour de Rome. Puis Cumanus succéda à Fadus, puis Félix qui captura et exécuta Eleazar, autre «prince des larrons», puis Festus qui traqua les larrons, lui aussi, puis Albinus et enfin Florus qui fut l'instigateur direct de la révolte et de la guerre des Juifs.

Les illustrateurs ne s'embarrassaient pas de tous ces détails. Ils pouvaient peindre une investiture et nous laisser choisir s'il s'agit de Fadus (Arsenal, 3686, f° 329; fig. 117; Arsenal 5083, f° 143; fig. 118) ou de Cassius Longinus (Mazarine 1581, f° 387 v°); quel larron est exécuté: Ptolémée (fig. 117) ou d'autres (B.N., fr. 15, f° 24). L'affaire de «l'étole» (*ibid.*) ou la requête des Juifs (Soane, 1, f° 135 v°), le nom de Longinus, le titre de «larron» devaient susciter tout un monde d'associations dans l'esprit des lecteurs de l'époque. L'orientation christologique est évidente, mais l'intention précise ne l'est plus.

Le manuscrit du fond français, 6446, de la B.N. représente au feuillet 285 v° la maladie d'Agrippa, roi des Juifs et fidèle ami de Claude. Il est plongé dans une grande baignoire et les médecins procèdent à la saignée. Josèphe rapporte cet épisode à la fin du XIXème livre; il a été sorti de l'ombre pour son caractère à la fois dramatique et pittoresque, qui le relie directement aux aventures du grand Hérode (supra, p. 154). Ce genre de représentations passait apparemment facilement de la scène du théâtre à l'art plastique, mais il y avait sûrement une raison valable ou au moins un prétexte pour en faire ainsi un thème autonome.

Une conclusion partielle s'impose ici, à la fin de l'analyse des illustrations des *Antiquités*: toutes ces images ne sont pas le passe-temps de quelque dilettante. Elles ont une fonction exégétique qui était bien définie,— qui ne l'est plus aujourd'hui. Le souci d'authenticité leur était aussi étranger que la fidélité aux intentions de l'auteur. Elles constituent une galerie de héros légendaires et de symboles chrétiens, montés sur des récits édifiants qui ne sont qu'accessoires. La forme passe du schématisme le plus abstrait au réalisme le plus attrayant, mais le fond n'évolue guère au cours des siècles.

Livre 1

LA GUERRE DES JUIFS — LIVRE PREMIER

La Guerre des Juifs a été, comme dit, l'oeuvre de Josèphe la mieux connue et la plus appréciée. A l'égal de certains apocryphes du Nouveau Testament, comme les *Actes de Pilate,* elle devait montrer que le déicide n'était pas resté impuni[1]. Elle constituait, comme dans les mystères, le pendant de la Passion (supra, p. 23). Les illustrations de ce texte portent la marque de ce parallélisme entre la destruction de Jérusalem et la crucifixion. Ce ne sont pas des considérations historiques qui animent les historieurs quand ils traduisent en images l'unique recension complète de ces événements. Ils ne pouvaient pas y être sensibles, puisque la matière faisait partie de leur patrimoine culturel au même titre que les récits de l'Evangile et qu'elle était diffuse dans un grand nombre de sources parallèles, dans le drame liturgique et la littérature. A la confusion en ce domaine, s'ajoutaient les interférences entre le récit des *Antiquités,* le début de la *Guerre des Juifs* et les livres des *Macchabées.* Vers le XVème siècle, la destruction de Jérusalem commence à devenir aussi un thème de choix pour la grande peinture — à fresque ou sur panneau (supra, p. 48).

Les images parlent d'elles-mêmes, il suffit de leur prêter attention. En tête des cinq derniers livres de la *Guerre des Juifs* dans un manuscrit dijonnais du XIIIème siècle, à la Bibliothèque Pierpont Morgan de New York, l'artiste anonyme a représenté, dans leur ordre chronologique, cinq scènes de la Passion, sans chercher un rapport entre l'image et le texte illustré. Au XVème siècle apparaissent des manuscrits abondamment illustrés, comme les fr. 405–406 de la B.N.: on y trouve des stéréotypes passe-partout, des scènes qui illustrent aussi bien les *Antiquités,* des allusions typologiques chrétiennes et des marques de l'influence du mystère.

Notre intérêt a porté surtout sur ces deux derniers éléments. Les deux premiers ne seront pas traités ici et nous renverrons le lecteur, le cas échéant, aux pages correspondantes des *Antiquités.*

Le prologue et le portrait de l'auteur ainsi que la dédicace ont été étudiés en détail p. 59 et suiv. Le motif principal du livre 1, à la suite du prologue[2], est l'entrée d'Antiochus Epiphane à Jérusalem, évoquée supra, p. 142. Les autres

---

[1]   Deutsch, «Déicide et vengeance», *Archives Juives,* 16ᵉ année (1980), no. 4, 69–73.
[2]   Dans les manuscrits grecs et les éditions scientifiques modernes, le prologue de la *G.J.* fait partie intégrante du premier livre; le récit d'Antiochus n'apparaît qu'au paragraphe 31 selon Niese. La tradition iconographique évoquée ici intervient donc après la dissociation du prologue du corps du texte, à la suite de sa traduction en latin.

thèmes mis en images sont l'occasion pour les artistes du XVème siècle de faire montre de leur savoir-faire dans des sujets militaires qu'ils semblent traiter avec délices: siège d'une place-forte (fig. 121), assaut et escalade des murs (Soane, 1, f° 150), reddition des habitants, massacres et pillages (fig. 119). De fait ces thèmes qui ne sont que mentionnés très brièvement dans le texte de Josèphe, au premier livre, semblent plutôt inspirés de l'esprit de la *Guerre des Juifs* toute entière, tel qu'il s'exprime dans son titre latin «Liber judaice captivitatis et excidii Hierosolima» (Livre de la captivité des Juifs et de la destruction de Jérusalem)[3]. Le contexte idéologique et dogmatique du récit tel que le présente Guillaume Coquillart dans son prologue français à la *Guerre,* «ce que plusieurs appellent la vengeance de la mort et passion de nostre dit rédempteur»[4], est toujours sensible entre les lignes. C'est lui qui explique le frontispice du ms. 5083 de l'Arsenal où l'on voit s'affronter deux armées qui ne se distinguent que par leurs bannières: à gauche, comme dans les images bibliques (et contre toute logique; supra, p. 102), un oriflamme avec les lettres «JUDE», pour 'judei' en latin, et des aigles romaines à deux têtes à droite (f° 159; fig. 120). Au centre se profile l'enjeu de la bataille, la silhouette familière de Jérusalem, telle que la représente l'art flamand de l'époque.

Certains miniaturistes s'attachent néanmoins à illustrer le texte même du début de ce premier livre de la *Guerre.* On trouve ainsi des représentations de la lutte entre Onias et Tobie, pontifes de Jérusalem, au feuillet 23 du ms. fr. 248 de la B.N., et de la profanation du Temple de Jérusalem par l'adoration d'idoles sous forme de cochons d'or, sous l'instigation d'Antiochus, au feuillet 21 du ms. 776 du Musée Condé. Sans doute y avait-il dans ces images une allusion à un fait précis qui expliquait la mise en vedette de thèmes apparemment mineurs. La résonance biblique des noms Onias et Tobie, la résonance actuelle de la rivalité entre les pontifes et de l'adoration des idoles sont les indices de la signification attachée à ces thèmes.

Les illustrations de ces textes présentent un grand nombre d'éléments qui tirent leur origine du plateau du Mystère. L'auteur paraît dans un des coins du frontispice, absorbé dans son oeuvre, sans être importuné par la fureur du combat, dont il est isolé par une frêle «mansion» de théâtre (B.N., fr. 15, f° 41 v°); les manoeuvres qui se déroulent simultanément sur plusieurs niveaux (une image de ce type à la fig. 123); le type «praticable» de décor d'éléments architecturaux comme le Temple de Jérusalem de la fig. 119 ou les murailles du ms. 776 du Musée Condé (f° 21). Là encore, l'artiste ne s'inspire apparemment pas d'un tableau précis du Mystère: nous n'en connaissons pas qui traite de ces événements précédant la révolte des Macchabées. A partir de ses impressions

---

[3] B.N., lat. 16730, f° 190 v°, entre autres.
[4] B.N., fr. 248 et 405; supra, p. 21–22.

visuelles, réduites à l'état de modèles isolés, il a pu reconstituer ces images passe-
partout qui appartiennent à la fois à la *Guerre* et à la *Bible,* mais ne représentent
aucun fait précis en particulier.

Guerre des Juifs — Livre 2

ARCHÉLAÜS ROI

La mort de Hérode le Grand et l'accession au trône d'Archélaüs, son fils
constituent une articulation naturelle entre le premier et le deuxième livre de la
Guerre des Juifs, qui s'ouvre sur les premiers actes politiques du nouveau
souverain. Il bénéficie, au départ, d'un grand crédit de sympathie, mais le dissipe
d'emblée, par maladresse: une émeute en pleine fête de Pâque, destinée sans
doute à le mettre à l'épreuve, lui fait perdre la tête et lui inspire de cruelles
mesures de répression. Le poids de la succession du grand Hérode s'avère trop
lourd pour lui.

Archélaüs nous apparaît ainsi comme un de ces souverains tragiques dont
Boccace raconta le «Cas», mais son rôle fut trop effacé ou trop obscur pour
mériter un chapitre. A la fin du dix-septième livre des *Antiquités* et au onzième
chapitre du deuxième livre de la *Guerre* (Lidis, p. 555; 706), Josèphe nous conte
que, sur plainte de ses sujets, Archélaüs fut déposé et relégué à Vienne, en Gaule.
Cet Archélaüs qui apparaît aux côtés de Hérode dans les textes dramatiques dès
le XIe siècle[5] a dû subir quelque part un échange de personnalité avec Ponce
Pilate. Toujours est-il que la disgrâce de celui-ci s'accompagne dans les Actes
apocryphes de Pilate d'une relégation à Vienne qui n'est pas documentée
ailleurs[6]. Ainsi s'ajoute une figure légendaire mystérieuse à la galerie des héros
de Josèphe qui reparaissent régulièrement sous forme de portraits dans
l'illustration des textes.

Delaporte le signale dès le XIe siècle dans le manuscrit endommagé de
Chartres (ms. 29, f° 178 v°, p. 11). Au XVe siècle divers épisodes de son bref règne
sont représentés: son couronnement (B.N., fr. 248, f° 111 v°; fr. 405, f° 156), son
entrée au Temple de Jérusalem (fig. 122) et son litige avec ses sujets devant
Auguste à Rome (fig. 123). Ces scènes étaient vraisemblablement en rapport
avec des textes et des tableaux du Mystère. Le bonnet burlesque d'Archélaüs,
seule note comique dans une peinture sérieuse par ailleurs, au feuillet 205 v° du
ms. 5083 de l'Arsenal (fig. 122) en est apparemment la confirmation. Le même
bonnet à pointes, du type porté par fous et bouffons, apparaît arboré par

---

[5]   Tomlinson, «Der Herodes-Charakter im englischen Drama», *Palaestra 195,* p. 4-5; voir aussi
Matthieu, 2, 22; il est d'ailleurs mis en parallèle avec Pilate dans un poème de la *Vengeance* du XIIe
siècle, voir Gryting, *The Oldest Version,* p. 18.

[6]   Deutsch, *loc. cit.,* p. 70; Petit de Julleville, *Les Mystères,* t. II, p. 452–456; Schwartz,
«Suspension of Pontius Pilatus», *Tarbiz,* 51 (1982), 3, p. 383–398 (en hébreu, avec un résumé en
anglais).

Agrippa et son fils, dans le même manuscrit (fig. 118). Nous avons évoqué (supra, p. 155) le chemin suivi par le personnage terrifiant de Hérode du drame liturgique à la fête des fous.

Les funérailles de Hérode sont l'objet de l'illustration des manuscrits B.N., n. acq. fr. 21013 (fig. 124); fr. 15, f° 93 et fr. 405, f° 156; Soane, 1, f° 193 v° et 2538 de la B.N. de Vienne, f° 53 (fig. 123), tous du XVe siècle. Il s'agit d'un stéréotype qui a une longue tradition dans la peinture de manuscrits[7] et qui s'inspire de diverses autres sources possibles: les cérémonies funéraires réellement célébrées en grande pompe sous les yeux des artistes[8] et la représentation de cérémonies de ce genre au théâtre. Sur le plateau du Mystère, le temps ne comptait pas, on pouvait célébrer en toute quiétude les funérailles de Hérode, dont la signification symbolique était probablement proclamée par quelque hérault. En fait cet épisode appartient à la fin du premier livre. S'il a été ramené au jour en frontispice au deuxième livre, il y fallait une raison plus valable que le désir de croquer une belle cérémonie. Le second livre décrit le festin funèbre («fériales viandes» en vieux français) offert par Archélaüs: s'il est représenté (Soane, 1, f° 193 v°), ce ne peut être qu'en allusion à la Cène et au mystère de l'Eucharistie, et non par fidélité au texte qui n'est pas respecté scrupuleusement, ni ici ni dans les funérailles[9]. Il reste ici une vaste lacune à élucider.

Guerre des Juifs — Livre 3

Vespasien prend le commandement

Outre les informations qu'il fournit sur des événements suivant de quelque trente ans la date généralement admise de la crucifixion, le troisième livre de la *Guerre des Juifs* consacre quelques pages, souvent citées, très réputées jadis, à la géographie de la Galilée et à l'art de la guerre tel que le pratiquaient les légions romaines[10]. Des épisodes, extraits de ce livre, ont été repris dans les compilations les plus populaires, en Europe, à partir du XIIe siècle. L'attention de tous converge sur trois hommes: Vespasien et Titus, chargés de l'oeuvre de

---

[7] *Histoire d'Outremer,* Acre, XIIIe siècle (B.N., fr. 9084, f° 290 v°), fig. 114 dans Folda, *Crusader Ms. Illumination at St. Jean d'Acre,* Princeton, 1976; *Grandes Chroniques,* France, XVe siècle (B.N., fr. 6465, f° 284 et 458) reproduits dans un opuscule n.d. du Département des ms. de la B.N., sous ce nom, pl. 29 et 50.

[8] Durrieu, *Antiquités,* p. 41; à sa liste de gisants, ajoutons celui de Louis le Débonnaire, à Metz, aujourd'hui détruit, voir *Cahiers archéologiques,* 1962, p. 71, fig. 5.

[9] Chez Josèphe, le cérémonial des funérailles est dans le mouvement, l'escorte (en hébreu: *levaya*) du défunt jusqu'à sa dernière demeure, contrairement à leur représentation figée, sculpturale, dans les miniatures.

[10] Voir supra, p. 27–29 — Josèphe est représenté en géographe, dissertant devant un lac bordé de rochers qui représente le lac de Tibériade (ou Guénézareth), B.N., fr. 406, f° 38, atelier de Jean Colombe, fin du XVe siècle.

destruction et de vengeance, et Josèphe, le général juif capturé (supra, p. 8; 63–64). Au-delà d'un épais brouillard de légendes, ces trois personnages constituaient d'emblée pour le chrétien une entité symbolique, lourde de significations sur plusieurs niveaux: une base historique, un rapport mystérieux avec la divinité ternaire, deux souverains païens élus par Dieu et un Juif rallié. C'est dans ce contexte que s'inscrit une scène comme la présentation de Josèphe enchaîné devant Vespasien et Titus, dans le mystère de la *Vengeance* et dans l'illustration de la *Guerre* à sa suite (fig. 127).

Le rôle des deux Empereurs au théâtre était considéré comme un honneur qu'on se disputait (supra, p. 23). Dans la dédicace de sa première édition imprimée de la *Vengeance,* en 1491, Antoine Vérard glorifiait le roi Charles VIII, «second Vespasien», pour avoir «hay les juifs et déboutés»[11]. Nabuchodonosor apparaissait aussi comme l'exécuteur des hautes oeuvres divines (supra, p. 131–132). Mais son élection était conditionnée et ne dépassait pas le cadre de sa tâche dans le plan divin. Vespasien et Titus, en revanche, personnifient, aux yeux des exégètes chrétiens, la disgrâce définitive d'Israël et le transfert de l'élection d'Israël à l'ensemble des Nations, dans le creuset de l'Empire romain chrétien. Le père et le fils qui régnèrent sur le plus grand Empire du monde furent révérés à l'égal de personnages bibliques; et les exégètes chrétiens leur trouvèrent une préfiguration typologique dans le texte même de la Bible[12].

La nomination par Néron de Vespasien, le premier des Flaviens, à la tête de l'armée de Syrie constitue l'articulation la plus légitime de ce troisième livre, surtout quand on se souvient du rapport de Josèphe avec cette famille. Vespasien s'impose ainsi doublement à la tradition iconographique. Le jeune homme qui est censé le figurer au feuillet 228 v° du ms. de Corbie, B.N., lat. 16730, du XIIe siècle (fig. 125), se tient sur la barre transversale du 'N' initial («Neronem autem...»). En sus du sceptre qu'il porte à la main gauche, il en reçoit un second du personnage couronné à gauche. Il réunit ainsi symboliquement entre ses mains les deux pouvoirs (supra, p. 38, note 23; p. 61). Vers le XIIIe siècle, on le trouve déjà représenté sous les traits d'un Empereur du Saint Empire romain, dans un manuscrit allemand aujourd'hui à la Bibliothèque du British Museum (Add. 39645, f° 72 v°): vu de front, il porte le casque de guerre sous sa couronne.

---

[11]   Petit de Julleville, *op. cit.,* t. II, p. 451-3.

[12]   Supra, p. 61; le passage des II *Rois,* 2, 23–35, qui rapporte l'histoire des quarante deux enfants déchiquetés par deux ours, sortis des forêts, pour s'être moqués d'Elisée, se voit interprété de la sorte par Isidore de Séville: «et quadragesimo secundo anno ascensionis suae immisit duos ursos de silvis gentium Vespasianum scilicet et Titum eosque crudeli strage dejecerunt» (et la quarante-deuxième année de son ascension, il envoya deux ours des forêts de la Gentilité, à savoir Vespasien et Titus, qui leur firent subir un cruel massacre), *Quaestiones in Vetus Testamentum; P.L.,* 83, col. 419–420. L'effet de cette interprétation est étudié par Delisle, «Livres d'images...», p. 217; Gaster, *The Exempla of the Rabbis,* rapporte un certain nombre de légendes juives, p. 67–68.

Ces deux idées se retrouvent dans toutes les illustrations: la délégation des pouvoirs d'une part (supra, p. 110; B.N., fr. 249, f° 1; fr. 406, f° 1; Soane 1, f° 232 v°) et le grand homme de guerre de l'autre (B.N., n. acq. fr. 21013, f° 191; fig. 128; Vienne, B.N., ms. 2538, f° 83 v°). L'influence du théâtre n'est pas sensible dans ces images symboliques, mais elle reprend ses droits quand l'illustrateur quitte la voie frayée. Pour l'artiste flamand de l'atelier de Bening, nomination et commandement se résument en faits divers plaisants: l'adieu de Vespasien, les préparatifs de l'embarquement, les travaux sur les ponts et les gréements et surtout les chansons des matelots (fig. 126). Le Mystère de la *Vengeance* réserve une place importante à des entremets de ce genre, c'est à lui qu'il faut imputer l'initiative de ces scènes anecdotiques[13].

Les divers éléments du troisième livre, énumérés ici, sont réunis dans le frontispice du feuillet 151 du ms. 776 du Musée Condé (fig. 127) qui en présente une sorte de vue synoptique: art de la guerre et poliorcétique, dans le siège de «Iopate» (Jotapata); l'investiture de Vespasien; son entrée en Syrie (en haut); la capture de Josèphe et son ralliement aux Flaviens. Tous ces épisodes dépeints simultanément en divers points du tableau, à grand renfort de «praticables», sont probablement le fidèle reflet du grand plateau du Mystère. Mais la peinture n'est pas seulement le reflet d'un autre art, elle exprime aussi la conception d'un monde chrétien rayonnant dans le ciel et sur la terre, cumulant les pouvoirs, ralliant les infidèles, solidement implanté dans l'histoire humaine depuis l'antiquité et dispensateur de toutes les sciences.

Guerre des Juifs — Livre 4

OPÉRATIONS EN GALILÉE

L'articulation du quatrième livre de la *Guerre des Juifs* est particulièrement incertaine. Outre les manuscrits qui incorporent les sept livres de la *Guerre* entre le douzième et le dix-huitième des *Antiquités* (supra, p. 146), les différences de distribution abondent. La traduction du texte en français puis dans les autres vernaculaires vers le XIVᵉ siècle ne fait qu'aggraver la situation. Souvent la *Guerre* ne comporte au total que six livres, parce qu'une articulation a été ignorée. Certains textes en introduisent une supplémentaire, ce qui porte le nombre des livres à huit. En prenant pour référence la distribution de Niese, qui est celle de la majorité, on s'aperçoit que les scribes ignorent souvent le quatrième livre en poursuivant le récit du troisième livre jusqu'à ce qui est pour nous le cinquième. D'autres font de même pour le second, le troisième ou le

---

[13] Petit de Julleville, *op. cit.,* t. II, p. 457; voir aussi fig. 138, infra p. 176. A ce genre, il faut aussi rattacher la peinture de Vespasien en Prince de la guerre (B.N., fr. 16, f° 252), avec une suite de baladins, d'animaux domestiques et tout un attirail de voitures et de matériel.

cinquième livre[14]. L'effet de ces variantes sur l'inconsistance d'une tradition iconographique fondée sur l'illustration des têtes de livres ne doit pas être mésestimée.

De fait la description précise de Gamala et de sa conquête par les Romains qui ouvre le quatrième livre dans la plupart des textes ne se reflètent que peu dans l'illustration de Josèphe et des récits historiques inspirés de son oeuvre. Un miniaturiste allemand du XIIe ou du XIIIe siècle utilise l'initiale 'Q' («Quicumque autem iudei iotapatis....») comme un médaillon et y peint une ville assiégée dont les défenseurs se battent sur deux niveaux[15]. C'est cette position en nid d'aigle qui rend Gamala, selon Josèphe et les archéologues, une citadelle réputée inexpugnable[16]. C'est aussi ce qui lui vaut son nom qui signifie dromadaire en hébreu. Malgré un échec cuisant au premier assaut, les Romains ont finalement le dessus. Deux frontispices du XVe siècle s'efforcent de présenter un tableau vraisemblable de cet épisode les ms. n. a q. fr. 21013 de la B.N. de Paris et 2538 de la B.N. de Vienne (nos fig. 131 et 132).

La peinture en est si convaincante qu'on se demande quel en a pu être le modèle. Malgré toute la bonne volonté du metteur en scène, du régisseur et de toute une population enthousiaste, le Mystère était-il en mesure de monter une bataille avec une telle richesse de détails significatifs? Les bombardes en batterie au bas de la fig. 131 et censées représenter les diverses machines de guerre romaines corroborent l'impression d'un modèle visuel explicite[17]. La figuration du siège de Troie, conçu sur le même modèle, dans un *Miroir historial* français du milieu du XVe siècle, B.N., fr. 50, feuillet 72[18], suggère que cette bataille était devenue un modèle du genre, dans le cadre de l'art de la guerre et de la poliorcétique. Il faudrait passer en revue les manuels spécialisés de l'époque pour s'en assurer (supra, p. 27-8).

---

[14] Notre quatrième livre fait partie du troisième dans les ms. fr. 6446 et 16 de la B.N., 1 de la collection Soane à Londres et 5083 de l'Arsenal. Le quatrième livre du ms. lat. 5046 de la B.N. se prolonge jusqu'à notre sixième. Le ms. lat. 8835 de la B.N. ignore l'articulation du second et du troisième livre et ne compte que cinq livres au total. Le troisième livre est coupé en deux dans le ms. Add. 22861 du B.M., ce qui porte le total à huit. Le ms. lat. 8959 de la B.N. suit un ordre très spécial, provenant d'un démembrement de divers manuscrits: la *Guerre* apparaît d'abord à la hauteur du XIIe livre des *Antiquités,* puis, pour de bon, au XVIIIe. Le quatrième de la *Guerre* constitue ainsi le vingt-et-unième de l'ensemble, dans ce texte.

[15] Ms. Add. 39645 du B.M., f° 92; un archer et un sapeur, bouclier sur le dos et marteau-piqueur à la main, représentent les assiégeants à gauche; dans le corps de la muraille, à droite, s'ouvre une fenêtre qu'occupe un guerrier avec une fronde.

[16] Voir l'étude récente de Shemaryah Gutman, *Gamla,* Tel-Aviv, 1981, 97 p. (en hébreu).

[17] A défaut de sources archéologiques spécialisées, l'artiste ne pouvait se représenter ces machines romaines autrement que sous la forme des engins contemporains. Si anachronisme il y a, il est fatal en ce cas. Voir aussi notre fig. 147, ainsi que Gaier, «A propos d'armes et d'armures de transition (1495–1500): le témoignage pictural du «Siège de Jérusalem» du Musée de Gand», *Armi Antiche,* Torino, 1962, p. 93 et suiv. Cet article nous a été signalé par le Conservateur du Musée, P. Eeckhout, ce dont nous le remercions.

[18] Voir Porcher, *Manuscrits à peintures, XIII–XVIe siècle,* p. 128, n° 265.

Les illustrateurs des ms. fr. 249 et 406 de la B.N. (f° 87 et 41, respectivement) esquivent la difficulté et ne nous apprennent rien de plus en ce domaine: ils présentent une vue générale de la soumission des Juifs de Galilée au futur Empereur de Rome — en plaine. C'est un nouvel exemple de l'empire du contexte culturel et folklorique de la *Guerre des Juifs* sur les esprits où les détails du récit se confondent avec son message d'ensemble.

Guerre des Juifs — Livre 5

MASSACRES À JÉRUSALEM

L'édition érudite qui se fonde sur les manuscrits grecs place la césure du cinquième livre à l'ouverture de la campagne de Judée. La fin de la période 325 du quatrième livre donne en français: «Telle fut donc la fin d'Ananus et de Jésus»[19]. Dans les textes latins, ce passage: «Anano quidem et iesu etc...» marque le début du cinquième livre. Le traducteur médiéval a ajouté, en vieux français: «comme nous avons raconté au livre devant cestui-ci». L'ancienneté de cette variante, qui n'est signalée dans aucune source, est attestée par l'illustration. Les portraits d'Ananus et Jésus, les deux pontifes aux noms prédestinés, assassinés dans Jérusalem par les factieux honnis de Josèphe, ornent dès le XIe siècle les manuscrits de la *Guerre*[20]. Ils constituent désormais, avec Zacharie, une tradition iconographique qui se perpétue jusqu'aux éditions imprimées. C'est l'indice de la puissance de ces figures stéréotypées, responsables d'ailleurs aussi apparemment, du déplacement de l'articulation.

Ainsi constituée, l'articulation de ce cinquième livre unit le meurtre des deux pontifes, à la fin du quatrième livre, avec celui du digne vieillard Zacharie, au début du cinquième livre. Ce dernier personnage est devenu peu à peu un produit de synthèse de divers hommes de la Bible et de l'Evangile pour personnifier le juste mis à mort par les Juifs rebelles[21]. C'est l'illustration qui nous l'apprend, une fois de plus. Au XIIe siècle, il n'apparaît pas encore. Dans le manuscrit de Corbie (B.N., lat. 16730, f° 245; fig. 129), on voit un soudard casqué de fer égorger les deux pontifes à barrette, à droite. Derrière lui, un autre personnage en robe brandit aussi son glaive, sans doute pour signifier la responsabilité du pouvoir civil pour ce meurtre. On ne sait si la tradition autour de Zacharie est

---

[19]   Dans la traduction de Pierre Savinel, p. 383, aux Editions de Minuit, Paris, 1977.

[20]   Dans le ms. 29 de Chartres, f° 211 v° (Delaporte, *op. cit.,* p. 12); Saint-John College, Cambridge, Ms. A 8, f° 191 (Dodwell, *The Canterbury School of Illumination,* fig. 25b).

[21]   Au verset 20 du deuxième chapitre des *Lamentations,* il est question d'un prophète assassiné au Temple dont la destruction est la sanction de ce crime; selon l'exégèse traditionnelle (Raschi, *ibid.*), il s'agit de Zacharie fils de Joyada, lapidé sur l'ordre du roi Joas (II *Chroniques,* 24, 20–21). *Luc,* 11, 51, rappelle le sang versé d'Abel jusqu'à Zacharie, dans une prédication de Jésus à l'encontre des Pharisiens.

plus récente ou si c'est un effet de la traduction en français, dont la syntaxe ne supporte pas les noms d'Ananus et Jésus en tête de livre. Quoi qu'il en soit, au XVe siècle, l'assassinat de Zacharie devient un thème de prédilection. Et le thème ne varie que sur l'identité de la victime: on figure une mise à mort en vue du passage en question, quel que soit le numéro du livre.

Le frontispice de l'atelier de Bening, au quatrième livre (Arsenal, ms. 5083, f° 277; fig. 130) donne le ton: Zacharie, au centre, est à terre, non loin du Temple (voir fig. 91); deux horribles lansquenets s'apprêtent à l'achever au milieu d'une soldatesque aux traits caricaturaux. A gauche, le simulacre de Sanhédrin réuni sur les ordres des Zélotes, selon le texte (Lidis, p. 813), se tient indécis. Une scène de même type est représentée dans les manuscrits B.N. fr. 16, f° 279 et 249, f° 143; Soane, 1, f° 256.

Certains illustrateurs essayent, ici encore, de tirer la quintessence de ces scènes d'horreur décrites par Josèphe, au cours des luttes fratricides qui ensanglantèrent Jérusalem juste avant l'arrivée des troupes romaines. Dans une peinture ramassée, le successeur de Fouquet au ms. n. acq. fr. 21013 de la B.N. (f° 224; fig. 136) exprime de façon remarquable ces troubles intérieurs, avec les rues jonchées de cadavres, les arrestations en masse et les hommes d'armes qui sont partout. La sincérité et la verve de l'exécution laissent à entendre une expérience personnelle vécue par l'artiste, peut-être au théâtre, mais plus vraisemblablement dans la réalité. Le décor avec sa grand-place, encadrée d'un Temple trapu, d'un donjon vers le centre, d'un bâtiment à l'antique émergeant d'un mur crénelé et d'une sombre prison massive à droite, confirme cette impression. Une scène de même type apparaît au feuillet 65 du manuscrit illustré par Jean Colombe et son atelier (B.N., fr. 406). Quelques feuillets plus haut, le même représente l'entrée des Iduméens à Jérusalem (feuillet 61 v°). Cet épisode de la fin du quatrième livre devait être particulièrement suggestif, puisqu'il orne déjà un manuscrit du début du siècle, le B.N., fr. 6446, feuillet 362 v°.

L'influence du théâtre apparaît moins décisive dans ce livre[22]. La peinture des massacres et des excès des hommes de guerre semble avoir touché une corde sensible chez certains artistes du XVe siècle qui présentent ici un Josèphe hors tradition. Moins tendancieux, moins entaché de symbolisme, celui-ci paraît aider les hommes à mieux considérer leurs folies et leur dispenser la consolation de l'Histoire.

---

[22] Le ms. 2538 de la B.N. de Vienne, f° 109 (Pächt-Dagmar, *Die Illuminierten Handschriften...*, I, p. 95) présente l'embarquement de Vespasien d'Alexandrie pour la Judée, avec les matelots qui chantent, selon le mystère de la *Vengeance de Notre Seigneur* (fig. 138; Petit de Julleville, *op. cit.,* p. 457). Cette image ne peut s'inspirer de l'évocation laconique de l'arrivée de Vespasien à Alexandrie, à la fin du cinquième livre de la *Guerre* selon la version érudite (p. 835 de l'édition Lidis).

Guerre des Juifs — *Livre 6*

TITUS DEVANT JÉRUSALEM

Dans tous les textes le nom de Titus constitue le début d'un des livres de la *Guerre des Juifs*. Dans les manuscrits grecs et les éditions modernes, il ouvre le cinquième livre. Pour la plupart des textes médiévaux, il s'agit du sixième. L'articulation et l'illustration confirment cette tendance déjà observée à cristalliser le déroulement de l'histoire autour d'une figure héroïque et légendaire. Une fois de plus l'intérêt de l'Eglise pour Titus converge avec celui de l'auteur, mais pour des raisons différentes. Protecteur de Josèphe, Titus a droit à l'hommage empressé et obséquieux de son affranchi. Pour le monde chrétien, il est le prototype du «miles christianus», le soldat de la foi, le bras armé de l'Eglise (supra, p. 172). La figure légendaire de Titus (supra, p. 8) sa représentation au théâtre (p. 23) et dans la peinture (p. 33, 64), le symbolisme théologique qui s'y rattache (p. 39, 61) ont déjà retenu notre attention à plusieurs reprises[23]. C'est donc un personnage à la fois imposant et familier, lointain et proche, réel et mythique que les peintres s'appliquent à faire surgir sous nos yeux. Quand Josèphe le fait parvenir dans son récit aux portes de Jérusalem, son adversaire fatidique, ce sont deux entités immatérielles qui s'affrontent, dans l'esprit des lecteurs du moyen-âge (supra, p. 39). Les illustrations de Josèphe du XIIe siècle en témoignent.

Delaporte ne nous renseigne pas sur l'aspect de Titus au feuillet 217 v° du manuscrit 29 de Chartres. Dans le ms. lat. 5047 de la B.N., au feuillet 171, un cavalier sur pied de guerre est inséré harmonieusement dans la courbe du 'T' initial (fig. 133). Avec son étendard flottant en parallèle à la barre du 'T', la couronne sur son heaume et la faveur de couleur nouée dessus, la posture piaffante de sa monture, il semble sortir tout droit des romans de chevalerie[24]. En contraste avec cette figure d'origine populaire, l'initiale du manuscrit de Corbie (B.N., lat. 16730, f° 251) traduit une conception symbolique, fondée sur une réflexion sur la leçon des événements (fig. 134). Sous les bras d'un 'T' érigé comme une croix, Titus, à gauche, une fleur de lys dans la main gauche, ouvre la marche, au pas de son cheval, contre la cité et le Temple de Jérusalem, à droite. Une enceinte crénelée de forme ronde s'élève sur une arcade à sept baies. En son centre se dresse un édifice à deux étages surmonté d'une coupole qui rappelle aussi bien le Saint Sépulcre que le Dôme du Rocher de Jérusalem (supra, p. 144, note 17).

---

[23] Rappelons pour mémoire la carrière littéraire et dramatique de Titus, conquérant de Jérusalem et amant de Bérénice, à partir du XVIIe siècle.

[24] Le souvenir d'une chanson de geste intitulée *Le Livre Titus et Vespasianus*, en langue française et datant du XIVe siècle, est signalé dans l'*Encyclopaedia Judaica*, 15, col. 1171.

Cette perspective symbolique s'estompe au XVe siècle où l'anecdotique prend le dessus, mais la formule de base demeure. Sur le fond des tentes de l'armée romaine qui a mis son artillerie en batterie (supra, p. 50 et 130), Titus se détache au milieu de ses officiers par sa longue barbe et son riche costume (fig. 137 et 140). La ville de Jérusalem, entourée d'une rivière qui lui sert de douve, apparaît comme une forteresse enclose dans une épaisse muraille, défendue par un grand nombre de tours de garde. A travers ce canevas qui revient fréquemment dans les illustrations ainsi que dans la peinture monumentale[25], certains artistes cherchent à figurer divers épisodes rapportés par Josèphe.

Le Mystère faisait place aux factions qui se déchiraient dans la ville de Jérusalem assiégée[26]. On en trouve l'effet dans certains manuscrits abondamment illustrés[27]. Ailleurs on voit les revers essuyés par les Romains au début du siège[28]. Il est souvent difficile de faire la part des événements du sixième livre et du dernier, le septième, voir supra, p. 173. Le feuillet correspondant au début du sixième livre manque dans le ms. n. acq. fr. 21013 de la B.N. Mais l'image d'ensemble est clairé: le preux Titus et la Jérusalem terrestre se mesurent dans un affrontement qui, de mystique, devient épique pour s'achever en récit historique à tendance anecdotique.

Guerre des Juifs — Livre 7

LE MALHEUR DE JÉRUSALEM

Le récit de la *Guerre des Juifs* arrive au comble de l'horreur dans le septième et dernier livre[29]. Sous les coups de butoir de l'assaillant romain, mis en fureur par la détermination des défenseurs, la cité de Jérusalem agonise. Victimes de la bataille et morts de famine s'amoncellent dans les rues. Actes de bravoure et de désespoir se multiplient et Josèphe leur fait une large part dans sa peinture des événements de l'an 70. Les murailles cèdent les unes après les autres et finalement le Temple de Jérusalem flambe. Les odeurs pestilentielles, les

---

[25] Outre les éléments réunis supra, p. 130 et nos figures, signalons les illustrations suivantes: B.N., fr. 16, f°294; fr. 406, f°119; Florence, Laurenziana, ms. 66.9, f°1 (reproduit dans Ancona, *Miniatures italiennes du Xe au XVIe siècles,* Paris, 1925, fig. LXX), qui sont des textes de la *Guerre*; les textes de J. de Maerlant, la *Bible rimée* en néerlandais, voir *Société française de reproduction de manuscrits à peintures,* 1931–33, p. 22; 1937, p. 171, ainsi que certains textes de *Hégésippus,* voir *ibid,* 1937, p. 445, fig. CVb. Pour la peinture monumentale, voir supra, p. 47-8.

[26] Petit de Julleville, *op. cit.,* t. II, p. 452. Les noms des chefs des factions, Eléazar, Jean et Simon, figurent dans la nomenclature des personnages du Mystère de la *Vengeance.*

[27] Les manuscrits de la *Guerre*: B.N., fr. 249, f°201 et fr. 406, f°94.

[28] Dans la *Guerre* de la B.N. de Vienne, ms. 2538, f°119v°, on voit Titus galoper vers ses soldats en déroute pour les rameuter (Pächt-Dagmar, *Die Illuminierten HSS,* p. 95).

[29] Dans les éditions modernes, où le livre précédent n'était que le cinquième, commence ici le sixième, coupé après la pacification définitive de Jérusalem pour former le septième livre. La plupart des épisodes évoqués ici se rapportent donc au texte du sixième livre.

hurlements des combattants et des victimes égorgées, le grondement de l'incendie, le sang qui ruisselle de partout persistent pendant près d'un mois, jusqu'à l'extinction des derniers îlots de la résistance.

Flavius Josèphe exprime au deuxième chapitre du cinquième livre (Lidis, p. 837) sa douleur sur le sort de Jérusalem. Son exemple est suivi par divers auteurs et le deuil de Jérusalem détruite devient un thème traditionnel, déjà évoqué à propos du premier Temple, supra, p. 134. Il apparaît qu'un transfert s'est opéré en ce sens, depuis les sources juives, très copieuses[30], jusque dans les Evangiles et la littérature patristique[31]. Le thème apparaît pour la première fois dans l'art du IXe siècle, peint à fresque sur les murs d'une chapelle souterraine des Abruzzes[32]. Il resurgit dans l'Evangéliaire d'Otton III, à la fin du siècle, en parallèle avec le thème de Marie fille d'Eléazar, de Bethézob[33]. La coïncidence dans le temps malgré la distance sur le plan topographique marque une diffusion considérable.

La composition des Actes de Pilate à la même époque, selon les érudits, confirme l'implantation des thèmes reliés à la Vengeance de Jésus[34]. La confection, toujours au IXe siècle, des quatre images sur le cannibalisme de Marie, à l'autre bout de la Méditerranée (supra, p. 30, fig. 1), indique combien ces thèmes sont imbriqués l'un dans l'autre.

Le septième livre de la Guerre constitue un condensé de l'oeuvre de Josèphe toute entière. Accaparé par la pensée théologique, repris et remanié dans un nombre incalculable d'adaptions, il s'est creusé une place au coeur du patrimoine de la civilisation occidentale chrétienne. Il en est devenu une part intégrante, serré dans un tissu dense de correspondances à tous les niveaux de la production littéraire et dramatique (supra, p. 20 à 24).

L'art plastique vient à notre secours et nous permet de saisir divers motifs qui surnagent et traduisent les orientations et les perspectives, variant suivant les périodes et les mouvements de la pensée. Les motifs les plus fréquents, outre celui du deuil de Jérusalem, sont au nombre de trois: ce que les spécialistes appellent la tecnophagie de Marie, l'incendie du Temple et les tas de cadavres à Jérusalem.

L'épisode de Marie de Béthézob est de loin le plus ancien et le plus courant. Il mérite donc un développement dans le contexte où il apparaît pour la première fois, le dernier livre de la Guerre (dans les ms. médiévaux). Mais il est impossible

---

[30] Surtout dans le Midrach sur les Lamentations, voir Bialik-Rabnitzky, Sefer Ha-aggada, Tel-Aviv (1948), 1960, I, p. 109–111 (en hébreu).

[31] Luc, 19, 41; voir Mütherich, «Zur Darstellung der Zerstörung Jerusalems...», Zeitschrift für Kunstgeschichte, 42 (1979), p. 215; voir aussi Hégésippus, V, chap. 2 et Yossipon à sa suite, LXXIII, 1–77.

[32] Marle, Iconographie de l'art profane, II, La Haye, 1931, p. 308. La légende au-dessus du personnage qui pleure l'identifie comme «Hiersl» (Jérusalem). Le thème concerné est une crucifixion, mais il s'agit probablement d'une métathèse.

[33] Munich, Bayerische Staatsbibl., clm 4453, f° 188 v°; voir supra, note 31.

[34] Voir supra, note 1 de la Guerre.

d'en donner plus qu'un aperçu dans ce cadre: nous nous proposons d'y consacrer quelque jour une étude plus approfondie. Bien qu'authentifiée par les sources midrachiques postérieures[35], l'histoire de la douce Marie, de noble extraction, acculée par la famine à cuire et dévorer son jeune fils apparaît d'emblée trop exemplaire pour ne pas être inspirée par une idée préconçue. Elle apparaît comme l'accomplissement de la malédiction divine menaçant les Enfants d'Israël s'ils dévient du droit chemin (*Lévitique*, 26, 29; *Deutéronome*, 28, 53–57); elle insère le récit de Josèphe dans la perspective biblique, en parallèle avec des épisodes de ce type ayant marqué l'histoire d'Israël (II *Rois*, 6, 29; *Lamentations*, 2, 20 et 4, 10).

Les sources chrétiennes ont, dès l'origine, mis en relief cet épisode et l'ont isolé de son contexte en diverses occurrences[36]. Nous avons vu (supra, p. 39) que l'image qui en a été tirée n'apparaît que dans un seul manuscrit de la *Guerre*, le B.N., lat. 16730, du XIIe siècle (fig. 143; supra, p. 63), mais connaît une brillante carrière dans les textes afférents. C'est la preuve que la tecnophagie a toujours été interprétée comme un symbole et une allégorie. Cet épisode met en cause trop de mouvements profonds de l'âme humaine pour qu'il soit possible de se prononcer avec assurance sur tel ou tel mobile privilégié. Outre les explications en surface, telle la personnification de Jérusalem qui dévore ses enfants ou la cristallisation de l'horreur du siège sur une anecdote précise ou encore l'allégorie du sort du judaïsme qui engloutit ses adeptes, on se défend mal contre le sentiment qu'il s'agit d'une sorte d'antétype vengeur de la Vierge Marie et du fruit de ses entrailles. A envisager la vogue persistante du thème de l'antéchrist dans la culture occidentale chrétienne, on ne saurait rejeter de prime abord une telle hypothèse[37].

Dans les *Sacra Parallela,* à partir du modèle hypothétique qui les inspire, le thème de Marie, fille d'Eléazar, est hautement élaboré dans l'illustration et dénote une réflexion minutieuse (fig. 1). En haut, Marie, vêtue d'une tunique, semble vouer son enfant au sacrifice. Son geste de désigner l'enfant rappelle celui des icônes byzantines de la *Théotokos.* C'est une façon de mettre en image le discours qu'elle lui tient pour lui expliquer que sa vie est sans espoir et que, mort, il peut pour le moins maintenir sa mère en vie. Cette harangue qui dans le texte en regard, comme dans la *Guerre* dont il est tiré, ne dépasse pas quelques lignes (livre 6, chap. XXI; Lidis, p. 889–890) est destinée à un grand développement ultérieur. Dans la version latine de *Hégésippus* (supra, p. 15) et l'hébraïque *Yossipon* (p. 15-6), un rapprochement est fait entre la conception de l'enfant et sa

---

[35]   *Midrash Rabbah,* Deuteronomy (Lamentations), transl. Rabbinowitz, Londres, édit. Soncino, 1939, p. 128–134, surtout p. 133-4; Gaster, *The Exempla of the Rabbis,* New York (1924), 1968, p. 67, par. 69.

[36]   Schreckenberg, *Rezeption,* p. 13–14; p. 184.

[37]   Chastel, *Fables, formes, figures,* I, Paris, 1978, p. 183-4.

sépulture, après ingestion, dans un seul et même ventre[38]. Il apparaît que l'image reflète déjà cette spéculation qui se rattache à l'archétype de la Grande mère et dont la trace se perd dès le XIIe siècle[39].

La deuxième phase de l'épisode de Marie dans les *Sacra Parallela* la représente plantant un couteau (effacé aujourd'hui) dans la poitrine de l'enfant, selon le texte de *Hégésippus,* cette fois encore. Le motif apparaît tout semblable dans *l'Evangéliaire d'Otton III,* déjà mentionné. On le retrouvera encore au XIVe siècle dans la *Bible rimée* néerlandaise (f° 203)[40]. Plus bas, la troisième scène montre la mère assise sur un escabeau devant le fourneau où se devinent les traits de l'enfant à travers les flammes. Dans la main droite, elle tient un bras qu'elle conduit à sa bouche. A peu de changements près, cette scène reparaît dans la plupart des figurations de cette abomination jusqu'au XIXe siècle[41]. Vers le XIIIe siècle, sous l'influence du théâtre apparemment, l'enfant est mis en broche dans une cheminée de type européen courant et c'est ainsi que le motif se fixe désormais (fig. 144 à 147)[42]. A droite (rarement aussi à gauche, fig. 147), on voit venir de l'extérieur deux soldats, qui dans notre figure 1 sont l'objet d'une scène distincte.

Cette quatrième scène, dont l'importance iconographique s'est perdue avec le temps, constitue avec la première l'essentiel du message de cette histoire. Vêtus à la gréco-romaine, ces deux Zélotes font irruption dans la maison, attirés par l'odeur de rôti. Marie leur offre une part de l'horrible mets sur un plat rond et en vante l'attrait. Le nombre des Zélotes n'est indiqué dans aucune des sources. *Hégésippus* et *Yossipon* précisent qu'il s'agit des chefs des séditieux. Ici les deux soldats sont une allusion probable aux deux Romains vengeurs, Vespasien et Titus. Les yeux au ciel, leur geste de la main droite semble vouloir attirer sur Marie, et pas seulement sur elle, les foudres du ciel. Le Josèphe de Corbie, B.N., lat. 16730, feuillet 262v°, est seul à avoir conservé l'esprit qui animait la miniature byzantine (fig. 143). Derrière la mère schématiquement représentée en train de porter le corps de son fils à sa bouche, sur la muraille crénelée de Jérusalem, on voit se dresser la figure prophétique de Josèphe, l'auteur, qui la désigne de son doigt réprobateur (supra, p. 63). C'est bien en concepts abstraits que l'image est confectionnée puisque Titus est représenté à gauche, à cheval et l'épée au clair, sans autre objet apparent à pourfendre que l'idée même de cette

---

[38]   *Hégésippus,* Livre V, chap. 40; *Yossippon,* LXXXVI, 15–21.

[39]   Elle apparaît dès le IIe siècle chez Meliton de Sardes, dans une homélie pascale; Schreckenberg, *ibid.* On ne la trouve plus dans le poème de la *Vengeance* du XIIe siècle, voir Gryting, *The Oldest Version of the XIIth Century Poem La venjance nostre Seigneur,* 1952, p. 17–18.

[40]   Gaspar et Lyna, *Les principaux ms. à peint. de la B.R.,* Paris, 1937, p. 171.

[41]   Les exemples tardifs montrent l'insertion profonde de certaines formes fixes dans une sorte de «mémoire collective»: Caricature anglaise du 20.9.1792, B.M., 8122, voir Jouve, «L'image du sans-culotte...», *Gazette des Beaux Arts,* nov. 1978, XCI, p. 191, fig. 4; Bruxelles, Musée A. Wiertz, *Faim, folie, crime,* huile, 1853, voir R. Tannahill, *Flesh and Blood,* London, 1975, fig. 16.

[42]   Voir Deutsch, «The Myth of Maria of Azov», *Zmanim,* Tel-Aviv, aut. 1984 (en hébreu).

Jérusalem où se perpètrent de telles infamies, selon le texte de Josèphe (*ibidem*).

Le peu de place accordé dans l'illustration à ce qui constitue pour nous l'essentiel de ces événements, l'incendie et la ruine du Temple de Jérusalem, reflète combien la conception historique d'antan diffère de la nôtre. Le noeud de la conjoncture n'est pas dans l'événement le plus lourd de conséquences sur le plan politique, religieux et social, mais dans l'acte isolé exemplaire, significatif, qui agit le plus profondément sur l'esprit de l'observateur. Au XVᵉ siècle l'intérêt passe à l'anecdotique: on voit parfois le Temple en feu (dans la *Guerre,* B.N., fr. 6446, f° 389; fr. 406, f° 164; B.N., Vienne, 2538, f° 141, fig. 142; dans un *Miroir historial,* B.N., fr. 50, f° 354) ou en ruines (B.N., fr. 16, f° 322 v°), sur un fond stéréotypé de combats et de massacres. La prédelle de Gand montre tout le déroulement des événements dans une vision scénique synoptique, mais le Temple est représenté intact (fig. 147). Peut-être l'incendie et la ruine du Temple ne pouvaient être figurés sans un sentiment de sacrilège, dont seul pourra s'affranchir un Nicolas Poussin, plus de cent ans plus tard[43].

Josèphe consacre la fin du sixième livre et le début du septième (le cinquième et le sixième dans les éditions modernes) à la terrible réalité des cadavres. Il précise un chiffre de cent quinze mille huit cent quatre-vingts corps évacués de la ville en moins de trois mois de siège. En état de siège, ces corps constituent une épreuve et un problème de logistique supplémentaires. Assurément, telle n'est pas la seule raison pour certains illustrateurs de figurer ces détails macabres (fig. 141). C'est plutôt l'effet de la littérature de la *Vengeance,* où le nombre des victimes juives est un élément de base du châtiment et de la déchéance des déicides[44]. Il serait probablement abusif d'y voir l'implication actualisée des progroms, à une époque où les Juifs étaient sous le coup d'un édit d'expulsion, déjà ancien en France. Le Mystère a dû cette fois encore jouer un rôle capital dans la création de ce thème.

---

[43]   A. Blunt, *N. Poussin,* Londres–New York, 1967, texte, p. 180; catalogue, p. 29–30; pl. 117 et fig. 59. Voir aussi Deutsch, «Légendes midrachiques dans la peinture de N. Poussin», *Journal of Jewish Art,* 9 (1982), p. 47–53.

[44]   Supra, p. 79; notre article cité, *Archives juives,* p. 71.

CONCLUSION

Authentiques documents d'époque, ces illustrations de Flavius Josèphe seraient gaspillées si elles n'étaient pas mises en perspective pour en tirer aussi, à rebours, un certain nombre d'informations sur leurs créateurs et leur mode de pensée. Sur l'artiste Jean Fouquet certes, mais surtout sur le lecteur de Josèphe; sur les grandes lignes de l'iconographie de celui-ci au cours des âges et, par contre-coup, sur ce que traduisent ces images de la mentalité, des habitudes de pensée et des stéréotypes de l'homme occidental historique sous l'influence de Josèphe.

Fouquet lecteur de Josèphe

L'apport de Fouquet à l'illustration et à l'interprétation de Josèphe par l'image est unique parce qu'il reflète sa propre personnalité, son tempérament et aussi son milieu ambiant. Il est le premier des artistes modernes, qui se mettent en avant et s'interrogent anxieusement pour trouver les réponses en eux-mêmes. Mais il est aussi le dernier d'une longue lignée d'historieurs à qui thèmes et formes étaient dictés à l'avance. Au point d'une ère nouvelle, Jean Fouquet a le bénéfice du choix et cela se traduit en une réalisation contrastée. Erudit de formation et esprit synthétique, il cherche à se rattacher directement aux sources en ignorant les idées contemporaines en vogue. Sa forme recherchée et hardiment illusionniste doit autant aux Italiens et aux Flamands qu'au Maître de Boucicaut et son école, aux motifs d'atelier ou à des motifs recueillis dans les livres anciens, latins ou grecs. Il semble se conformer, comme à un usage suranné, aux interprétations tendancieuses et édifiantes des grands textes populaires du moyen-âge, la *Bible historiale,* le *Miroir historial,* la *Bible moralisée,* la *Légende dorée.* Mais il possède l'esprit froid et raisonneur des Humanistes, comme Boccace dont il a illustré les *Cas des nobles hommes et femmes.*

Il habille de chair les symboles et les entoure d'une foule de petits personnages en un espace déployé au loin comme un tapis. Ce sont ses accointances avec le théâtre probablement, qui lui confèrent ce don de mettre en scène ses figurants et de les disposer, par rapport aux premiers rôles, de façon à émouvoir le spectateur de leurs passions. Mais c'est aussi une façon de rompre avec la conception schématique des générations passées. Comme les autres peintres de son temps, le langage de Fouquet n'est plus construit à partir de formules abstraites, riches de significations latentes. Avec l'oeil de Boccace, Fouquet voit vivre et souffrir des multitudes d'êtres humains à travers le temps; il les reconstitue dans un espace qui ne varie pas et où le temps est artificiellement arrêté. La communication directe et actuelle entre le texte et le lecteur est abolie dans l'image qui crée la distance infranchissable du spectacle; la fiction psychologique de l'identification y confirme le spectateur dans une confortable passivité sans engagement. Mais Fouquet ne conçoit pas l'histoire comme une science, ni le spectacle comme un divertissement. Il croit à la puissance des formules consacrées, aux significations superposées en registres, à un réseau dense mais intangible de correspondances, au symbolisme qui marie la contingence des apparences et du monde sensible aux principes éternels de l'univers.

Sous ses dessous riants, le monde est encore sous la coupe du Malin qui multiplie ses menées subversives. Providence et fatalité s'y livrent un combat dont l'issue ne peut faire de doute, même si perversité et aveuglement des humains la retardent. Fouquet est profondément croyant, mais il n'attend pas son salut de la religion officielle, C'est en cela particulièrement que la voix de Fouquet telle qu'elle filtre à travers son art apparaît originale, vivante et personnelle. Il engage avec son spectateur un dialogue, cautionné par la figuration de son propre visage. Comme un visionnaire, il tente de partager avec le commun des mortels ce que ses dons privilégiés d'artiste lui permettent d'entrevoir. Il est le «vates», le devin qui lit et comprend le sens de l'Histoire à travers les *Antiquités judaïques.* Il en use lui aussi comme d'un témoignage, mais non pour prouver l'authenticité d'un Christ ou d'un dogme. Le témoignage d'une morale individualiste, bourgeoise et foncièrement française, qui participe à la fois du *carpe diem* horatien, du «il faut cultiver notre jardin» voltairien et de la bonhomie désabusée de Colas Breugnon. Fouquet n'a pas choisi la voie facile. Pour s'exprimer et se faire comprendre, il a recours à une modulation des stéréotypes qui, de prime abord, se lisent comme inconséquences, contrastes et incongruités. Son réalisme archéologique crée l'anachronisme là où il fait défaut; ses paysages lyriques témoignent de l'inhumanité de la nature, ses personnages sont comme des pantins gesticulants. Comme Piero della Francesca, il peint la grandeur tragique de l'homme qui se déchaîne, sans voix et sans mouvement, contre une fatalité impénétrable.

Les grandes lignes de l'iconographie de Josèphe

Quand Fouquet met en valeur le caractère exemplaire de l'oeuvre de Josèphe, il ne fait que suivre la tradition. Le public, d'une mince couche de clercs lettrés, est passé à un vaste audience populaire, mais l'oeuvre de Josèphe continue à se traduire en images en une longue théorie de grands hommes. L'évolution du public prouve qu'il s'agit d'une constante dans l'appréciation d'une oeuvre, d'être communément traduite en une troupe de héros. Les galeries de rois des cathédrales participent du même esprit, apparemment. Les héros de Josèphe se répartissent en trois catégories: les préfigurations, les païens et les anti-héros. Les premiers, Joseph, Moïse, Aaron, Josué, David, Salomon et sans doute aussi Josaphat et Jonathan et puis Jésus et Ananus avec Zacharie, sont écrasés par le symbole qu'ils sont censés incarner. Les autres, Nabuchodonosor, Cyrus,

Ptolémée Šoter, Pompée, Auguste, Vespasien et Titus sont le bras armé de l'Eternel, leur personne vient proclamer le transfert de la grâce divine sur le monde des Gentils. Enfin les anti-héros, Saül, Hérode, Caligula, Archélaüs et aussi, d'une certaine façon, Dagon, jouent un rôle équivoque qui doit susciter horreur et pitié aux fins d'édification.

Ces héros sont des abstractions, des figures schématiques qui sont représentées comme telles jusqu'au jour où la foule se méprend sur elles et exige de les voir en chair et en os. De là la littérature des nouvelles, le Mystère et le réalisme dans l'art. Jadis petits bonshommes constituant un vocabulaire précis, les héros se sont atrophiés en reflets illusoires du monde vécu. Comme d'autres grands artistes, Fouquet a réussi le pari de tisser le conceptuel avec le sensible, mais la source était tarie. Josèphe ne sera plus jamais interprété en images. Il est comme l'étalon de l'iconographie biblique: il a assisté ses débuts et aidé à fixer ses principaux thèmes. Sa laïcisation correspond à la fin de l'ère du concept imagé.

L'image de Josèphe à travers son illustration

Les images de Josèphe à travers les âges ont en commun l'équivoque, le contraste, l'antinomie. La personne même de l'auteur exprime déjà ce message ambigu. Le prophète juif rallié qui a composé l'histoire de la Vengeance comme pendant à l'Evangile et une Histoire sainte parallèle à la Bible; le pontife aux dons surnaturels qui a reconnu la puissance montante de Rome et s'y est soumis; le grand capitaine qui fraternise avec les puissants de l'heure et supplie ses frères de capituler. Pour les initiés, c'était le symbole de la conversion tant attendue des Juifs; pour les masses, un thème romanesque et dramatique. Pour nous, Flavius Josèphe est le catalyseur de la vulgarisation de l'Ecriture et du dogme, par le récit vivant du sort exceptionnel réservé à quelques personnages illustres, dont lui-même. La vénération des masses s'est ainsi concentrée sur un certain nombre de figures individualisées et exemplaires. Chez lui, l'histoire des Juifs tient de l'anecdote et de la tragédie classique. Son sens critique contrôlé, sa logique du miracle, ses recours tantôt à la fatalité tantôt à la Providence ont marqué l'homme moderne. Les portraits de l'auteur montrent qu'il a été pris lui-même pour le reflet de son oeuvre. Inversement, son oeuvre participe de son image contrastée et controversée.

A côté de lui se dresse et s'impose un deuxième personnage. Ils reflètent à eux deux ce côté inquiétant, à la fois attirant et répugnant qui est à la base du concept européen du vice, ce ferment qui est l'un des principaux moteurs de la civilisation occidentale. Il s'agit de la Marie de Bethézob, immortalisée brandissant un bras non loin de l'âtre où rôtit son enfant. Elle semble avoir été prise, avec le temps, pour la quintessence de l'oeuvre de Flavius Josèphe toute entière. Elle joue en quelque sorte le rôle de l'antéchrist par rapport à la Vierge Marie. Comme elle, elle sacrifie son fils unique, mais sa figure est la perversion hideuse de l'amour enveloppant de la Grande mère. Ainsi l'auteur Josèphe dont le judaïsme est constamment rappelé, ce qui n'est le cas d'aucun des Juifs de l'Evangile, devient la tache d'ombre qui souligne le tableau de lumière, la menace qui ramène vers la bonne nouvelle.

TABLE DES MANUSCRITS DE JOSÈPHE CONSIDÉRÉS*

Admont
Bened. Abtei, Cod. 140 et 25, vélin, XIIe siècle, confectionné sur place, 2 vol. *A.J.*, 20 livres, sans prologue, *G.J.*, 7 livres, latin, 1 initiale historiée à la plume. Blatt, n° 84, p. 57; Buberl, *Die Illumin. Hs. in Steiermark,* p. 52, fig. 50.

Baltimore
Coll. Garrett, ms. 11, vélin XVe s., Italie, *G.J.*, latin, bordures enluminées, de Ricci, Wilson, *Census,* p. 863.

Berlin
Deutsche Staatsbibl., lat. fol. 226, vélin, 1159, de St. Léger, Werden (près d'Essen), *A.J.*, *G.J.*, latin, 3 initiales historiées, dessins marginaux. Blatt, n° 146, p. 83; Rose, *Die Hs-verzeichnisse,* XIII, 2 n. 1027, p. 1318.

Berne
Bürgerbibl. cod. 50, vélin, IXe s., Micy (près d'Orléans), *A.J.*, 12 livres, sans prologue, *G.J.*, 7 livres, latin, 3 dessins marginaux à la plume. Blatt, n° 50, p. 47; Homburger, *Die Illustr. Hs.,* p. 91–93, fig. 85–87, 139.

—
Cod. 118, vélin, IXe s., Fleury-St. Benoît-sur-Loire, *A.J.*, 12 livres, latin, orné, non illustré. Blatt, n° 43, p. 44; Homburger, *op. cit.,* p. 42–44, fig. 29–31, 33, 36, 37.

Bruges
Sémin. épiscop. n° 119/197 et Bibl. publ. n° 393, vélin, XIIIe s., 2 vol. *A.J.*, *G.J.*, latin, orné, non illustré, Blatt, n° 127, p. 74; Poorter, *Catal. général,* vol. II, n° 393.

Bruxelles
B.R., II 991, vélin, avant 1260, *A.J.*, *G.J.* et prologues, latin, la fin manque, 1 initiale historiée. Blatt, n° 131, p. 76–77; Gaspar, Lyna, *Les princip. ms. à peint.,* p. 191.

—
B.R. II 1179, vélin, fin du XIe s., par Goderannus de Stavelot, *A.J.*, *G.J.*, latin, 4 initiales historiées. Blatt, n° 144, p. 82; Gaspar, Lyna, *op. cit.,* p. 66–69.

Cambridge
University Library, Ms. Dd. I.4 et S. John College, MS.A.8, vélin, 1130, de Canterbury, 2 vol., *A.J.*, *G.J.*, latin, 11 et 13 initiales ornées et historiées. Blatt, n° 157, p. 89; Dodwell, *The Canterbury School,* fig. 14c, 20a, 25a et b, 36a, 37b, 41c, 42a, 46b, 47b; Kaufmann, *Romanesque Mss.,* p. 80–81.

—
Trinity Hall, MS.4, vélin, 1140, de Herefordshire, *A.J.*, 20 livres, latin avec prologues, orné, non illustré. Blatt, n° 158, p. 89; Kaufmann, *op. cit.,* p. 92.

Chantilly
Musée Condé, ms. 774–775, vélin, XIIe s., de St. Trond (près de Liège), 2 vol., *A.J.*, *G.J.*, latin, 1 peinture, 3 initiales historiées, 2 dessins marginaux. Blatt, n° 114, p. 68; Meurgey, *Les principaux ms. à peint.,* p. 8.

—
Ibid., ms. 776, vélin, fin du XVe s., Paris, *G.J.*, français. 2 peintures subsistent. Meurgey, *op. cit.,* p. 123.

Chartres
Bibl. municip., ms. 29, vélin, X^e ou XIe s., de St. Père de Chartres, *A.J.*, les livres 13 à 16 manquent, remplacés par les 7 livres de *G.J.*, 23 dessins à la plume, 5 bas de page ornés. Delaporte, *Les ms. enluminés,* p. 11–12, n° XXXI; Blatt, n° 51, p. 47. Pratiquement perdu dans un bombardement, le 2.3.1944.

Cologne
Dom Bibliothek, cod. 162–163, vélin, XIIe s., confectionné à Cologne, 2 vol., *A.J.*, *G.J.*, latin. Orné, non illustré. Blatt, n° 107, p. 65.

—
Historisches Archiv, W. 276, vélin, vers 1200, de Wedeausen, *A.J.*, *G.J.*, latin, 4 initiales historiées. *Monumenta jduaica,* Katalog, n° 51; Handbuch, p. 755.

Florence
B. Laurentiana, Med. Fies. 165, vélin, XVe s., *A.J.*, 2 derniers livres, *G.J.*, latin. Orné. Blatt, n° 57, p. 49; Ancona, *La miniatura fior.,* II, p. 302, n° 588.

—
Ibid., pluteus 19 sin. 1, vélin, XIe s., Italie centrale, *A.J.*, latin. Initiales ornées. Berg, *Studies in Tuscan,* p. 31.

—
Ibid., pluteus 66.1, vélin, XIe s., Lombard, *A.J.*, 16 livres avec prologue, *Hegesippus,* 5 livres. Initiales ornées. Blatt, n° 11, p. 32; Bandini, *Catalogus Laurentianae,* t. II, p. 781.

---

* Voir aussi l'index topographique des manuscrits et des oeuvres d'art.

—   *Ibid.,* pluteus 66.2, vélin, XIᵉ s., *A.J., G.J., c. Apion,* latin. Blatt, n°3, p. 28; Bandini, *op. cit.,* t. II, p. 783.

—   *Ibid.,* pluteus 66.3, vélin, XVᵉ s., Florence, *A.J., c. Ap.,* latin. 2 peintures. Blatt, n° 18, p. 35; Ancona, *op. cit.,* II, p. 266, n°432.

—   *Ibid.,* plut. 66.5 et 66.6, vélin, XIIᵉ ou XIIIᵉ s., 2 vol., *A.J., G.J.,* latin. 2 initiales historiées. Blatt, n° 149, p. 85; Bandini, *op. cit.,* p. 784–785.

—   *Ibid.,* plut. 66.7, vélin, XVᵉ s., *G.J., c. Ap.,* latin. Frontispice enluminé, Bandini, *op. cit.,* p. 785.

—   *Ibid.,* plut. 66.8, vélin, XVᵉ s., *G.J.,* avec *Testimonium flavianum,* latin, 2 peintures. Bandini, *op. cit.,* p. 786; Ancona, *op. cit.,* II, p. 266, n°433, tav. LXI.

—   *Ibid.,* plut. 66.9, vélin, XVᵉ s., à Pierre de Médicis, *G.J.,* latin, 1 frontispice enluminé. Ancona, *La miniature italienne,* fig. 91, pl. LXX.

Fulda   Landesbibliothek, Hs. 2°C1, vélin, fin du XIIᵉ siècle, de St. Martin de Weingarten, 13 livres des *A.J.,* avec prologue, latin, 1 peinture, initiales ornées. Blatt, n°38, p. 41; Köllner, *Die Illustrierten Hs,* t. 1, n°47, fig. 441 à 451.

Genève-Cologny Bodmeriana, cod. 181, vélin, XVᵉ s., *A.J.,* les 14 premiers livres, français, 14 peintures. Vieillard, *Catalogue des ms. français,* p. 126–128, pl. 12.

Londres   British Library, Royal 13DVI–VII, vélin, 1120–1130, de l'abbaye de St. Alban, *A.J., G.J.* avec prologues, latin, 2 vol., 1 initiale historiée. Blatt, n° 163, p. 91; Kaufmann, *op. cit.,* p. 71–72, fig. 88–89.

—   *Ibid.,* Royal 13 E VIII, vélin, début du XIIIᵉ s., école anglaise, *A.J., G.J.,* avec prologues, latin. Orné, non illustré. Blatt, n° 166, p. 92; Warner, Gilson, *Catalogue of Western Mss.,* t. II, p. 113.

—   *Ibid.,* Burney 325, vélin, vers 1350, de L'Iford, *G.J.,* latin. Orné, non illustré. Blatt, p. 113.

—   *Ibid.,* Harley 3691, vélin, 1457, en Italie pour les Gonzague, *A.J.,* 16 livres, extraits de *G.J., Hegesippus,* 5 livres. Orné, non illustré. Blatt, n°40, p. 41; *Catalogue of Harleian Mss.,* p. 52.

—   *Ibid.,* Harley 3699, vélin, XVᵉ s., de Florence, *A.J., G.J.,* latin. Blatt, n°31, p. 38–39.

—   *Ibid.,* Harley 3883, vélin, XIIIᵉ s., par Guill. Bourbon de Nevers, *A.J.,* latin, 1 initiale historiée. Blatt, n°72, p. 53.

—   *Ibid.,* Harley 4960–4963, vélin, XVᵉ s., école italienne, 4 vol., *A.J.,* sans prologue, *G.J., c.Ap.* Somptueusement orné, non illustré. Blatt, n° 109, p. 66.

—   *Ibid.,* Harley 5116, vélin, XIIIe s., de Coventry, franciscain, *A.J., G.J.,* avec prologues, latin. Orné, non illustré. Blatt, n° 168, p. 93.

—   *Ibid.,* Additional 15280, vélin, XIIIᵉ s., de Ste. Marie de Camberone, *A.J., G.J.,* latin. Orné, non illustré. *Catalogue of Add. to the Mss.,* p. 122.

—   *Ibid.,* Add. 17430, vélin, avant 1469, de Ferrare, *G.J.,* italien. Enluminé, non illustré.

—   *Ibid.,* Add. 22859–22861, vélin, XIIIᵉ s., d'Alcobaça, 3 vol., *A.J., G.J.,* latin. Orné, non illustré. Blatt, n°66, p. 51; n°74, p. 53.

—   *Ibid.,* Add. 39645, vélin, XIIᵉ ou XIIIᵉ s., école allemande, *G.J.,* latin, 5 initiales historiées, Blatt, p. 113.

—   Collection Soane, ms. 1, vélin, fin du XVᵉ s., école flamande, 2ᵉ vol. (dépareillé), *A.J.,* les 6 derniers livres, *G.J.,* français, 12 peintures. Millar, *Bulletin S.F.R.M.P.,* 4, 1914–1920, p. 89, pl. XXVIII.

Manchester J. Rylands Library, nr. 40, vélin, début du XIIᵉ s., de Cologne, *A.J., G.J.,* latin. Orné. James, *A Descriptive Catalogue,* p. 102, fig. 101.

Munich   Bayer. Staatsbibliothek, cod. lat. 15841, vélin, XIIᵉ ou XIIIᵉ s., de Salzburg, *A.J., G.J.,* sans prologue, latin. Illustré. Blatt, n°89, p. 59; Cahn, p. 307.

—   *Ibid.,* lat. 17404, vélin, 1241, par Conradus de S. Maria von Scheyern, *A.J., G.J.,* latin. Dessins sans rapport. Blatt, n°88, p. 58; Haseloff, *Eine thüringisch-sächsische,* p. 53.

New York   Collection Plimpton, ms. 43, vélin, XIIᵉ s., école française, 12 livres des *A.J.,* latin. de Ricci, Wilson, *Census of Medieval and Renaissance,* p. 1760.

—   Jewish Theolog. Semin., ms. 3 (45215), vélin, XIVe s., école italienne, *G.J.,* latin. *Ibid.,* p. 1302.

—   P. Morgan Library, M533–534, vélin, XIIIe s., de Dijon, 2 vol., *A.J., G.J.,* latin, 25 initiales historiées. Blatt, n° 68, p. 52; Ricci, Wilson, *op. cit.,* p. 1467.

Oxford   Merton College M.2.II, vélin, XIIe s., école mosane, 12 livres des *A.J.,* puis 2 de *G.J.,* puis *A.J.,* les 3 derniers, puis suite et fin de *G.J.,* puis encore *A.J.,* livres XIV–XVII, latin, 10 initiales historiées. Blatt, n° 101, p. 63; Cahn.

Paris   Arsenal 3686, vélin, fin du XVe s., de Rouen, *A.J.,* avec prologues, français, 20 peintures. Martin, *Catalogue des ms...Arsenal,* t. III, p. 465.

—   *Ibid.,* 3688, vélin, XVe s., *A.J., G.J.,* français. Orné, non illustré. *Ibid.*

—   *Ibid.,* 5082–5083, vélin, fin du XVe s., de l'atelier d'Alexandre Bening, à Gand, *A.J., G.J.,* français, 27 peintures. Martin, Lauer, *Les principaux ms. à peint.,* p. 52–53, pl. LXX–LXXI.

—   Mazarine 1580, vélin, XIIe s., *A.J.,* 12 livres: *G.J.; A.J.,* 3 derniers livres. Non illustré. Blatt, n° 64, p. 51.

—   *Ibid.,* 1581, vélin, XVIe s., à Georges, Cardinal d'Amboise, école de Rouen, *A.J.,* avec prologues, latin, 18 peintures. Blatt, n° 171, p. 94; Ritter, Lafond, *ms. à peint.,* p. 10 et suiv., 24–26, pl. XXXIV–XLV.

—   B.N., grec 1418, vélin, XIVe s., *Epitome Antiquitatum* (13 livres des *A.J.,*). Schreckenberg, *Tradit.,* p. 30.

—   *Ibid.,* gr. 1419, vélin, XIe s., 10 premiers livres des *A.J.,* Orné, non illustré. Bordier, *Description des peint.,* p. 41; Schreckenberg, *ibid.*

—   *Ibid.,* gr. 1421, papier, XIVe s., *A.J.,* I-X (le début manque). Non illustré. Schreckenberg, *Tradit.,* p. 31.

—   *Ibid.,* gr. 1423, vélin, XIIIe s., 1 page des *A.J., G.J., Vie.* Orné, non illustré. Bordier, *ibid.*; Schreckenberg, *Tradit.,* p. 31–32.

—   *Ibid.,* gr. 1424, papier, XIV–XVe s., *A.J.,* entre autres. Non illustré. Schreckenberg, *Tradit.,* p. 32.

—   *Ibid.,* gr. 1425, vélin, X-XIe s., *G.J.,* délabré. Non illustré. *Ibid.*

—   *Ibid.,* gr. 1426, papier, XVe s., *G.J.,* Schreckenberg, *Tradit.,* p. 32–33.

—   *Ibid.,* gr. 1427, vélin, XIIe ou XIIIe s., *G.J.,* lacunes. Non illustré. Schreckenberg, *Tradit.,* p. 33.

—   *Ibid.,* gr. 1428, papier, XIVe s., *G.J.,* entre autres. Orné, non illustré. *Ibid.*

—   *Ibid.,* gr. 1428 A, vélin, XIIe s., *G.J.,* mutilé. Orné, non illustré. *Ibid.*

—   *Ibid.,* gr. 1429, vélin, XIe s., *G.J.,* délabré. Non illustré. Schreckenberg, *Tradit.,* p. 33.

—   *Ibid.,* latin 1615, vélin, XIVe s., aux Visconti, école italienne, *c.Ap., G.J.* Non illustré. Blatt, p. 112; Schreckenberg, *Tradit.,* p. 35.

—   *Ibid.,* lat. 5045, vélin, XIe s., de Naples, 2 vol., *A.J., G.J.* Orné, non illustré. Blatt, n° 29, p. 38.

—   *Ibid.,* lat. 5046, vélin, XIIe ou XIIIe s., à Colbert, *A.J.,* 12 livres sans prologue, *G.J., A.J.,* 3 derniers livres. Orné, non illustré. Blatt, n° 65, p. 51.

—   *Ibid.,* lat. 5047, vélin, XIIe s., *A.J., G.J.,* 3 initiales historiées. Blatt, n° 103, p. 64; Lauer, *Les enluminures romanes,* p. 80–81; pl. XLIII, 3, 4; LXXXV, 1.

—   *Ibid.,* lat. 5048, vélin, XIIe s., *A.J.* Initiales ornées, non historiées. Blatt, n° 5, p. 29.

—   *Ibid.,* lat. 5049, vélin, XIIIe s., *A.J., G.J., c.Ap.,* 2 initiales historiées. Blatt, n° 128, p. 75.

—   *Ibid.,* lat. 5050, vélin, XIIIe ou XIVe s., d'Italie, *A.J., G.J.,* en 4 livres, *Vie.* Orné, non illustré. Blatt, n° 30, p. 38.

—   *Ibid.,* lat. 5051, vélin, XVe s., d'Italie, *A.J.,* 2 initiales historiées. Blatt, n° 22, p. 36.

—   *Ibid.,* lat. 5052, vélin, IXe s., de Corvei, *A.J.,* livres IV–XI, lacunes. Orné, non illustré. Blatt, n° 42, p. 44.

—   *Ibid.,* lat. 5053, vélin, XIIIe ou XIVe s., *A.J.,* 14 livres. Orné, non illustré. Blatt, n° 141, p. 81.

—   *Ibid.*, lat. 5054, vélin, XIVe s., à Pétrarque, *A.J.*, 11 livres selon l'articulation biblique, *c.Ap.*, 1 initiale historiée. Blatt, n°7, p. 30.

—   *Ibid.*, lat. 5057, vélin, XIIe s., *G.J.*, inachevé. Non illustré. Blatt, p. 112.

—   *Ibid.*, lat. 5058, vélin, fin XIe s., de Moissac, *G.J.*, 2 peintures. Dufour, J., *La bibliothèque et le scriptorium de Moissac*, Genève–Paris, 1972, p. 140, n°89.

—   *Ibid.*, lat. 5058 A; vélin, XIIe s., délabré, *G.J.* Orné, non illustré. Blatt, p. 113.

—   *Ibid.*, lat. 5059, vélin, avant 1371, *G.J.*, avec prologue, *A.J.*, les 3 derniers livres, liste des rois. Orné, non illustré. Blatt, p. 113.

—   *Ibid.*, lat. 5060, vélin, 1435, école italienne, *G.J.*, 1 initiale historiée. Blatt, p. 113.

—   *Ibid.*, lat. 5763, vélin, IX–XIIe s., de St. Benoît-sur-Loire, les 4 derniers livres des *A.J.*, entre autres, 1 peinture (Pantocrator) en fin de volume. Blatt, n°44, p. 44.

—   *Ibid.*, lat. 8835, papier, 1461, de Padoue, *A.J.*, *G.J.*, en 4 livres. Non illustré. Blatt, n°25, p. 37.

—   *Ibid.*, lat. 8959, vélin, XIIe s., nombreuses mains, *A.J.*, 12 livres, puis quelques feuillets de *G.J.*, puis *A.J.*, livres XIII–XVIII, puis *G.J.*, enfin les 3 derniers livres des *A.J.*, drôleries, 3 initiales historiées. Blatt, n°99, p. 62.

—   *Ibid.*, lat. 11735, vélin, XIIIe s., de St. Germain-des-Prés, *A.J.*, 12 livres; *G.J.*, 7 livres numérotés 13 à 19, *A.J.*, 3 derniers livres, numérotés 20–22. Orné, non illustré, Blatt, n°67, p. 52.

—   *Ibid.*, lat. 12511, vélin, XIIe s., de St. Germain-des-Prés, *A.J.*, 12 livres sans prologue, *G.J.*, *A.J.*, les 3 derniers livres, 1 initiale historiée. Blatt, n°59, p. 50.

—   *Ibid.*, lat. 14361, vélin, XIIe s., de St. Victor de Paris, *A.J.*, 12 livres, *G.J.*, *A.J.*, les 3 derniers livres. Orné, non illustré. Blatt, n°60, p. 50.

—   *Ibid.*, lat. 15427, vélin, XIIe s., de la Sorbonne, école italienne; *A.J.*, *G.J.*, le prologue; incomplet; page de garde enluminée, non illustré. Blatt, n°20, p. 35; Delisle, *Le cabinet des ms.*, II, p. 204.

—   *Ibid.*, lat. 16031, vélin, XIVe s., de la Sorbonne, originaire de Gand, *A.J.*, 12 livres, *G.J.*, *A.J.*, les 3 derniers livres. Initiales enluminées, non illustrées. Blatt, n°75, p. 53–54; Delisle, *op. cit.*, II, p. 162.

—   *Ibid.*, lat. 16032, vélin, 1479, de Florence à la Sorbonne, *G.J.* Initiales enluminées, non illustrées.

—   *Ibid.*, lat. 16730, vélin, XIIe s., fonds Notre-Dame, de Corbie, *A.J.*, *G.J.*, 17 initiales historiées. Blatt, n°123, p. 73; Delisle, *Inventaire des ms.*, p. 4.

—   *Ibid.*, lat. 16731, vélin, XIIe s., Collège de Navarre, *A.J.*, *G.J.* Orné, non illustré. Blatt, n°71, p. 53; Delisle, *ibid.*

—   *Ibid.*, lat. 16940, vélin, XIe s., *A.J.*, de I, 176 à XI, 16. Orné, non illustré. Blatt, n°53, p. 48.

—   *Ibid.*, lat. 16941, vélin, XIIIe s., de St. Maur de Compiègne, *A.J.*, *G.J.* Initiales ornées, non illustrées. Blatt, n°73, p. 53.

—   *Ibid.*, n. acq. lat. 2453, vélin, XIIe s., de St. Evroul. *A.J.*, *G.J.*, avec prologues. Orné, non illustré. Blatt, n°154, p. 87.

—   *Ibid.*, n. acq. lat. 2455, vélin, 1492, aux armes des Medicis, *G.J.*, mutilé. Richement enluminé, un portrait de l'auteur.

   Ibid., français 11–16, vélin, vers 1483, atelier d'Alexandre Bening, Bruges-Gand, 6 vol., à Louis de Bruges, *A.J.*, *G.J.*, 27 frontispices dont 1 sur une colonne. Winkler, *Die Flämische Buchmalerei*, p. 117 et suiv.

—   *Ibid.*, fr. 247, vélin, XVe s., atelier du Duc de Berry, Jean Fouquet pour Jacques d'Armagnac, *A.J.*, 14 livres, traduction anonyme, 1 initiale historiée, 14 frontispices. Schaefer, *Foucquet*, t. II, p. 230-233.

—   *Ibid.*, fr. 248-249, vélin, XVe s., 2 vol., *G.J.*, traduction Coquillart 1474, 7 frontispices. Paris, *Les ms. fr.*, t. II, p. 269–273, n°6892-3.

—   *Ibid.*, fr. 404, vélin, fin du XIVe s., *A.J.*, 14 livres sans prologue, 14 frontispices inachevés sur 2 ou 3 registres. Paris, *op. cit.*, III, p. 380.

—   *Ibid.*, fr. 405-406, vélin, fin du XVe s., Jean Colombe, 2 vol., *G.J.*, traduction

Coquillart, 1463. Initiales ornées, 102 et 78 peintures. Paris, *op. cit.*, III, p. 381–384.

— *Ibid.*, fr. 6446, vélin, 1410, par le Maître de la Cité des Dames, *A.J., G.J.*, traduction anonyme, autographé "Jehan" de Berry, 1 grand frontispice, 26 petits, initiales enluminées. Meiss, *Limbourg*, p. 44 et 381.

— *Ibid.*, n. acq. fr. 21013, vélin, fin du XVe s., Jean Fouquet et Jean Poyet (?) pour "Jehan" de Berry (autographe) et Jacques d'Armagnac, *A.J.*, livres XV à XX, *G.J.*. Initiales enluminées, 1 grand frontispice, 10 petits. Durrieu, p. 20–23.

Rome   Bibl. Vaticana, Urbin. lat. 400, vélin, XVe s., *A.J.* Orné, non illustré. Blatt, n° 8, p. 30; Ancona, *La miniatura fiorentina*, II, p. 626, n° 1296.

Rouen   Bibl. municipale, BP 1124, vélin, XIIe s., de N.-D. de Lyre, *A.J.*, latin. Illustré. Rouen, Bibl. municip., *Catalogue des ms. normands*, p. 65.

Stockholm   Kungliga Bibl., Gigas librorum, vélin, début du XIIIe s., de Podlažice, Bohème, *A.J., G.J.*, entre autres textes, latin. Le texte de Josèphe n'est pas illustré. Blatt, n° 93, p. 60; Friedl, Antonin, *Kodex Gigas*, Prague, 1929.

Stuttgart   Württemb. Landesbibliothek, cod. hist. fol. 418, vélin, XIIe s., de Zwiefalten, *A.J.*, 12 livres, latin, 5 initiales historiées. Blatt, n° 37, p. 40–41; Löffler, *Schwäbische Buchmalerei*, p. 65, fig. 39; Green, R., in *Festschrift Middeldorf*, I, Berlin, 1968, p. 21.

Varsovie   B.N., F.v.Cl., lat. 6, vélin, fin du XVe s., des Tedaldi de Florence, *A.J.*, Orné, non illustré. *Bulletin de la S.F.R.M.P.*, 19, 1938, n° 22, p. 153, pl. XXIII b.

Vienne   B.N., Gr. Hist. 20, vélin, XIe s., Constantinople, *A.J.* Orné. Unterkircher, *Inventar der Illuminierten*, II, p. 14.

— *Ibid.*, Gr. Hist. 22, papier, XIV–XVe s., *A.J.* Orné. *Ibid.*

— *Ibid.*, 353, vélin, 1399, école autrichienne, *G.J.*, latin. Initiales historiées. *Ibid.*, I, p. 14.

— *Ibid.*, 2538, vélin, vers 1480, école champenoise, *G.J.*, traduction fr. de Coquillart. Initiales enluminées, 7 frontispices. Pächt, Dagmar, *Die Illuminierten Hs.*, I, p. 93–95, fig. 165–168.

— Bibl. Rossiana, Lainz, 580, vélin, 1453, Florence, *A.J., c.Ap.*, latin. Orné, non illustré. Blatt, n° 23, p. 36; Tietze, *Die Illuminierten Hs.*, p. 126; n° 268.

BIBLIOGRAPHIE

I. *OUVRAGES GÉNÉRAUX*

1. Textes

Bible moralisée, la, Laborde, Alexandre de, *La B. mor. conservée à Oxford, Paris et Londres,* 5 vol., Paris, 1911–27.

Haussherr, Reiner, *La B. mor., codex vindobonensis 2554,* 2 vol., Graz–Paris, 1973.

Boccaccio, Giovanni, *Die neun Bücher vom Glück und vom Unglück berühmter Männer und Frauen,* Pleister, W., éd., Munich, 1965.

Exempla of the Rabbis, The, Gaster, M., éd., New York (1924), 1968.

Fulcher de Chartres, *Historia hierosolymitana,* Hagemeyer éd., Heidelberg, 1913.

> *A History of the Expedition to Jerusalem 1095–1127,* Transl. Fr. Ryan, Rita (1916), Knoxville, Tenn., 1969.

Hegesippus, qui dicitur *Historiae,* libri V, Ussani, V., éd., Vienne, 1932.

Josèphe, Flavius [**éditions grecques**]:

> Niese, Benedictus, éd., 7 vol., Berlin, 1885–95.
>
> Naber, Sam. Adrien, éd., 6 vol., Leipzig, 1888–96.
>
> Thackeray, Marcus, Wikgren, Feldmann, éd., Loeb Classical Library, 9 vol., London–Cambridge, Mass., 1926–69.

édition latine:

> Blatt, Franz, *The Latin Josephus,* Introduction and Text (*A.J.,* livres I à V), Aarhus, 1958.

éditions françaises:

> *Histoire ancienne des Juifs et la Guerre des Juifs contre les Romains,* trad. A. d'Andilly, adapt. Buchon, Paris, 1968.
>
> *La Guerre des Juifs,* trad. P. Savinel, introd. P. Vidal–Naquet, Paris, 1977.
>
> *Oeuvres complètes,* trad. sous la direction de Th. Reinach, 7 vol., Paris, 1900–32.

édition anglaise:

> *Complete Works,* Transl. Will. Whiston, Dublin, 1736–41 (Grand Rapids, Mich., 1969).

éditions hébraïques:

> *Kitvei Yossef ben Matityahou* (Yossefus Flavius), trad. Simhoni, Y.N., 3 vol., Varsovie–Berlin, 1923–33. (Tel-Aviv, réédité depuis 1946).
>
> *Kadmoniot Hayehoudim* (A.J.), trad. et introd. A. Schalit, 3 vol., Jerusalem, 1944–63.

Legends of the Jews, The, Ginzberg, Louis, 6 vol., Philadelphia, Penn., 1947.

Patrologie grecque, Migne, J.P., éd., 161 vol., Paris, 1857–86.

Patrologie latine, Migne, J.P., éd., 221 vol., Paris, 1844–91.

Speculum humanae salvationis, J. Lutz, P. Perdrizet, éd., 2 vol., Leipzig, 1907.

Villard de Honnecourt, H.R. Hahnloser, éd., Graz (1935), 1972.

Vincent de Beauvais, *Speculum maius,* 4 vol., Douai, 1624.

Voragine, Jacobus de, *La Légende dorée,* 2 vol., Paris, 1967.

> *The Golden Legend,* New York (1941), 1969.

Yossipon, *Sefer,* D. Flusser, éd., 2 vol., Jérusalem, 1978–81.

Yossipon, *Sefer, le Yossef ben Gorion Hacohen,* H. Houminer, éd., Jérusalem, 1956.

2. Catalogues:

Bandini, Ang. Mar., *Catalogus codicum latinorum Bibliothecae mediceae Laurentianae,* Firenze, 1775.

Batut, Guy de la, "Les principaux manuscrits à peintures conservés à la Bibliothèque Mazarine de

Paris", *Bulletin de la Société française de reproduction de manuscrits à peintures,* 16ᵉ année, 1933, p. 5-62.

Becker, Gustavus, *Catalogi Bibliothecarum antiqui,* Bonn, 1885.

Bibliothèque nationale, *Catalogue général des manuscrits français,* 18 vol., Paris 1868–1918.

Catalogus codicorum manuscriptorum bibliothecae regis, Paris, 1744.

Boinet, A., *Les manuscrits à peintures de la Bibliothèque Ste Geneviève,* Paris, 1921.

Bordier, Henri, *Description des peintures et autres ornements contenus dans les manuscrits grecs de la Bibliothèque nationale,* Paris, 1883.

British Museum, *Catalogue of Manuscripts in the British Library, New Series,* Londres, 1840.

Catalogue of Additionals to the Manuscripts of the British Library, Londres, 1850.

Catalogue of the Harleyan Manuscripts in the British Library, Londres, 1808.

Buberl, Paul, *Die Illuminierten Handschriften in Steirmark,* Erster Teil, Die Stifts-bibliotheken zu Admont und Vorau, Leipzig, 1911.

Delaporte, Yves, *Les manuscrits enluminés de la Bibliothèque de Chartres,* Chartres, 1929.

Delisle, Louis, *Le Cabinet des manuscrits,* Paris, 1868–1881, 3 vol.

Inventaire des manuscrits conservés à la Bibliothèque impériale, Paris, 1863.

Inventaire des manuscrits latins de Notre Dame et d'autres fonds, Paris, 1871.

Doucet, R., *Les Bibliothèques parisiennes au XVIᵉ siècle,* Paris, 1956.

Friedl, Antonin, *Kodex Gigas, Ceskí iluminovany rukopis romansky v Kralovské Knihovné ve Stokholmu,* Praha, 1929 (résumé en français).

Gaspar, C., Lyna, Fr., *Les principaux manuscrits à peintures de la Bibliothèque royale de Belgique,* Paris, 1937.

Goloubew, V., *Les dessins de Jacopo Bellini au Louvre et au British Museum,* Bruxelles, 1908.

Guiffrey, *Inventaires de Jean, Duc de Berry,* Paris 1894–1896, 2 vol.

Homburger, Otto, *Die Illustrierten Handschriften der Bürgerbibliothek Bern,* die Vorkarolingischen und Karolingischen Handschriften, Bern, 1962.

James, M.R., *A Descriptive Catalogue of the Latin Manuscripts in the J. Rylands Library in Manchester,* 2 vol., Manchester, 1921.

Köllner, Herbert, *Die Illustrierten Handschriften der Hessischen Landesbibliothek Fulda,* Stuttgart, 1976.

Leroquais, Abbé V., *Les livres d'Heures manuscrits de la Bibliothèque nationale,* Paris, 1927.

Les Bréviaires manuscrits des bibliothèques publiques de France, 6 vol., Paris, 1934.

Les Psautiers manuscrits latins des Bibliothèques publiques de France, 3 vol., Mâcon, 1940.

Leroy, J., *Les manuscrits syriaques à peintures conservés dans les Bibliothèques d'Europe et d'Orient,* 2 vol., Paris, 1964.

Loeffler, Karl, *Die Handschriften des Klosters Weingarten,* XLI. Beiheft zum Zentralblatt für Bibliothekswesen, Leipzig, 1912 (1968).

Manitius, Max, *Handschriften Antiker Autoren in Mittelalterlichen Bibliothekskatalogen,* Leipzig, 1935.

Martin, Henry, *Catalogue des manuscrits de la Bibliothèque de l'Arsenal,* Paris, 1887, 7 vol.

——, Lauer, Philippe, *Les principaux manuscrits à peintures de la Bibliothèque de l'Arsenal, à Paris,* Paris, 1929.

Meurgey, J., *Les principaux manuscrits à peintures du Musée Condé,* Paris, 1930.

Millar, E.G., "Les manuscrits à peintures de Sir John Soane's Museum et du Royal College of Physicians de Londres", *Bulletin de la S.F.R.M.P.,* 4ᵉ année, 1914–20, p. 81–149.

Ministère de l'Education nationale, *Catalogue général des manuscrits des bibliothèques publiques en France,* 48 vol., Paris, 1885–1933.

Monumenta Judaica, Ausstellung im Kölnischen Stadtmuseum, 15.10.1963–15.3.1964, 2 vol., Cologne, 1964.

Olschki, L., *Manuscrits à peintures dans les bibliothèques d'Allemagne,* Genève–Paris, 1932.

Omont, H., *Inventaire sommaire des manuscrits grecs de la Bibliothèque nationale de Paris,* Paris, 1906.

Orleans, Henri d', *Le cabinet des livres,* 4 vol., Paris, 1900–11.

Pächt, Otto, Dagmar, Thoss, *Die Illuminierten Handschriften und Inkunabeln der österreichischen*

Nationalbibliothek in Wien, Französische Schule, I, Vienne, 1974.

Paris, Paulin, *Les manuscrits français de la Bibliothèque du Roi,* 7 vol., Paris, 1836–48.

Poorter, *Catalogue général des manuscrits dans les bibliothèques de Belgique,* Paris, 1934.

Porcher, Jean, éd., *Les manuscrits à peintures en France du VIIe au XIIe siècle,* Bibliothèque nationale, Paris, 1954.

Les manuscrits à peintures en France du XIIIe au XVIe siècle, Bibliothèque nationale, Paris, 1955.

Ricci, Seymour de, Wilson, W.J., *Census of Mediaeval and Renaissance Manuscripts in the U.S.A. and Canada,* New York, 1935–37.

Rose, Val., *Die Handschriftenverzeichnisse der Königlichen Bibliothek zu Berlin,* 1893–1905.

Rouen, Bibliothèque municipale, *Catalogue des manuscrits normands,* Rouen, 1975.

Tietze, Hans, *Die Illuminierten Handschriften der Rossiana in Wien-Lainz,* Leipzig, 1911.

Unterkircher, Franz, Österreichische Nationalbibliothek, *Inventar der Illuminierten Handschriften,* 2 vol., Vienne, 1957.

Vieillard, Françoise, *Catalogue des manuscrits français du moyen-âge,* Bibliotheca Bodmeriana, Cologny–Genève, 1975.

Warner, G., Gilson, J.P., *Catalogue of Western Manuscripts in the Old Royal and King Collection,* Londres, 1921.

3. Encyclopédies

Cabrol, F., Leclercq, H., *Dictionnaire d'archéologie chrétienne et de liturgie,* 15 vol., Paris, 1924–53.

Cottineau, L.H., *Répertoire topobibliographique des abbayes et des prieurés,* Mâcon, 1939.

Enciclopedia cattolica, 12 vol., Vatican, 1948–54.

Encyclopaedia biblica, Thesaurus rerum biblicarum, 8 vol., Jérusalem, 1955–82.

Encyclopaedia judaica, 16 vol., Jérusalem, 1971.

Encyclopedia of World Art, 15 vol., New York–Toronto–Londres, 1959–67.

Gay, Victor, *Glossaire archéologique du moyen-âge et de la Renaissance,* 2 vol. (Paris, 1887), New York, 1967.

Grande encyclopédie, La, 31 vol., Paris, 1886–1902.

Kirschbaum, Engelbert, éd., *Lexikon der christlichen Ikonographie,* 8 vol., Freiburg-Basel-Wien, 1968–76.

New Catholic Encyclopedia, 15 vol., New York–St. Louis–San Francisco, etc., 1967.

Pauly, Wissowa, *Realencyclopädie der Classischen Altertumwissenschaft,* 66 vol., Stuttgart, 1894–1968.

Réau, Louis, *Iconographie de l'art chrétien,* 6 vol., Paris, 1955–59.

Rengstorf, Karl, Heinrich, *A Complete Concordance to Flavius Josephus,* 3 vol. parus, Leyde, 1973–79.

Schiller, Gertrud, *Iconography of Christian Art,* 2 vol., Londres, 1968–72.

Schmitt, O., éd., *Reallexikon zur deutschen Kunstgeschichte,* 6 vol. parus, Stuttgart, 1937.

Vacant, Mangenot, Amann, *Dictionnaire de théologie catholique,* 18 vol., Paris, 1899–1972.

II. JOSÈPHE ET L'HISTOIRE

Anchel, Robert, *Les Juifs de France,* Paris, 1946.

Attridge, Harold W., *The Interpretation of Biblical History in the Antiquitates Judaeorum of Flavius Josephus,* Missoula, 1976.

Ben-Sasson, H.H., éd., *History of the Jewish People,* 3 vol., Tel-Aviv, 1969 (en hébreu).

Bentwich, Norman, *Josephus,* Philadelphia, 1914.

Benz, Ernst, *Ecclesia spiritualis, Kirchenidee und Geschichtstheologie der franziskanischen Reformation,* Stuttgart, 1934.

Berger, Samuel, *La Bible française au moyen-âge,* étude sur les anciennes versions de la Bible Paris, 1884 (Genève, 1967).

Histoire de la Vulgate pendant les premiers siècles du moyen-âge, Paris, 1893.

Blumenkranz, Bernhard, *Histoire des Juifs en France,* Toulouse, 1972.

Le juif médiéval au miroir de l'art chrétien, Paris, 1966.

Cohen, S.J.D., *Josephus in Galilee and in Rome, His Vita and Development as a Historian,* Leyde, 1979.

Dain, Alphonse, "Mémorandum inédit sur la défense des places", *Revue des études grecques,* 1940, p. 123-126.

Daniélou, J., *Sacramentum futuri. Etudes sur les origines de la typologie biblique,* Paris, 1950.

Delling, Gerhard, *Studien zum Neuen Testament und zum hellenistischen Judentum,* Göttingen, 1970.

Delumeau, Jean, *La civilisation de la Renaissance,* Collection: Les grandes civilisations, Paris, 1967.

Deutsch, Guy N., "Déicide et vengeance", *Archives juives,* 16ᵉ année, 1980, n° 4, p. 69-73.

Eddy, Samuel K., *The King is dead, Studies in the Near-East Resistance to Hellenism, 334-331, B.C.,* Lincoln, 1961.

Eisenstein, El., L. "The Advent of printing and the Problem of Renaissance", *Past and Present,* 45 (1969), p. 19-89.

Eisler, Robert, *Iesous basileus ou basileusas,* Die Messianische Unabhängigkeitsbewegung etc..., Heidelberg, 1930.

Feldman, Louis D.H., *Josephe, Studies in Judaica, Scolarship on Philo and Josephe,* New York 1937-1962.

Ferguson, W.K., *The Renaissance in Historical Thought,* Boston, 1948.

Flusser, David, "Der lateinische Josephus und der hebräische Josippon", *Josephus Studien,* Göttingen, 1974, p. 122-132.

"Josephus Flavius, The Latin Josephus by Fr. Blatt...", *Kiryat Sepher,* XXXIV, 5719 (1959), p. 458-463 (hébreu).

Foakes, Jackson F.J., *Josephus and the Jews,* London, 1930.

Guénée, Bernard, *L'occident aux XIVᵉ et XVᵉ siècles: les Etats,* Paris, 1971.

Höcherl, Alfons, *Zur Übersetzung des altrussischen Jüdisches Krieges,* Munich, 1970.

Hölscher, Gustav, *Die Quellen des Josephus für die Zeit vom Exil bis zum jüdischen Kriege,* Leipzig, 1904.

"Josephus" in Pauly-Wissowa, *Realencyclopädie der Classischen Altertumwissenschaft,* Band IX2, Stuttgart, col. 1934-2000.

Lampe, G.W.H., éd., *The Cambridge History of the Bible,* 3 vol., Cambridge, 1963-1970.

Lewy, Hans, Yoh., "Josephus the Physician, a Mediaeval Legend of the Destruction of Jerusalem", *Journal of the Warburg Institute,* I, 1937-8, p. 221-242.

Olamot nifgashim, Studies in Jewish Hellenism, Jérusalem, 1969 (en hébreu).

Longnon, A., "Les deux Coquillart", *Romania,* 29 (1900), p. 564.

Meyer, Paul, "Les premières compilations françaises d'histoire ancienne", *Romania,* Paris, 14ᵉ année, 1885.

Monfrin, Jacques, "Humanisme et traductions au moyen-âge", *Journal des Savants,* 1963, p. 161-190.

"Les traducteurs et leur public en France au moyen-âge, *ibid.,* 1964, p. 5-20.

Ouy, Gilbert, "Paris, l'un des principaux foyers de l'humanisme en Europe au début du XVᵉ siècle", *Bulletin de la Société historique de Paris,* 1970, p. 71-98.

Pirenne, Henri, *Le mouvement économique et social au moyen-âge,* Paris, 1933.

Raynaud de Lage, G. "Les romans antiques et la représentation de l'Antiquité", *Le Moyen-Age,* LXVII (1961), p. 247-291.

Ritter, Moritz, "Studien über die Entwicklung der Geschichtswissenschaft", zweiter Artikel. Die christlich-mittelalterliche Geschichtschreibung, *Historische Zeitschrift,* 107 (1911), München-Berlin, p. 237-305.

Sanford, E.M., "The Study of Ancient History in the Middle Ages", *Journal of the History of Ideas,* V (1944), p. 21.

Schalit, Abraham, *Zur Josephus-Forschung,* Darmstadt, 1973.

Schreckenberg, Heinz, *Bibliographie zu Flavius Josephus,* Leiden, 1968.

Die Flavius-Josephus-Tradition in Antike und Mittelalter, Leiden, 1972.

"Josephus und die christliche Wirkungsgeschichte seines 'Bellum Judaicum', in *Aufstieg und Niedergang der Römischen Welt,* vol. 21², Berlin-New York, 1984.

Rezeptionsgeschichtliche und Textkritische Untersuchungen zu Flavius Josephus, Leiden, 1977.

Schürer, Emil, *A History of the Jewish People in the Time of Jesus Christ,* 2 vol., Leipzig, 1901-9 (1973).

Schwartz, Daniel, "Suspension of Pontius Pilatus", *Tarbiz,* 51, n° 3, 1982, p. 383-398 (en hébreu).

Shutt, R.J.H., *Studies in Josephus,* Londres, 1961.

Simone, Franco, *La coscienza della rinascità negli umanisti francesi,* Roma, 1949.

Umanesimo, Rinascimento, Barocco in Francia, Milano, 1968.

Smalley, Beryl, *The Study of Bible in Middle-Ages,* Oxford, 1952.

Stern, Menahem, *The Documents on the History of Hasmonaeans Revolt,* Tel-Aviv, 1972 (en hébreu).

Thackeray, H.S.J., *Josephus the Man and the Historian,* New York, 1929 (1967).

Unnik, W.C. van, *Flavius Josephus als historischer Schriftsteller,* Heidelberg, 1978.

——, éd., *The Jewish People in the First Century,* Historical Geography, Political History, Social, Cultural and Religious Life and Institutions, 2 vol., Assen, 1974-6.

Ussani, V., "Su le fortune medievali dell'Egesippo", *Rendiconti della Pontifica Academia di archaeologia,* 1933.

Weisinger, H., "Ideas of History during the Renaissance", *Journal of History of Ideas,* VI, 1945, p. 415-435.

Zilsel, E., "The Genesis of the Concept of Scientific Progress", *ibid.,* p. 325-349.

III. *L'ART ET LA MINIATURE*

Adhémar, Jean, *Les influences antiques dans l'art du moyen-âge français,* Londres, 1939.

Ancona, Alessandro, d', *Origini del teatro italiano,* Roma, 1966.

Ancona, Paolo, d', *La miniatura fiorentina, secoli XI-XVI,* 2 vol., Florence, 1914.

La miniature italienne du Xe au XVIe siècle, Paris–Bruxelles, 1925.

Armstrong, Lilian, "A Renaissance Flavius Josephus", *The Yale University Library Gazette,* vol. 58, nr. 3-4, 1984, p. 122-139.

Barasch, Moshe, *Introduction to Renaissance Art* (hébreu), Jérusalem, 1968.

Berg, Knut, *Studies in Tuscan Twelfth Century Illumination,* Oslo, Bergen, Tromsö, 1968.

Bloch, Peter, "Nachwirkung des Alten Bundes in der christlichen Kunst", *Monumenta judaica,* Köln 1963, p. 735-781.

Blum, André, *Le livre à gravures au XVe siècle en France,* Paris, 1924.

——, Lauer, Philippe, *La miniature française aux XVe et XVIe siècles,* Paris, 1930.

Bober, Harry, "In principio—Creation before Time", De artibus, opuscula XL; *Essays in Honor of Erwin Panofsky,* New York, 1961.

"The Zodiacal miniatures of the Très riches Heures of the Duke of Berry", *Journal of Warburg and Courtauld Institute,* London, 11 (1948), p. 1-34.

Boeckler, Albert, *Abendländische Miniaturen bis zum Ausgang der Romanischen Zeit,* Berlin–Leipzig, 1930.

Bucher, François, *The Pamplona Bibles,* 2 vol., New-Haven–Londres, 1970.

Buchtal, H., *Historia Troiana,* Studies in the History of Mediaeval Secular Illustration, London–Leiden, 1971.

Cahn, Walter, "An Illustrated Josephus from the Meuse Region in Merton College, Oxford", *Zeitschrift für Kunstgeschichte,* München–Berlin, 29 (1966), p. 295-310.

Chambers, E.K., *The Mediaeval Stage,* Oxford, 1903 (1967), 2 vol.

Chartrou, S., *Les entrées solennelles et triomphales à la Renaissance,* 1428-1551, Paris, 1928.

Cockerell, S.C., Plummer, *Old Testament Miniatures,* Morgan Picture Bible, N.Y., 1969.

Cohen, Gustave, *Histoire de la mise-en-scène dans le théâtre religieux français du moyen-âge,* Paris 1926 (New York, 1971).

"The Influence of the Mysteries on Art in the Middle Ages", *Gazette des Beaux-Arts,* déc. 1943, p. 327-342.

Le théâtre français au moyen-âge, Paris, 1928, 2 vol.

Colombier, Pierre du, *Les chantiers des Cathédrales,* ouvriers, architectes, sculpteurs, Paris, 1953 (1973).

Collon-Gevaert, Lejeune, Stiennon, *A Treasury of Romanesque Art,* Londres, 1972.

Cornell, Henrik, *Biblia pauperum,* Stockholm, 1925.

Couderc, Camille, *Les enluminures des manuscrits du moyen-âge, du VIe au XVe siècle, de la Bibliothèque nationale,* Paris, 1927.

Cox, Trenchard, *Jehan Fouquet, native of Tours,* London, 1931.

Curmer, L., *L'Oeuvre de Jean Fouquet,* Paris, 1867.

Cuttler, C.D., *Northern Painting from Pucelle to Bruegel, XIV–XVIth Century,* New York, 1968.

Davy, Marie-Madeleine, *Initiation à la symbolique romane,* Paris, 1964.

Decugis, N., Reymond, S., *Le décor de théâtre en France, du moyen-âge à 1925,* Paris, 1953.

Delaissé, L.M.J., *La miniature flamande, le mécénat de Philippe le Bon,* Bruxelles, 1959.

Delisle, Louis, "Livres d'images destinés à l'instruction religieuse et aux exercices de piété des laïques", *Histoire littéraire de la France,* XXXI, 1893, p. 213–285.

   Recherches sur la librairie de Charles V, Paris, 1907.

Deutsch, Guy N., "L'arche d'alliance dans le Temple de Dagon", *Norms and Variations in Art,* Essays in Honour of Moshe Barasch, Jérusalem, 1983, p. 24–35.

   "Art juif-esthétique juive, réflexion sur la création artistique", *Daguesh,* t. 2, Paris, oct. 1979, p. 31-7.

   "Légendes midrachiques dans la peinture de Nicolas Poussin", *Journal of Jewish Art,* vol. 9, 1982, p. 47–53.

   "Le mythe de Marie de Bethézob", *Zmanim,* n° 16, 1984, p. 20–28 (en hébreu).

   "Un portrait de Josèphe dans un manuscrit occidental du IXe siècle", *Revue de l'art,* 53, 1981, p. 53–55.

Didron, A.N., *Histoire de Dieu,* Collection de documents inédits sur l'Histoire de France, 3e série archéologie, Iconographie chrétienne, Paris, 1843.

Diringer, David, *The Illuminated Book: its History and Production,* New York–Washington, 1967.

Dodwell, C.R., *The Canterbury School of Illumination, 1066–1200,* Cambridge, 1954.

Dournovo, Lydia A., *Miniatures arméniennes,* Paris, 1960.

Dreyfus, Abraham, "Le Juif au théâtre", *Revue des Etudes juives,* Act. XLIX–LXXI (12, 1886).

Dubech, Lucien, *Histoire générale illustrée du théâtre,* Paris, 1931.

Duby, Georges, *Le temps des cathédrales, l'art et la société 980–1420,* Paris, 1976.

Dufrenne, Suzy, *L'Illustration des psautiers grecs du moyen-âge,* Paris, 1966.

Dumur, G., *Histoire des spectacles,* Paris, 1965.

Durrieu, Paul, *Les Antiquités judaïques et le peintre Jean Foucquet,* Paris, 1908.

   La miniature flamande au temps de la Cour de Bourgogne (1415–1530), Bruxelles–Paris, 1921.

   "La peinture en France" in *Histoire de l'art* sous la direction d'A. Michel, t. 3, 1e partie, chap. II, p. 101–169; t. 4, 2e partie, chap. IV, p. 703–769.

   Le Boccace de Munich, Munich, 1919.

Ehrenstein, Theodor, *Das Alte Testament im Bilde,* Vienne, 1923.

Evans, Joan, *Art in medieval France, 987–1498,* New York, 1948.

   Cluniac Art of the Romanesque Period, Cambridge, 1950.

Folda, Jaroslav, *Crusader Manuscript Illuminations at Saint-Jean-d'Acre, 1275–1291,* Princeton, 1976.

Folena, G. Mellini, G.L., *Bibbia istoriata padovana della fine del Trecento,* Venezia, 1962.

Francastel, Pierre, *Histoire de la Peinture française,* la peinture de chevalet du XIVe au XXe siècle, Paris, 1955.

Frazier, A.M., "The Problem of Psychic Distance in Religious Art", *Journal of Aesthetic and Art Critic,* 31 (1973), p. 389–392.

Goodenough, Erwin, R., "Early Christian and Jewish Art", *Jewish Quarterly Review,* 33 (1943), p. 403–417.

   Jewish Symbols in the Greco-Roman period, IX, X, XI, Bollingen, XXXVII, 1964.

Grabar, André, "Recherches sur les sources juives de l'art paléochrétien", *Cahiers archéologiques,* 11 (1960), p. 41 et sq.

Guldan, Ernst, *Eva und Maria, eine Antithese als Bildmotiv,* Graz–Cologne, 1966.

Gutbrod, Jürgen, *Die Initiale in Handschriften des achten bis dreizehnten Jahrhunderts,* Stuttgart, 1965.

Gutmann, Joseph, "The Illustrated Jewish Manuscripts in Antiquity, the Present State of the Question", *Gesta*, V, jan. 1966, p. 39–44.

——, éd., *No Graven Images*, Studies in Art and the Hebrew Bible, New York, 1971.

Harthan, J., *L'âge d'or des Livres d'Heures*, Bruxelles, 1977.

Haseloff, Arthur, *Eine thüringisch-sächsische Malerschule des 13. Jahrhunderts*, Studien zur deutschen Kunstgeschichte, 9. Heft, Strasbourg, 1897.

Hassall, W.O., *Holkham Bible Picture Book*, London, 1954.

Hauser, Arnold, *The Social History of Art*, New York, 1951.

Haussherr, Reiner, "Sensus litteralis und sensus spiritualis in der Bible moralisée", *Frühmittelalterliche Studien*, 6, 1972, p. 356–380.

Heimann, Adelheid, "Die Hochzeit von Adam und Eva im Paradies", *Wallraf-Richartz Jahrbuch*, 37, 1975, p. 11–40.

Herbert, J.A., *Illuminated Manuscripts*, Londres, 1911.

Huber, Paul, *Bild und Botschaft*, Byzantinische Miniaturen zum Alten und Neuen Testament, Zürich-Freiburg, 1973.

Jones, L.W., Morey, C.R., *The Miniatures of the manuscripts of Terence*, Princeton, 1931.

Kaufmann, C.M., *Romanesque Manuscripts, 1066–1190, in the British Isles*, London, 1975.

Koehler, W., *Die Karolingischen Miniaturen*, 6 vol., Berlin, 1930.

Koenig, Eberhard, *Französische Buchmalerei um 1450*, Berlin, 1982.

Kozody, R.L., "Origin of Early Christian Book Illumination, the State of the Question", *Gesta*, X, 1971, p. 33–40.

Krinsky, C.H., "Representations of the Temple of Jerusalem before 1500", *Journal of Warburg and Courtauld Institute*, 33, 1970, p. 1-19.

Laclotte, M., *Primitifs français*, Paris, 1966.

Lassus, Jean, *L'illustration byzantine du Livre des Rois, Vaticanus Graecus 333*, Paris, 1973.

Lauer, Philippe, *Les enluminures romanes des manuscrits de la Bibliothèque nationale*, Paris, 1927.

Lavin, Irving, *Bernini and the Crossing of St Peter's*, New York, 1968.

Leveen, J., *The Hebrew Bible in Art*, Oxford, 1944.

Levi d'Ancona, M., *Miniatura e miniatori a Firenze dal XIV al XVI secolo*, Firenze, 1962.

Loeffler, Karl, *Romanische Zierbuchstaben und ihre Vorläufer*, Stuttgart, 1927.

Schwäbische Buchmalerei in Romanischer Zeit, Augsburg, 1928.

Loomis, Roger Sherman, *Arthurian Legends in Medieval Art*, New York, 1938 (1966).

Mâle, Emile, *L'art religieux du XIIe siècle en France*, Paris, 1922.

L'art religieux du XIIIe siècle en France, Paris, 1931 (1948).

L'art religieux de la fin du moyen âge en France, Paris, 1908 (1949).

Marle, R. van, *Iconographie de l'art profane au moyen âge français et à la Renaissance et la décoration des demeures*, 2 vol., La Haye, 1931–32.

Martin, Henry, *Le Boccace de Jean sans Peur*, Arsenal 5193, Bruxelles, 1911.

La miniature française du XIIe au XVe siècle, Paris-Bruxelles, 1924.

Meiss, Millard, "The Exhibition of french manuscripts of XIII–XVIth centuries", *Art Bulletin*, XXXVIII (1956), p. 187–196.

French Painting in the Time of Jean de Berry: The Late XIVth Century and the Patronage of the Duke, 2 vol., Londres, 1967.

The Boucicaut Master, Londres, 1968.

The Limbourgs and their Contemporaries, 2 vol., Londres, 1974.

"Highlands in the Lowlands, Jan van Eyck, the Master of Flémalle an the Franco-italian Tradition", *Gazette des Beaux-Arts*, 1961, p. 273–314.

"Light as Form and Symbol in some XVth Century Paintings", *Art Bulletin*, XXVII (1945), p. 175–181.

Mellinkoff, Ruth, *The Horned Moses in Medieval Art and Thought*, Berkeley, 1970.

Mely, F. de, "Les primitifs et leurs signatures", *Gazette des Beaux-Arts*, 55e année, 1913, p. 1-23.

Metzger, Mendel, *La Haggada enluminée*, Leyde, 1973.

Michel, Paul-Henri, *La fresque romane*, Paris, 1961.

Millar, E.G., *English Illuminated Manuscripts of the XIVth and XVth Centuries*, Paris-Bruxelles, 1928.

Nagler, Dr. G.K., *Die Monogrammisten,* München, 1863.

Narkiss, Bezalel, *Hebrew Illuminated Manuscripts,* Jérusalem, 1967.

Neumüller, Willibrod, *Speculum humanae salvationis,* Codex cremifanensis 243, 2 vol., Graz, 1972.

Nordenfalk, Carl, L'enluminure, in *Le haut moyen-âge,* Genève, 1957.

L'enluminure, in *La peinture romane du XIe au XIIIe siècle,* Genève, 1958.

Nordström, C.O., *The Duke of Alba's Castilian Bible.* A study of the Rabbinical Features of the Miniatures, Uppsala, 1967.

"Herod the Great in two Beatus Miniatures", *Studies in the History of Religions,* XXI, 1972, p. 245–253.

"Rabbinic Features in Byzantine and Catalan Art", *Cahiers archéologiques,* 15, 1965, p. 179–205.

"Water Miracles of Moses in Jewish Legend and Byzantine Art", *Orientalia Suecana,* VII, 1958, p. 78–109.

Omont, H., *Les Antiquités judaïques et la Guerre des Juifs de Josèphe à la Bibliothèque nationale de Paris,* Paris, 1906.

Pächt, Otto, "Jean Fouquet, a Study of his Style", *Journal of Warburg and Courtauld Institute,* IV (1940), p. 85 et sq.

"Notes and Observations on the Origin of the Humanistic Book Decoration", *Fritz Saxl, Memorial Essays,* Londres, 1957.

Panofsky, Erwin, *Early Netherlandish Painting,* 2 vol., Cambridge, Mass. 1953, New York, 1971.

Gothic Architecture and Scholasticism, Cleveland–New York, 1957 (1970).

La perspective comme forme symbolique, Paris, 1975.

Renaissance and Renascences in Western Art, Uppsala, 1960–Londres, 1970.

Perls, Kl. G., *Jean Fouquet,* Londres–Paris–New York, 1940.

Petit de Julleville, Louis, *Les mystères,* Histoire du théâtre en France, 2 vol., Paris, 1880.

Pflaum, Heinz, "Les scènes de Juifs dans la littérature dramatique du moyen-âge", *Revue des Etudes juives,* 89 (1930), p. 111–134.

Plummer, John, *The Last Flowering.* French Painting in Manuscripts 1420–1530 from American Collections, New York–Londres, 1982.

Porcher, Jean, *L'enluminure française,* Paris, 1959.

Reynaud, Nicole, *Catalogue de l'exposition Jean Fouquet,* Louvre, Paris, 1981.

Ring, Grete, *A Century of French Painting, 1400–1500,* Londres, 1949.

Ritter, G., Lafond, J., *Manuscrits à peintures de l'école de Rouen,* Rouen–Paris, 1913.

Rohlfs von Wittich, A., "Das Innenraumbild als Kriterium für die Bildwelt", *Zeitschrift für Kunstgeschichte,* XVIII (1955), p. 109 et sq.

Rosenau, Helen, *Vision of the Temple,* The Image of the Temple of Jerusalem in Judaism and Christianity, Londres, 1979.

Ross, D.J.A., *Alexander historiatus,* Londres, 1963.

"Illuminated Manuscripts of Orosius", *Scriptorium,* IX, 1955, p. 35.

Illustrated Medieval Alexander Books in Germany and the Netherlands, Cambridge, 1971.

Roth, Cecil, "Jewish Antecedents of Christian Art", *Journal of Warburg and Courtauld Institute,* XVI (1953), p. 24–44.

——, éd., *Jewish Art,* Tel-Aviv, 5721 (1961).

Sauerländer, Willibald, Hirmer, *Gothic Sculpture in France, 1140–1270* (Munich, 1970), Londres, 1972.

Schaefer, Claude, "Fouquet 'le jeune' en Italie", *Gazette des Beaux-Arts,* 1967, p. 189–212.

"Jean Fouquet und das geistliche Schauspiel seiner Zeit", *Kungstgeschichtliche Gesellschaft zu Berlin,* N.F., 27, 1978-9.

"Le Maître de Jouvenel des Ursins (Coppin Delf?), illustrateur du *Speculum Historiale* de Vincent de Beauvais (Ms. 126 de la Biblioteca Nacional à Lisbonne)", *Arquivos do centro cultural português,* VIII, Paris, 1974, p. 81–114.

Recherches sur l'iconologie et la stylistique de l'art de Jean Fouquet, thèse, Paris, 1971, 3 vol.

"Die Romuleon Hs. 78 D 10 des Berliner Kupferstichkabinetts", *Jahrbuch der Berliner Museen,* 23, 1981, p. 125–178.

——, Sterling, Charles, *Les Heures d'Etienne Chevalier,* Paris, 1971.

Scheller, R.W., *A survey of Mediaeval Model Book,* Haarlem, 1963.

Schlosser, Julius von, "Zur Künstlicher Ueberlieferung im späten Mittelalter", *Wiener Jahrbuch der Kunsthistorischen Sammlungen,* 23 (1902), p. 279.

Schmidt, Gerhard, *Die Armenbibel des Serai,* Berlin, 1934.

Die Armenbibeln des 14. Jahrhunderts, Graz–Köln, 1959.

Schreckenberg, Heinz, "The Destruction of the Second Temple as Reflected by Christian Art" in *Jerusalem in the Second Temple Period,* Jérusalem, 1980 (en hébreu).

Sed-Rajna, Gabrielle, *L'Art juif,* Collection Orient et Occident, Paris, 1976.

Sleptzoff, Lola, "Fontaines mystiques et fontaines profanes dans l'art du XVᵉ siècle", *Scripta Hierosolymitana,* XXIV, Jérusalem, 1972.

Sterling, Charles, *La peinture française, les peintres du moyen-âge,* Paris, 1948.

Les peintres primitifs, Paris, 1949.

Stern, Henri, "Quelques problèmes d'iconographie paléochrétienne et juive", *Cahiers archéologiques,* XII (1961), p. 99–113.

Stettiner Richard, *Die Illustrierten Prudentius-handschriften,* Berlin, 1895–1905.

Strachan, J., *Early Bible Illustration,* Berkeley, 1957.

Stratman, Carl J., *Bibliography of Medieval Drama,* New York, 1972, 2 vol.

Strzygovski, J., *Orient oder Rom,* Leipzig, 1901.

Origin of Christian Church Art, Oxford, 1923.

Swarzenski, Hanns, *The Berthold Missal and the Scriptorium of Weingarten Abbey,* New York, 1943.

Tikkanen, J.J., *Die Psalterillustration im Mittelalter,* Helsingfors, 1895.

Vitzthum, G., *Die Pariser Miniaturmalerei,* Leipzig, 1907.

Warner, George, *Queen Mary's Psalter.* English Art of the XIV\ʰ Century, Royal Ms. 2 B VII in the British Museum, Londres, 1912.

Weitzmann, Kurt, *Ancient Book Illumination,* Oxford, 1959.

Illustrations in Roll and Codex, Princeton, 1970.

The Miniatures of the Sacra Parallela, "Parisinus graecus 923", Princeton, 1979.

Studies in Classical and Byzantine Manuscript Illumination, Chicago, 1971.

Wescher, P., *Jean Fouquet und seine Zeit,* Basel, 1947.

White, John, *The Birth and Rebirth of Pictorial Space,* Boston, 1956.

Wickhoff, F., von Hartel, W.R., *Die Wiener Genesis,* Prag, Wien, Leipzig, 1895.

Winkler, Friedrich, *Die Flämische Buchmalerei des 15. und 16. Jahrhunderts,* Leipzig, 1925.

Wormald, Francis, "Bible Illustration in Medieval Manuscripts", in the *Cambridge History of the Bible,* II, 1969.

Zahlten, Johannes, *Creatio mundi. Darstellung der sechs Schöpfungstage und naturwissenschaftliches Weltbild im Mittelalter,* Stuttgart, 1979.

INDEX GÉNÉRAL

INDEX TOPOGRAPHIQUE
DES MANUSCRITS ET DES OEUVRES D'ART

LISTE DES ILLUSTRATIONS

SOURCES DES REPRODUCTIONS

Toutes les illustrations ont été exécutées à partir de clichés B.N., Paris, excepté:

la fig. 4, issue de la Bürgerbibliothek, Berne (Cliché Howald).

les fig. 48 et 76, clichés Bodleian Library, Oxford.

la fig. 147, issue du Musée des Beaux-Arts de Gand (Cliché A.C.I., Bruxelles).

les fig. 22 et 127, clichés Giraudon, Paris.

la fig. 6, d'après Kaufmann, Romanesque Manuscripts, Miller éd., Londres, 1975.

les fig. 144, 145 et 146, d'après Meiss, The French Painting in the Time of Jean de Berry, Phaidon éd., Londres, 1968.

les fig. 45 et 55, clichés Pierpont Morgan Library, New York.

les fig. 26, 32, 36, 41, 46, 51, 56 62, 65, 70, 75, 83, 87 et 92, d'après Durrieu, Les Antiquités judaïques, Plon éd., Paris, 1908.

les fig. 5 et 23 d'après Gaspar et Lyna, Les principaux manuscrits à peintures de la B.R., Société française de reproduction de manuscrits à peintures (S.F.R.M.P.), Paris, 1937.

la fig. 140, d'après Millar, Les principaux manuscrits..., S.F.R.M.P., Paris, 1914–1920.

la fig. 74, d'après Batut, Les principaux ms..., S.F.R.M.P., Paris, 1933.

la fig. 66, d'après Meiss, op. cit., Thames & Hudson, Londres, 1974.

les fig. 123, 131, 138 et 142, d'après Pächt et Dagmar, Bibliothèque nationale, Vienne, 1974.

ILLUSTRATIONS

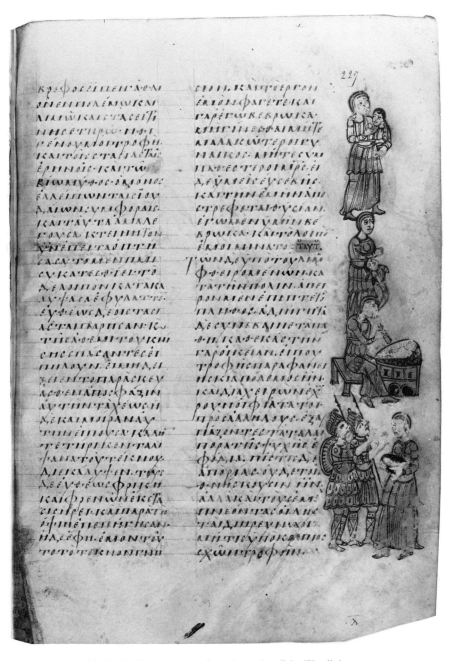

1. Marie dévorant son enfant, *Sacra Parallela,* IXe siècle.

QVOD VATES BELLVM CREVIT NON ESSE DVELLVM
EDIDIT & MVLTIS VOBIS QVI CERNERE VVLTIS
EST IOSEPHVS DICTVS FERT LIBRVM CORPORE PICTVS

3. Dédicace de l'auteur, *ibid.*

STEMATE VESTITVS PRESVL GET CVM PATRE TITVS;

2. Titus et Vespasien, *G.J.*, Moissac, XIe siècle.

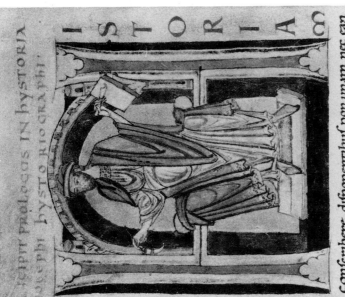

5. Portrait de l'auteur, *A.J.*, prologue, XIe siècle.

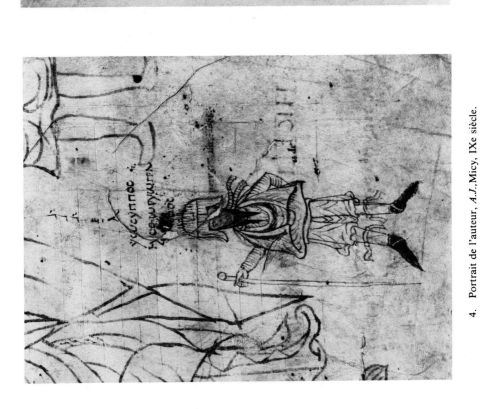

4. Portrait de l'auteur, *A.J.*, Micy, IXe siècle.

7. Jacob et Esaü, *A.J.*, 2e livre, XIIe siècle.

6. L'auteur dictant, *G.J.*, 1er livre, XIIe siècle.

10. Moïse, A.J., 3e livre, XIIe siècle.

8. Salomon et Betsabée, A.J., 8e livre, XIIe siècle.

9. Personnages sacrés, *A.J.*, 1er livre, XIIe siècle.

12. Josaphat, *A.J.*, 9e livre, XIIe siècle.

11. Jonathas, *A.J.*, 13e livre, XIIe siècle.

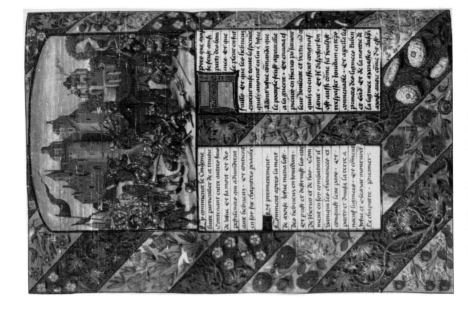

13. Mort d'Eléazar, *A.J.*, 5e livre, XVe siècle.

14. Portrait de l'auteur, *G.J.*, prologue, XVe siècle.

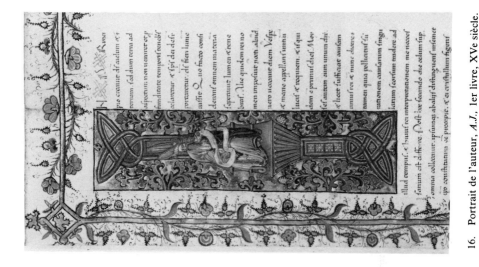

16. Portrait de l'auteur, *A.J.*, 1er livre, XVe siècle.

15. Portrait de l'auteur, *A.J.*, prologue, XVe siècle.

18. Josèphe dictant, *A.J.*, prologue, XVe s.

17. Josèphe dictant, *A.J.*, prologue, XVe s.

19. Josèphe dictant, *G.J.,* prologue, Jean Colombe.

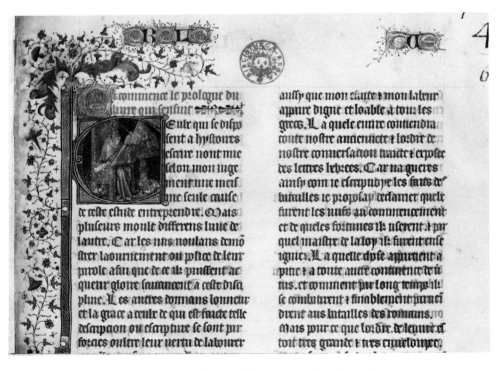

20. Portrait de l'auteur, *A.J.,* prologue, Jean Fouquet.

21. La Genèse, *A.J.,* 1er livre, XIIe s.

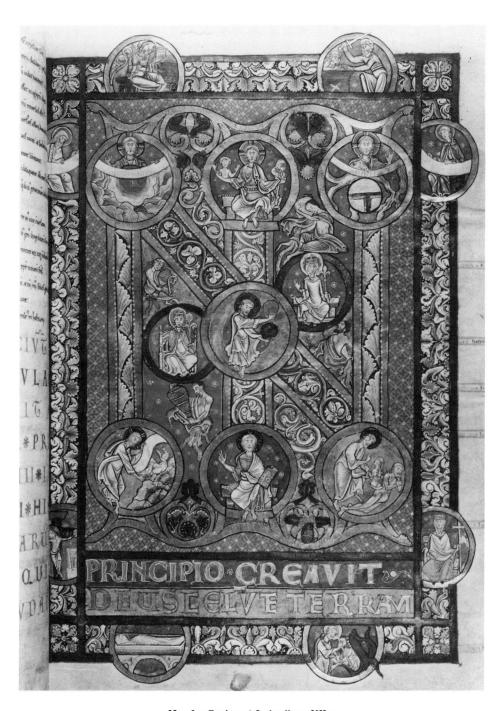

22.   La Genèse, *A.J.*, 1er livre, XIIe s.

25. Histoire d'Esther, *Bible des Capucins*, XIIe siècle.

23. La Genèse, *A.J.*, 1er livre, XIIe s.

ET TERRA M

Sed dū terra ad aspectum non uenret et profunditate tenebris celaretur: et sps dei desup portaretur: ds fieri lumen iussit. Quo facto: considans omniē materiā separauit lumen et tenebras. et alij quid rei nom̄ imposuit nocte̅. alij uero uocauit diē. uespe̅ ⁊ mane appellans iunctū lucei et requiem. Et is qu̅dem primus ē dies. moyses aut̄ eū unū ē̅ dixit. Et licet sufficiam causam huius rei etiā nūc dicere: tam̄ quia pollicitus sum ratione causarū singularū seorsum tradere. illud tempus ad huius rei interpretationem me necessariū ē differre. Post hēc secunda die ce̅lum sup omnia collocauit. eiūq̄ ab alijs distinguens in semet ipso constitutū ē̅ precepit. et ei cristallum circū figens. humidū et pluuiale eum ad utilitate̅ que fit ex imbribus terre congrue̅ fabricatus ē̅. Tercia uero die statuit terrā circa eam mare diffundens. ipsa uero die repente urens herba et sem̄ de terra sunt orta. Quarta aut̄ die ornauit celū sole et luna alijsq̄ sidibus. motus eis tribue̅ atq̄ cursus. quibus horarū distinctiones manifeste̅ designarentur. Quinta uero die animalia et uolatilia natatilia. alia quid̄ in pfundo. alia uero in aere ē̅ constituit. copulans ea ad communione̅ atq̄ p̄mixtione̅ causa sobol profuturē: et ut eoꝝ natura multiplicari potuisset cre̅cere. Sexta uero die creauit quadrupedū genus. masculum faciens atq̄ feminā: in qua etiā hominē finxit. Ita ergo mundū cunctis sex diebus et om̄ia que in eo sunt. facta moyses ait. septimo die deū ab opibus manuū suaꝝ requieuisse dicens. Unde etiā nos ea die laborib; p̄ijs uacare dinoscimur. eū sabbatū appellantes: quod nomen hebraica lingua requiē significat. Post septimam uero diē. cepit de hom̄inis natura moyses redde ratione̅ ita dicens. finxit deus hominē puluere̅ de terra sumens: et in eū sp̄m inspirauit et anim̄ā. Hic aut̄ homo adam uocat̄ ē̅: qd nom̄ hebraica lingua significat rubeus. qm̄ conspsa terra rubea factus ē̅. At ē̅ ē̅ enī uirgo tellus et uera. Presentauit aut̄ deū ade̅ animalia sed̄m genus. masc̄lin femmamq̄ demonstrans: et his nom̄ina imposuit quib; etiā nūc uocant̄. Uidens aut̄ ds adam non habente̅ societate̅ ad feminā neq̄ cohabitatione cū un̄q̄ non ē̅: delectat̄ aut̄ in alijs animalibus que copulata uidebantur. una die eo dormiente auferens costam eius finxit mulie̅rē. et adam sibi iunctā cognouit de se plasmatā fuisse. Issa uero hebraica lingua mulier appellatur. Nom̄ uero mulieris illius erat eua. qd significat omniū iuuentū matrē. Dic aut̄ dm̄ ab oriente plantasse paradisum: om̄i germinatione florente̅. In hoc enī ē̅ et uite plantatione̅. aliāq̄ prudentie. qua cognoscerent qp̄ ē̅t bonū quid ue malum: et in hunc hortum introduxisse adaꝝ ⁊ eius uxorē. precipiens plantationū eos habere sollicitudinē. Rigatur aut̄ hic ort̄ ab uno flumine circa

24. La Genèse, *A.J.,* 1er livre, XIIe s.

26. Mariage d'Adam et Eve, *A.J.*, 1er livre, XVe siècle.

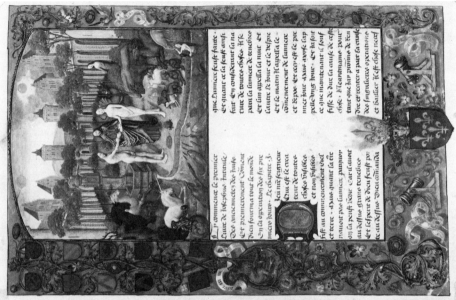

28. Mariage d'Adam et Eve, *A.J.*, 1er livre, XVe siècle.

27. Mariage d'Adam et Eve, *A.J.*, 1er livre, XVe siècle.

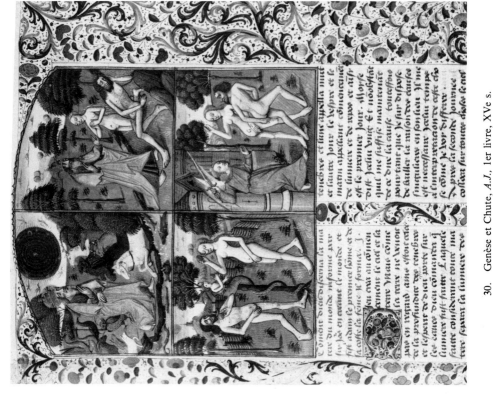

30. Genèse et Chute, *A.J.*, 1er livre, XVe s.

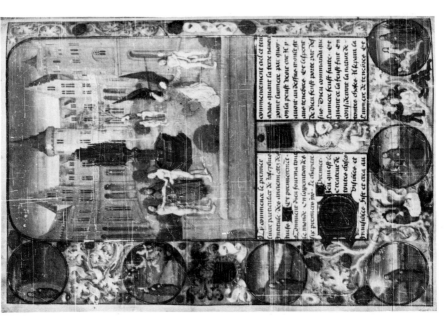

29. Mariage d'Adam et Eve, *A.J.*, 1er livre, XVe siècle.

ſeu qui eſt createur de
tontes choſes viſibles z
zinuiſibles fiſt au comē
cement ciel et terre mais
quant la terre nauoit
encreas lumiere par quoy
eu la queſt biem cōuē
nienr au deſſus grans
tenebres et leſpeint de dieu fleuſt portes

et auant cela fuſt fait en cōſiderāt la na
ture de tentes choſes. il ſepant la lumieze
des tenebres Et lun appela la nuit et faut
il vaer z veſpir. et le matin il appela le
cōmencement de lumiere dreuue. Et cen eſt
le premier iour mais moyſe ſamele on veur
Et ru ſoit ce q il ſouffiſe maintenant de dir
la cauſe de ceſte choſe tentefois pourra qui un
promis a rendre a pute la cauſe des ſinguliēs

31.   Genèse et Chute, *A.J.,* 1er livre, XIVe siècle.

35. Joseph et ses frères, *Sacra Parallela,* IXe s.

32. Histoire de Joseph, *A.J.,* 2e livre, XVe siècle.

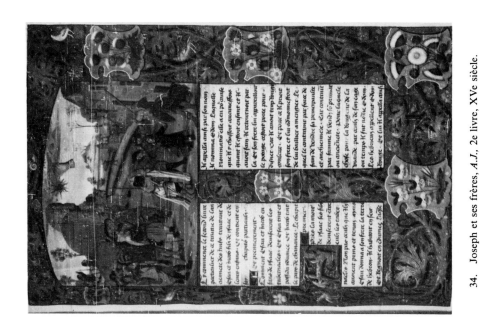

34. Joseph et ses frères, *A.J.*, 2e livre, XVe siècle.

33. Jacob et Esaü, *A.J.*, 2e livre, XVe siècle.

Texte de l'enluminure (37) :

Coment moyse Dint son peuple
qui estoit fort lasse et mena a
la montaigne de sinay. —
pour les filz dirael en
XLVII. annee les mer vou

Texte de l'enluminure (36) :

Pins et ques leurit
furent toute le tres saint.
estoit fondamenment
t furent couronnes
ment on les memoir en la montai
que te sinay pur ce que estoit une

region moult desert et souffraiteuse
tes necessaires noministemens. se
aut se estoit fort a auoir. en tant que
noit pas tant seulement on neu p
pour trouuer pur les homme. ma
is aussi elle nestoit pas commenable

37. Moïse et les Hébreux dans le désert, *A.J.*, 3e livre, XVe s.

36. Les Hébreux dans le désert, *A.J.*, 3e livre, XVe s.

39. Le veau d'or, *A.J.*, 3e livre, XVe siècle.

38. Moïse sur le mont Sinaï, *A.J.*, 3e livre, XVe siècle.

40. Rébellion de Coré; le Naziréen,
Bible des Capucins, Nombres, XIIe
siècle.

41. Rébellion de Coré; bataille contre les Canaanéens, *A.J.*, 4e livre,
J. Fouquet.

43. Bataille contre les Cananéens, *A.J.*, 4e livre, XVe s.

42. Moïse et les rebelles, *A.J.*, 4e livre, XVe siècle.

44. Les filles de Moab; Phinée, *A.J.,* 4e livre, XIVe s.

45. Bataille; Samson incendie les champs des Philistins, *A.J.*, 5e livre, XIIIe siècle.

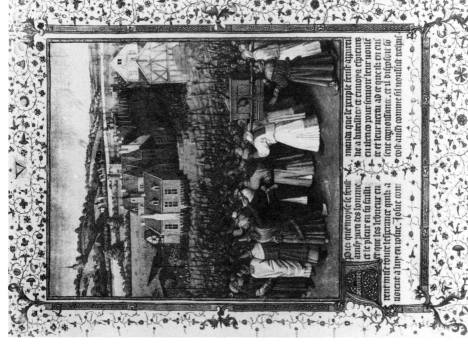

46. La prise de Jéricho, *A.J.*, 5e livre, J. Fouquet.

48. L'arche dans le temple de Dagon, *A.J.*, 6e livre, XIIe s.

47. Bataille, *A.J.*, 5e livre, XVe s.

50. David et Goliat, *A.J.*, 6e livre, XVe s.

49. L'arche et Dagon, *A.J.*, 6e livre, XVe s.

51. Guerre contre les Philistins, *A.J.*, 6e livre, J. Fouquet.

52. Yaël et Sisra, *Sacra Parallela*, IXe s.

54. David et l'Amalécite, *Bible des Capucins*, II Samuel.

53. David et l'Amalécite, *A.J.*, 7e livre, XIIe s.

56. David et l'Amalécite, *A.J.*, 7e livre, J. Fouquet.

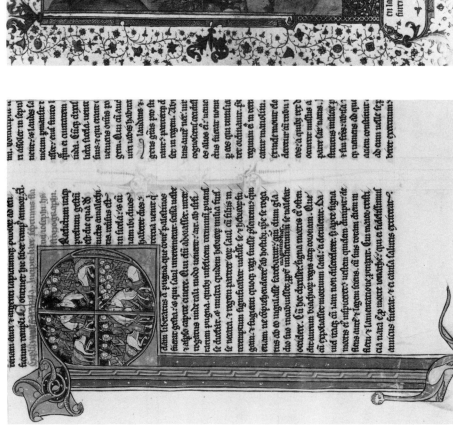

55. Batailles, *A.J.*, 7e livre, XIIIe s.

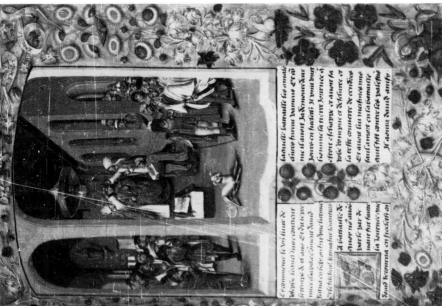

58. Couronnement de David, *A.J.*, 7e livre, XVe s.

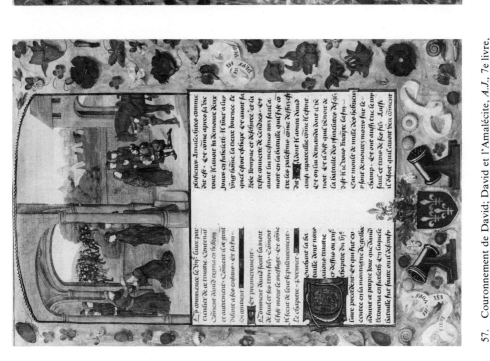

57. Couronnement de David; David et l'Amalécite, *A.J.*, 7e livre,
    XVe s.

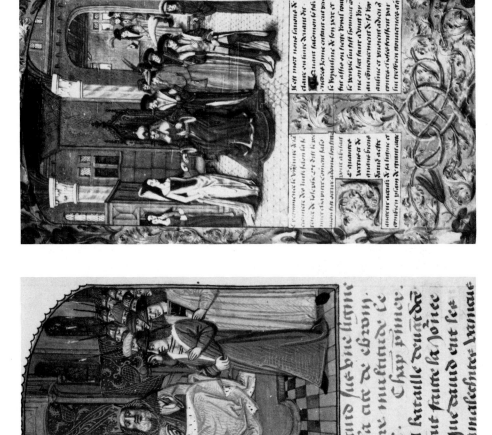

59. David roi à Hébron, *A.J.*, 7e livre, XVe s.

60. Salomon et Betsabée, *A.J.*, 8e livre, XVe s.

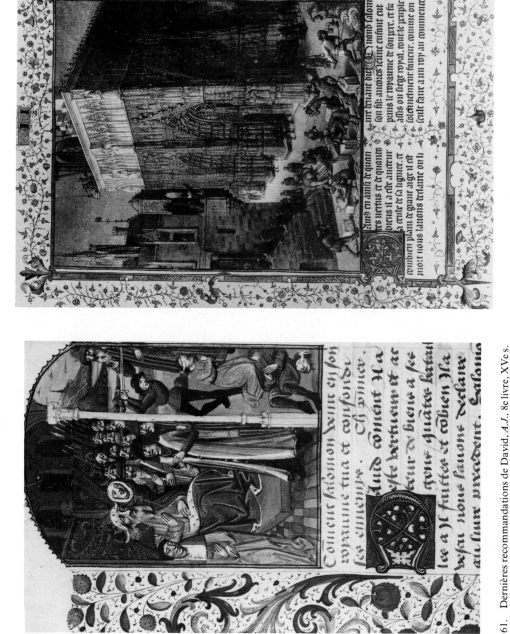

62. Construction du Temple de Jérusalem, *A.J.*, 8e livre, J. Fouquet.

61. Dernières recommandations de David, *A.J.*, 8e livre, XVes.

64. Victoire d'Amasias, *A.J.*, 9e livre, XVe s.

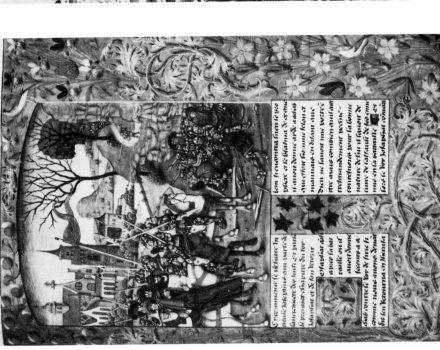

63. Victoire de Josaphat, *A.J.*, 9e livre, XVe s.

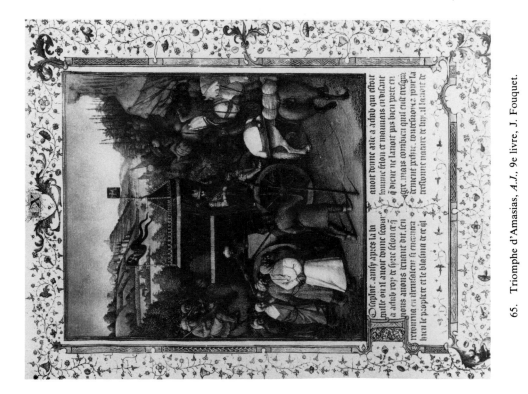

65. Triomphe d'Amasias, *A.J.*, 9e livre, J. Fouquet.

66. L'Empereur Héraclius, médaille, XVe s.

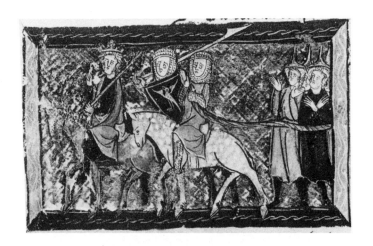

67.   Exil des Juifs par Ptolémée, *Bible Historiale* XIVe s.

68.   Jonas et la baleine, *A.J.,* 9e livre, XVe s.

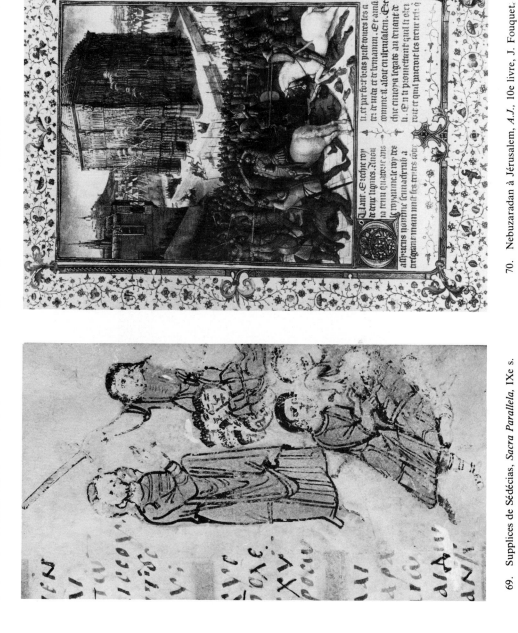

70. Nebuzaradan à Jérusalem, *A.J.*, 10e livre, J. Fouquet.

69. Supplices de Sédécias, *Sacra Parallela*, IXe s.

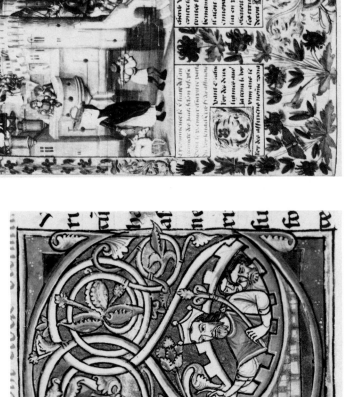

72. Sennachérib et Ezéchias, *A.J.*, 10e livre, XVe s.

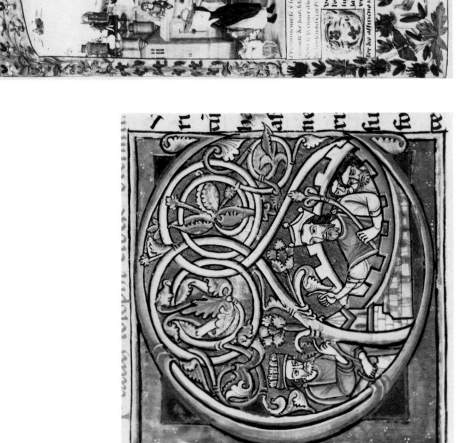

71. Sennachérib et Ezéchias, *A.J.*, 10e livre, XIIe s.

INCIPIT LIBER DECIMVS QVI CONTINET
tempus annorū ducentorū & xxx. mediūm vi. dierū quindecim.
Bellum regis Aſſyriorum ſennacherib contra hieroſolimam &
che regis oppreſſio & q̄ propheta montius adeo eum confortauit &
exauditum eum eſſe aſſeruit & finem oppreſſionis prædixit

74. Siège de Jérusalem, *A.J.*, 10e livre, XVIe s.

73. Sennachérib et Ezéchias, *A.J.*, 10e livre, XVe s.

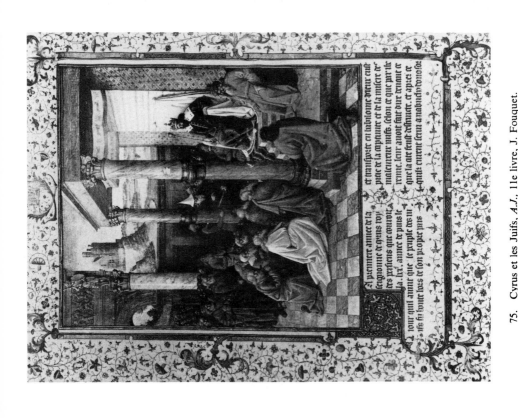

76. Cyrus, *A.J.*, 11e livre, XIIe s.

75. Cyrus et les Juifs, *A.J.*, 11e livre, J. Fouquet.

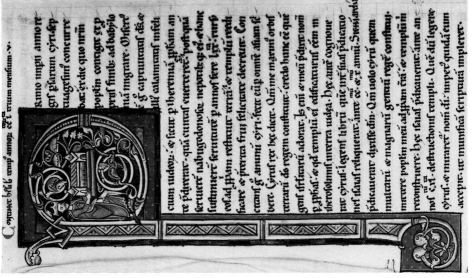

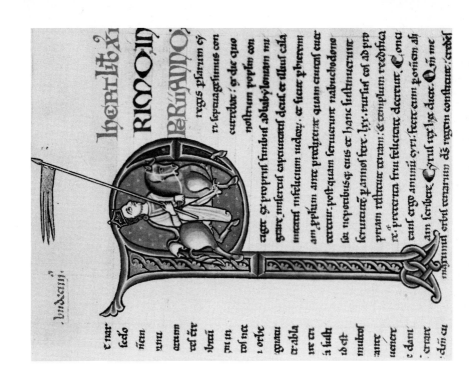

80. Cyrus et le Temple, *A.J.*, 11e livre, XVe s.

79. Cyrus et le Temple, *A.J.*, 11e livre, XVe s.

81. Cyrus restitue les vases sacrés, *A.J.*, 11e livre, XVe s.

82. Nabuchodonosor, *Sacra Parallela*, IXe siècle.

84. Ptolémée Soter à Jérusalem, *A.J.*, 12e livre, XVe s.

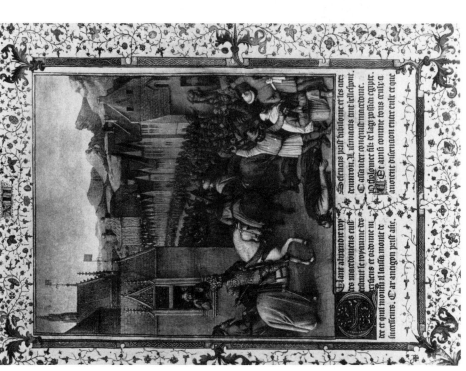

83. Ptolémée Soter ou Antiochus à Jérusalem, *A.J.*, 12e livre, J. Fouquet.

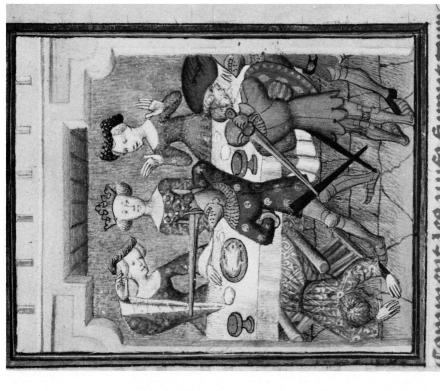

Comment les ufs furent tourmentes de la senttence de saintte [?]

86. Les noces d'Arey, A.J., 13e livre, XVe s.

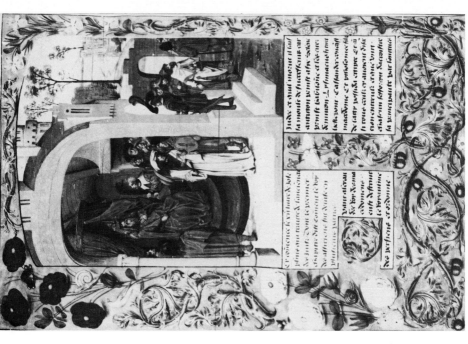

85. Les Diadoques (?), A.J., 12e livre, XVe s.

88. Bataille, *A.J.*, 13e livre, XVe s.

88. Bataille, *A.J.*, 13e livre, XVe s.

87. Décrochage devant Bacchidès, *A.J.*, 13e livre, J. Fouquet.

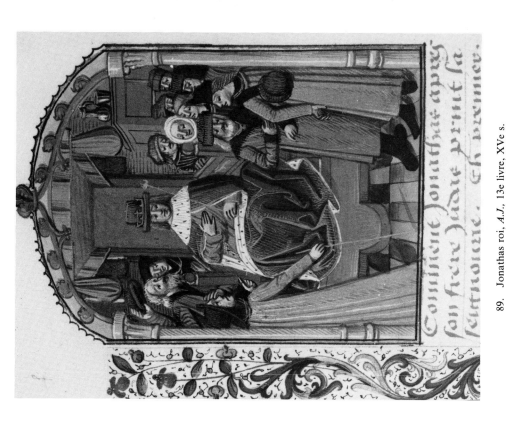

90. La lutte entre Hycan et Aristobule, *A.J.*, 14e livre, XIIe s.

89. Jonathas roi, *A.J.* 13e livre, XVe s.

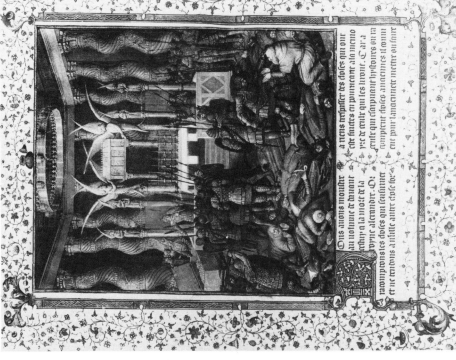

92. Pompée dans le Saint des Saints, *A.J.*, 14e livre, J. Fouquet.

91. La lutte entre Hyrcan et Aristobule, *A.J.*, 14e livre, XVe s.

94. Bataille, *A.J.*, 14e livre, XVe s.

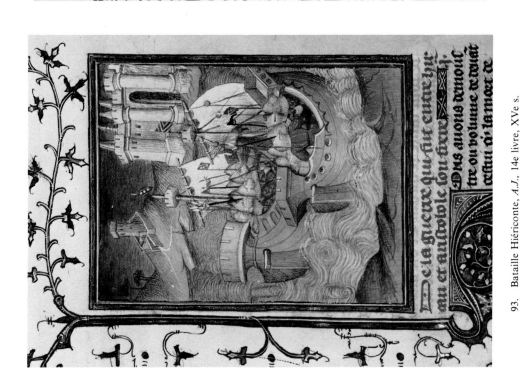

93. Bataille Hiériconte, *A.J.*, 14e livre, XVe s.

103. Hérode et ses fils, *A.J.*, 17e livre, XVe s.

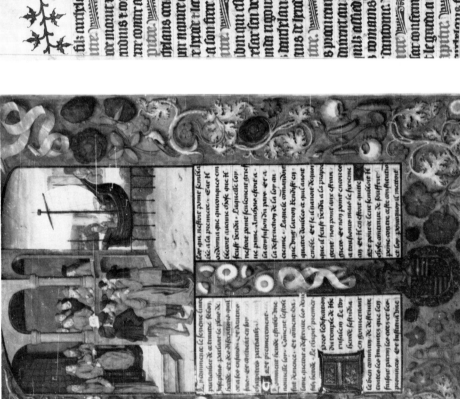

102. L'édit de Hérode; son départ pour Rome, *A.J.*, 16e livre, XVe s.

94. Bataille, *A.J.*, 14e livre, XVe s.

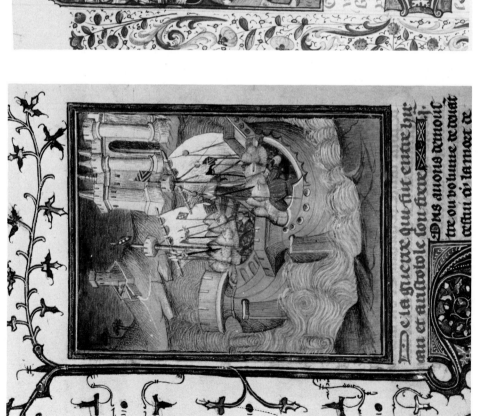

93. Bataille Hiériconte, *A.J.*, 14e livre, XVe s.

97. Exactions de Hérode, *A.J.*, 15e livre, J. Fouquet.

95. Hérode, sa femme et son frère, *A.J.*, 15e l., XIIe s.

96. Exactions de Hérode, *A.J.*, 15e livre, XVe s.

99. Hérode et Antigone, *A.J.*, 15e livre, XVe s.

98. Hérode rafle les objets d'or, *A.J.*, 15e livre, XVe s.

100. Hérode devant Auguste, *A.J.*, 16e livre, XVe s.

101. Condamnation des fils de Hérode, *A.J.*, 16e livre, XVe s.

103. Hérode et ses fils, *A.J.*, 17e livre, XVe s.

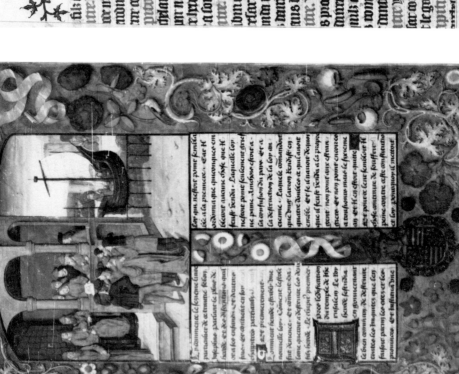

102. L'édit de Hérode; son départ pour Rome, *A.J.*, 16e livre, XVe s.

105. Antipater et Hérode; la baignade meurtrière, *A.J.*, 17e livre,
     XVe s.

104. Antipater et Hérode, *A.J.*, 17e livre, XVe s.

107. Auguste investit Quirinus, *A.J.*, 18e livre, XVe s.

106. Auguste investit Quirinus, *A.J.*, 18e livre, XIIe s.

109. Levée du cens, *A.J.*, 18e livre, XVe s.

108. Cyrin en Judée, *A.J.*, 18e livre, XVe s.

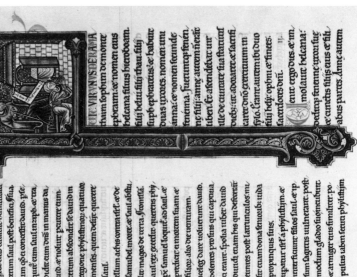

111. Elkana et Hanna, *Bible des Capucins*, I *Samuel*, XIIe s.

110. Initiale du *Testimonium flavianum*, A.J., 18e livre, XIIe s.

112. Assassinat de Caligula, *A.J.*, 19e livre, XIIe s.

113. Assassinat de Caligula, *A.J.*, 19e livre, XVe s.

115. Les conspirés exécutés devant Claude, *A.J.*, 19e livre, XVe s.

114. Assassinat de Caligula, *A.J.*, 19e livre, XVe s.

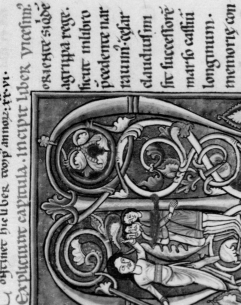

117. Investiture de Fadus; capture d'un larron, *A.J.*, 20e livre, XVe s.

116. Larrons exécutés par Fadus, *A.J.*, 20e livre, XIIe s.

119. Entrée d'Antiochus à Jérusalem, *G.J.* 1er livre, XVe s.

118. Investiture de Fadus, *A.J.* 20e livre, XVe s.

120. Bataille entre Juifs et Romains, *G.J.*, 1er livre,
XVe s.

121. Siège de Jérusalem, *G.J.*, 1er livre, Jean Colombe.

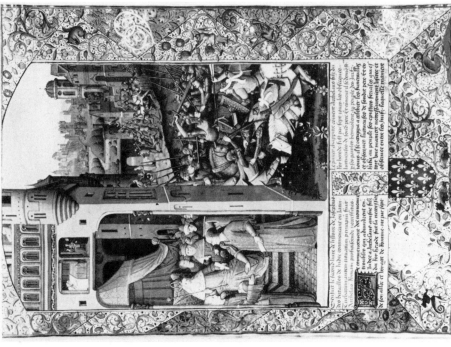

123.　Mort de Hérode; Archélaüs à Rome; émeutes à Jérusalem, *G.J.*, 2e livre, XVe siècle.

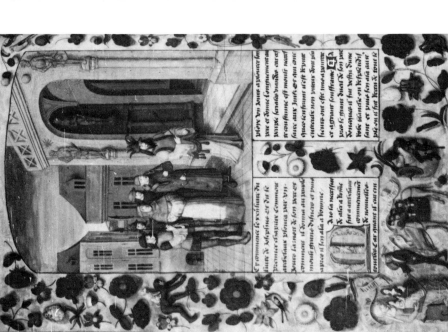

122.　Archélaüs au Temple de Jérusalem, *G.J.*, 2e livre, XVe s.

125. Investiture de Vespasien, *G.J.*, 3e livre, XIIe s.

124. Mort de Hérode, *G.J.*, 2e livre, XVe s.

128. Vespasien arrive, *G.J.*, 3e livre, XVe s.

126. Investiture de Vespasien, *G.J.*, 3e livre, XVe s.

127. Investiture de Vespasien; prise de Jotapate, capture de Josèphe, *G.J.,* 3e livre, XVe s.

130. Exécution d'Ananus (ou de Zacharie), *G.J.*, 4e livre, XVe s.

129. Exécution d'Ananus, *G.J.*, 5e livre, XIIe s.

131. Prise de Gamala, *G.J.*, 4e livre, XVe s.

132. Prise de Gamala, *G.J.*, 4e livre, XVe s.

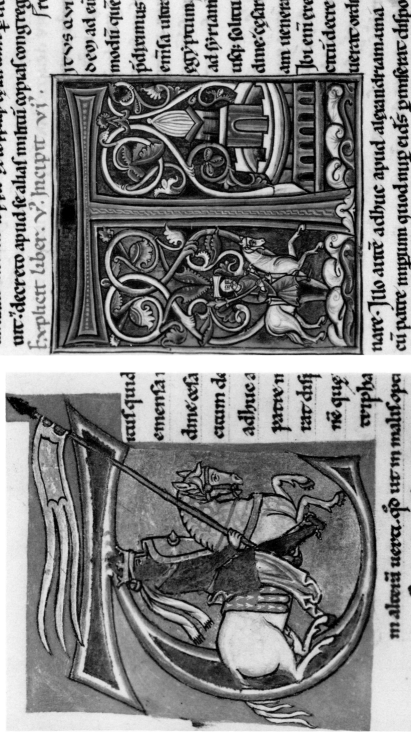

134. Titus devant le Temple de Jérusalem, *G.J.*, 6e livre, XIIe s.

133. Titus, *G.J.*, 5e livre, XIIe s.

136. Massacres à Jérusalem, *G.J.*, 5e livre, XVe s.

135. Exécution d'Antipater, *G.J.*, 5e livre, XVe s.

138. La flotte de Vespasien à Alexandrie, *G.J.*, 5e livre, XVe s.

137. Le siège de Jérusalem, *G.J.*, 6e livre, XVe s.

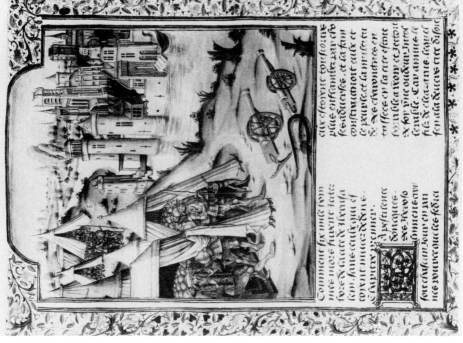

140.   Le siège de Jérusalem, *G.J.*, 6e livre, XVe s.

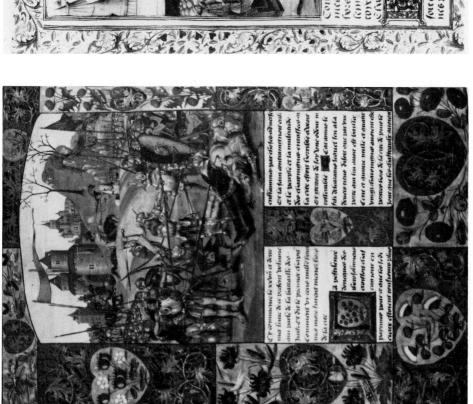

139.   Batailles à Jérusalem, *G.J.*, 7e livre, XVe s.

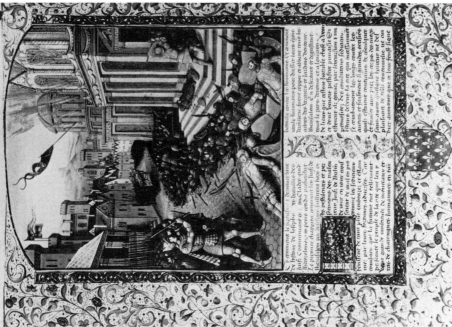

142. Titus devant le Temple en flammes, *G.J.*, 7e livre, XVe s.

141. L'assaut du Temple de Jérusalem, *G.J.*, 7e livre, XVe s.

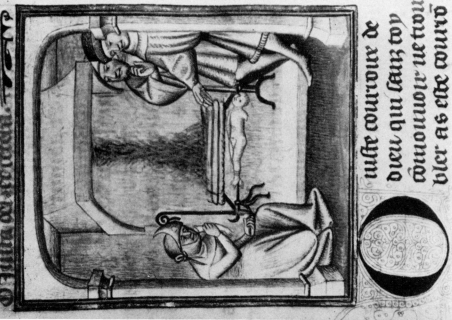

143. Titus devant Jérusalem; Marie dévore son fils, *G.I.*, 7e livre, XIIe s.

144. Marie dévore son fils, *Des Cas des nobles hommes et femmes*, XVe s.

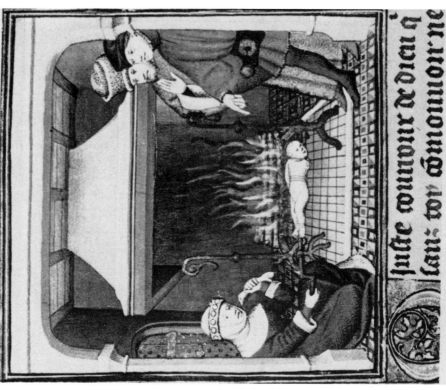

146. Marie dévore son fils, *Des Cas des nobles hommes et femmes*, XVe s.

145. Marie dévore son fils, *Des Cas des nobles hommes et femmes*, XVe s.